iHuman

新
民

为
更
好
的
人

海　关　洋　员　传　记　丛　书

丛书主编：李爱丽

FRIENDS OF SIR ROBERT HART

Three Generations of Carrall Women in China

中国岁月

——赫德爵士和他的红颜知己

〔英〕玛丽·蒂芬 / 著
（Mary Tiffen）

戴宁　潘一宁 / 译

GUANGXI NORMAL UNIVERSITY PRESS
广西师范大学出版社
·桂林·

ZHONGGUO SUIYUE

图书在版编目（CIP）数据

中国岁月：赫德爵士和他的红颜知己 /（英）玛丽·蒂芬(Mary Tiffen)著；戴宁，潘一宁译．—桂林：广西师范大学出版社，2017.1
（海关洋员传记丛书 / 李爱丽主编）
ISBN 978-7-5495-8494-9

Ⅰ．①中… Ⅱ．①玛…②戴…③潘… Ⅲ．①赫德，R.（1835-1911）—人物研究 Ⅳ．①K835.617=43

中国版本图书馆 CIP 数据核字（2016）第 160235 号

广西师范大学出版社出版发行
（广西桂林市中华路 22 号 邮政编码：541001
网址：http://www.bbtpress.com）
出版人：张艺兵
全国新华书店经销
长沙鸿发印务实业有限公司印刷
（湖南省长沙县黄花镇黄垅村黄花工业园 3 号 邮政编码：410137）
开本：880 mm × 1 240 mm 1/32
印张：15.5 字数：355 千字
2017 年 1 月第 1 版 2017 年 1 月第 1 次印刷
印数：0 001~4 000 册 定价：68.00 元

谨以此书献给我的姨妈凯瑟琳·福克斯·纽顿(Kathleen Fawcus Newton)，娘家姓氏卡拉尔(Carrall)，1883年4月20日生于鹭宾·赫德爵士在北京的寓所；1971年2月5日逝于多塞特郡(Dorset)的普尔(Poole)。

还有她的女儿，我的表姐姬芙(Keeve)，娘家姓氏纽顿，1913年8月6日生于加拿大温尼伯(Winnipeg)，2011年1月9日卒于北爱尔兰蒂龙郡(Tyrone)的丹甘嫩(Dungannon)近郊。

承蒙凯瑟琳收集了我们家族的史料，姬芙悉心保存了其母亲所收集的这些史料，此书才得以完成。

玛丽·蒂芬 2002年访问烟台（芝罘）。漂亮整齐的道路和堤岸从远处的租界山延伸到如今的海军学院（昔日芝罘的内地会学校）。

玛丽·蒂芬(Mary Tiffen)

曾在剑桥大学攻读历史。于伦敦经济学院获得博士学位后，转而从事非洲及中东地区农业变迁的社会经济因素研究。她带领的研究团队专门考察1930年至1990年间肯尼亚马查科斯(Machakos)地区的变迁问题，并因此而广为人知。其研究成果所形成的著作，通过今昔图片对比，向人们展示了那片土地，从几乎不见一树、破败荒凉的旧貌，改变成精耕细作的梯田，人丁旺盛六倍的新颜。此书有助于人们重新思考人口增长、贫困及环境恶化之间的关系。见www.drylandsresearch.org.uk。

《中国岁月：赫德爵士和他的红颜知己》为作者退休之后完成的力作。她考证了家族史，讲述了母亲家族三代女性与一位来自爱尔兰阿尔斯特(Ulster)出类拔萃的男人千丝万缕的交情，故事甚为引人入胜。这男人于1863年到1908年之间执掌着中国大清帝国海关。

玛丽·蒂芬之前的主要作品

玛丽·蒂芬：《勇于开拓的农民：1900—1968年尼日利亚东北部贡贝酋长国经济发展研究》(*A Study of Economic Developement in Gombe Emirate, North Eastern State, Nigeria, 1900~1968*)，HMSO，London，1976。

玛丽·蒂芬、迈克尔·莫提模(Michael Mortimore)和弗兰西斯·吉楚基(Frances Gichuki)：《人多地不失：肯尼亚的环境恢复》(*More People, Less Erosion: Environmental Recovery in Kenya*),John Wiley，Chichester，1994。

A. 贾雅格的官服。穿着者为其曾孙伦诺克斯·哈维-杰米森（Lennox Harvey-Jamieson）。

B. 蓝珠顶戴说明他是清朝三品官员。

C. 双龙宝星勋章与官帽一起由曾孙罗杰·哈维-杰米森（Rodger Harvey-Jamieson）收藏。

A

B

C

D

E

D. 2002年的烟台，摄于毓璜顶小学。

E. 2002年的渔港，靠近海关旧码头，
右后方为海岬，建有现代化灯塔。

F

F. 海岬东南面的海滩，靠近内地会学校（现为一所海军学院）。
夏天时，游客（现在主要为中国人和韩国人）仍会在那里嬉水。

G. 印有慕德舞伴的舞会节目单（Ca-s06）。

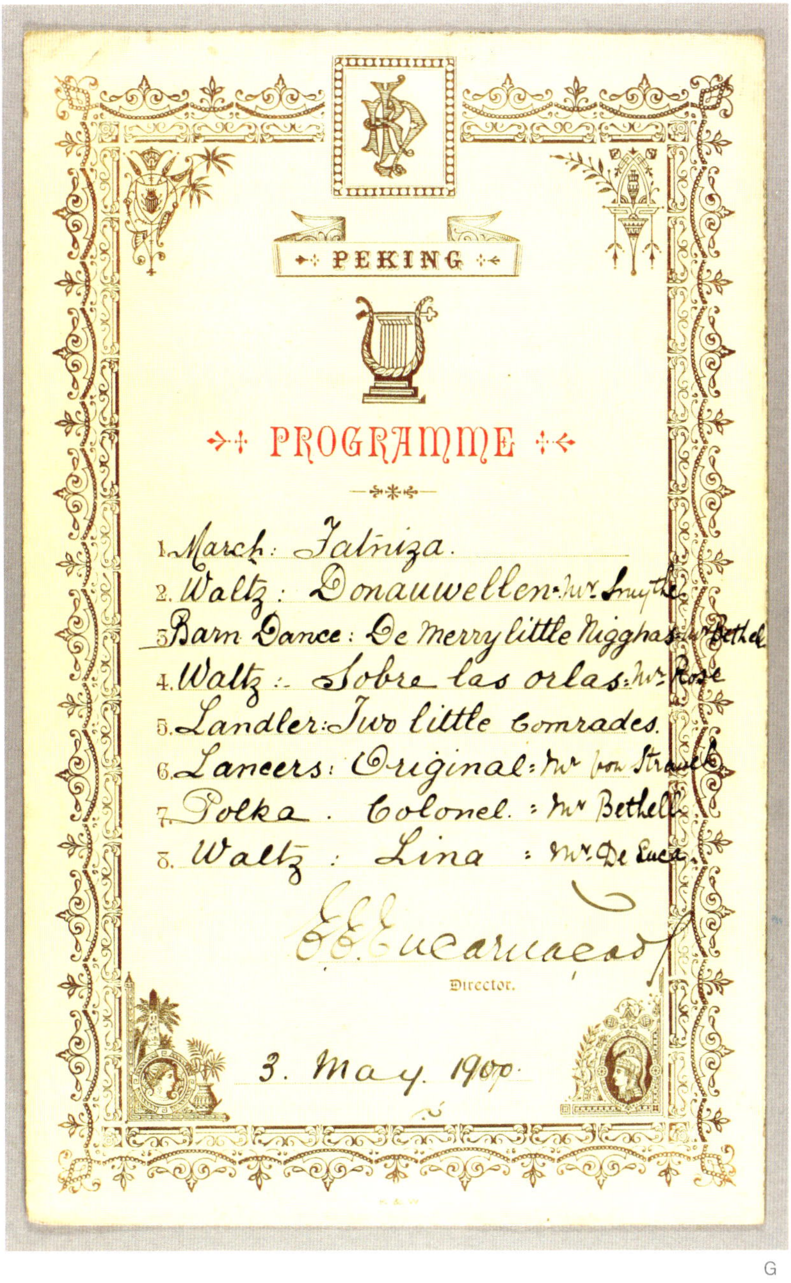
PEKING

PROGRAMME

1. March: Tatniza.
2. Waltz: Donauwellen: Mr. Smythe.
3. Barn Dance: De merry little Nigghas: Mr. Bethell
4. Waltz: Sobre las orlas: Mr. Rose
5. Landler: Two little comrades.
6. Lancers: Original: Mr von Strauch
7. Polka. Colonel: Mr Bethell.
8. Waltz: Lina: Mr. De Luca.

E.E. Encarnação

Director.

3. May. 1900.

G

H

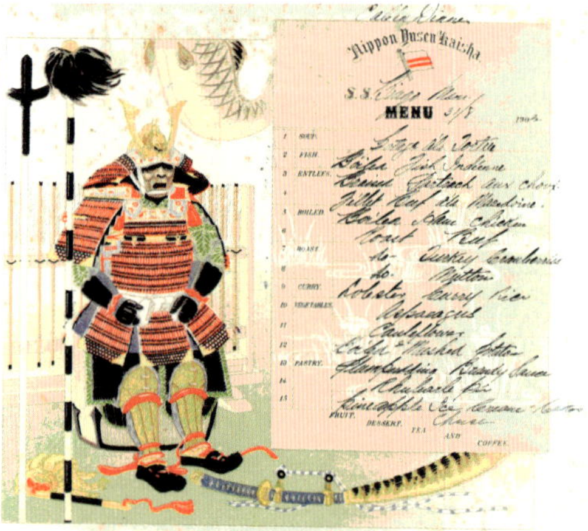

I

H. 锦旗2（中文顺序自右向左），
由贾雅格曾孙罗杰·哈维–杰米森收藏。

I. “近江丸号”二等舱菜单，夹在慕德的相册中，
采用了英语法语混用的奇怪形式（Ca2-105）。

目　录

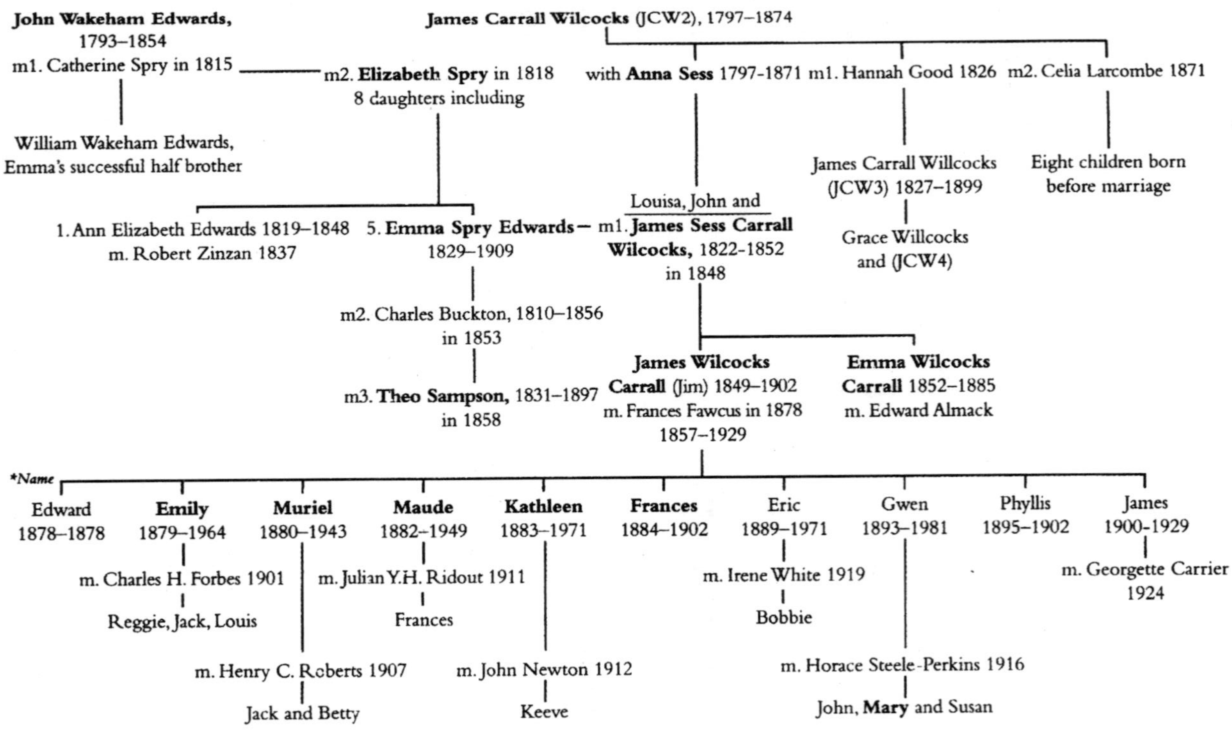

**Name used by the family which was not always the first name*

家谱图，书中涉及的主要人物均以粗体显示。

总序

海关洋员的生活志与第二代海关史研究*

滨下武志

海关洋员的生活志

《海关洋员传记丛书》将海外出版的关于海关洋员的书籍集中译介给中国读者，包括洋员自传，洋员妻子、后人撰写的亲人回忆录和学者撰写的传记。这套丛书的特色在于，第一，从中国近代海关史研究的角度来看，它集中介绍海关洋员的个人历史，有别于以往的制度史、贸易史和经济史研究。第二，从近代人物史研究的角度看，除了海关洋员在中国的经历，还涉及洋员父母、家庭的历史背景和本人青年时代的历史，将海关洋员在中国通商口岸的跨国职业生涯和故乡的地方性社会文化联系在一起。我们发现，这些外国人进入中国海关工作之前，大多有船员和海军等海洋性跨国职业经历，也有大学毕业生、知识分子、传教士、商人和外交官背景，最终作为海关洋员，长途跋涉，不远万里来到中国。第三，从史料价值来看，除了公开出版

* 本序言由李爱丽编辑、整理。

的海关资料,本丛书广泛使用了传记、自传、旅行记录、日记、信函、照片和口述访谈等私人历史资料。①

从个人的研究兴趣出发,我认为这套丛书的特色是揭示海关官员活动的地方性与日常性,从个人化的视角透视海关文化;进而透过海关文化,看清清末中国和世界的时代文化潮流,更加深入地理解多样性的海关历史,包括全球性的时代变化。总的来说,本丛书涉及六个既往关注不多的领域:1)英国和英国以外的海关洋员的人物史;2)围绕海关的社会文化生态;3)海关洋员的家庭生活;4)作为汉学家的海关洋员;5)洋员在海关以外的文化与学术活动;6)人物研究与中国近代史研究。

从1858年开始,中国海关(又称洋关,旧海关)的主要职责是管理不断扩大的对外贸易。因为茶叶、生丝出口的增加,需要新的贸易管理机构。1858年《天津条约》签订后,清政府在各通商口岸建立外贸管理的新机构——外国人管理的海关。海关在课税/纳税这个主要功能之外,还承担了新式教育、海事、邮政等职责,成为一个庞大的政府机构。在清朝覆灭之前的50多年里,海关的行政架构大致如下:

一、中央:总税务司署。

二、征税部门:各通商口岸海关。包括内班、外班、海班,以及医疗检疫人员。

三、教育部门:同文馆、税务专科学堂。

四、海事部门:营造处、理船处、灯塔处。

---

① 已经出版关于海关洋员个人的传记、日记、信函有:《赫德日记——步入中国清廷仕途》《赫德日记——赫德与中国早期现代化》《中国第一客卿:鹭宾·赫德传》《赫德爵士传》《我在中国海军三十年》《青龙过眼》《中国海关密档:赫德金登干函电汇编》等。

五、邮政部门:邮政总部、各地邮局。

20世纪初,海关各部门在职洋员人数约1500人,50年累计洋员人数近万人。职业涉及估税、统计、会计、文秘、翻译、绘图、印刷、验货、医学、检疫、教育、船只驾驶、水手、航道勘测、水文测量、工程建筑、设备营造、灯塔值事和邮件递送等多个领域,吸引了一大批来自欧美各国的专业、专职、技术性、实务性、有语言能力、有体力的人才。实际上,中国近代海关的工作是一个综合性的大事业。①

一直以来,海关洋员研究的主要对象,是以赫德等总税务司为主的最高级官员。可是,从人数来看,洋员绝大部分是地方海关每天在现场从事关务的中级和下级关员们,他们的特征是,不管外国关员或者中国关员,不少人有国际性的船员经验。例如回忆录《青龙过眼》(*Through the Dragon's Eyes*)的作者阿林敦(Lewis Charles Arlington),是苏格兰裔美国人,青年时代有长期的航海船员经历,1879年来到中国,先后加入南洋水师和北洋水师,1886年加入海关,1906年又转到邮政部门,1929年退休后,仍在中国生活。②

另一个例子是英国人戴乐尔(海关登记名戴理尔,William Ferdinand Tyler),他撰写了《我在中国海军三十年(1889—1920)——戴乐尔回忆录》(*Pulling Strings in China*)。戴理尔1889年参加海关内班工作,在上海的江海关担任巡工司,同时受雇于北洋水师,经历过甲午战争,直到1920年从海关退休。③ 他的青年时代也有过全球性的船员经历。戴理尔的祖父是英国东印度公司的专员,留给他父

---

① 复旦大学吴松弟教授整理出版的《美国哈佛大学图书馆藏未刊中国旧海关史料(1860—1949)》展示了海关的工作成就。

② (美)阿林敦著,叶凤美译:《青龙过眼》,中华书局,2011年。

③ (英)戴乐尔著,张黎源、吉辰译:《我在中国海军三十年——戴乐尔回忆录》,文汇出版社,2011年。

亲相当可观的家产。父亲是一位乡村教区牧师。戴理尔认为,“我在中国找到了自己——在事实上——那么中国就是我应该待的地方。于是我向罗伯特·赫德爵士申请,在他那里寻求一个内班人员的职位。他回复我说,可以在他的一艘税务巡船上给予我一个职位”。[①]

有时,父辈的海上经历也会影响洋员的任职。18世纪末到19世纪初,洋员们的父辈已经保有对中国和东亚世界的关心,访问亚洲,从事传教、商贸和水手等工作。有时候,他们带孩子们一起来亚洲。父辈的经验和影响,使孩子们继承了对中国和亚洲的关心,在结束教育后到亚洲寻找适合的工作,从而进入中国海关。当然,进入海关,通常需要经过严格的考试。海关首任总税务司李泰国(Horatio Nelson Lay,1832—1898)的父亲李太郭是一个博物学家和传教士,19世纪二三十年代在东南亚一带活动,第一次鸦片战争后被任命为驻广州领事。[②] 以语言和翻译能力著称的海关洋员邓罗(C. H. Brewitt-Taylor,1857—1938,本丛书有他的传记),父亲曾经是海岸护卫队的水手。

这些在海关现场天天工作的人们,往往有着类似的人生经历,特别是从社会文化活动的侧面看,他们的人生可以分为三个阶段。第一阶段是来到中国之前的时间,一般看来他们都经历过全球性的与海洋有关的活动,以船员和水手为职业,在欧洲、美洲和亚洲的不同海域寻找工作,或者加入海军,跨海训练。第二阶段是在中国海关工作的时期,在海关工作以外,下班以后或者休假时期,仍保有个人的兴趣活动和社交生活。第三阶段是从海关职位退休之后,出于对中国古典文化和社会文化的关心,他们留在中国深化在职期间保留的

① 《我在中国海军三十年——戴乐尔回忆录》,第26页。

② (加)葛松著,邝兆江译:《李泰国与中英关系》,厦门大学出版社,1991年,第1-14页。

学术和文化生活;或者,退休以后回到本国,继续关注中国动态,从事有关中国的研究。

最近的海关史研究中,正在出现一种新的社会文化史取向,关注洋员跨文化的个人际遇,关注洋员在东西文化交流中的作用与成就。像加州大学的佩里·安德森教授(Perry Anderson)和康奈尔大学的本尼迪克特·安德森教授(Benedict Anderson,2015年逝世),他们是蒙自海关税务司安德森(J. C. Anderson)的儿子。他们出生的地点是蒙自,曾表示希望访问父亲工作过的云南蒙自海关。老安德森1914—1940年一直在海关工作。佩里·安德森教授撰写了关于他们的父亲和他们孩提时代在云南的生活的著作。[1] 本丛书收入的海关洋员庆丕(Paul King)的个人回忆录亦属此类。

本丛书正是从社会文化史角度来描写海关洋员的工作经验和人物历史。丰富的社会性和文化性内容,使这套丛书在研究性和资料性方面都有独特的价值。

海关洋员与中国文化研究

1.海关洋员与亚洲文会

在海关总税务司赫德的严格管理下,根据不断下发的总税务司通令,每个职位的人员都严格遵守自己的职务和职责。下班回家以后,他们则属于自己的家庭,融入口岸当地的文化社会。他们常常自己学习中文和中国古典文化,深化和扩大对中国本地的文化环境和古典文献的理解,甚至把中国古典文献翻译为英文、法文或德文,为

① (英)佩里·安德森著,袁银传等译:《思想的谱系:西方思潮左与右》,社会科学文献出版社,2010年。

传播中国文化做出了贡献。如海关英籍税务司包腊(Edward Charles Bowra,本丛书有包腊父子的传记),利用业余时间翻译了《红楼梦》的前八回。前述英籍洋员邓罗,将整本《三国演义》译成英文出版。1874年加入海关的法国人帛黎(A. T. Piry),后来担任邮政司(Postal Secretary,1904)和邮政总办(1910)。他把乾隆皇帝的《圣谕广训》翻译成法文。

海关洋员文化研究活动也令人瞩目。从1870年到1940年,在皇家亚洲文会北中国支会(North China Branch of Royal Asiatic Society)演讲者中,可以确认职业和职位者一共有1256人,具体人数是:牧师/教士318人,海关关员270人,领事等外交家234人,学者/出版/媒体等167人。虽然传教士人数最多,但是海关关员的人数处于第二位,而且演讲的内容一般不是与海关有关的题目,而是以中国古典文学、语言、宗教、地理等社会文化内容为主。说明海关洋员里的知识分子的比率也比较高。

2.作为汉学家的海关洋员

海关洋员中有一些优秀甚至杰出的汉学家。德国人穆麟德就是其中之一(本丛书收入穆麟德夫人撰写的回忆录)。1877—1898年,他在皇家亚洲文会北中国支会四次发表演讲,演讲的题目是:《直隶的脊椎动物》(1877),《中国的家法及与其他民族家法的比较》(1878),《中国的方言》(1894—1895),《比较语言学的缺点》(1898)。[①] 这些题目是博物学和社会/语言学有关的领域,与外交/海关等历史文化领域无关。

海关洋员成为汉学家的另一个代表人物是德国人夏德(Frederic

---

① 参见:王毅《皇家亚洲文会北中国支会研究》,上海书店出版社,2005年。

Hirth),从1870年进入厦门海关开始,一直到1897年辞职。加入海关之前,夏德已经得到了德国莱比锡大学的博士学位。在海关工作期间,他长期任职于总税务司署下面的造册处,1885年编辑出版了供新入职洋员学习中文的《新关文件录》。1909年,海关税务专科学堂的洋员校长邓罗将此书再次编辑出版。1902年,从海关辞职后的夏德应聘前往美国,出任哥伦比亚大学第一任中文讲座教授。夏德著述和编辑出版的汉学著作多达10余部,涉及音韵、字典、地形/地质、艺术、历史等多个领域,以英文和德文出版。

在历史研究领域发挥力量的海关关员也不少。引人注目的是19世纪70年代初同文馆教习、德国人方根拨(Johannes von Gumpach),他研究出版了关于1868—1870年中国第一次访问西洋各国的外交使节团的著作:《蒲安臣使团》(*The Burlinghame Mission;A political disclosure,supported by official documents mostly unpublished*. 1872年在上海出版)。取得更为突出成就的是美国人马士(H. B. Morse),他的《中华帝国对外关系史》和《东印度公司对华贸易编年史》是研究清朝对外关系的经典名著。研究中国的美国著名学者费正清,将马士视为精神上的父亲(年龄上可算祖父),本丛书收入了费正清和司马富等人撰写的《马士传》,对马士的史学成就有详细的陈述。

海关文化研究的新资料

1.个人文件和图片

海关洋员的个人资料,包括书信、日记、回忆录、采访记录、剪报、夫人和亲戚的观察记录和照片等。特别引人注目的是最近开始出版的海关洋员的孩子们的回忆录。为了更深入地了解海关洋员在中国的活动,我们特别需要了解洋员以个人身份保留下的资料,这些资料有的仍保留在洋员后人手中,有的由洋员后人捐给欧美各国的大学或博物馆。寻找洋员后人,鼓励他们将家族收藏的资料捐献给大学研究机构,是英国布里斯托大学毕可思(Robert Bickers)教授正在推进的一项非常有意义的工作。有些洋员后人已经利用这些私人材料出版了著作,本丛书收入的《赫德爵士传》(作者是赫德的侄女裴丽珠)、《金登干回忆录》(金登干长期担任海关伦敦办事处负责人,该办事处是海关全球化活动的代表机构,该回忆录由金登干之子撰写)和玛丽·蒂芬的《中国岁月:赫德爵士和他的红颜知己》就是其中的代表性著作。

2.海关出版物中的"特种系列"和"杂项系列"

海关出版物中,有"特种系列"(II. Special series)和"杂项系列"(III. Miscellaneous series)两类,一共95(44+51)种。其中有大量文化和社会方面的报告,具有非常重要的价值,值得更深入研究。下面出示几个例子,从标题即可看出其内容涉猎广泛。

①《海关医学报告》(*Medical Report*),特种系列 *No.*2,,1871—1911年,半年刊。

②《中国音乐》(*Chinese Music*),特种系列 *No.*6,1884年出版。

③《气象观察与东部海域风暴》(*Instruction for making meteorological,observations,and law of storms in the eastern seas*),特种系列 No. 7,1887年出版。

④ 汉口和其他长江港口药材出口清单及药材估值税(List of Medicines exported from Hankow and Other Yangtze ports, and tariff of approximate values of Medicines, etc.)特种系列 No. 8,1888和1909年两次出版。

⑤ 历次海关代表清政府参加世界博览会的中国展品目录册。杂项系列,共 11 份。

本丛书与第二代海关史研究

近十几年以来,我们发现了一种新的海关史研究潮流,这些研究的特色是关注海关洋员的社会生活史。我们把新一代以海关洋员为主的研究称为第二代海关史研究。从学术资料的角度来看,日记、回忆录代表了私人文书的范畴。在海关史研究中,人物历史的研究一定有助于在更大层面上展开海关人事史的研究。海关洋员汉学家的中国古典研究,一定能开拓文化史和比较文化史研究的新领域。海关出版物的特种系列和杂项系列,为这类文化史研究提供了丰富的资料。同时,对海关伦敦办事处各项职能的研究,有助于讨论海关的全球性活动与功能。从中国近代史角度来看,将全球史与地方史结合起来,是充分利用海关资料展开研究的新课题。

我相信,这套《海关洋员传记丛书》,涉及面非常广泛,不只历史,也涉及经济、外交、语言、文学、文化、汉学、日常生活研究等领域,它们可以把以前分开讨论的各个因素连在一起,构成一幅动态的近代中国历史画卷。

前言

王尔德(Oscar Wilde)1891 年完成的剧作《温德米尔太太的扇子》(*Lady Windermere's Fan*)中有一句名言:"男人与女人之间不可能存在真正的友谊。"[①]现代读者也权当此话为那个时代司空见惯的写照。维多利亚时代的男人和女人分隔而居,按历史学家的说法,他们生活在"不同的领域"里,就好像两个性别的人只存在于各自的世界,因此男女之间怎么可能产生友谊?而且整个社会都在睁大眼睛,寻找着两性之间出轨行为的蛛丝马迹,尤其盯紧女人的言行举止,即使是柏拉图式的情感也怎么能有存在的机会呢?毫无疑问,建立友谊等同于违背维多利亚时代繁杂正统的行为规范,女性当事人有可能因此身败名裂,而男人有时也难逃干系。这就是王尔德剧作的主题。不过,在某些情况下,男女之间的亲密友情实则无伤大雅。

玛丽·蒂芬写作本书,利用了家族文件、档案材料,进行了广泛深入的研究,挖掘出卡拉尔家族那些气质非凡的女性的精彩故事,以

---

① 后半句为"有的只是爱恨情仇"。——译注(全书脚注除特殊说明,皆为译注)

及她们与中国晚清重臣鹭宾·赫德的私人交情。我们也得以窥见其精彩纷呈、细致入微的外侨生活,看到那些行事大胆、心思缜密的女人,在远离家乡的异国追求梦想,挑战维多利亚时代女性观强加于她们的重重清规、条条羁绊。阅读本书的最大愉悦在于,它呈现给读者维多利亚时代的各种男女关系,有夫妻关系,也有情人关系,但令人耳目一新的是朋友关系。本书的核心要旨是展现赫德与卡拉尔家族三代女性那种情深意切、割舍不断的深厚情谊。

赫德与卡拉尔家女性从经验中都明白其中代价。整个社会对男女之间的交情都要指指点点,不以为然。而他们却充满乐观,憧憬友谊的不断深化。他们之间的友谊不仅真实存在,而且一生一世,地久天长。鹭宾·赫德是在中国有权有势的欧洲人,掌权长达 40 年之久。他的真知灼见带给他荣华富贵;对他的流言蜚语也使他饱受指责,蒙冤受辱。赫德与卡拉尔家女性的友情也使该家族时来运转。她们挺过飞短流长和道德中伤,赢得尊重,重拾体面人生。与此同时,卡拉尔家族女性对赫德也产生影响,只不过不那么显而易见而已。赫德坚信,中国强盛,以及中国与西方加强外交关系,对中国和西方都大有裨益。这些观念与当今世界许多政治家不谋而合,但在当时却褒贬不一。有人对他大肆攻讦,也有人真心赞誉。虽然他的事业自始至终紧张而忙碌,但他与女性知己的亲密友谊却给他注入了源源不断的动力,使他在长达半个世纪的时间里,经受住中国政治风浪的冲击,顽强不懈,勇往直前。

贝尔法斯特女王大学一直支持出版本书,这也在情理之中。当年,赫德在这所学校毕业时,其言其行并未显露出前途无量的征兆。但学校毅然决定推荐他入职驻华外交使团。这一决定使他摆脱错交的损友,告别放荡酗酒的生活,没有虚掷一年的研究生学习时光。不仅如此,赫德洗心革面,奋发向上,成为大学最杰出的校友之一。他退休回乡之后,曾被任命为大学的名誉校长。希望本书能帮助那些不太了解赫德生平伟业的读者,给他们讲述这位北爱尔兰波塔当(Portadown)的儿子才华横溢,勇于奉献,且多愁善感,儿女情长的故事。本书带给读者的不是那些永载史册的丰功伟绩,而是赫德更加个性化的一面,尤其是他与女性挚友之间私人世界的点点滴滴。

贝尔法斯特女王大学亚洲历史学讲师
艾玛·赖兹(Emma Reisz)博士

序

此时、彼时

遥远的过去传来先人的呼唤,如同猫头鹰的啼号

穿破林中暗夜而来。呼唤我们倾听、回忆、理解。

——理查德·霍姆斯①(Richard Holmes)[1]

回望

我很幸运,因为我有一群“有故事的族亲,他们同一姓氏,鸿运高照,在异国他乡,取得过各种非凡成就”。[2]我在孩提时代就知道,我母亲,闺名格温·卡拉尔(Gwen Carrall),1893年出生于中国山东的芝罘(今烟台)。她父亲时任当地海关税务司,受来自爱尔兰阿尔斯特的鹭宾·赫德爵士领导。我父亲1938年调职到香港后,我曾跟母亲一起于1939年夏回芝罘探望,还去了离芝罘不远的威海卫(今威海)。此次出行是为了躲避香港潮湿的雾天。当时母亲发现还有驶往芝罘的汽船,于是决定带我去探访她孩提时代的故乡。

① 理查德·霍姆斯(1945—),英国作家,以对英国和法国在浪漫时期的重要代表人物的研究与传记写作著称,现为英国皇家文学学会和英国社会研究院成员。

那年我 8 岁。当时的一些记忆刻在了脑子里。记忆之一是,我们一直往山上爬,爬得很吃力,穿过一个大园子,来到一幢房子跟前。那里被日本指挥官占据着(1936① 年日本人开始对华战争,后占领了芝罘)。他接待了我们,领我们四处游览。记忆中的第二件事是坐黄包车,穿过城郊日本人岗哨,去城外毓璜顶(Temple Hill)一处墓地。陪我们去的是母亲的老阿嬷。[3] 老人一直留在那里,看守我外祖父的墓地。在回城的路上,我一定是睡着了。因为母亲告诉我,老阿嬷对日本哨兵说,我去祭拜先人,让那种肃杀气氛吓坏了。就凭着这些记忆,我终于在 2002 年休假到中国时,抽空去了一趟烟台。此时距外祖父去世已经过了百年。中国国际旅行社当地分社经理陪我去了房产档案局,查找毓璜顶墓地原址,还带我参观了外祖父曾经居住过的烟台"租界山"(Settlement Hill)一带。一些老建筑被保留下来,成为公园的一部分。其中一处被辟为博物馆,十分有趣。当年的税务司官邸早已不见踪迹,但原来的大门处矗立着一块纪念碑,纪念日本占领期间死去的中国人。

1940 年,英国妇女和儿童纷纷从香港撤离到澳大利亚。我父亲算是幸运的,刚好在 1941 年 12 月日本偷袭珍珠港、美国随之宣战的前两周,被派往印度就任。于是,我们前往印度与父亲会合,并一直待到 1945 年 12 月才返回英国。他没有跟我们一起回国。当时我并不知道,那其实是因为父母的婚姻已经走到尽头。当年,我们回到了半生不熟、知之甚少的故乡,身处一种不上不下、尴尬莫名的社会阶层。我只是在写作本书时,才意识到我与母亲、姨妈都有着相似的感受。跟她们一样,我这个中产阶级家的小姐,也必须适应令人窘迫的

① 原文如此。

贫寒，必须帮助母亲持家度日。要知道，在这之前，我的童年可是在父母经营的殖民社会上流生活中度过的。

我的曾祖母，闺名艾玛·斯普赖·爱德华兹（Emma Spry Edwards），是我们家族第一位曾在中国生活的女性。我是在回到英国后，从她孙女、我的凯特姨妈那里知道她的故事的。凯特姨妈名凯瑟琳·纽顿（Kathleen Newton），娘家姓氏卡拉尔。凯特姨妈还告诉我，鹭宾·赫德爵士曾答应艾玛，如果她儿子学会汉语，就给他在海关里找一份差事。赫德于 1863 年至 1908 年任大清帝国海关总管。凯特姨妈是一位生不逢时的不幸之人。尽管历经磨难，她依然对中国恋恋不舍，充满思念。在她 70 多岁时，一位贝尔法斯特记者曾这样写道："我让人为我描绘了一幅［赫德的］画像……是由一位女士描绘的，她全然不知，自己就是一位无比美妙、令人心动的画中人。"凯特姨妈，以及她的女儿，都嫁给了来自阿尔斯特的家族。赫德是她的教父。她于 1900 年去探望他。那年义和团运动正好爆发。其间，她一直记日记。她是本书后半部的主角。她是我们家族的历史学家，保存了许许多多家族记录。但是她从来没搞清楚过，1848 年与詹姆斯·卡拉尔·威尔考克斯结婚的艾玛为什么在 1849 年儿子出生时，将其姓名登记为詹姆斯·威尔考克斯·卡拉尔，于是使本书中她的后代都成了卡拉尔家族成员。

我了解到，自己是家族中第四代到过中国的人。因此，1949 年至 1952 年，我在剑桥大学读历史时，选择了 1830—1842 年中英关系作为我的研究课题。但是由于我丈夫被英国文化委员会派往海外工作的缘故，我只能将自己的事业投向中东及非洲地区，成为一名社会经济发展领域的专家。2001 年退休之后，我才终于开始专注研究我母亲家族的历史。2002 年的中国之行就是研究工作的一部分。我向表兄弟姐妹们报告了此事。凯特姨妈的女儿姬芙将她母亲收集的材料寄给我,还有她之前捐赠给赫德母校贝尔法斯特女王大学的赫德史料。其他表亲给我提供了老照片。

赫德与我家族的关联

我花了大量时间探究外祖母家族、福克斯家族(Fawcuses)及斯贝舍尔家族(Specialls)的渊源。直到2006年秋,我才开始述及凯特姨妈1900年的日记,那里面有她探望赫德爵士的内容,她探访后不久就发生了义和团大举围困外国公使馆事件,赫德深陷其中。布里斯托大学的罗伯特·毕可思(Robert Bickers)教授当时正在筹办2007年2月召开一个有关赫德与大清帝国海关的学术会议。在他盛情邀请下,我欣然赴会,并带去了凯特1900年的日记、两大本相册以及我母亲传给我的一幅锦旗,那是1900年别人赠予我外祖父的礼物。这些物品引起不少参会者的极大兴趣。而我本人则认识到,原来赫德在中国维新变革之初及参与全球贸易活动中,扮演了多么关键的角色。他所领导的大清帝国海关是中国第一个现代意义的政府机构。这个独特机构的高层职位完全由洋人充任,他们来自所有与中国有贸易往来的国家,其最高负责人则是这位直接向中国政府汇报的英国人。从职员的多样性来看,此机构极似现代国际组织,或大型商企。它负责的领域涵盖港口、灯塔、统计数据采集,涉及贸易、卫生、气象,以及后来建立的现代邮政部门,五花八门,林林总总。它还承办了两所高等院校,培养有志于学习西方语言及科技的中国学生。除此之外,赫德还是一位深受信赖和器重的中国文官,加之他熟谙洋人与中国人的思想观念,故被委以重任,数次参与国际危机事件的调停斡旋。我发现,我手中的资料不仅事关我自己的家族,而且对更多的人具有重大意义。

当时在贝尔法斯特女王大学工作的理查德·奥莱瑞(Richard O'Leary)博士邀请我去研究保存在那里的赫德史料,其中就有姬芙捐赠的物品,标明艾恩斯捐赠[4](Irons Gift)。这部分捐赠物品中,有赫德 1896—1907 年写给凯特姨妈的 23 封信。资深专题图书馆员迪尔德丽·维尔迪(Deirdre Wildy)也挖掘整理出一箱当时尚未开放的赫德物品,其中包括 1902—1903 年凯特、她母亲及其两个姐妹写给赫德的信件。当时,我外祖父已经过世,而她们也已经回到欧洲。还有一封出自我曾祖母艾玛·斯普赖·爱德华兹之手的信件,表明她在 1858 年初次见到赫德之后,两人就有书信往来。一封赫德写给凯特的信件显示,艾玛有一个也叫艾玛的女儿,曾于 1875 年看望过生活在北京的赫德及其妻子。赫德视小艾玛为挚友知己。由此可以看出,赫德与卡拉尔家族女性保持了长达三代的友谊,令人惊叹。

在义和团运动中,赫德的北京寓所遭大火焚烧,所有 1900 年之前收到的信件都化为灰烬。所幸他的日记被及时抢救出来,并由他的曾孙于 1970 年捐赠给贝尔法斯特女王大学。我第一次前去查询时,研究了 1882—1883 年的一批日记。在那段时间里,我外祖父母曾寄居在赫德家。凯特姨妈就是在那里降生的。从日记可以看出赫德为人真诚热情,慷慨大度,但这种真实个性却掩藏在总税务司的威严头衔下。这是我外祖母说的。而这种个性也在他给姨妈的信中展露无遗,甚至超过他在日记中流露的个性。但在他的税务司之一——庆丕(Paul King)的笔下,这个上司脾气恶劣,心怀成见,其形象与卡拉尔家族成员的亲身感受截然相反。[5]

2008 年初,迪尔德丽·维尔迪获得许可,拿到全部赫德资料的目录。当我再次造访时,又发现了一百多封信件。其中一封显示我外祖母自从1882—1883年在赫德家住过之后,就与赫德有信件来往。与此同时,布里斯托大学也将芝罘老照片进行了扫描,制成电子版文件,作为19世纪和20世纪欧洲人镜头下的中国史料。这些资料都可以在网上查询到,而且高清扫描使我可以把那些褪色、泛黄的老照片修补更新,使用于本书中。[6]我很幸运,不仅拥有一个有故事的家族,还拥有一座蕴藏珍贵一手资料的宝库,可以再现他们的思想和情感,他们的举手投足和音容笑貌。

赫德与女性、家庭、下属

在我研究这些人物时,有两个主题脱颖而出。第一个与鹭宾·赫德爵士本人有关。本书无意评述其主要功绩,或全面概括其复杂性格。我的注意力主要集中于他与女性及家人的关系,这也会触及他与下属职员的关系。他与女性之交往随即引出第二个主题,即维多利亚时代家庭的性质,以及维系这种家庭制度的社会规范。这里所说的家庭有两种形式:基于婚姻的合法家庭,以及没有婚姻,但育有子女的不合法家庭。

以事实为依据的作者往往受制于证据的掌握程度。我外祖父母和姨妈1896年以后的口述史料,能让我在家庭主题方面展开叙述。他们的信函、日记,以及报告手稿,我都用斜体字①引用,也让人们回忆起打字机和电脑诞生前的年代。人们可以像本篇序言开头理查德·霍姆斯所说的那样,听到他们的呼唤。但是,即便我们以平视眼

① 中文本以楷体标明。

光来洞悉他们的内心世界，这些了解也可能还是以偏概全，难免偏颇。为了能够尽量理解书信者们的思想，我提供事件的某些背景，并阐释当时约束家庭生活的社会规范。我拥有的优势是身处几代人之间，承接历史，联系今天。当年那些社会规范和对女性的种种束缚，在我1945年12月从印度回到英国时依然存在。所以，我要让大家也听到我的心声。

赫德从一个意气风发的年轻人，成长为一位心灰意冷的一家之长，而随着他的成熟，他与女性、与家庭的关系也发生着变化。年轻时接受了宗教思想的灌输，奠定了他的基本良知。他一方面遵循婚内性生活的理念，尽管不完美，同时又秉持清教徒的强烈职业道德。这种职业道德驱使他将天赋的聪明才智运用到工作当中。借此，他不仅养活自己的一大家人，而且还给为他效力的人们争取到好结局，其中也含有正常的野心抱负，以及对财富和名望的渴求。[7]年轻的赫德情感丰沛，不仅需要性的满足，也需要朋友相伴的情谊。但他工作缠身，加之北京的外侨社交圈子极为狭窄，他几乎没有机会找到能满足这两种需求的女性伴侣。有关赫德生平的三个章节恰好与他相识的卡拉尔家族三代女性的故事重叠，而三代女性的故事贯穿全书。事业目标与感情需求的冲突使赫德不时陷入情绪低谷，即便是在他年轻的时候。人到中年后，这种抑郁更是使他几乎崩溃。到了孤独凄凉的晚年，也就是本书第十一章，我们看到他仍挣扎在年轻时与一位中国女子一段私情的孽债中，合法子女也令其大失所望，中国的发展并未出现他所期望的结果。他的日记和信函透露了他的心声，读者可以自行判断与评价。不过，我在此章最后提出了我对他与女性关系、与下属关系的个人观点。

我所掌握的卡拉尔家族第一手资料并不均衡。关于前两代女性,我掌握的只有几张照片、赫德日记、凯特姨妈的一些回忆录、在英国领事馆档案中找到的艾玛第二任丈夫的零星记载,以及她第三任丈夫西奥菲利斯·桑普森(Theophilus Sampson,中文名谭顺)的手稿。有时,我只能从当年旁人的叙述中找到平行佐证材料,作为补充。本书前三章讲述了赫德、我曾祖母,以及她第三任丈夫西奥·桑普森是如何于1853年和1854年来到中国,原因是什么。第一章讲述艾玛从一个宁静整洁的德文郡(Devon)小镇来到伦敦贫民区。在经历了第一次失败的婚姻后,她来到了战乱连绵的中国。第二章讲述赫德从阿尔斯特来到中国,于1858年与艾玛和西奥·桑普森相遇,并于1863年开始执掌大清帝国海关。本章最后讲到他在1866年休假期间与一位体面的爱尔兰姑娘喜结良缘。他希望这桩婚事能够使他从肉体欲望与道德良知的纠结中解脱出来。第三章讲述了一贫如洗的西奥于1853年来到黄埔,时来运转,事业亨通。这几章都讨论家庭这个主题。艾玛与第一任丈夫,即我曾祖父的婚姻属于非法关系。这在他去世时,给她增添诸多麻烦。而赫德在1857年到1864年间,与一位中国姑娘保持了不合法的关系,并且有了三个孩子。第四章记述了赫德婚姻的破裂,以及精神抑郁。多种原因导致这种结果,其中包括他对年轻聪慧女性的倾慕,如艾玛的女儿——艾玛·卡拉尔,她于1875年在他家暂住。另外的原因是他的非婚生子女再次出现在他的生活里。还有一位迷人的吉罗福(Glover)夫人。本书第五章梳理了我外祖父,艾玛之子——贾雅格(Jim Carrall)早期在海关供职的生活轨迹,他与弗朗西丝·福克斯(Frances Fawcus)的婚姻情况,1883年他们两人在北京与赫德相处的过程(在此期间,弗朗西丝,而不是贾雅格,赢得了赫德的倾心),还讲到1884年贾雅格在福州面对法国人大举进攻时表现出色,为自己重新赢得良好声誉。

我在贝尔法斯特发现的卡拉尔家族信件,以及凯特姨妈1900年的日记,成为本书第二部分的基本素材。在第六章到第十章里,我作为家里人,从中观察维多利亚时代一个合法的、充满亲情的外侨家庭。1896—1911年,不仅对当事人(女儿们个个长大成人,进入青春年华),而且对整个中国来说,都处在关键时刻。这一时期,她们与赫德的关系炽热而持久。凯特的观点可以从她父母及姐妹的信里得到补充。我们可以同赫德一样,分享她的学习生活,分享她到北京看望他的快乐,经历1900年义和团运动,还有种种情感磨难,造成这些情感的波澜,或是因为经历了一段婚姻,或是源于婚约解除和一家之主倒下的不幸,或是由于1902—1911年重返故乡而艰难地重新适应生活。

这些信件描绘了赫德与职员或同僚的女儿们和妻子们之间极为亲密的关系。其间,他一直严于律己,将这种关系维持在友谊范畴之内。这些红颜知己的友谊帮助他熬过了由于合法婚姻失灵,与自己亲生骨肉(婚生与非婚生)分离而居、对簿公堂而造成的心灵孤独。他给卡拉尔家族女性的回信充满对年轻人及其母亲们的体恤与理解。第十一章讲述了他在最后岁月里,作为一名失败的父亲,求助于工作"鸦片"(他对凯特说的原话)来抵御内心的孤独与悲伤。他挑起新的工作重担,包括承担国内贸易税收工作,创建现代意义的邮政服务,并为此呕心沥血。面对欧洲列强及日本人对中国领土的攫取,面对他尽心效力却积贫积弱、垂死挣扎的清政府,他竭力扶助,以求保住帝国一统江山。本章还探讨了他的人事管理制度。他维护海关利益,忠心耿耿,时刻牢记任人唯贤这一原则,不管他个人是否喜欢此人或此人妻子,只要是有才之士,不论对其第一印象是好是坏,都不会影响其升迁之路。

卡拉尔家族并非唯一与赫德保持友谊的人。1905 年在他七十大寿时，其下属职员向他致辞祝寿：

我们谨代表近万名各个级别、各个国籍的职员，请您接受我们最诚挚的祝愿。祝您年年岁岁安康快乐。我们不仅将您当做我们的上司，我们也有无数理由将您视为私人朋友。[8]

说此番话语的都是男性。而本书恰恰揭示的是，在很多情况下，他们的妻子、儿女同样将赫德视为可信赖的私人朋友。

维多利亚时代的合法家庭与不合法家庭

在开始讲述故事之前，我或许应该描述一下维多利亚时代的家庭概貌。合法家庭一直是社会大厦的基石，千百年来一代接一代。它保证了人们的价值观、技能和知识得以传承后世。婚姻一旦缔结便要从一而终。在此基础上，社会确保男人在近四十年生儿育女的人生阶段必须承担起保护妻子孩子的责任。例如，我的外祖母弗朗西丝于 1878 年生下第一个孩子，她的小儿子在 1918 年时才年满 18 岁。她于十年后去世。不过，说到家庭大小，维多利亚时代所指的家庭范畴要大于父母加上孩子。它还包括祖父母、姨、姑、叔、舅，以及更加复杂的表兄弟姐妹。这一点很重要。如果父母一方亡故，最常见的情况是未亡的配偶需要依靠大家庭帮扶，才能继续生活下去——特别是由男性亲戚提供经济支持，女性亲戚则给予照顾。不过，这种大家庭能否提供社会保障，主要取决于家中成功男性的数量。家中是否有儿子也至关重要。一个懂事孝顺的儿子知道应该对母亲和姐妹伸出援手，尤其是在父亲去世、家中陷入窘境的时候。

当年国家很穷，政府无法提供社会保障。英国政府根据《济贫法》条款，令各地征收济贫税，以此为无力谋生的贫民提供最低救济。但是，如果遇上经济萧条，穷人数量增加，此类征税便会逐级加码，足以拖垮中产阶级商人、专业人士或手工艺者，让他们倾家荡产。我的一位福克斯家族祖先就是在 19 世纪 40 年代遭此厄运的。不过，社会已经进入一个繁荣阶段，使得婚姻生活中出现角色分工。大多数中产阶级妇女可以专心侍候丈夫和孩子，洗衣做饭，收拾家务，打扫卫生，保证家人身体健康，并在家人生病时专心呵护。她们还要负责孩子的早期教育，负责家庭的书信往来，招待宾客，维持家族联系网正常运转。在此期间，她们不必再照看店铺，或帮助丈夫打理其他事情。做工挣钱，养家糊口，主要是男人的职责。

由于这些原因，婚姻大事必须严肃对待，要与家庭成员进行商议，要等到年满 21 岁，且必须征得父母明确同意（一般是指父亲。但如果父亲过世，则由母亲定夺）。一个男人不言而喻要承担的严肃责任是，如果女孩无意接受他，无论她以怎么样的举动怂恿他，都不应迈出求婚的一步；男人一旦被女孩接受，则应当完成婚姻大事，不能逃脱这些责任。如果他自称为绅士的话，则更应如此。卡拉尔家族发生了两桩戏剧性事件，再好不过地说明了这种情形。

我们知道，那个时代的女性都处于二等公民的地位。直到 1850 年到 1900 年期间，女性才逐步掌控了自己的个人资产，逐渐接受高等教育，拥有个人事业。因此，我们不太关注那些从一而终的合法婚姻的对立面，即非婚生子女所遭遇的耻辱。这种情况其实相当普遍。因为当时广为人知的唯一安全的节育方法就是禁欲，不发生性关系。人们所称的“私生子”根本无法得到父亲的资助，或随父亲的姓氏。

很多男人,包括艾玛的非法定公公和赫德,虽然能够为他们的非婚生子女提供经济援助,但无法与孩子们生活在一起,享受天伦之乐。简·奥斯汀的《艾玛》中那位哈丽特(Harriet)对自己的父亲就一无所知,虽然他一直给她提供生活费。这些父亲无法同婚内父亲一样,守在儿女身边,给予他们关爱、呵护、指点、鼓励或处罚。合法的父亲也许会因为工作或打仗而远离家庭,一走便是数月甚至数年,但这与主动离家出走不同。我可以从自己的亲身经历证实这一点。面对父亲的死亡,孩子们可以鼓起勇气,毕竟,人不在,骨肉之情仍留心间。但抛妻别子的父亲留下的只有苦涩怨恨。

于是,非婚生子便成为男女不负责任的丢脸之事,也成为对整个社会的危害。因为,这种孩子没有得到培养,不可能成长为负责任的、有道德的社会公民。私生子传承的是劣质血统。(我们会说,他们的家庭背景不利于培养出良好的素质,当然也不是绝对不可能。)这种耻辱会代代相传。在 1947 年和 1959 年,凯特姨妈为了了解更多有关其祖父的身世,曾寄信给威尔考克斯家的人,但却遭置之不理。因为那家人根本不希望与这一支非婚后代有任何瓜葛。[9] 而赫德年逾七旬时,还在疲于应对年轻时婚前私情的后果,以及可能被人讹诈的窘境。

正常的合法婚姻,如果一家之主生活在国外,也会面临特有的难题。首先,对父母来说,移居国外的生活会经历原籍国与住在国之间的矛盾冲突,会与年迈父母分离,也经常会与子女分离,而这些子女需要在家乡接受教育。第二,19 世纪的中国险象丛生,不仅平民暴乱不断,19 世纪 50 年代蔓延全国,1900 年再次爆发,而且染病致死的风险远比在家乡要高得多。第三,不管是像赫德那样离任退休回乡,还是像卡拉尔家一样,由于一家之主过早亡故而匆忙返乡,都要面临重新适应故乡生活的挑战。

子女成长的问题,是外侨家庭的父母都不能幸免的更常见烦恼。当时的道德观念使父母与子女在男女之情问题上产生冲突,激烈程度超过当今时代。赫德与卡拉尔家人均经历此番挣扎。一些女性开始充满梦想,于是带来新的冲突,如我的姨祖母艾玛和我的凯特姨妈,她们都梦想拥有自己独立的事业。在最后一章,在讨论过赫德与女性、与家庭的关系之后,我增加了一个简短的个人后记,是关于一个我们需要面对的社会问题,即在培养有爱心、有道德的下一代时,父母可以采取不同的做法,而无需求助于曾指引过赫德的那种宗教伦理。

鸣谢

感谢布里斯托大学的罗伯特·毕可思教授,及贝尔法斯特女王大学的迪尔德丽·维尔迪。承蒙他们对本书自始至终提供帮助和建议。布里斯托大学网站是一个无价资源,提供了海关人员资料。当时就职于布里斯托大学的凯瑟琳·拉德斯(Catherine Ladds)在访问南京海关档案馆时,热心收集了有关我外祖父的资料。我与她,以及当时任职于贝尔法斯特女王大学的理查德·奥莱瑞进行讨论,激发了我很多想法,帮助我了解了更多海关背景知识。贝尔法斯特女王大学亚洲历史学讲师艾玛·赖兹(Emma Reisz)博士在最后阶段给予我诸多宝贵的帮助。作为伦敦经济学院的校友,我可以使用他们的完美图书馆,享受馆员的大力帮助,这一点非常宝贵。互联网使我能够与家族历史学家同行们交流切磋,其名单已列在参考书目中。互联网也让我找到19世纪著作的作者,并与全球研究中西方交流的学者进行沟通,我非常感谢他们的鼓励和指点。他们是剑桥大学方德万(Hans van de Ven)教授、纽约州立大学宾汉姆顿分校范发迪(Fa-ti Fan)教授、香港大学约翰·卡罗尔(John Carroll)教授、大英图书馆的弗朗西斯·伍德(Frances Wood)、狄德满博士(Dr R. G. Tiedemann)。苏珊娜·霍(Susanna Hoe)及另外两名匿名评审者也对本书修订提供了真诚帮助。

在家族方面,姬芙的贡献前面已经讲过。遗憾的是,她在此书完成前不幸去世。慕德姨妈(Aunt Maude)的孙子伦诺克斯·哈维-杰米森(Lennox Harvey-Jamieson)提供了两本摄于芝罘的老照片。艾米丽姨妈(Aunt Emily)的孙子威廉·霍士-纽顿(William Forbes-Newton)提供了她的一些照片和回忆录。茉莉尔姨妈(Aunt Muriel)的孙子安德鲁·德·坎多尔(Andrew de Candole)也提供了一些资料。在一些章节注释里,我也提到其他人。他们有的与我有着共同的祖先,有的人的祖先与我的祖先有过交往。

我还要感谢我的老朋友及同事,玛格丽特·科内尔(Margaret Cornell),我们在海外发展学院(the Overseas Development Institute)共事期间,她曾编辑过我的书,并主动通读我的初稿。书中后来出现的错误完全是我的原因,与她无关!我女儿詹尼,女婿杰森,儿子马丁也都从他们这一代人的视角提出过意见,作用巨大。戴安·布朗(Diana Brown)多次提供帮助。Amolibros 出版社堪称优秀出版社。我丈夫布莱恩(Brian)任劳任怨,不厌其烦地处理与作者相关的麻烦事。感谢他的爱,他的体贴,以及在家中对我的支持。

第一章

艾玛·斯普赖·爱德华兹 1853 年到中国

“我们的船屋中了 37 发炮弹，其中一发六磅炮弹呼啸而过，只差两英寸就射中我妻子脑袋，离我小儿子也只差分毫。”查尔斯·巴克顿(Charles Buckton)这么写道。他是艾玛·斯普赖·爱德华兹的第二任丈夫。那么，一位来自德文郡的年轻女子怎么会在 1854 年 12 月 29 日出现在珠江边一条船屋里呢？他们当时正身处大清皇帝的炮艇与叛匪船只的激烈交战中。她后来又是如何与大清帝国海关总管赫德成为终生知己呢？为什么她嫁给姓威尔考克斯的丈夫，却让她的孩子姓卡拉尔呢？答案与她首任丈夫的社会地位有关。这个故事错综复杂，扑朔迷离。但我需要讲清楚，让人们知道卡拉尔家族的人为什么会来到中国，还要讲述不合法婚姻所带来的各种危险。

艾玛的父母来自德文郡

爱德华兹家族在德文郡南汉姆斯拥有一块农田，世代耕种。那一带土地肥沃，丘陵起伏，小小村庄散落其中。按规矩，家中田产由长子继承,其余的儿子和后代则另谋生路。艾玛的父亲约翰·韦克姆·爱德华兹(John Wakeham Edwards),生于1793年,属于这种另谋生路的儿子。他从14岁左右开始做学徒,7年后成为一名外科医师。他的师傅是一名老医生,教他使用各种常用药剂,比如鸦片酊,也教他了解用酒精为创伤镇痛的利弊。[10] 掌握这些技艺后,外科医师可以处理打斗受伤、事故受伤、产妇难产、肾结石等问题。他们或在自己家中动刀动剪,或者出诊病人家现场手术。还经常会有些人来寻医问诊。药品是他们自己调配出售的,是主要收入来源。

1815年,这位年仅22岁的外科医师迎娶了凯瑟琳·斯普赖(Catherine Spry)为妻。1817年,他们的儿子威廉降生,但凯瑟琳数月后去世了。次年,约翰又娶了她的姐姐伊丽莎白·斯普赖(Elizabeth Spry)(见第vi页家谱图),并与伊丽莎白生下八个女儿和一个儿子。由于当时女性的主要生活保障来自家庭,如果丈夫亡故,这种女儿多儿子少的悬殊情况简直可以说是一个灾难。伊丽莎白的头几胎孩子,包括排行第五的艾玛,都出生在奇林顿(Chillington)的小村庄。后来,全家人搬到几英里外的金斯布里奇镇(Kingsbridge)。艾玛于1829年6月在那个教区的教堂接受了洗礼。几个孩子中,只有她使用了母亲的姓氏斯普赖,而且几乎一辈子都用这个名字签字。

如今,要想去金斯布里奇这个南汉姆斯的重要集市小镇,只能走北面的乡村小路,或从达特茅斯(Dartmouth)坐渡轮,从东面到达。当年水道纵横的金斯布里奇河口有不少水路,通往附近村庄或更远一些的小镇。那时,这个"气候凉爽"的小镇已经有了自来水,从不远处的山上接下来。这里有一个提供照明的煤气厂,一些小店铺和小作坊。从怀氏字典(White's Dictionary)中可以查到,1841年这里居民人数为2000人,1851年达到3000人,有五位外科医师。

在争夺病人的激烈竞争中，约翰处于下风。《伦敦宪报》（*London Gazette*）1839年7月26日登载了他破产的消息，称他为“药剂师，商户，小贩”。这说明他除了卖药，还兼卖其他物品。1841年人口普查信息显示，他后来又恢复了“外科医师”的称号，而且可以看出，当时12岁的艾玛与父母及五个姐妹住在邓科姆街（Duncombe），位于高尚的富勒街（Fore）街角处（见图1.2和图1.3）。从他们雇一个佣人的情况来看，他们的日子只是小康，同时说明母亲要向女儿们传授实用的烹饪知识和持家之道。他们没有助手帮助固定病人，以实施无麻醉手术，或者帮助递送器具，调配处方药。约翰的两个儿子既不在家，也不住在当地。由于记录上只显示1817年6月约翰·韦克姆·爱德华兹聘用了一名叫苏珊娜·斯通（Susanna Stone）的13岁女徒弟，因此，很可能他在女儿们长到十来岁时就教会其中一两个给他打下手，训练她们掌握一些本领。如果女儿还没嫁出去，便要打发她们出门找活儿。1841年和1851年的两次人口普查中，艾玛的姐姐凯瑟琳都不在家。中产阶级小户人家可养不起吃闲饭的。

19世纪早期，女孩子受的教育少得可怜。1841年人口普查记录显示，家中没有雇家庭女教师。在请不起家庭女教师的中产阶级家庭里，女孩子们一般都是由母亲和姐姐来教。女儿艾玛喜欢读书，但对历史和地理常识却知之甚少，即便斯普赖家与此有关。她珍藏着母亲与同父异母兄弟威廉·斯普赖的来信。他在海军司令罗德尼（Rodney）的舰艇上做海军少尉的候补军官，参加过1782年的桑特海峡战役（Battle of the Saints）①，那里距西印度群岛的多米尼加不远。

---

① 桑特（Saintes）是加勒比海三个小岛的名称，位于多米尼加和瓜德罗普之间。桑特海峡战役发生在1782年4月9日至12日，英、法两国为争夺西印度群岛而在加勒比海地区展开了一场殖民战争。最终英国皇家海军舰队在海军司令乔治·罗德尼（George Rodney）率领下取得重大胜利，从而结束了法国对该地区的威胁。

她竟然搞错了战役地点,也不了解法国战败的意义。[11]从她写给赫德的信中,我们可以看出,她很庆幸自己的孙女们于世纪末在中国受到比她好得多的教育。

儿子都可以到学校去上学,学习基础的拉丁语和数学。在英国,19 世纪 30 年代之前,外科医师属于受过最好教育的一类人。他们的学业异常繁重,难度远远超过那时尚未改革的牛津大学和剑桥大学的学位课程。他们至少要完成四年听课与实习,然后才能参加皇家外科医师学会的资格考试(MRCS)。[12]我们后面要提到的阿礼国(Rutherford Alcock)和裴式楷(Robert Bredon)均放弃外科医师职业,在各自为中国政府效力的过程中一路高升,颇有建树。1840 年 8 月,艾玛的同父异母哥哥威廉取得了外科医师资格,时年 23 岁。他的朋友,比他稍长几岁的罗伯特·金赞(Robert Zinzan)也获得了外科医师资格,并于 1837 年 8 月,在金斯布里奇女方教堂迎娶了爱德华兹家的大女儿安·伊丽莎白(Ann Elizabeth)。二十岁的威廉非要做第三证婚人,签上自己的名字(法律上并不要求),似乎想显示是他撮合成了两人的姻缘。按照规矩,他父亲是第一证婚人。第二年,父亲还在金斯布里奇接生了安的头胎女儿拉维尼娅(Lavinia)。(拉维尼娅后来跟随艾玛去了中国)而艾玛自己的婚姻却与此截然不同。

在凯特姨妈的回忆录里,奶奶热爱大自然,喜好诗歌。艾玛去世后,她在其物品里找到《英诗精华集》(*Book of Gems*)。这是一套带插图的诗歌集,共三卷,19 世纪 30 年代后期问世。艾玛在格雷(Gray)的诗上做了标记:

> 啊,明媚的群山! 啊,迷人的绿荫!
> 啊,开阔的田野,我向往的地方!

回想快活童年，我曾在此漫游，
不知何为人生忧伤！

在之后的岁月里，她的生活完全不见明媚的山野，迷人的绿荫。

移居伦敦，艾玛嫁与谁人？

1842 年艾玛的父亲搬到伦敦。1843 年 1 月，他作为一名有法定资格的医疗证人，在伦敦老贝利街（Old Bailey）中央法庭一桩案件审判中出庭。他称自己是一名外科医师，住在沃德大街（Wardour Street）66 号。在这之前，一定是发生了什么重大变故，逼得他收拾行装，离开世代扎根的南汉姆斯小镇，来到苏荷（Soho）这个肮脏龌龊的伦敦贫民区。在这里，一家人与牲畜为伴，守着屠宰场和热气腾腾的炼油锅。臭水沟破烂不堪，臭气熏天，房檐下的粪坑永远没人清理。[13]也许出于同样的变故，他儿子威廉不得不于 1842 年远走西印度群岛的安提瓜（Antigua）。[14]父亲在儿子的教育上可算是下了血本，本来指望他长大后一同行医，帮助养家。现在美梦破灭了。（小儿子约翰 1841 年时大概在上学，后未能获得资质，1868 年死于一所疯人院，到死也只是一名医疗助理。）

当时的医疗知识相当落后。约翰·斯诺（John Snow）医生早在 1854 年就明确表示，苏荷区的一口水井饮用水很可能被污染，是造成霍乱的元凶，比呼吸污染空气更可怕。1847 年，维也纳一家医院的内科医生伊格纳茨·塞麦尔维斯（Ignaz Semmelweiss）发现，只要医学学生和医生在解剖尸体后，在产妇检查之前彻底洗手，就可以大大减少医院中经常发生的产褥热引致的死亡。这套理论在很多年之后才被人们接受。大量疾病由细菌扩散,并且通过各种机制在人与人之间传播,也是后来才被悟出的道理。

即便如此,由于有了 1815 年颁布的一条法律,很多人通过学习和考试获得了医生资格。这些医生的名字后面有字母,代表资质,他们对药品和疾病的了解很可能超过那些名字后面不带字母的人。举家搬迁伦敦带来经济上的灾难。1846 年 6 月 6 日《伦敦宪报》登载,被投入债务人监狱的约翰·韦克姆·爱德华兹提出申诉,请求以破产为条件,释放出狱。(一部 1838 年的法案允许欠债人向临时受让人交出所有资产,以换取释放出狱。)记录将他描述成"曾住在士得利园(Stepney Green)大街 36 号的前住户",显然他曾在那里住过,当时的身份是"外科医师、药剂师、产科男医师"。他的破产申请随即生效。女婿罗伯特·金赞有可能租用和居住在圣马丁街(St. Martin's Lane)的一个外科诊所,这使他岳父可以重操旧业,东山再起。这位女婿 1845 年在埃德蒙顿(Edmonton)居住并行医,1848 年前已搬至如今伦敦北部郊区的哈克尼路(Hackney Road)。艾玛此时已经 15 岁,很可能为了贴补家用,做了罗伯特·韦伯(Robert Webb)的助手。1851 年人口普查信息显示,罗伯特·韦伯 31 岁,全科医生,拥有皇家外科医师学会资质、药剂师执照,与妻子住在波普拉区的高街(High Street,Poplar)266 号。同艾玛一样,他也是出生于奇林顿那个小村庄,所以,一定认识艾玛一家,同时他也是艾玛姐夫罗伯特·金赞的朋友。艾玛很可能只是做助手,赚取一个栖身之地和一些零花钱。爱德华兹家的女儿们没有一个做护士的,因为这个职业被视为低贱的、名声不好的行当。想想狄更斯《马丁·瞿述伟》(*Martin Chuzzlewit*)中甘普夫人(Mrs. Gamp)这个角色就明白为什么了。英格兰当时没有培训护士的学校,而同时代的佛罗伦丝·南丁格尔(Florence

Nightingale)是个来自上流社会的富家女,为了到国外学习护理,与父母发生争执,最终也没得到他们的同意。

1848年之前,艾玛与詹姆斯·塞斯·卡拉尔·威尔考克斯(James Sess Carrall Wilcocks)已经相识。他是一位印刷商兼出版商,住在泰晤士河对岸朗巴斯区(Lambeth)约克路(York Road)。但他上班地点在热闹的斯特兰德大街(The Strand),离圣马丁街不远。我们可以有把握地推测,艾玛的父母一定打探过这家人的底细,打探结果令他们大为不悦。詹姆斯并未在1848年4月27日婚礼前三周交钱办理结婚登记,所以没有教堂的结婚公告。"艾玛已经19岁多了",詹姆斯发誓说,他已征得必要的父母同意(图1.4)。但从接到通知到提出反对,他只给艾玛父亲留下三天时间,这是最低的法定时限了。

婚礼于4月30日在新郎的教区——滑铁卢区的圣约翰教堂举行。艾玛填写的地址是波普拉区高街。当时第一证婚人为罗伯特·韦伯。第二证婚人为新郎姐姐路易莎(Louisa)的丈夫约翰·布雷克(John Blake)。现场没有父母证婚人,这种情况很罕见,尤其新娘还属于未成年姑娘。凯特姨妈确信,艾玛嫁人之事并未得到父亲的允许。她结婚的那个年代,摄影才刚刚出现。不过从后来为她绘制的画像中,我们可以看出,她是一位性格刚强的女性(图1.a和1.b)。一旦她拿定主意嫁给詹姆斯,便不再听人劝阻,即便她知道父母为什么会反对这桩婚姻。

新婚燕尔的快乐很快因姐姐的病故蒙上悲伤。金赞于1848年5月22日星期一在《泰晤士报》上登出了讣告,称她的去世令人"深感悲痛"。发送讣告的地址是圣马丁街87号。妻子撒手而去,撇下四个孩子,金赞无法应对,看来有一段时间,他是与岳父一同开诊,一同居住。到1851年,他搬离了伦敦,把两个孩子留给岳母照料,另外两个孩子送到自己母亲家。家庭中男性和女性完全有不同的角色分工,是实际需要,实属无奈。因为,当年丈夫工作的时间比现在长得多,而妻子则要保持家里家外干净整洁,要负责一家大小穿衣吃饭,还要忙里偷闲教育子女。加之当时没有电,没有机器,所有家务全凭主妇一双手,属于高强度劳动。[15]

1851年人口普查信息显示,詹姆斯的工厂雇用了20个男工,也只能请一位熟练女佣帮忙打理。她叫玛丽·墨菲(Mary Murphy),是一个年仅28岁的爱尔兰寡妇。(艾玛的母亲则要在家里照顾三个未出嫁的女儿和两个外孙,身边只有一个18岁的女孩做帮手。)艾玛似乎过得还好。他们的儿子于1849年9月24日生于朗巴斯区约克路48号。生了儿子本应是家里可喜可贺之事,春风得意的父亲会马上为头生儿子登记身份。但在这个家里,却不见有这样的喜庆,因为,孩子的名分成了大问题。

有可能是詹姆斯父亲的那个人是埃克斯特郡(Exeter)的一名富商,他们家族有五位父子同名,都叫詹姆斯·卡拉尔·威尔考克斯,他是第二位,我们将称其为詹·卡·威2号(JCW2),以区别于艾玛的丈夫詹姆斯。[16]他的母亲安娜·塞斯(Anna Sess)来自德文郡莫顿汉普斯泰德(Moretonhampstead)的一户贫苦劳动家庭。他们的关系至少持续了6年。头两个孩子路易莎和詹姆斯分别于1819年和1822年在埃克塞特郡以威尔考克斯的姓氏受洗。事实上,只有婚姻才能使他们的名分合法有效。

詹·卡·威2号1825年时年满28岁,他的父亲将他变为家族生意合伙人,很可能也催促他再找一位有良好社会地位的女人做妻子,好生一个合法继承人。于是,詹·卡·威2号于1826年1月在伦敦与汉娜·古德(Hannah Good)结婚,随后他们唯一的孩子詹·卡

·威3号(JCW3)于1827年在埃克塞特郡降生。我相信,詹·卡·威2号一开始为安娜·塞斯及她的孩子提供过生活保障,似乎是以年金的方式支付,直到她去世。他允许她使用他的中间名卡拉尔,以隐瞒孩子没有父亲的情况。遗憾的是,在他们决定分手但又难舍难分之际,他又有了第三个孩子约翰·卡拉尔。这个孩子于1826年在安娜的家乡莫顿汉普斯泰德出生。(赫德后来也犯了同样的错误。)1841年人口普查显示,此时詹姆斯19岁,姓卡拉尔,与母亲安娜·卡拉尔和15岁的弟弟约翰·卡拉尔住在一起。他们在伦敦朗巴斯区租房住。说到底,对非婚子女的这种社会歧视,以及生计无着的危险,是我们家族一直反对艾玛这桩婚事的根本原因。

到1846年,詹·卡·威2号的合法婚姻也亮起红灯。之所以这么说,是因为1857年一项法律首次允许夫妻离婚,当然是在极为严格限制的条件下才会被允许。1858年《泰晤士报》记载了汉娜申请法定分居的消息,诉说詹·卡·威2号与西莉亚·拉坎布(Celia Larcombe)通奸。汉娜声称,他们虽然只有一个孩子,但夫妻恩爱,生活在一起,直到1846年夏天,自那以后,他就再也不肯回家与她同住。她并没有进一步申请离婚。

看起来,情况很可能是这样的:虽然詹·卡·威2号把头几个孩子送到伦敦,结婚后也没有跟他们住在一起,但他一直觉得负有责任,要抚养他们,直到他们能够成家立业为止。19世纪40年代,他不顾汉娜的意见,再次公开承认了这几个孩子。詹姆斯的姐姐路易莎1844年与约翰·布雷克结婚时,以及詹姆斯1848年与艾玛结婚时,都将父亲写为"詹姆斯·威尔考克斯,布匹商人",并将自己的姓氏写为威尔考克斯。这一定是经过他认可的。而且,很可能詹·卡·威2号为詹姆斯入行印刷和出版业提供了启动资金,而且支付了各种费用,使他得以接受良好教育,拥有学徒资历,这些都是进入这个行业所必需的条件。如果靠安娜一个人,这两样费用她都付不起,而詹·卡·威2号财大气粗,富裕到请人为自己画像(图1.5)。

没有证据显示詹·卡·威2号曾回到过安娜·塞斯身边,而1849年时,她已52岁。此时,他正与26岁的西莉亚·拉坎布缠绵在一起。1849年9月6日,西莉亚在埃克斯特郡生下她8个孩子中的第一个,阿尔弗莱德·詹姆斯·卡拉尔·威尔考克斯。而就在此前三周,艾玛刚刚为他生下一个孙子。此时,一场危机爆发了。1851年人口普查信息表明,他为西莉亚提供了一份年金,还有位于埃克斯特郡一处不小的房产。他的遗嘱(只有西莉亚的孩子可以受益)显示他完全被她牢牢掌控。她不能容忍出现任何对手,影响到自己孩子的利益。他们第一个孩子出生时,詹·卡·威2号很可能命安娜·塞斯马上停止使用威尔考克斯作为她孩子的姓氏。詹姆斯的弟弟约翰1849年10月20日结婚时,登记的名字就成了约翰·塞斯·卡拉尔。牧师在父亲姓氏与职业一栏中插入“——”字符。这样一来,没有父亲这一耻辱身份昭然若揭。艾玛的丈夫并没有这么轻易放弃。他原本想让人们清清楚楚看到儿子的合法身份,想用父母结婚证书上的姓氏为自己儿子登记。但既然詹·卡·威2号已经为他提供了成家立业的资金,他最后只好屈从退让。时间不等人,孩子应该在出生半年内登记,所以艾玛毅然站出来,亲自完成了这件事。她于1850年3月7日将她的儿子①和他的父亲都登记为詹姆斯·威尔考克斯·卡拉尔。詹姆斯在1851年人口普查时使用的就是这个名字。

这个故事还有一个悲惨的脚注。那就是1871年11月27日,安

① 即吉姆·卡拉尔,后来的贾雅格。

娜·塞斯在她外孙女家中去世。（之前她一直帮助约翰·布雷克带孩子，因为路易莎在生下第六个孩子后疯病发作，于 1858 年自杀身亡）。死亡证书后来被正式更改：从“安娜·塞斯·卡拉尔”改成“安娜·塞斯”。“布匹商人詹姆斯·卡拉尔之寡妻”的名分也被改为“年金受益人”。执意要做这些更改的正是詹·卡·威 2 号。他最终于 1870 年 3 月娶西莉亚为妻，距他合法妻子汉娜去世仅一周时间。如果当时他的妻子还活着，那么娶西莉亚则为无效婚姻，而且，他将被判重婚罪。安娜惨遭抛弃，被剥夺身份，并在死后受到羞辱，恰恰强烈证明非婚关系将会给人带来什么样的终身耻辱和痛苦。

守寡与再婚

1852 年 4 月，艾玛的丈夫去世。她 23 岁便守寡了，肚子里第二个孩子才三个月。她悲痛迷茫，并未进行死亡登记，所以其丈夫死因不详。伦敦中央地区的墓地已爆满，所以“艾玛·威尔考克斯”于 4 月 10 日在伦敦北部的海格特公墓（Highgate Cemetery）买了一处墓地。丈夫于 1852 年 4 月 17 日下葬，名字是詹姆斯·塞斯·卡拉尔·威尔考克斯。这一事实说明，詹·卡·威 2 号缴纳了所需要的 10 英镑，或者更多一些，为的是让儿子埋入私人墓地。他对自己头生子的去世十分悲恸，所以，恢复了儿子的名分，并安排了一场体面的葬礼。

艾玛自己家族里唯一发财致富的是她同父异母的哥哥威廉。但寄信到安提瓜要走上好几个月，才能到他手里。艾玛父亲穷困潦倒，根本无法伸出援手。在 1851 年人口普查信息中，约翰·韦克姆·爱德华兹将自己描述成一位 57 岁的医学全科医师。他很可能不再具有做无麻醉外科手术所需的灵敏和速度。1852 年的《伦敦医师名录》里专门提到他在 1815 年之前行医,这说明他其实不具有资质。他似乎又重操旧业,从事起非法行医活动。1850 年,他出现在老贝利街中央刑事法庭,被指控使用某种器械为妇女流产。由于没有女起诉人到场,他被宣判无罪。另外两起类似案子也是同样结局。女性一般不会坦白自己去做了非法流产手术。此时,他可能已经显露出精神失常的迹象。因为,1854 年 8 月 3 日,他死在圣卢克(St. Luke)医院,而那里是专门为精神病人开设的医院。全身瘫痪三个月是直接死亡原因。当时,有条件的人一般在家中护理病人,而不是将他们送到专门照顾穷人的肮脏医院里。圣卢克医院还算是最干净的一家医院,就是因为它对外开放,允许人们来参观病人的怪异举止,借机捞一些捐款。艾玛的父亲最后被埋在海格特公墓的一处公共墓地里,跟其他穷鬼躺在一起。艾玛的母亲拿不出钱来买一块私人墓地给他。

威廉倒是从安提瓜回来了,待了不长一段时间,帮助母亲和妹妹料理各种事情。他于 1856 年获得英国皇家外科学院院士(FRCS)资格,并于 1860 年获得爱丁堡皇家内科医师学会行医资格。艾玛在 1900 年写给赫德的一封信中提到威廉的儿子。这说明艾玛一直与威廉及家人保持联系。也许是他让人为艾玛的母亲照相(当时属于价格不菲的新奇事),并寄给艾玛(图 1.6),同时还有她姐姐凯瑟琳的照片。凯瑟琳随他去了安提瓜。照片背面的题字显示艾玛极为珍视这些照片。图 1.1b 和 1.6 是艾玛和她母亲相同年龄时的模样。她们的相貌极为相似,但母亲的容貌露出沧桑岁月的痕迹,而艾玛虽历经坎坷仍身姿挺拔地站在那里。

1852 年,怀有身孕的艾玛等不及威廉回到家乡。她必须向丈夫的父亲祈求援助。由于她的儿子没有得到家族姓氏,所以她能得到的资助要比法定婚姻情况下少得多。在丈夫去世六个月后，她的女儿于 1852 年 9 月 24 日出生在朗伯斯区安娜·塞斯的租房里。一个月后，艾玛迅速为女儿登记，名叫艾玛·威尔考克斯·卡拉尔。1853 年 1 月 18 日，她在利物浦与比自己年长 20 岁的、自称商人的查尔斯·巴克顿结婚。接着，她带着卡拉尔家的孩子，同他一起乘船前往中国广州的黄埔港。斯普赖家的人向来都是向西印度群岛移民，而对中国却一无所知。这一走，她将远离自己的朋友和家人亲戚。但是，她没有别的选择。那时对女性开放的工作只有服务领域，而一般雇主都希望雇用未婚女性，或没有孩子拖累的寡妇。艾玛带着两个小孩儿，有人愿意娶她已实属不易。

在结婚证书上，她的签名是艾玛·威尔考克斯。我猜想，这说明詹·卡·威 2 号参与撮合了这桩婚姻。（他的合法妻子汉娜的父母与巴克顿父母来自伦敦同一地区。）我姨妈曾经写到，艾玛丈夫只给她留下 300 英镑，而她父亲则给不了她任何接济。所以我猜测，这笔钱是詹·卡·威 2 号给的。一旦她结婚嫁人，远赴中国，远离他的新家，他就不必再承担任何经济责任了。

巴克顿很可能对艾玛（或詹·卡·威 2 号）隐瞒了他的经济状况。1841 年他在汉诺威广场（Hanover Square）的圣乔治教堂与他第一任妻子结婚时，还是“阿尔及利亚人号”（Algerine）的舰长，但后来被解职了。1847 年，他在香港被宣布破产。1850 年，查尔斯·巴克顿在黄埔下游开了一间船具商店，登出广告，欲出让一台八成新的汽水机，带瓶子、木塞、柠檬精等其他配套用品。卖一台二手汽水机说明他的买卖并不兴旺。妻子死后，他回到伦敦，把孩子交给父母照看。[17]艾玛的 300 英镑按当时法律，应由他掌管。这对他可是个不小的诱惑。他可以趁机买一些贵重瓷器和其他东西。虽说艾玛没有什么选择,只能接受他,但对他大概也十分倾心,毕竟他接受过良好教育,潇洒帅气,与她第一任丈夫一样。我们可以从他的签字风格窥见一斑。(图 1.7)

中国成了艾玛的新家

要想说清楚为什么艾玛会跑到一艘船屋上,经历敌对炮船那番枪林弹雨的交火,还需要介绍一点历史知识。自 17 世纪晚期,英国及其他国家商人便开始与中国进行贸易。但贸易仅限于珠江上的广州这一个口岸。商人们都住在办事与居住合二为一的“商馆”里。他们被挡在城墙外面,不允许进城,只能通过专门的中国商人组织(“行”)进行贸易。就英国而言,最初的贸易全部由东印度公司独家垄断。他们也掌控着在印度的一大部分贸易。大型欧洲船只只能行驶到黄埔,距广州还有十英里水路。所有货物都在黄埔港进行转船,由小一些的船只迎来送往。

英国对从广州运来的茶叶需求量越来越大。到 18 世纪晚期,茶叶税已经占到英国全部税收的 10%。但中国对英国货物的需求却极为有限。英国只能以黄金或白银来支付茶叶款。这时,在印度种植的鸦片在中国找到了销路。它最早是用来做医药的,但随着东印度公司将越来越多的鸦片运往中国以换取茶叶,鸦片渐渐成为消遣毒品。1834 年,东印度公司失去贸易垄断地位,越来越多的商人投身到与中国进行贸易的行列中。中国政府是明令禁止鸦片进口的,但为各方利益,多数时候睁一只眼闭一只眼,这使鸦片贸易在沿海岛屿继续进行。中国政府最终出重拳,没收并销毁大量鸦片。英国外交大臣帕默斯顿(Palmerston)对这一“收缴”行动进行了军事报复,引发了我们现在所称的第一次鸦片战争。1842年,战败的中国开放了五个“通商口岸”;允许外国领事及商人永久居留;并由英国领事法庭审理英国公民中的不法之徒。他们还割让了荒凉的香港岛给英国。此外,根据最惠国条款,今后凡给予其他国家的特权待遇也一律给予英国。随后,法国人和美国人也在他们的条约里效仿此举,以求利益均沾。另外,这两个国家还获得允许传教士传播基督教的权利。于是这个权利也自然适用于英国传教士。

条约中并没有提及鸦片。但在现实中,从离岸岛屿贩运鸦片仍为非法贸易。而且,由于广东巡抚叶名琛(英国报告中为“Yeh”)仍不允许洋人进城,所以广州的合法贸易仍然是在港口的商馆里进行。这一直是争端的焦点。中国人视中国为世界的中心,外国皆为朝贡国,对外国居民以“蛮夷”称呼,可以翻译为“野蛮人”,这令英国人十分恼火。[18]北京的大清政府拒绝与洋人直接打交道,将所有涉及贸易的事务委派给驻广州的总督办理。(总督负责监管两个或更多省份,而每个省都有自己的巡抚。)[19]

在中国内部,清王朝正不断衰落,而它对于大多数中国汉人来说亦属于异族政权。多数农民生活贫困,没有温饱。他们住的是泥土或竹子搭成的屋子。法律和秩序每况愈下,濒于崩溃。原本自我管理的城镇和乡村再也无法得到军队的有效保护,失去往日的太平安宁。珠江上海盗猖獗,无法无天。19世纪50年代,各种不满现状的势力纷纷联手,尤其是穷苦南方人。他们来自广东省(省会为广州)和北面的江西省。太平天国运动持续了15年,其领导者宣扬人人平等的中国特色基督教。随着起义军控制的地盘不断扩大,清政府的税收越来越少。拿不到粮饷的清军部队只能靠抢劫、镇压和敲诈勒索维持生计。成千上万的人死于战乱或事后被处决。[20]

我们可以想象一下艾玛的最初感受。她从美国海军中尉詹姆斯·D.约翰斯顿(James D. Johnston)的描述中看到自己新家的大致模样,他描述的是1860年从香港到广州的旅程。[21]当她的船绕过好望角,历经三个月的风浪颠簸,进入珠江口时,满眼荒凉的石头山岗想必也令她满心欢喜。紧接着,她一定也看到了地势平坦的乡间,展现出一片片绿油油的稻田,小小村庄坐落其间,不时还会见到矗立的玲珑宝塔。宽阔的河面上挤满大大小小的船只,这也许会让她想起家乡金斯布里奇的河口。但见多识广的巴克顿也许提醒过她,那些船舷上架着小炮的帆船上可能藏有一窝海盗。

约翰斯顿是这样描写黄埔的:

> 在船只停泊地附近有四处显眼的外国人居住区……紧挨着我们停船的地方有一片木屋,由插入齐膝深水中的木桩支撑。[他说这片摇摇晃晃、站立不稳的房屋构成"竹镇"。]数不清的舢板上都覆盖着竹席顶棚,船都拴在支撑木屋的柱子上。这是很多人赖以栖身的家。穿过这些丑陋无比、易传染疾病的住户区,有一小片砖瓦房,酷似破旧鸟笼,完全不像人类居所。它们一座挨一座,拥挤不堪,坐落在河岸旁,留下一条狭窄的小道。沿河一直走到头,可以看到几处建好的修船码头。这片位于长洲岛(Dane's Island)上的地盘,我想就是黄埔港了。有两处石头砌成的码头,还算有点模样,可以停泊最大吨位的船只。[巴克顿的船屋应该就在这里]。码头对面,黄埔另一处地势较低的岛上,还有一个居住区,被称为"新洲"(New town),这里有一些中国人商铺、水手客栈,以及外国货物市场。在此码头的后面,约3英里远的地方,有一座修着围墙的小镇,如今叫做"黄埔古

镇"[他后来又去探访过,惊异地发现那里修建的都是两层砖瓦房,还有两座古庙,街市景象繁华热闹,然而]我们看到不少女童在街上蹒跚而行,她们走路的样子让人看了心痛。

镇上其他设施也无法与艾玛童年居住的小镇金斯布里奇相比。约翰斯顿写道:

这里绝大多数居民为从事商业贸易或专门行业的外国人,其居住方式……是利用一些旧船的船体,上面盖上木瓦或木板,内部收拾得简单实用,便成了一座房屋。这种漂浮在水面的居所都有牌照,[由中国数字演化而来,如同执照编号。]我拜访过美国在此地的副领事亨利·P.布兰查(Henry P. Blanchard Esq.)先生居住的船屋。屋子里被煞费苦心地装修过,以营造一种方便舒适的感觉。船屋主人也颇费周章,尽显热情好客的地主之谊。这种居住模式比住在镇上住宅里更理想。因为,岸边地带本来就房屋稀缺。而且住在船上,财产安全更有保障,可以防止偷摸成性的草民袭扰。另外还有政治因素要考虑。

1851年,长期居住在黄埔的英国居民只有几个人,包括副领事及治安官、三个修船的木匠、两个外科医师、一个船长、一个船具商(巴克顿),以及一位办事员。大多数外国人都住在广州。1856年,正休年假的驻广州代理领事巴夏礼(Harry Parkes)报告说,那里有110名英国居民,124名巴斯人(Parsees),还有其他人(受英国人保护的印度人群体一般都称为巴斯人)。巴夏礼还写到,进港船只161艘,下船人员4757人,而其中只有164人离港。

除了英国人和印度人,这里还有美国人、德国人、荷兰人、法国人和少量葡萄牙人。葡萄牙人已占据了弹丸之地澳门。英国人社区也不算大,但按照社会等级划分高下:淑女和绅士,及地位较低的男人,如手艺人、办事员、士兵、水手、巡警。巴克顿一定是想方设法,凭着前东印度公司船东的身份挤进绅士的行列。但艾玛却找不到"淑女"为伴。[22]约翰斯顿在描述到布兰查有牌照的船屋上享用晚餐时,没有提到有女士在场。我只找到一条证明黄埔港当时有其他英国女性的证据。那是1856年12月,黄埔码头修船师傅库珀(Cooper)的父亲被人从船屋中绑架,是家中的女性亲属报警的。年轻的英国副领事们都娶不起妻子,而外交部配给此等级官员的单身宿舍条件也很寒酸。由于美国副领事的主要职责是管理贸易,所以他可以住上一个条件较好的船屋,比英国黄埔副领事艾利克斯·博德(Alex Bird)的船屋好一些。博德有两间小屋,作为办公室和宿舍。下层是关押酗酒闹事水手的底舱。1853年,他又被换到一条旧牌照船上。一天夜里,船舱漏水,他差一点没能逃出来。1854年,他被准许休病假,原因是他紧张易怒,精神抑郁。这完全情有可原。后来外交部购置了一条老旧肮脏的大船——"鳄鱼号"(Alligator)。博德的临时替代者查尔斯·温切斯特(Charles Winchester)还愤愤不平地抱怨,说让一个单身汉养这么一条船太贵了。

艾玛不太可能与中国妇女交朋友。她的小儿子倒是可以同当地男孩子一起玩耍,学一两句土话。艾玛发现,当地贫苦妇女都忙着干活,而比较清闲的妇女都裹着脚,行动不便。她们一般不出大门,出门则要坐有轿帘的轿子。我们可以想象,艾玛能认识那两位外科医生一定很开心。这让她想起父亲和同父异母的哥哥。其中一个外科医生是布鲁斯(Bruce),也拥有爱丁堡皇家外科医师学会的资格。

在贸易旺季,这里挤满了大小船只。副领事和治安官要维持秩序,忙得不亦乐乎。港口里挤进来数千名做生意的水手,精神亢奋,酒气熏天。黄埔港平时停泊着一艘英国海军轮船。如果需要,可以驶进广州。另外,英国领事也可以调用停泊在香港或香港附近的护卫舰和轮船。(为了确保此地贸易,准备这些船是值得的:据估计,19世纪 50 年代初期,贸易带给印度的年收入为 300 万英镑;带给英国 600 万英镑。[23])水手们则给外科医生带来大量工作。艾玛也会去光顾市场,但她并不喜欢那里的市场。

黄埔战役(1854 年 12 月及 1855 年 3 月)

整个 1853 年和 1854 年间,一任接一任的英国驻广州领事及翻译都在不断报告广东省日益加剧的动荡局势。在一定程度上,他们对民众合乎情理的怨恨表示同情,也对动荡局势影响贸易表示适度担忧。1853 年 6 月,英国领事 D.布鲁克斯·罗伯逊(D. Brookes Roberson)上交了一份由当时他的翻译巴夏礼写的报告,是关于广东省西北部两三千民众造反,以及东北部劫匪出没之事。报告中的统计数据指出,这些暴乱活动,导致进口额同比下降 112675 英镑,出口额同比下降 1584524 英镑。[24]

到 1854 年 12 月,叛匪基本控制了黄埔地区。罗伯逊在 1855 年 1 月 8 日的政务备忘录中有一段话,描述一支庞大叛匪船队驶过外国人船只,并向停泊在那里的 19 条官船开炮。他在报告中说,许多外国船只被炮弹击中,船上有一两人受伤。他随报告附上受害当事人之一——艾玛的丈夫巴克顿对事件的陈述:

随信附上去年12月29日本人所蒙受损失之说明。我已经将各类损失数额压至最低;需要考虑的是,我有两条船必须修理,且必须清空存货一段时间。另外,完成船只修理的时间无法确定,并且,如果没有我的监督保护,是没有中国人愿意承担此项风险的。

[他说,虽然船中了37发炮弹,如本章开头处所引述,但他未对造成人身危险提出索赔。]另外,遭受炮击的第二天夜里,我们的船只几乎沉没。我不得不将货物连夜搬出,其间造成的损失目前尚无法查明。

巴克顿将附有3821元(指墨西哥元,下同)修理费和损失索赔明细的信件交给黄埔副领事艾利克斯·博德。博德于1月11日将信件转交给驻广州领事。修理船屋、两艘仓储船,及一辆轻便双轮小马车的费用估计不到1000元。同时,财物损失清单也显示了他们当时的生活方式:

细木家具

碗碟柜	一件	$ 20.00	
餐桌	一件	$ 16.00	40.00
椅子	一件	$ 4.00	

杂物

新帆布帏幕	一件	$ 10.00	
窗格玻璃	八块	$ 3.20	28.20
屋顶新席棚	一半	$ 15.00	

餐厅中损坏的个人财物

晚餐餐具	一套	$ 60.00

早餐餐具	一套	$40.00	
耐压玻璃水瓶	一支	9.00	
调味品瓶架	一支	12.00	
阿尔干灯	一盏	14.00	
气压计及温度计	一支	6.00	41.00

食品及储藏室损失

平底玻璃杯七个,葡萄酒杯五个			
波特酒四瓶,麦芽酒三瓶,雪莉酒七瓶		10.25	
白兰地	五瓶	16.00	
饮水过滤器	一个	12.00	
餐台油布　一张,屋顶席棚及杂物修补		50.00	88.25

他在“磁石号”(Magnet)储物船中损失的物品有:

在船上被击碎:

雪莉酒	八瓶	6.00
利口酒	三瓶	2.25
平底玻璃杯	十只	12.50
水瓶	三只	12.00
咖喱酱	八瓶	8.00

在另一个储货舢板船中存有一箱四打淡啤酒。于是,他又加上2500元索赔金额,以补偿对个人造成的困难。当时买卖常用的货币是墨西哥元,1元约合0.25英镑。所以,3831墨西哥元的索赔总额大约相当于766英镑。[25]

他们的牌照船屋显然是一处宽敞舒适的居所,比博德的可怜船屋强多了。从所有酒水储备来看,巴克顿与美国副领事一样,可以毫不含糊地大宴宾客! 打坏了饮水过滤器非同小可。因为它可以清除供水中的有害细菌。艾玛是否知道水要煮沸再喝,我们不得而知。希望她学会了像中国人那样喝茶来摄入水分。她显然学会了用咖喱酱烹饪的新方法。阿尔干灯找不到了也很可惜,因为它比普通油灯有所改进,能够发出6—10支蜡烛的光亮。夜晚,她可以在灯下看书或缝缝补补。

这次事件使我们能够很好地了解到官方机构是如何运作的。首先博德于1月11日将索赔信呈给广州的领事罗伯逊,并特意说明自己对索赔金额不发表意见。1月17日,罗伯逊回复巴克顿,称2500元的个人困难补偿需要做出说明。他还需要检测员提供修船报告。关于个人困难,他写道:"你提出全额赔偿所有损失。但这些物品不可能完全破损,你需要提供一张物品破损清单。"随后,这件事可能提交给了包令(John Bowring)爵士[阁下]定夺。(1854年4月他任香港总督及各通商口岸商务总监。)巴克顿立即回信。

黄埔,1855年1月18日

先生:

收到您昨日来函,十分感激,特此回复。个人困难如下,诚请您过目。

关于财产损失的后果,我将无法再储存货物——那些船原本是为储藏货物的,直到确定有保险而进行维修方可使用。此项损失为400—500元/月,船至少三个月无法完全修复使用。因为目前正值兵荒马乱,无人愿意担此修理工作。即便有人愿意,也必须付双倍工钱,且无时间保证。最终完工后也必定无法达到太平时期修理工作的水平。

关于我的牌照船屋漏水情况:船遭到炮弹打穿或划伤后,1 月 1 日凌晨 3 点开始下沉。我当即将妻子和孩子转移出来,甚至没有时间让他们穿好衣服。慌乱之中,我只能雇用不相识的小船帮助转移家中财产,因此丢失了许多珍贵物品,再也无法寻回,其损失不下原来价值的十倍。我考虑只申报 2500 元个人困难赔偿已属不易,即便将损失数额加倍申报,都无法补回我的损失。我之所以压缩索赔数额,是想尽早得到赔付。至于晚餐餐具和早餐餐具,我只能这样申报。两年前,我把这些东西亲自从英国带来,非常贵重,并且,它们只有在完好无损的情况下才值钱:我无法补齐损坏部分,而其余部分,我准备在买到与之完全相同的一套餐具后便扔掉。晚餐餐具中打碎了一个奶酪架、两个带盖子的盘子、一个热水盘、杂物平底盘和碟子。早餐餐具中损坏两个热水盘、残渣盆、各种早餐杯、咖啡杯、几个鸡蛋杯,等等。现在,两套餐具中,没有一套是可以各司其职的原装货了。

至于谁是开炮方的问题,鉴于当时紧张慌乱的状态,很难确切说出谁是主要攻击者。我只能说,我受到了双方炮火的攻击。此事应该由负责驱散这些武装分子的部门处理。这些袭击对英国人生命和财产破坏巨大——我只能说,任何金钱上的赔偿都不足以弥补我们所受到的惊吓。

请允许我随信附上您所要求的检测报告。

瓷餐具是显示社会地位的重要标志。地方官的衙门府也许就是约翰斯顿所描述的河岸旁狭窄小道边的一所砖瓦房。巴克顿大概跟这位地方官有生意往来。

检测报告由 D.高(D. Gow)和西奥·桑普森(Theo[s] Sampson)签字。他们每人收了 8 元检测费。西奥菲勒斯·桑普森(Theopilus Sampson)①后来成为艾玛的第三任丈夫,他是副领事馆的治安官。两人确认了巴克顿索赔申请中提到的损失情况,并且还补充说明,牌照船屋被猛烈震动过,以致漏水,因为交火船只为了稳住自己的船身来发射炮弹,曾撞击过巴克顿的船屋。难怪在这场可怕的遭遇中,艾玛要将小女儿放在腿上,用身体护住。巴克顿能将那孩子称作自己的孩子令人略感欣慰。

罗伯逊很快将此信送交包令,并让其关注 2500 元这笔大额个人困难赔偿。

> 我必须承认这笔赔偿对我们来说数额巨大;但毫无疑问,由于交战方的行为,他们家确实经历了极大险情,财产损失重大。检测证书,以及由中国木匠所做的维修预算可以证实其索赔要求。我本来可以请公共检测师克利弗利(Cleveley)船长再次进行检测,但又担心产生进一步开销。如果向中国当局索赔,他们肯定会断然拒绝,理由是他们并非进攻方。而向叛匪索要赔偿几乎完全不可能,除非在此时采取极不明智的强硬措施。所以我很担心,巴克顿先生拿到赔款的机会微乎其微。

从罗伯逊的档案里,没有找到任何信息来显示当时他的上司——港督及英国对华贸易总监约翰·包令爵士采取何种行动。罗

---

① 其中文名为谭顺,但考虑到"桑普森"后来成为艾玛的姓氏,所以本书中 Sampson 全部采用音译。

伯逊相信,"如果你与他们保持良好关系,则可以大有作为"。而人们都知道,包令、阿礼国领事(1855 年 5 月接替罗伯逊),以及巴夏礼(阿礼国的翻译,阿礼国 1856 年 7 月休病假时,他代理领事)都坚信,与中国人打交道的唯一方式是,在所有涉及英国人利益的事情上都要立场强硬,事无巨细。[26]

早在 1854 年,总督叶名琛①曾断然拒绝包令请他参加修约的要求。但到了 12 月初,叛匪节节胜利,又让他坐立不安,恳请包令派一艘海军舰艇解救广州。包令的反应则是在圣诞节后,以保护英国人人身及财产安全为由,与到访的海军司令施泰麟(Stirling)一起,在美国舰艇陪同下沿河而上。他们于 1854 年 12 月 31 日驶达广州。叛匪船队闻风而逃。但总督大人丝毫没有感激之意。包令提出到城里会见他时,他居然只打发了一位下级地方官到城外商馆区的领事馆见他。这种冷落也就解释了包令后来的举动。

见到外国军舰前来救驾,艾玛松了一口气。但这种释然与军舰的到来一样短暂。整个二月,罗伯逊一直忙着报告叛匪的动向。他们不断加强对黄埔港的控制,目的是将其作为一个港口据点,封锁进入广州的通道。2 月 22 日,他写道:

> 我们与这些人的冲突在所难免,我极不情愿看到这种情况出现。但我必须指出,他们在加快步伐,封锁广州,以实行威胁行动,这是对阁下您不允许此事发生的通告的藐视。

罗伯逊原以为官府对这些叛匪真的无计可施了,但叶名琛的举

① 叶名琛于 1852 年升任两广总督。

动让他大为吃惊。大清水师提督3月3日知会他,准备袭击紧邻黄埔口外的新滘(Blenheim Reach)。3月7日,罗伯逊全天都听到激烈炮火声。1855年3月13日他责成代理翻译官派德(Pedder)提交了一份报告:

> 自上月中旬以来,总部设在黄埔的那伙叛匪,还有全省各处的其他叛匪,一直在烧杀抢掠……逼得周围百姓只要有能力都奋起抵抗……总督[指叶名琛]召集起黄埔港及沿河百姓,让他们配合当局。于是官府手下很快聚集起35000名训练有素的乡民,随时听从调遣。[这些人应该是一些乡绅自发组织起来的民团,为的是保护他们自己,以及他们的佃户。][27]小型炮船组成的官府舰队击溃了叛匪船只,叛匪弃船于河岸边。官兵从叛匪手中重新夺回港口。6日、7日、8日他们共俘虏了1200人,这些人将被处决。大部分叛匪——有七八千人——在战斗中已被打死。
>
> 签字:W.M.派德
>
> 原件:C.T.琼斯(C. T. Jones)

罗伯逊并不是唯一感到"心头如释重负"的人。新滘的炮船激战离艾玛近在咫尺,太可怕了,她知道这是他们全家第二次死里逃生。此时,她比以往都更加虔诚地信仰宗教。孩子们尚未受洗,是没有资格进天堂的。待领事馆年轻的亨利·格雷(Henry Gray)牧师再次从广州来黄埔拜访时,艾玛便请他为女儿施洗。时间是1855年4月24日。[28]我的外祖父却没有受洗,也许格雷认为他太大了,超过婴儿洗礼的年纪,但又没有到单独做出承诺的年龄。接下来的岁月里,艾玛的信仰越发坚定,使她得以承受生活中更多的悲剧。

巴克顿似乎又重新恢复正常经营,并为朋友慷慨解囊。1855年4月,他为被判重罪的美国公民查尔斯·S.普赖德(Charles S. Pryde)缴纳了50元保释金,担保他会在美国黄埔港领事法庭出庭。[29]不过他仍然没有拿到赔偿金。这也很自然,包令将所有文件寄到遥远的英国外交部去了。巴克顿又找到罗伯逊的继任者阿礼国,想再争取一下。他感到很委屈,因为海军司令施泰麟曾设法迫使叛军头目给了一大笔钱,以赔偿一艘损坏的小船。

> 三角帆船"卡斯伯特号"(Cuthbert)[30]……不过是一条挂着英国国旗,却由一名中国人拥有的船……(我计算过他提出的索赔金额,而且我的助手也评估过这笔数额[指他的中国翻译和代理人])……后来证实,这笔钱没有赔给船主,因为这艘船从事的是偷运[trafic,原文如此]行当,是法律不允许的事情,而这笔款项最后落入了官府金库。所以我恳请从这笔资金中划拨出一部分,以支付我那笔公平合理的索赔……
>
> 我在英国有一大家人要养活,我蒙受重大损失,甚至还要被拖延赔偿,这已经给我造成巨大困难,使我无法汇款,支付我所订购的商品,无法满足日常业务所需的库存。

巴克顿之死及亚罗号战争

由于所有文件都已寄往英国,巴克顿很可能到死都没拿到赔偿金。他于1856年6月15日在黄埔停泊地的牌照船屋上去世,享年46岁,身份为店主。领事馆开具的死亡证明上没有注明死因。报告者是治安官桑普森。领事馆档案中也未见死因说明,艾玛和孩子们处境如何不得而知。我们找到有关她此后的信息,那就是两年后,她于1858年8月在香港大教堂与桑普森结了婚。当年小小的黄埔社区很可能进行过传统的救济募捐,来帮助这几个孤儿寡母渡过难关,因为巴克顿死时身无分文,还欠着债。香港的《港府宪报》(*Hong Kong Government Gazette*)上登有一则通告,他须在1859年11月26日向债权人发放第二期也是最后一期股息为6%的红利。其寡妻要不是再婚,他的债权人很可能就会一直持股催债。真要到那时,她将再次面临如何养活自己及孩子的难题。

艾玛肯定在1856年12月前就已经离开了黄埔。那年10月,中国扣押了一艘帆船"亚罗号"(Arrow)。船长是托马斯·肯尼迪(Thomas Kennedy)。中方还将船员囚禁起来。此时代理广州领事的巴夏礼提出抗议。包令及海军司令迈克尔·西摩尔(Michael Seymour)一致同意,利用此事件强行增加条约权利,即领事有权直接与广州的高官交涉,英国公民有权进入广州城。他们在这起事件中其实不占理,因为有消息透露说,"亚罗号"在香港的注册已经过期,而他们更没理的是,叶名琛也已将12名船员送了回来(虽然不是以他们要求的方式公开释放)。10月27日,西摩尔开始炮轰广州城墙,而且专门攻打城内叶名琛的衙署。在撤离前,他与美国领事一起,领着水兵闯进衙门。炮轰一直断断续续地进行着,城外洋人商馆区的生活越来越难以忍受。领事馆的女眷都撤到了香港。12月13日,巴夏礼清理了自己的办公室,并在报告中写到,所有剩余的27艘商船,以及英国人社区的大部分居民都已撤到黄埔。第二天,那里的外国人商馆被付之一炬,倒塌的墙壁砸死了巴夏礼的一名助手。桑普森奉命将死者遗体,连同办公档案运至香港。西摩尔停在城外的两艘兵舰再也撑不下去了，于是在12月16日，巴夏礼从皇家海军“香菜号”（Coriander）舰艇上发出提示，建议所有未撤离的英国居民，包括黄埔港的居民，带上可携带的物品准备撤离。修船师傅的父亲威廉·库珀（前文提到过）被绑架，这足以显示当时情势之危急。1856年12月29日，巴夏礼认为“外国人社区的侨民几乎全部撤离，已前往香港”。由于英国海军持续封锁，与广州的贸易已经停止。

这些军事行动常被称为第二次鸦片战争。它在英国并非大得人心。时任首相的帕默斯顿在此事上失去了下议院的支持，却赢得了1857年3月的大选。帕默斯顿明白包令的判断失误在于错把“亚罗号”当做主攻的靶子，所以直接任命额尔金爵士全权负责对华关系事务，架空了包令。他指示额尔金赴北京要求赔偿损失，要求在未来完全履行条约。他准备与法国人合作，因为法国人此时心怀不满，但事出有因，一名法籍神父在1856年被处死①。额尔金得到许诺，可以统帅2500人，但又被告知，不到万不得已，不能动用武力。事实上，额尔金认为应该派一些士兵去印度，那里正在爆发大起义。由于这个原因，加之法国特使迟迟无法到达（他更喜欢走漫长的海路），他短期内只能无所作为。在香港的英国人人心惶惶，因为这个小岛在1842年时还几乎无人居住，现在却有8万中国移民，包围着小小的英国人社区。在香港的主教评价说，“他们觉得无安身之地，不仅要面对外国居民常常要面对的风险，还要小心提防下毒者的毒药，杀人犯的尖刀，还有纵火犯深更半夜的火把”。有个面包师就把砒霜放进面包，送给包令和其他要人。由于搞错了剂量，只是让他们受了点罪，并没有要他们的命。许多在香港的英国人都坚决拥护包令，对额尔金按

---

①　指1856年2月的“马神甫事件”或称“西林教案”，当时法国天主教神甫马赖因未经许可进入广西西林县传教，在当地被地方官处死。

兵不动的策略深感不满。出于个人偏爱,额尔金一直住在他的轮船"爱娃号"(Ava)上。为了让大家开心,他将船开到广州内河,招待野餐。那天天气晴朗,小殖民地上所有女士悉数到场(女性人数大大少于男性)。夜幕降临,他们借着中国灯笼的亮光,和着西摩尔司令旗舰"加尔各答号"(Calcutta)上乐队演奏的音乐,在甲板上起舞。我想艾玛也在舞会人群中。

直到1857年12月,额尔金才要求叶名琛彻底履行条约,包括允许英国侨民进入广州城,以及赔款事宜。如果总督大人接受这些要求,以及法国人的要求,对广州的封锁即会取消。但他断然拒绝了。12月15日,载着5679名武装士兵的英法舰队溯河而上。1858年1月5日,广州城被攻破,叶名琛及其属下高官被俘。叶名琛的下属柏贵(Pih- Kwei)称自己是叶名琛的对头,于是取代叶名琛,当上总督。一个由巴夏礼、海军代表哈罗威(Holloway)①,以及法国代表修莱(Martineau)②组成的联军三人委员会负责监督。他们有权批准柏贵要宣布的所有公告,有权审理所有涉及外国人的案件。2月10日,封锁解除,广州的生活又恢复了原状,商人们也纷纷返回。1858年4月,赫德成为联军委员会秘书,而桑普森成为委员会的行政文员兼出纳。军事行动向北方转移,有时成功,有时受挫,中间穿插着各种谈判。事态发展到极点,就是进攻北京和火烧圆明园,并最终导致1860年签订《北京条约》[31]。

① 全名为 C. Thomas Holloway,英国海军上校。
② 全名为 F. Martineau des Chenez,法国海军大佐。

嫁给桑普森(谭顺),结识赫德

艾玛在选择新丈夫的事上并不着急。我们知道她手里还是有牌的。赫德在1858年8月23日的日记中写道:今天,桑普森去了香港,去见巴克顿夫人[印刷体上是布里克顿(Brickton)]和她的两个孩子。巴克顿夫人就是琼斯一度非常迷恋的那位女士。眼下,桑普森一心要去娶她。[32] C.T.琼斯是一名见习通译,曾于1855年3月13日抄写派德报告,前文已引述过。

香港大教堂的记录显示,艾玛和桑普森于8月26日领取结婚证(图1.8)。见证人无法辨认。但重要的是,主婚人查尔斯·约翰·阿米斯坦斯(Charles John Armistens),海军医务船"麦尔维尔号"(Melville)上的年轻牧师,在艾玛的结婚证书上签名时居然会心安理得地占去一大块空间,几乎挤占了新郎的名字。这使我们怀疑艾玛可能曾在海军医务船上工作过,并结识了这位牧师朋友。证婚人可能也是海军军官,因为他们的名字不在卡尔·史密斯(Carl Smith)的香港居民记录中。海军人员很少有战斗伤亡的,但死于伤寒、痢疾、疟疾等疾病的不在少数。艾玛结交过黄埔那两个外科医生,加上她丈夫长期生活在亚洲,还有她可能曾经为父亲和罗伯特·韦伯做过助手,这一定有助于她掌握一些应对这些疾病的办法。这是猜测,但是凯特姨妈在有关艾玛的回忆录中提到过,侨居东方国家的女性都十分"开放",这一点与猜测吻合。1854—1856年的克里米亚战争中,佛罗伦丝·南丁格尔就让人们接受了"女士"做护士的行为。一个不求助于男人而为自己儿子注册姓名,并且为她第一任丈夫购置了一块墓地的女人,很可能会找到一种方式,尽量独立养活自己的孩子,至少在遇到那个有趣的小伙子——桑普森先生作郎君之前。

桑普森将她带回广州,与上司赫德见过后,他们漫长的友谊就开始了。赫德描述了初次见面的情形:

> 1858年9月23日,星期四。今天,桑普森把他妻子带来了,还有个漂亮可爱的养女。
>
> 9月27日,星期一。与将军及女眷们去西郊寺庙。桑普森夫人是个和蔼可亲的女士。

我的姨妈写到,艾玛是进入广州的第一批白人女性。她的祖母可能跟她讲过这事情。艾玛与桑普森仍然沉浸在新婚燕尔的甜蜜中,但两人不时生病。赫德记录道:

> 1858年10月9日,星期六。桑普森卧床不起:发烧,外加新婚妻子。那天他的小养女告诉好几个官员,爸爸妈妈每天上床,大概一小时!

艾玛在一封1900年11月写给赫德的信中回忆了那段时光:“1858年,军队驻防广州的日子,我肺部感染。我们的房间朝北,纸窗户无法抵挡雨水侵袭。从那时起,我就落下了肺病,咳血……”也许他们同赫德一样,住在叶名琛的老衙门府,或者是1856年炮击之后的残余部分。黄埔的牌照船屋受损时都要求赔偿窗格玻璃来修理窗户,可有钱的中国人依旧使用着油纸窗。一个曾经在技术上领先于欧洲的国家,由于与世隔绝,此时已远远落在后面。艾玛的病很可能是肺结核,是由于吸入了有结核菌的飞沫,而不是天气潮湿引起的。广州有这种病,英国也有。好在艾玛身体比较结实,顶住了病菌的早期进攻,但后来又时有发作。这种疾病会对生殖系统产生不良影响,而且,在印度仍然是不孕不育的常见原因。[33]不管桑普森多卖力,她再也没有生育过。

艾玛是卡拉尔家族第一位与赫德建立友谊的人。从留存的1900—1901年艾玛写给赫德的信件中可以看出,这种友谊持续了40多年。我们不知道这种友谊是如何发展的,因为赫德在广州工作期间不再记日记了,而且事出有因。

1.1
(a)

1.1
(b)

1.1（a）
艾玛·斯普赖·桑普森，大约于1875年，时年46岁。

1.1（b）
艾玛于1892年10月，时年62岁（Ca. S10）。

1.2

1.3

1.2
金斯布里奇镇，邓科姆街与富勒街路口，摄于2008年。爱德华兹的家大概位于汽车旁边的那所房子里。

1.3
富勒街上的国王纹章，这里是镇上主要社交中心，里面有会议室。

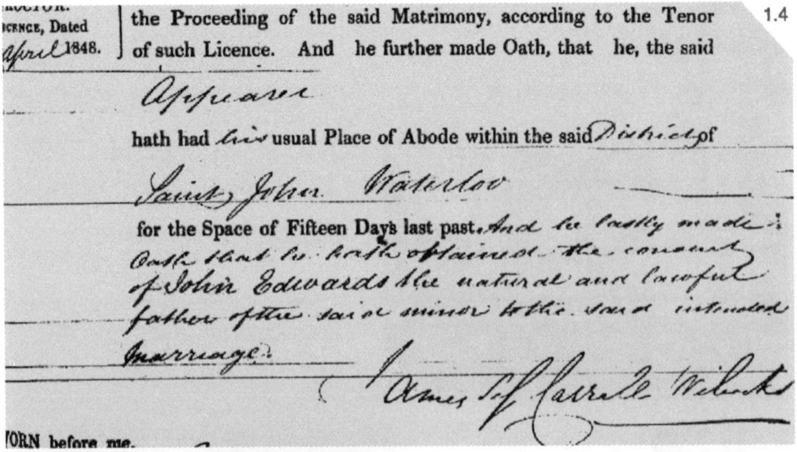

...UCTOR.
...ICENCE, Dated
April 1848.

the Proceeding of the said Matrimony, according to the Tenor of such Licence. And he further made Oath, that he, the said

Appeared

hath had his usual Place of Abode within the said District of

Saint John Waterloo

for the Space of Fifteen Days last past. And he lastly made Oath that he hath obtained the consent of John Edwards the natural and lawful father of the said minor to the said intended marriage.

James Carrall Wilcocks

...WORN before me.

1.4

1.5

1.6

1.4
詹姆斯1848年申请结婚证时的誓词。

1.5
詹姆斯·卡拉尔·威尔考克斯（JCW2），1797—1874，埃克斯特郡商人。画像由保罗·威尔考克斯拥有。

1.6
伊丽莎白·爱德华兹，娘家姓斯普赖，生于1792年。时年六十来岁。

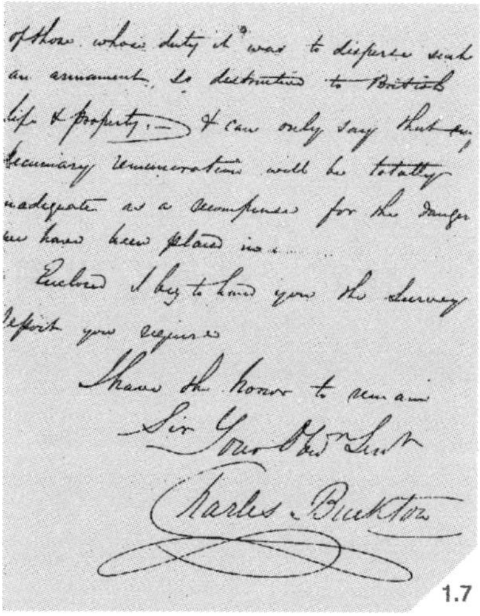

of those whose duty it was to disperse such
an armament, so destructive to British
life & property. — & can only say that any
pecuniary remuneration will be totally
inadequate as a recompense for the danger
we have been placed in. ...

Enclosed I beg to hand you the Survey
Report you require

I have the honor to remain
Sir Your Obdt Servt
Charles Buckton

1.7

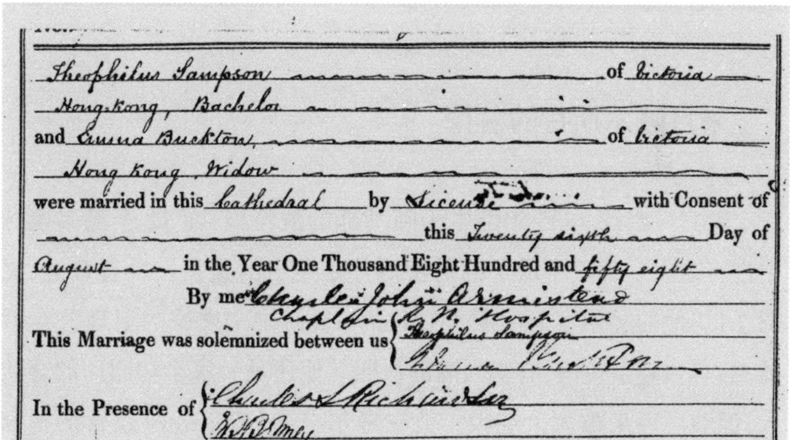

Theophilus Sampson of Victoria
Hong Kong, Bachelor
and Emma Buckton, of Victoria
Hong Kong Widow
were married in this Cathedral by Licence with Consent of
this Twenty eighth Day of
August in the Year One Thousand Eight Hundred and fifty eight
By me Charles John Armistead
Chaplain R.N. Hospital
This Marriage was solemnized between us { Theophilus Sampson
[illegible]
In the Presence of { Charles S Richardson
[illegible]
No 176

1.8

1.7
查尔斯·巴克顿的第二封信及签字。

1.8
艾玛与西奥菲利斯·桑普森1858年的结婚证书。

第二章

鹭宾·赫德在中国:稳步立业、仓促成家

来自阿尔斯特的赫德

鹭宾·赫德1835年出生于阿马郡的波特当,在12个兄弟姐妹中排行老大。我手中最早的赫德照片是他送给艾玛·桑普森的,见图2.1。他的父亲亨利·赫德(Henry Hart)是个虔诚的卫理公会教徒,拥有一间杂货铺,有卖烈酒的执照。他还是一家小酿酒厂的合伙人,但酒厂后来被大火烧毁。他在考尔卡维(Culcavey)经营的一家酿酒厂还算成功,因此把儿子送到附近的希尔斯堡(Hillsborough)的一所私立学校上学。待他长到11岁时,又送他到英格兰陶顿(Taunton)的一所卫理公会学校。这年年底,儿子一个人跑回贝尔法斯特,而没有与父亲允许的陪护人同行。亨利大为惊慌,让儿子转学,因此1848—1850年赫德在都柏林的卫斯利安联合教会学校上学。他还额外掏钱,让儿子上绘画课和法语课,让他学习规范的拉丁语、希腊语

2.1
年轻的赫德于 1861年左右在广州。鹭宾·赫德爵士藏品，MS15号，为艾恩斯捐赠物一部分，最早可能是送给艾玛·桑普森的，贝尔法斯特女王大学版权所有。

和数学。1850年,15岁的赫德进入了新建成的贝尔法斯特女王学院(Queen's College in Belfast)。

那时,整个爱尔兰都属于英国,所以赫德称自己为爱尔兰人、英国人,有时也叫英格兰人。[34] 1845—1849年,由于土豆歉收,爱尔兰爆发了可怕的大饥荒,形势极为严峻。然而当时一位旅行作家亨利·D.英格里斯(Henry D. Inglis)却惊异地发现爱尔兰南北部已是迥然不同。北部大多数人信仰的是新教,而不是天主教,而且,他们许多人与苏格兰关系密切,这就使多劳多得、量入为出成为那里的主流道德观。赫德到晚年还在为曾经一度沉迷于小说、浪费时光而自责。与以农业为主的南方经济相比,北部的经济更具多样性,有许多小产业,麻纺织业的发展尤为突出。贝尔法斯特快速繁荣起来,城市里到处是工厂,几十座高耸的烟囱拔地而起。这里需要劳动力,工人薪水也比南部高得多。没人指望靠收房租和利息发大财,大多数人是靠辛勤劳动而丰衣足食的。英格里斯将南北部商人进行了一番对照。南方商人将挣到的利润挥霍于享受,而北部生意人"精心打理自己的生意,逐步积累资金,再投入到生机勃勃的产业中"。[35] 赫德的家乡渐渐富裕起来,全靠铁路、蒸汽机及工厂的生产,这就是为什么赫德后来将这一切视为中国摆脱贫穷与饥饿的必由之路。

早在童年时代,宗教就深深植根于赫德的头脑,也让他从音乐中汲取到愉悦与欢乐。很久以后,他在中国日记中写道:

> 1863年12月27日,星期日。今天早晨,躺在床上,半醒半睡间,我仿佛听到了希尔斯堡教堂唱诗班的歌声,"啊,欢乐我主",感到了那种圣诞早晨圣歌缭绕在耳畔的氛围……哦,亲爱的主,亲爱的主,我何时才能再去教堂礼拜?在那里我会多么

快乐。

同艾玛·桑普森一样,他也保留着儿时形成的喜好——热爱乡间田野,热爱行走和骑马。他的母亲是个农家女儿,去最近的镇子利斯本往返步行16英里,对她只是家常便饭而已。从他在广州和上海写的日记中,我们看到他不时提一两句关于傍晚散步或骑马的经历。晴朗的天空和绿色的田野带给他巨大喜悦。

这种背景的人实在不像能够进入外交部门的人选。那时,这些职业都是专门留给上流社会子弟的,因为与上层人物或特殊利益有关系你才可能有机会升迁。[36]不过,虽说英国社会等级森严,但如果你受过良好的教育,加上勤勉努力,还是有机会出人头地的。赫德很早就明白了这个道理。1863年12月24日,也就是在他刚刚坐上大清帝国海关头把交椅后不久,他在日记中写道:

> 走到今天这一步,我没有凭借任何提携,任何利益,也没有提出过任何要求!上学时我的目标就是做班级第一名;在大学时,我的目标也是争取第一;在中国,亦是如此……我的目标一直是不断学习,不管命运把我放在哪个部门,我都要让自己胜任一把手的工作。

女王学院的课程是按照苏格兰大学模式设置的,与牛津、剑桥相比,它提供一种更为宽泛的通识教育。除了希腊语和拉丁语、逻辑学及形而上学——即现代意义上的哲学——等传统课程外,学院还开设现代文学、语言学、科学、自然地理学、法律、政治经济学(其中包括统计学)等课程。赫德得了两门课的金奖:一门是文学,另外一门是逻辑学及形而上学。其他科目也屡次获奖。当时的政治经济学课本是亚当·斯密、大卫·李嘉图和约翰·斯图亚特·穆勒的著作。这让赫德对自由贸易及专业化的优势深信不疑。他对科学发展推动技术进步饶有兴趣。在贝尔法斯特为化学教授做助理的短暂时间里,他与詹姆斯·白莱喜(James Brazier)结为好友。[37]赫德离开家乡,远赴中国后,他们还保持书信联系。白莱喜的三个儿子后来也加入了中国海关。①

赫德于1853年春毕业,得到一等荣誉学位,并获得高级奖学金,进入为期一年的现代语言学及现代历史学的硕士课程学习。当时他尚未决定将来从事哪种职业。但1854年3月,外交部决定选派更多的见习通译去中国,以适应英国与中国日益增长的贸易需求,并开出了200英镑的诱人年薪。他们责成爱尔兰四所女王学院各推荐一名有语言能力,但又要有超越语言能力的人选。贝尔法斯特学院从众多申请者中选择了赫德。1854年4月13日,他接受了正式聘任。他在途经开罗的航线上行驶七周,于7月到达香港。

在香港,赫德开始记日记。在12月31日的日记中,他道出了此次仓促成行的原委:

> 没有哪一年像今年这样意义重大……坐在原始卫理公会小教堂,我想自己是多么渺小……听着厄威克(Urwick)博士关于中国的讲座……我根本没想到自己有一天会亲身领略那个异域国度……不过,我交了损友……而且之所以接受这个聘任,一个原因就是想逃离那个让我做出不端行为的地方,第二个原因是

① Brazier音译为布雷热,布雷热的儿子加入中国海关后起中文名为“白莱喜”。

避免在法律和福音之间做出无奈选择。我就这样来到了中国!也许是我1853年5月的祈祷灵验了;如果是这样,那就是我的造化。上帝将会保佑我!感谢上帝恩宠!阿门!

这一年,我对世界有了多方面的认识。年初时,我被引入歧途,陷入了我一向唯恐避之不及的邪恶与罪孽。与放荡女子交往,我变成了一个浪荡青年。习以为常的读书和申请工作都变得索然无味,难以忍受,令人厌恶。我深深沉醉在充满堕落快感的酒杯中。

他是被与他同住一套房子的斯旺顿(Swanton)兄弟俩拉上这条寻花问柳、放浪形骸之路的。哥哥叫威廉,“23岁,是个踏实稳重的人”。弟弟是赫德在都柏林上学时结识的朋友,现在可不是“等闲之辈了……我陪他去过一两次剧院,然后去台球馆。我无所不为,体验一切新奇事物,为的是扼杀良知,放纵自我,追求色欲”。

不出三个月,他就把金奖送进了当铺,以支付这种新奇生活。“但是,上帝决定惩罚我了……纵情声色的报应终于到来,我病倒了,卧床数周……就在这时,我得到消息,校务理事会一致推举了我。”

他的病基本痊愈,到伦敦接受了聘任。但从接受聘任到启程赴中国的四周时间里,他仍身体虚弱,感觉必须离开爱尔兰才行,“……也许一去不再回头……根本没来得及与一半的朋友和相识告别”。

适应陌生世界,应对情感纠缠

就这样,一个年仅19岁的懵懂少年来到了香港。他的第一篇日记记于1854年8月27日。“简直就是《丛林中的艰苦岁月》

(*Roughing It in the Bush*)真实版……香港首府维多利亚……商业王子的宅邸,等等。”所有这一切,与贝尔法斯特相差甚远。第二天是星期日,日记很长。在日记中,他为自己制定了很高的标准。他记日记是为了“记录一天如何度过,反思过错,并找到改过方法”。

他被派往宁波(Ningbo)——他称之为 Ningpo。9 月 14 日,他登上驶往上海的帆船“爱渥娜号”(Iona)。船顶风行驶,暴雨狂袭,行程延误。直到 10 月 7 日,船上食物几乎消耗殆尽时,他们才终于抵达。(蒸汽船将很快改变这一切)在这里,他见到中国各口岸商务总监包令,以及几位领事馆上司,包括威妥玛(Thomas Wade)、李泰国(Horatio Nelson Lay)和阿礼国,这些人对他后来事业发展影响巨大。10 天后,他坐小船向南航行两天,到达宁波。

宁波长期以来一直是中国国内贸易的重要中心。它位于连通其他城市的京杭大运河终点不远处,长江水系的河道环绕四周。不过,它的重要性正被上海取代。1854 年,这里的常驻外国人有几位澳门来的葡萄牙人,十几位来自美国、法国,以及英国的传教士,还有英、葡领事和几位商人。这些零零散散的外国侨民无法形成有规模的外国人社区,因此大家有很多机会观察中国人生活,学习当地方言。但赫德学习的是官方语言,即普通话。他雇了一位不会讲英语的先生教汉语。有好几个月,他都没拿到自己订购的字典。他自己的书也因为在香港写错地址,辗转一年之后才到他手里。

他在宁波的顶头上司是临时顶替休假副领事的约翰·密妥士(John Meadows)。[38]到达后的第一周,赫德就与他住在一起。10 月 20 日,他第一天上班,密妥士带他转了一圈,认识了外国人社区的一些重要人物,包括罗马天主教会负责人。赫德用法语与他进行了几分钟交谈。这让他颇为得意。第二天,密妥士又带他拜见了中国官员。

10月27日,星期五,他搬进领事馆的宿舍,并雇了一名仆人。

> 今天感觉很孤独!……一直到四点半,我都没找到半个人跟我说话(说英语);然后,很偶然的机会,我在密妥士的船上见到了他。上午九点半到下午一点,我跟着先生学汉语。三点钟吃饭。我的仆人真够蠢的——吃了一大堆别的菜之后……才给我端上鱼。

10月29日,星期日,他参加了多教派的主日礼拜,由新教传教士共同主持,不同教派共享,随后写了一篇很长的日记:"那位领事馆的牧师朋友是一个思想开放的人;我跟他在一起轻松自在,不必担心受到他的指责。他包养了一个中国妻子(他这么称呼她,我们称她为他的情妇)。我也可以这样做呀,这太有诱惑力了。"随后他进行了大段反思,以下是其中一部分:

> 凭我的薪水,我是娶不起英国妻子的:英国妻子到这里来也是个大"麻烦"——娇弱,多病,需要时刻关照,还得有医疗服务,雇各种婢仆……而此地就有一些中国女孩,长相标致:花50—100元就能买下来,完全归你所有,每月花2—3元就可以养活了[他雇个厨师还得付4元呢]……我的处境难道不是很考验人吗?充满各种诱惑——而且还是最令人蠢蠢欲动、心猿意马的诱惑。……但如果我坚信那样做是错误的,而且,如果我对此有畏惧之心,就应该摒弃那种欲念,避免犯下罪孽而使自己陷入痛苦的折磨。

这种做法在当时司空见惯,要想摒弃并非易事。他的日记中充满了欲望与良知的搏斗,充满对上帝的求助,还不时出现心灵获得一阵宁静的满足,那是因为他又想到上帝是爱他的。恐惧心理同样让他对这种唾手可得的草率性行为退避三舍,他心里明白,这会招来惩罚报应的。直到12月2日,他才又开始写日记:

> 过去两三天,发生了一件对我极其重要的事情!从去年1月底我得了那个病起,就一直盼望快快痊愈,现在看来,好像很快可以解放了。希望再过一周我会更健康:但愿到圣诞节时,我可以好好享用一大杯果子酒了……

在这个小小社区里,有两位传教士医生。他们可能建议他勿沾酒精,以加快康复疗程。我猜测,他得的很可能是性病。12月18日,密妥士举办了一个全部由男士参加的热闹晚宴。赫德第二天早上醒来,"头疼欲裂"。之前,他在日记里写好歌词,准备和着《友谊地久天长》的曲子歌唱,现在却深感羞愧。歌词是这样结尾的:

> 我们远离英国式欢乐
> 不见了女孩——音乐会——舞会——戏剧
> 中国习俗搭配英国风俗
> 爱本地姑娘——抽雪茄——喝红酒——喝白干儿
> 不及时行乐才叫活该,在宁波府
> 在宁波府,我的朋友,在宁波府
> 生活可以更美好,即使是在宁波府。

密妥士本人就是个不同寻常的例子。他完全视自己的中国伴侣为妻子。他请这个年轻人作自己遗嘱执行人,准备将自己所有财产留给她。赫德对密妥士夫人始终彬彬有礼。她不会讲英语,所以无法在密妥士举办的晚宴上扮演女主人的角色。而传教士们则让赫德看到,作为一个妻子,不仅可以扮演迷人主妇的角色,还可以在丈夫的事业上助其一臂之力。赫德到这里的第一天,就被介绍给戴尔(Dyer)姐妹俩中的姐姐。她在一所为中国女童开办的教会学校里帮忙。她的妹妹玛利亚(Maria)则让赫德暗自心动,想入非非好几个月。但他们第一次见面是这样的:

> 我想我做了一件蠢事。我居然对戴尔小姐说,中国语言是一门很无聊的学问。她问我:"你真的这么认为吗?我倒是觉得很有趣哦——至少,宁波方言还是很有意思的。"……我惊讶地发现,这里的女士们都是聪明的好学生,能把方言讲得这么好。

传教士的妻子们不是充当教师,就是帮助做传教工作。在英国,他从没见过女士听课、作学生,也没见过已婚妇女走出家门,在外面从事专业工作。

帮他摆脱孤独感的主要是这些传教士。他每星期日早上做礼拜时会见到他们,对他们借书给他看,也心存感激。10月31日,星期二,来自英格兰教会传教团的柯宝德(Cobbold)先生前来拜访,专门询问赫德是否有自己的住所。当听说此处就是他的住处时,柯宝德说:"'太好了,听你这么说我就放心了。'从他的话里,我听出来他担心我与密妥士在一起……在神学问题上会受到他那种德国式的理性观点影响。”后来,通过交谈,赫德了解到,密妥士是信仰上帝的,只是不相信通常那种亚当夏娃原罪说,于是为他的诚实和人品肃然起敬。到后来,赫德也开始倾向于德国神学家大卫·斯特劳斯[39](David Strauss)倡导的对《圣经》的部分批判性观点。

就在同一天,赫德接到一张便条:“尊敬的先生赫德先生,您能否明天晚上过来,我们一起喝茶。您的 M.W.M.”他觉得这张便条文体很差,为什么要写两个先生?M.W.M.又是谁呢?便条是马丁先生的仆人带来的。但这里有两个马丁先生,而且名字字首都不是 W.M.于是他猜想一定是哪位先生的妻子写的。他确实猜对了。他非常正式地表达了感谢,并欣然接受邀请。这样,他就同一位和蔼可亲的美国女士度过了一个美好夜晚。女主人同时还邀请了倪维思(Nevius)先生和夫人。他们弹奏乐曲,唱歌,品尝美味点心。不过,此事倒是提醒了他,如果要继续走他的仕途,将来总得有个妻子才行。这个妻子必须掌握,或者学会掌握这套繁缛的社交礼仪,包括发邀请函,登门拜访,安排餐桌座位,等等。

这种令人愉快的晚餐每三周左右才有一次。中间的日子令他倍感孤独。他都开始怀疑是否应该来中国了。直到 1855 年 2 月 15 日,他才收到他之前发出信件的回信。上面的日期各不相同,显示这些邮件在路上走得很慢,常常搞错:“第一封,达达(Dada)的来信,日期是 10 月 16 日,是回复我(8 月 3 日)在香港寄出的第一封信;第二封,威廉·斯旺顿的信,日期 10 月 26 日;第三封,玛丽的信[他妹妹],日期 11 月 1 日,是回复我 9 月 11 日的信……”

难怪他感到如此孤独!

即使感到孤独,他也不乐意硬着头皮接待李泰国和另一位年轻领事官的到访。1854 年 11 月 22 日,他们与约翰·包令爵士未事先通知，突然到达宁波。他不得不让出自己的床，自己睡在椅子上。两天后，他们启程北上，三日后返回，又逗留六日。赫德抱怨说："招待他们可是让我付出了代价……他们让我也变得和他们一样无所事事。真是无奈。这样一来，这两周的汉语课简直毫无进展。"赫德如此年纪轻轻，就已经把工作放在第一位。他还写道："我不太喜欢李泰国，在上海时就不喜欢他。他对待中国人的态度轻慢无礼，让我很恼火。"赫德已经从宁波同事那里学会了如何接人待物。

深感孤独意味着他有可能开始琢磨婚姻大事。1854 年 12 月 8 日，星期五，他回忆发生过的事情：

> 上星期二，我与高德(Goddard)夫人一起喝茶。她的大女儿是个妙龄少女，十四五岁的样子……在我与她道别时，感觉出她捏了捏我的手……这一捏差不多让我下了决心向高德夫人提两件事：[是现在娶她，还是以后娶她]……我太孤独了！我多么渴望去疼爱什么人，去呵护什么人……我多么渴望有一个爱我的伴侣呀。

在几次晚宴上，他费尽心机地坐在玛利亚·戴尔小姐身旁，但都没有成功，因为男主人们都明白，他娶不起妻子。有一次，他终于抓住机会，与她单独散步，却又紧张慌乱得张口结舌，不知所云。

不过，他学会了与那些不能随便冒犯的已婚女士交朋友。12 月 17 日的日记记录了他坚决遏制了自己对倪维思夫人的非分之想："假如——但是，不行！"1855 年 1 月 2 日，他接受邀请，与这位迷人的女士共进晚餐，谈天说地，心中无比坦荡。海伦·倪维思与丈夫约翰(分别为 22 岁和 25 岁)都在从事传教工作。她是一名教师。2 月

2日,同他们喝茶后,他写道:“这个社交圈子对我十分有益。”她和他原本可以保持终生友谊,只可惜,她因病离开了宁波,荒废了他在那里工作的一段光阴。

这里不断有人患病。高德夫人要回美国,正是她的女儿曾让他春心萌动。她丈夫患伤寒已病故。赫德两次在日记中提到倪维思先生因感染丹毒而卧床不起。那是一种急性皮肤及皮下脂肪感染,现在可以用抗生素有效治疗。但那时得这种病非常痛苦,而且还有生命之虞。在第一次走访周围地区时,他发现人们不时提到“发热和寒颤”。寒颤是莎士比亚时代的词,其实就是疟疾。当时人们还不知道此病与蚊虫的关系。赫德在1855年5月的日记中写到,这些蚊子不胜其烦,不过他并不担心:“刚刚就有很多蚊子在我头上飞舞嬉戏。打死几个蚊子于事无补,因为它们都是‘以兵团规模进犯’。今天我挂起了蚊帐——三四天之前就应该挂起来了。”

生孩子也是十分凶险的事。1855年1月,他在日记中写道:“高夫(Gough)夫人难产了:胎儿长得太大,不得不在子宫里切成碎块取出。高夫夫人现在情况不错。”

赫德本人一直十分健康。虽然领事馆的卫生状况很糟糕,但日记里只提到他得过一两次腹泻和发烧。外交部拒绝拨款修一口水井,甚至连买几个大缸收集屋顶雨水都没有经费。唯一的水源大概就是旁边的池塘。这里一到夏天就大量滋生传播疟疾的蚊虫,池塘的水还经常漫入屋内。炎炎夏日,附近浅浅的坟茔会传来阵阵恶臭,令人作呕。[40]

1854年圣诞节那天,密妥士惹上了麻烦。那天,一个葡萄牙人,伏丕诺(Vulpino)[41],殴打了领事馆的一位中国雇员。听闻此事,赫德连忙去找密妥士(他正陪商人们享用圣诞大餐)。密妥士得知此事后大怒,命令手下雇员准备好棍棒,自己则抄起手枪,直奔伏丕诺的住处,他的手下将其痛打一顿。赫德竭力劝阻,以免有人受重伤(因为“密妥士先生当时情绪非常激动”)。密妥士命人鞭打伏丕诺35下,然后才放了他。葡萄牙领事当然会找人告状,于是,密妥士受到了上司的惩戒。3月,他被降级,最后辞职,到天津去做生意了。让人高兴的是,那天,一条船到达,带来了“亲爱的妈妈充满温馨亲情的家信”。信是8月31日写的,信里说,妹妹特蕾莎(Teresa)结婚了。不过,此事没得到赫德任何赞许之辞。

1855年4月1日,查尔斯·温切斯特博士取代密妥士,担任代理副领事。6月8日,赫德引用了温切斯特向约翰·包令爵士评价赫德的原话,称他“主管呈交中国海关的货运报告,并在完成助理职责上展示出巨大热情和智慧”……而且,“在汉语学习上取得令人满意的进步”。1855年7月4日,赫德被正式任命为领事馆助理,年薪也随之增加到270英镑。

赫德现在同帕特里奇(Patridge)船长住在一起。船长给了他一间卧室度夏。帕特里奇是个颇有个性的人物,是怡和洋行驻宁波代理。那可是在中国沿海经营鸦片贸易和其他货物贸易的最大贸易公司。他的住宅算得上宁波最高档的宅子了。赫德1855年7月29日写道:

> 过去四个星期过得很愉快。我身体健康无恙,只是情绪有些低落,令我略有不安。我担心冬天回到领事馆后,会感到非常孤独。不过,享受眼下时光吧,未来自会有办法。

这是1858年3月之前最后一次日记。鉴于我们对赫德的了解,他很可能利用这段与帕特里奇住在一起的时间,向他学习中国贸易运作机制。[42]

能享受当下的时光非常难得,因为,1856年整个中国兵荒马乱,宁波一带也受到局势的影响。广州海盗向他们的鸦片贸易对手葡萄牙人展开报复行动,杀死许多人。刚好到达这里的法国兵舰将海盗赶走,使得海盗的攻击没有殃及其他外国人。那年,赫德也遭受了一场情感变故:

……1856年,我和所有未婚男人一样,到了该结婚的时候,差点结了婚……但那位年轻女士的父亲认为我不够富有,——这简直如同当头一棒——3个月后,她嫁给了另一个男人……我也很快从打击中恢复过来——某种意义上说;但马上又过量服用拜伦诗药,叹命运对我之严苛……终又沉沦放荡生活,每每想起此事,我就会自我鄙视……不过,我总算从那种泥潭中爬出来了……

这是他结婚前几天,写给未婚妻赫丝特·布雷登(Hester Bredon)的信。[43]他并未告诉她自己生活中还有另外一个女孩。

阿瑶

接下来幸存的赫德日记头几页就撕掉了。第一篇是1858年3月3日在广州记的。他于1858年初调去广州做二等通译。那时广州城刚被英法联军攻占,总督叶名琛也已被撤职。4月,赫德成为实际控制广州城的联军委员会的秘书兼翻译,年薪涨到1500英镑。他为三人委员会中最积极活跃的巴夏礼工作。

从新日记里,我们看到他改头换面,像是换了一个人,不再是宁波那个赫德了。他仍定期去教堂礼拜,但也开始享受这里丰富多彩的社交生活。驻广州的联军经常举办赛马、戏剧、玩纸牌等活动,而且常常有晚宴和郊游等安排。局势安定下来以后,他还跃马扬鞭在乡间奔驰。现在他有钱买马、雇马夫了。内心良知与欲念的搏斗也看不见了。

凯瑟琳·布鲁纳(Katherine Bruner)及其同事认为,这种变化缘于帕特里奇船长的买办为他找了一位广州姑娘。这个姑娘"出身卑微,但来自正经人家"。1857 至 1865 这几年间,她使他"浪漫逍遥,心醉神迷",使他更加热爱中国文化,更加热爱他的事业。[44]而我个人认为,这种转变开始得还要早一些,始于他步步高升的时候。自从 1855 年 4 月 1 日温切斯特到来,他开始承担越来越重的职责。赫德这种人最重视有意义、有成就感的工作,最在意自己的聪明才智能够得到别人认可。从 1855 年 4 月到 7 月,他的日记比早些时候更加简短,间隔更大了。1857 年,他在宁波买下阿瑶,可能是因为担心"放荡生活"的种种危险,这时已经是他搬到帕特里奇大房子后至少一年半之后了。后来的资料显示,当年阿瑶大概 16 岁。她跟他到了广州。但是笔端流露出来的自信与快乐是从宁波日记中看到的,所以,很可能来源于升官晋级,而不是阿瑶的陪伴。况且,1858 年时,他已经准备放弃这段私情了。

虽然包养中国情妇是一种司空见惯的做法,但在领事馆工作,大家都希望此事能秘而不宣。阿瑶最早住在他们位于叶名琛老衙门府的住宅里。

1858年5月20日,阿志(Achih)[管家]今天告诉我,昨晚6点左右,两位不速之客闯进我家,折腾了许久才离开。阿瑶逃到后屋躲起来,才没有被这两个官员发现。

1858年5月26日,阿瑶两个月——

日记中的"——"表示阿瑶怀有身孕。那时外侨通常的做法是花上一笔钱,终止包养。由于广州越来越不安全,赫德将她送到澳门,并开始跟她讨论分手事宜:

1858年7月26日,星期一。今天派阿志去了澳门:给阿瑶送去20元。[这是她每月的生活费;她最初离开时很可能也得到类似数额的生活费。]

1858年8月15日,星期日。阿瑶开口就要700元,最起码也得200元——"没门儿"!!!

1858年9月16日,星期四。四个月来第一次单独出门。[广州已经安全多了。]我去看了阿瑶,她前天晚上已经从澳门回来了。管我要200元。我必须跟她断绝关系。

可以看出,在经历了5月20日被人突袭那件不愉快的事件后,他把她安置到了另一个住处:

1858年9月19日,星期日。交给桑普森一张100元丽银(O.B.)[丽如银行,Oriental Banking Corporation]支票,并领出本月薪水59元。付给阿瑶125元:我认为这笔钱就算分手费了。

9月20日,星期一……阿瑶今天去澳门了。

看起来桑普森知道阿瑶的事。他愿意取出 100 元现金帮助赫德。也许他作为中间人与阿志一起去进行了谈判,因为他十分熟悉当地习俗。

9 月 22 日,星期三,赫德感到“夜晚十分难熬。于是去东北门看阿仪(Ayi)”。离开阿瑶,他就讨了另一个女孩做替身,为自己疗伤。这事第二天就定了下来,也就是桑普森介绍他认识自己妻子艾玛的同一天。他用两种货币完成支付,“100 墨西哥元加上 22 两中国银子”,他自称是笨蛋,实际上精于算计,占尽便宜:

> 1858 年 9 月 24 日,星期五。阿仪被带到位于宝塔街的房子[很可能是他曾经安置阿瑶的地方]。
>
> 1858 年 9 月 25 日,星期六。[再次看过阿仪之后]在回来的路上撞到巴夏礼先生,着实吓了一跳。
>
> 1858 年 9 月 26 日,星期日。又去见了阿仪……

这之后,再没见他提到过阿仪。11 月,他被任命为新上任的英国领事阿礼国的中文秘书。阿礼国与巴夏礼不同,不懂中文。赫德马上被交给诸多任务。由于不再为联合委员会工作,他只好搬出衙门府。他先是在一条牌照船屋上临时住了一段,然后换到“新‘领馆’,瓦契(Vacher)的老牌照船屋上,屋内肮脏无比”。12 月 5 日,“简直难以忍受……住这么狭小的房间,还得跟别人睡在一间屋子里”。在这种条件下,与情妇幽会的秘密是很难藏得住的。

1858 年 12 月 6 日起,日记再次中断。很可能是阿瑶回来了,带了女儿给他看。女儿叫安娜,大约生于 1858 年 12 月。这让他把她又接了回来。对很多男人来说,见到自己的头胎孩子相当震撼,足以改变自己的人生轨迹。他与阿瑶自然也就再续前缘,而且他们的两个儿子也分别于1862年5月和1865年8月出生。不过,阿瑶与孩子很可能住在广州或澳门的另一处住所。在1905年的一份法律声明中,他称自己于1857年在宁波与一位广东姑娘相识。她随他来到广州。他的声明中日期模糊不清。他继续说道:

> 我把她留在澳门。她一直……收到每月30元生活费……后来我们从未生活在一起,我也很少探望她……
>
> 1866年,我们的关系结束了。阿瑶把孩子交给我的代理人,拿到了3000元钱,后与一位中国人结婚……在中国期间,我只见过安娜两三次,见过赫伯特(Herbert)一次,从未见过亚瑟(Arthur)。阿瑶是个善良懂事的姑娘……[45]

3000元钱,不管是墨西哥大洋还是中国银两,都大大超过一般的分手费。赫德还说,1866年,他让人把孩子送到自己在英格兰的律师那里,又付了6000英镑,作为他们的各种补偿。这笔钱的利息足以支付他们的生活费。最初负责抚养他们的是伦敦一家公司的簿记员的妻子。该公司与赫德有业务往来。1910年,在另一份类似的声明中,赫德补充说,6000英镑早已分给三个孩子,作为他们成家立业、走入社会的资金。

我认为,孩子们是不允许与他接触的,这可以减轻骨肉分离的锥心之痛。他知道,骨肉分离是他事业飞黄腾达必须付出的代价。与约翰·密妥士不同,赫德从来不认为这种包养关系等同于婚姻。不过,在他生命的最后时刻,他对阿瑶的评价以及那笔巨额资金,都说明他们的关系随着安娜的降生而加深。否则无法解释1858年那笔区区200元的分手费与1866年那笔重金安置费的巨大反差。两人之间最美好的一段日子很可能是1859—1861年在广州那段时间,因为,从那以后,他的工作让他四处奔波,无暇分身,见面次数自然也就减少了。

赫德海关事业的开端

1859年,负责整个海关征税的户部大员忧心忡忡,他能够为北京的主子收到的税钞日益减少,从鸦片贸易上也很难挤出多少税银。(1858年鸦片贸易已经合法化,应缴关税为8%,而其他货物贸易则征收5%关税。)原先在上海任领事的阿礼国建议赫德效仿上海江海关的解决思路——雇用洋人监管海关。中国当局对此十分赞许,要求赫德在广东粤海关建立此套机制。李泰国此时正效力于中国政府,任海关总税务司,常驻上海。他也赞同这个提议。1859年6月,赫德辞去领事馆的职务,受聘于清政府,先是任粤海关副税务司,后升为粤海关税务司。英国政府应允此事是因为它相信,这种新型海关运作机制可以带来有序贸易,符合英国人的利益。英国人此时认为,在保证公平、规范秩序的条件下,自由贸易对各方都有益处。而中国贸易当时既不公平,也无良好秩序。一些不法商人,走私货物,进进出出;还有一些商人营私舞弊,贿赂关员,偷逃关税。加之海盗伺机偷袭,也造成了巨大损失。建立高效、廉洁的海关就意味着可以向各方征收相同关税,一视同仁。所得税收可以用来维护海上和陆上贸易秩序。在英国、美国和法国的支持下,新型海关运作机制被推广到各个通商口岸。

这一切都发生在一场混乱的大背景下。当时太平军起义正如火如荼,英法联军攻打北京,最终导致清政府接受 1860 年《天津条约》[①]。同时,1861 年 8 月,清朝皇帝驾崩后,宫廷内部就谁来辅佐懿贵妃慈禧的幼子发生激烈争斗。最后慈禧成功夺权,被奉为皇太后,垂帘听政,从此执掌大清政权 40 多年。她保守固执,不喜变革,却也维系了大清朝的统治。恭(Gong,赫德日记里称"Kung")亲王被任命为北京的总理衙门负责人,而总理衙门是中央政府首次设置的、直接掌管海关及对外关系事务的部门。以往这些权力均下放给驻广州的督抚,由督抚一手经办。此后多年里,赫德就是与这个部门打交道,与恭亲王合作。而在军事方面,李鸿章(赫德日记里称"Li Hung Chang")已经认识到推动现代工业,以及加强训练提高军力的必要性。赫德与时任天津关税务司的德国人德璀琳(Detring)都与李鸿章保持密切合作关系。

总理衙门批准了早些时候任命李泰国为海关总税务司之事,但李泰国随即请了病假,而且,在尚未得到批复的情况下,于 1861 年 3 月径直扬帆远航,回英国老家去了。这正是李泰国目中无人、不懂礼数的典型作风,赫德在宁波时就发现他有这个毛病。其间,李泰国责成上海江海关的费士来(George H. Fitzroy)和广州粤海关的赫德共同代管整个海关事务。由于费士来不懂汉语,便由年纪较轻的赫德挑起重担。他北上京城,直接接受恭亲王指令。总理衙门大员一致认为赫德行事圆通,温良恭谦,解释贸易及税收运作机制时讲得一清二楚,头头是道,比他那个恃强凌弱、仗势欺人的上司李泰国强多了。1861 年 6 月,他在总理衙门停留,然后去天津,以及其他北方新开埠

① 原文如此。应为 1860 年在北京签订的《北京条约》。

的口岸，推行实施新型海关制度。9 月，他又回到北京。当时英国驻北京公使卜鲁斯爵士（Sir Frederick Bruce），即额尔金爵士的弟弟，是这样向外交部报告的：

> 假如没有赫德先生出面，没有他对中国财政制度的充分了解……我想我在北京是无法制定出《天津条约》①详细条款的，现在，我必须依靠他，以及他手下的欧洲职员，才能战胜那些无知且顽固的中国各省官吏。[46]

在条约中明确宣称对外开放新口岸是一回事，而真正付诸实施，并确保贸易活动公平有序地进行则是另一回事。赫德目前常驻上海，但在李泰国 1861—1863 年休假期间，他马不停蹄，往返穿梭于各个新口岸之间，忙着聘任新职员，并给予指导。[47]这势必减少他与阿瑶在一起休息放松的时间。赫伯特于 1862 年 5 月左右降生，说明他们俩在 1861 年秋季还是有机会相见的。而到 1863 年 4 月之前那段日记空白，显示他在那段时间只能偶尔跟她团聚。但他很可能从来没把她带到过上海，那里太平军时常出没，危机四伏。

赫德与李泰国也有书信来往，主要是讨论订购小型军舰，为中国组建一支舰队事宜（史称李-阿舰队[Lay-Osborn flotilla]，阿斯本任舰队总司令）。当时的目的是打击海盗和太平军。1863 年 4 月，李泰国与舰队一起回到中国，官复原职，任海关总税务司。但在如何指挥舰队的问题上，李泰国与中国官府的大人们意见相左。他们完全不买他的账。简单地说，就是李泰国想独揽大权，而把中国官员抛到

① 原文如此。应为《北京条约》。

一边。

赫德从李泰国回中国后与他第一次见面起,就预料到李泰国肯定会惹上麻烦。1863 年 5 月 9 日,他又开始记日记了:

> 见到李泰国……他完全变了一个人,彻头彻尾英国那一套作风,恐怕他与中国人交往将会是一场硬仗。他与他们意见不同,又会坚持己见;只会死守条条框框,不会详尽阐明观点……如果事情真的发展到一败涂地、无可收拾的地步,我一点都不会感到奇怪。

6 月,他与李泰国一起在北京就舰队管理以及其他海关事宜同清政府进行了艰苦的谈判。7 月,李泰国回了一趟上海,一走就是一个月。赫德的夏日时光过得悠闲自在,终于有空写日记了,时间是 1863 年 7 月 25 日。日记中流露出他对自己经济实力不断提升而感到的骄傲,对家庭的拳拳赤子心也令他自豪。他一一罗列出自 9 年前,即 1854 年,踏上中国土地至今,自己年薪节节攀升的喜人数字。从最初的区区 200 英镑,到 270 英镑,再到 1858 年的 500 英镑和 1500 英镑,直至 1860 年 7 月(成为粤海关税务司)的 2500 英镑。"现在,1863 年 7 月,我的年薪为 3300 英镑都不止。真是可观呀!过去四年中,我寄回家给父亲的礼金达到 3094.15.10 英镑,给妹妹和表兄弟姐妹的数额也有 461.12.3 英镑,总共是 3556.8.1 英镑。"如此大手笔地向家人赠予礼金,说明他出人头地了,对家庭伸出援手理所当然,天经地义。这在当时的英国和中国(甚至在当今许多文化中)都是如出一辙。作为一名年轻人,他很得意,因为在中国海关工作,意味着不再有人从他的年薪中自动扣除英国的所得税和领事养老金。

但是,由于没有健全的养老金机制来照顾海关职员及其孤儿寡母,他们后来遇到了不少麻烦。

9月初,李泰国回到北京,接着派赫德赴上海江海关,接替去世的税务司。此时的李泰国更是狮子大开口,要求掌握更大的实权,包括分配海关征收的税钞,并在北京置办一个王府宅邸。而此时,他还没有按中国政府要求,交代清楚他们所订购的军舰需要支付多少银两的账目。于是,总理衙门在11月将他解聘除官。卜鲁斯爵士未提出异议。

1863年11月29日,星期日,28岁却老到的赫德在上海的家中吃早餐时,收到来自总理衙门的急件,内有几封附函。他继续把饭吃完,“像往常一样,读了《圣经》的晨祷词,进行祈祷”,然后才打开函件。里面有一份实授他为海关总税务司的札谕,还有一封卜鲁斯的信,恳请他接受这一任命。他接受了。

总税务司新官上任

12月23日,由于觉得荒废了光阴以及其他诸事,赫德感到十分沮丧。但当他记录自己所取得的成就时,心情便云开雾散。他认为自己之所以能够事业有成,要归功于他年轻时塑造的勤奋敬业品格(前文已有引述)。然后他列出了作为总税务司要达到的工作目标。首要目标就是打造一支外籍海关队伍,选拔优秀人才,充任各关税务司及各项办公人员,并确保这些洋员各司其职,尽职尽责,不给商人们抱怨告状的理由。同时,通过增加贸易量来扩充大清政府的税收。赫德的第二、三、四、五目标均涉及增进对中国的了解,促进中国人对外国人的友善之情,寻找可以造福中国的西方文明产物,探索有益于中国变革的方式。目标七是资助传播福音这一高尚事业。目标六是:“我必须为我的下属在行为举止上树立良好榜样。”虽未明确所指,但在他心里,这一条意味着要设法摆脱情人,并戒除所有非法性关系(但对年轻下属的此类行为,只要是在私下进行,他都保持宽容态度)。

对他这种脾气秉性的人来说,实现第一个目标最为容易,尽管他必须做到不辞劳苦,事无巨细。美籍税务司杜德维(Edward Bangs Drew)描述了他是如何使整个海关岗位整齐划一的。他要求各关提供所有职员名册,然后分门别类,定级定岗,并进行评估,这样可以使所有人都得到相应的薪俸。同时,他还为每个岗位制定规则,做出指示。他要每个人都清楚自己的责任目标,然后严格按要求各司其职。海关职员分为两大类:高等级的内班职员(经赫德提名,由中国海关驻伦敦办事处负责招聘),以及低等级的外班职员,如钤子手(即在海上对驶入船只进行检查的人)。这些人多数是在当地招募的外籍水手或其他已经在中国沿海地区驻留的人员。赫德与金登干(James Campbell)联手建立起海关会计制度,并由金登干传授到所有岗位。金登干早年在伦敦的财政部审计处工作过,后于1862年加入李泰国掌管的中国海关。赫德不仅使金登干的专业才能有了用武之地,还与他成为知心好友,时常相伴左右。因为金登干并非只懂会计专业,他曾就读于巴黎大学和海德堡大学。每到周六,各关款项账目便会汇总到北京,由审计部门呈送给金登干。赫德还制定了汇报制度,要求报告各关工作进展情况、收到税款情况,以及职员表现等信息。这样,他就能决定什么人可以得到提升。杜德维认为,这种早期的组织管理机制完整周密,持久稳定。它使得赫德可以轻松灵活、游刃有余地驾驭海关、发展海关,并妥善应对耗时费力的国际纠纷。他的意见常常被纠纷双方所接受。杜德维述及 1876 年的中英危机,以及 1884—1885 年中法之间实际已爆发的战争。这些事件都是本书后面几个章节的故事背景。[48]

应对危机的第一个事例发生在 1864 年 1—2 月间。李鸿章任命戈登将军去统领一支由洋人军官指挥的、号称“常胜军”的雇佣兵部队。李鸿章希望借着这支队伍的支持,一举剿灭迁延已久的太平军叛乱。[49]赫德在冰冷刺骨的沼泽地里苦苦找寻了三周,才找到戈登的藏身之地,并力劝他回心转意,重出江湖,继续率领“常胜军”作战。这时的戈登正憋着一肚子气,因为李鸿章明知戈登已经许诺了几个叛军首领只要投降就饶命,但还是杀害了这几名降将。赫德出面劝和自然有他的道理,他最终帮助李鸿章和戈登重归于好。[50]剿灭太平军给中国国内带来一段太平时期。如果没有这种天下太平的局面,就不会有生意兴隆、贸易繁荣的景象。不过,他在 4 月的日记中也透露出他的烦恼。他纠结于是否应该支持这个清帝国政府,但最终还是认为,太平军的行为同样残暴,比清帝国政府好不了多少,他们只是不如自己的清朝主子更具组织能力罢了。他可能希望自己的建言献策会对清政府产生一些影响(他的第五个目标)。不过,这一事件让他更加明白,为什么李泰国和阿斯本那么不愿意把舰队指挥权拱手让给清政府。

至于目标六,当他 1863 年 9 月在北京辞别李泰国,并明确看到自己将被提拔重用后,便开始走上一条新路。1864 年 3 月 6 日,星期日,他写道:

> 从我走上正轨到现在已经半年了:内心经历了无数挣扎,但在表面上并未做出会让我产生畏惧的苟且之举。在过去的一段

日子里,我曾经非常快活……但这种快活时光必然是昙花一现,转瞬即逝,每每让我经历一番心灵搏斗与挣扎……我很孤独,多么希望有个妻子呀……

此刻,他似乎十分想念阿瑶,她既能满足他的肉体需求,又能给予他精神陪伴——不过,满足肉欲似乎是更加迫切的需求。几天后,在3月9日的日记中,他坦白道,"'沉迷女色'的恶习根深蒂固,使我内心焦灼,日复一日……我似乎无法克制自己,不去想象玩味那些男欢女爱。对这些欢爱我还是有力量在表面上做到克制的"。[51]

1864年7月23日,他庆幸自己对女性的遐想已经变得越发短暂,且不再那么痴迷了。但是很糟糕,8月6日,他又写道,"找个情人的诱惑太强了……除了迷恋女色,没有什么其他事情更让我伤脑筋。不过,我已经一年多没有碰过任何女人了"。

"一年多"说明他在1863年夏天与李泰国一起前往北京之前是与阿瑶在一起的,而身在北京的他已经看到了自己未来的前景。他决定正式结束这段男女私情,打扫门户,为将来明媒正娶做好准备。大多数侨居中国的外国人都会付一笔不大的费用,让孩子回到其母亲的大家庭中。显然,赫德认为,如果将孩子们留在中国,势必会给自己和自己未来的妻子带来尴尬。他承担了对自己这些"被监护人"的经济责任,并允许他们使用自己的姓氏。但是,由于他们属于非婚生子女,按照维多利亚时代的观念,他们不能算是他的家庭成员,不能享受他的陪伴和亲情。他希望这些孩子在英国长大,所以他必须找一个可以信赖的、熟悉广东习俗的中间人,而这个人又不能是海关里的职员。整件事秘密完成,滴水不漏,甚至在日记中也只字未提此事。我认为,他当时想到了桑普森。赫德一直与他、他的妻子艾玛,以及可爱的女儿保持密切联系。1864 年 6 月 21 日，他在北京的日记里提到过“可爱的小姑娘”寄给他一张自己的照片，而他也于 6 月 24 日回复了她一封短信。

11 月 4 日，赫德回到上海（之前成功抵御住邻家中国姑娘的诱惑），并且惊讶地发现外滩和外国人俱乐部用上了新煤气灯，灯光璀璨。12 月 9 日，他启程前往香港。在途中，他写到坐蒸汽船只需 69 小时即可抵达目的地。接着，他直奔广州。他提到曾数次访问广州，说明在 1859—1861 年那段未记日记的时间中，他与那里的外侨知识分子相当熟络。他们正努力了解中国文明。

1864 年 12 月 20 日在广州期间，他接到了母亲的来信：“母亲提到一位布雷登小姐（Miss Breadon）［原文如此］，并且提到 5000 英镑的事［可能是他希望她能带来的财产数额］……对炉边厮守，共度快活时光的渴望不断增长，而对婚姻的期盼却在下降。”他对婚姻的期盼可能是在见到阿瑶后下降的，但很快又重新燃烧起来。1 月 10 日，他已经在计划前往香港，准备在离开南方前将杂七杂八的事情做一个了结。下一篇日记记于 1865 年 1 月 15 日，显示他并未如愿以偿地与罗存德（Wilhelm Lobscheid）博士见面，“所以我只能在尚未了结最急于了结的事之前离开了”。桑普森与罗存德这位非同寻常的德国传教士非常熟悉，很可能建议赫德托他将孩子们带去英国。情况很可能是这样的，赫德本打算借着 1864 年 12 月这次造访与阿瑶协商分手事宜，做最后告别，但他陷入了与当年詹·卡·威 2 号相同的境地，即他又让她怀上了孩子。他只好推迟了将孩子马上送走的计划。如前所述，赫德于 1866 年 8 月写给赫丝特·布雷登的信中说，“至少在过去两年里，我的生活是清清白白的，无可非议”。但这种说法很可能隐瞒了他与阿瑶的最后一次相见。

1865年1月25日,中国农历新年期间,他在日记中提到在广州拜访过四位妻子,并且“在每一家都进行了令人愉快的闲聊”。这些人中有艾玛·桑普森,以及一位哈巴安德夫人(Mrs Happer)(后面还会讲到她的女儿)。这使他再次想起明媒正娶可以带来的种种好处。1865年2月20日是他的生日,他写道:

> 年已三十,仍未娶妻:如能越早结婚则越好。如果在今后四五年里无法解决婚姻大事,则不再考虑此事了。我担心,今年年底回国休假的十周时间可能不足以让我产生爱的激情。不过,我不用一小时就可以坠入爱河。

在此期间,他对传统教义中所说的“完全灵感”,即《圣经》中每个字都是来自上帝的灵感启示,产生了极大怀疑。他在1864年8月写的一篇长日记里最后总结到,应该允许对某些部分进行批判性阐释。到1865年1月,他已经倾向于反对完全灵感论了。“过去学到的教诲会让我在做一些琐碎事情时产生迷信的反感。现在,恐怕我不会再用不偏不倚的目光看待事实了。”他对于宗教与道德之间的联系非常敏感。

从1865年2月25日到5月7日星期日,他一直荒于记日记。这一时段的简报显示他在南方各关巡视,安排职员岗位问题,以及他们的住宿问题,同时还要向中国官吏介绍情况。简报还提到3月22日至24日,他曾到过香港。他很可能借此机会与罗存德顺利了结了那桩“私事”。比起1月份时,此次他自然是带着更加轻松愉快的心情离开的,对那里的现代化进步也留下了更好的印象。

他在1865年4月1日前回到上海,但6月20日又奉召再次进京。他欲离京返回南方,却被中国官府一再拖延耽搁。1865 年 10 月底,他们干脆要求他把海关总部搬到北京,并在北京安家落户,而这正是当初他们拒绝给予李泰国的待遇。1866 年初,他才获准回家探亲休假。而 1866 年将孩子送到他在伦敦律师那里的一切安排,一定是通过信件完成的,都是按照他早几次巡访广州和香港时定下的周密计划进行的。

向赫丝特·布雷登求婚

那年冬天,他迷恋上一位劳德小姐(Miss Lowder)。她当时住在阿礼国家里。此时阿礼国已接替卜鲁斯任英国公使。1866 年 1 月 1 日,他写道:"我每见她一次,便多喜欢她一分。但我不知道我们是否般配,所以我不能操之过急,须谨慎行事。"到月底时,这位年轻女士已经明确表态,没有看上他。这样的话,他就必须抓紧时间,趁回国休假找个妻子。在启程之前,他叮嘱手下把他的中式房屋翻新一下,布置得更舒适一些,更适合一个妻子居住,要安上玻璃窗和木地板。[52]

赫德不愧是赫德。他利用此次探亲之行还推进了一项他预期的工作目标。当时,总理衙门正准备派遣一位退休老臣前往欧洲作官方游历,并报告所见所闻。老臣将携儿子及仆人一同出游。赫德选派一英一法两名海关职员随行,充当那位老臣的翻译和照应者(两人都被搞得焦头烂额,难以应对)。赫德希望以此行作为开端,让总理衙门认识到在国外设立一批外交使团对中国大有益处。(这个目标直到1877年才得以实现①。)

这个庞大的使团于1866年3月2日离开北京。他们在开罗参观了金字塔(当时可乘火车从苏伊士到达开罗),并于5月2日到达马赛。赫德在巴黎只逗留了一天(就离开中国使团)。他在伦敦过了一夜(这使他有机会与自己的律师见面,并最终敲定安置阿瑶子女的事宜)。接着,他跨海回到爱尔兰,在拉佛奈特(Ravarnet)与父母待了两周时间,并探望了朋友和已经嫁人的妹妹们。然后,他便赶回伦敦,安排中国使团参观访问英国。他渴望追求"品德高尚的情感",但行程匆忙,无法召之即来,一蹴而就。5月25日,他回到家乡,准备寻求家人帮助。他此时的日记简短扼要。在7月15日星期日的长日记中,他对此给出了答案:

> 在过去三个多月里,我一直处于幸福激动的漩涡中,几乎无法进行思考:我无法评判过去,也无法谋划未来。而对目前,我同样无法保持清醒的思维过程。

这就是5月31日他与姨妈一同去拜访18岁的赫丝特及其母亲后的状态。赫丝特是赫德姨妈的医生的女儿。医生两周前刚刚去世。姨妈早就将姑娘的照片寄给赫德。离开上海前,他刚刚收到照片,心中甚是喜欢。他们第三次约会时,他向她求婚,她接受求婚,她母亲与哥哥②商议后准许婚事。6月5日的日记中只用4行文字概述了此过程。当时赫德问她,"是否有意同我一起回中国"。

---

① 1877年,中国清政府在英国伦敦正式设立公使馆,这是近代中国第一个驻外外交机构,郭嵩焘出任驻英公使,成为清政府派出的首位驻外使节。

② 指裴式楷,他是赫丝特的哥哥,家中的长子。赫丝特的婚事,因其父已去世,故由母亲和家中长子做主。

此次求婚与在北京向劳德小姐慎重求婚不同,赫德几乎没有调查姑娘的任何底细,以确认她否具有成为伴侣,或成为见多识广、举止大方的主妇的素质。对她的钢琴才艺倒是提起过,但对其音乐素养却未见表述。从一封赫德8月份写给她的信中可以看出,他不知道姑娘是否与他一样,喜爱乡村情趣,胜过城市生活,因为他们的约会都是在城里,在室内进行的。他无法确认,但推测她会是一位善解人意、富有同情心的好伙伴,会符合他的要求。在7月24日写给她的信里,他告诉她,多么渴望"让你永远伴随在我身边,向你倾诉所有发生的事情——不管你是否说出来,我都感觉你会同情、支持我的所有事情!"对赫丝特而言,她能够欣然接受他,部分原因是家人已经做了充分的铺垫,而主要原因是赫德可以给她提供一个机会,让她进入一直渴望探究的广阔新世界。她生活的家只会令她想起去世的父亲。几天后,她的哥哥裴式楷(Robert Bredon)医生应允了这桩婚事。

6月13日,赫德在回顾此事时,并未流露出很大热情:

> 度过了一个愉快的下午,有赫丝[他一直这样称呼她]在身边,我感到宁静,愉快。她陪伴我左右,我并不觉得受到牵绊;只有当我离开她时,才感到……失去了自由。但她是一位聪明可爱、活泼直爽、头脑清醒的年轻姑娘……面对大多数来客,她持重自从……我将尽我所能让她幸福快乐,生活舒适,而且——如果可以将过去一笔勾销——我几乎可以打保票,我们的未来将充满纯粹的幸福与快乐。噢,过去!过去!游荡着死去的罪恶的幽灵,男人初次失足的后果挥之不去。"把已逝的过去永久掩埋"[53]——这很容易;而困难的是保证未来的自由生活不受过去阴影的侵扰。做到心中坦荡,完全自信是否意味着"不要将秘

密带入未来”,或是“彻底坦白过去的所作所为”?

显然,他选择了第一种想法,而且认为赫丝特也会有同样想法。在婚礼前一周写给她的信中,他讲述了1856年自己那段告吹的婚约,以及随后一段放荡生活。他引用了自己在前面说过的话:“请记住,赫丝,你嫁给我是为了生活在未来。”信中没有提及阿瑶。

他预感到过去的浪荡行为会带来恶果,这是完全情有可原的。与此同时,他对赫丝特的感情也与日俱增。6月15日,她拜见了他的家人,深得大家喜爱,也让他写下“她真是可爱的姑娘,我会全心全意爱她”。他对她的情感中有对刚刚丧父的女孩那种父亲般的爱护与怜惜成分。他在8月份写给她的信中,称她为“我的小姑娘”。他已经在心中彻底告别了他的中国伴侣及她的女儿。两人都从彼此那里得到了自己需要的东西。

不过,在7月15日星期日一篇长日记中,他解释了为何之前的日记都那么简短扼要。此时,占据他头脑的主要问题并不是即将到来的婚姻,而是是否应该多花时间在伦敦及欧洲大陆陪同中国官方使团,还有,是否应该四处活动,联络关系,以获得一个三等男爵称号或其他什么荣誉。最后他认为,鱼与熊掌不可兼得。如果把时间耗在陪同使团和拉关系上,势必没有空闲与爱尔兰老友们相聚。对他这种背景的男人来说,荣誉固然十分重要,可以使他与那些外交官同辈们平起平坐,享受尊贵的社会地位——但与生命中的亲朋挚友相聚,共叙亲情更为重要。所以,在假期短暂、转瞬即逝的情况下,他还是在7月份挤出三天时间,看望了在女王学院时的老朋友詹姆斯·白莱喜,他现在已是艾伯丁大学的化学系教授了。在返回伦敦途中,他去了一趟拉格比(Rugby),去完成自己对老朋友、老上司密妥士的承诺,即去看望他的女儿们。孩子们如今由英国的亲友负责抚养教育。由于她们正巧去了伦敦南部的朋其(Penge),于是赫德又专门赶到那里。他发现,姑娘们已经“忘记中文了,英语讲得很好;还向她们的‘爸爸、妈妈和小妹妹带去爱心和亲吻’”。这也许使他心中产生一种愿望,愿自己的儿女同样入乡随俗,茁壮成长,只是他没有在日记中明确说出而已。接下来,他去了巴黎,招募一些法籍海关职员,同时与中国使团告别。他的日记最后一篇记于1866年8月7日,而下一卷日记起始日期为1867年1月1日。

赫德与赫丝特于8月22日在都柏林结婚,并在凯拉尼(Killarney)度过短暂的蜜月。9月,他们启程前往北京。同船返回的还有已经被提拔为赫德的总理文案(即秘书长)和稽核账目税务司的金登干。赫德与金登干的友谊日渐深厚。1868年6月,金登干被派遣出使欧洲,因病无法返回中国。随后,他掌管起中国海关驻伦敦办事处,在那里接受赫德的公务指令。除此以外,通过其他系列的信函,他与赫德保持私密交流,完成赫德的机密任务。在1869年5月6日的一封信中,赫德对他说:“自你走后,我还没有跟任何人有过私密交谈!”赫德与多数在中国的下属都没有过深的私交,跟外交官们也没有。这些外交官主要是为他们的政府尽忠效力。对家人他倒是可以例外。所以,有自己的弟弟赫政(Jem)[54],以及后来的妻兄裴式楷在身边对他至关重要。

他也需要一些女性朋友,她们往往可以理解他那些无法向男人们吐露的情感。在那个年月,男人都该“坚忍不拔,情感内敛”。按他的希望,一个贤惠妻子应该可以满足这一需求,她应该能够理解和分享他对事业的投入,以及对中国的忠诚。与赫丝特的婚姻最初是幸福的。他们结婚一周年纪念日时,他写道:“没有人的妻子胜过我的爱妻。到目前为止,我们和睦相处。同时,婚姻也确会影响一个男人的工作。”虽然两人一开始还在努力寻求共同爱好,我们已经可以看出不幸的端倪。1868 年的日记中有这样的话,“6 月 21 日,赫丝今天 21 岁了,刚刚看完《埃涅阿斯纪》(*Aeneid*)第一卷”。1870 年 11 月 16 日,当时正在学习小提琴的赫德要求金登干找一些钢琴和小提琴的曲谱,以便夫妇两人可以共同演奏。毫无疑问,他很疼爱她,也钦佩她的勇气:1867 年,她在生第一个孩子时,难产四天后才生下他们的儿子,但小生命随即夭折。这件事肯定让惊恐万状的丈夫想起宁波高夫夫人难产时的恐怖结果。1869 年 12 月 31 日,他们的女儿艾薇(Evey)安全降临人世。接着,1873 年 7 月,他的儿子布鲁斯(Bruce)也来到人间。不过,1874 年 7 月 19 日的日记里有如下思考:“工作……是我的首要考虑,我不允许任何事情影响到我的工作;我会不惜放弃一切。”[55]

对一个以工作为首要职责的男人来说,只有当妻子视他的事业为自己的事业时,他们的婚姻才可能长长久久。我们将会发现,这种相知相伴、夫唱妇随的理想并未成为现实。不过,他个人的忠诚天性,以及当时的社会规范决定了他视婚姻为一种“至死不渝”的承诺。

第三章

西奥·桑普森与艾玛

桑普森的早年生活

艾玛第三任丈夫西奥菲利斯·桑普森(常称为西奥,中文名谭顺)留下的唯一照片摄于1874年(图3.1)。他的家境比赫德的家境略微殷实一些。桑普森在遗嘱中留给姐妹"绘在象牙上,以及镶在象牙镜框里的父母肖像",还有属于他父亲的各种书籍。这说明他来自一个舒适宽裕的书香门第。父亲约瑟夫·霍顿·桑普森(Joseph Holden Sampson)是赫尔(Hull)的一名商人,也是一名经纪人。赫尔这个繁忙的港口城市专门与北欧进行贸易往来。他与妻子玛莎·西普顿(Martha Shipton)共养育了9个子女。西奥1831年出生于赫尔郊区的斯高寇提斯(Sculcoates)小村,在家排行倒数第二。1841年人口普查记录里有西奥与几位兄长的信息,其中三位大哥都是神职人员。父母信息可以在斯凯尔顿(Skelton)教区记录中找到,那里也属于约克郡。几个兄弟及一个女儿曾经去约克郡看望过玛莎的母亲。由此看来，西奥的外祖父很可能是安立甘教会的牧师。西奥的一个兄弟，约翰，就是一名牧师，这说明他接受过大学教育。另一个兄弟，亚瑟，出现在 1851 年的人口普查记录中，当时 21 岁，有学士学位，是一名很有名望的英印政府公职人员。至于西奥，根据他后来的文章质量、语言能力，以及能够在五花八门的领域里博览群书，善于吸收、摸索、发挥，这种触类旁通的行为方式，可以判断他一定接受过扎实的基本功训练，包括英语语法、逻辑学、拉丁文及数学。这是当时语法学校讲授的标准内容。但他没有像哥哥们那样接受大学教育。

曾在俄国驻北京使馆担任过多年医官的薄乃德（Emil Bretschneider）是个中国通。他在研究古籍中的中国植物学时，曾经请桑普森提供过一些个人生平资料。当时他感到非常吃惊（按照欧洲人的标准）：

> ……在基础教育阶段，他并未投入很多精力，因为，他年仅 14 岁时就出海做学徒，从事商贸活动，而且，一干就是八年，最后来到黄埔港。在那里他找不到雇主，身无分文，万般无奈之下，做了地位卑微的英国驻黄埔副领事治安官。
>
> ……我们读到桑普森关于中国植物学及其他方面的文章和笔记性短文。这些文章和短文妙趣横生，登载于 30 年前的期刊《中日释疑》（*Notes and Queries on China and Japan*）①。当时我们并不认识这位作者，以为他一定是一位学识渊博、精通汉语的

① 1867—1870 年英国汉学界在香港创办的一个学刊，刊物内容以“问”与“答”的交流方式和词条解释的写作形式为主，在中国和欧洲都普遍受到汉学家好评，但只维持了四年，因编辑者返回欧洲工作而停刊。

植物学家。所以,我们可以这样评价他:不愧为一位未接受过正规大学训练、自学成才、颇有学识和科学造诣的学者。[56]

副领事艾利克斯·博德1857年1月31日给他的褒奖评语如下:

> 1853年12月起,你担任英国驻黄埔副领事助手,在我手下工作至今,除了我于1854年休假而不在的8个半月,我认为你尽职尽责,精明能干,踏实可靠。我觉得你完全可以胜任更高的职位,祝你万事如意,幸福快乐。

查尔斯·温切斯特担任副领事期间,发生了一次意外情况,让我们看到桑普森的工作是多么危险。当时他要去捉拿杀害了一名美国人的盗匪帮头目(Suicar),他不得不一人对付盗匪头手下的四名持刀歹徒。原来,这几名歹徒闯到一艘英国轮船上,放跑了凶手。尽管盗匪头目恶名远扬,而且他的喽啰手持刀具,桑普森还是直奔盗匪老巢而去,在那里逮捕了凶手。桑普森的职责范围包括:船只押运官负责的河运事务,以及办公室勤杂工打理的杂务。虽然领事和副领事处处依赖这位治安官,但给他的薪水却少得可怜。科茨(P. D. Coates)多次形容治安官为穷酒鬼。[57]他们在外侨社会中等级很低。

1856—1857年,桑普森在巴夏礼和亨利·汉斯(Henry Hance)手下工作,开始时来运转。1857年1月,巴夏礼在广州担任领事一职的同时,又在香港开了一间办事处,由汉斯做他的助手。他们最初的任务是整理出一份在广州的英国属民所受损失的清单。这其中就包括温切斯特和汉斯申报的总计840英镑1先令10又1/2便士的赔偿要求,以及桑普森区区17英镑的申报,要求赔偿的是一把头发刷、一把衣服刷,以及几件衣服。巴夏礼写信给包令爵士阁下,希望他批准立即赔付这笔小小款项给“这位黄埔治安官——他从过去到现在一直勤勤恳恳,兢兢业业地履行自己的职责”。

9月,桑普森请求巴夏礼为自己加薪:

> 先生,鉴于目前物资供应价格高昂,以及我驻香港期间一些偶发情况,我的日常开销已超出我在黄埔时开销的一倍,尽管我已经节衣缩食,量力而行。所以,我在此恳求您,在本季度,以及在以后此情况持续不变的情况下,提高我的月薪,使我能够支付增加的开支。
>
> 我相信,自广州出现乱局以来,凭我所付出的辛劳为您效力,您已了解我的为人了。

于是巴夏礼向上司建议,将其薪水从每月50英镑增加到每月85英镑,理由是汉斯已担任香港秘书处第二把手,而桑普森承担了所有助理工作。[58]

桑普森与汉斯曾共用一间小办公室的办公桌。这位亨利·弗莱彻·汉斯博士在香港当了几年公务员后,于1851—1852年回英国休假,其间娶了一位有音乐专长的妻子,1854年调到领事馆工作。他早年曾在伦敦和比利时求学,可以说,也可以写拉丁语、希腊语、法语和德语。他自学植物学,并凭借几篇学术水平很高的论文获得德国基森大学(University of Giessen)的荣誉博士学位。他曾在广州商馆区的英国领事处工作,直到那里被大火烧毁。他提出赔偿的物品包括几件零星家具,很多大部头的书(有英语的、法语的、拉丁语和希腊语的)，以及他妻子的两架钢琴和乐谱。[59]他与在中国和外国工作的收藏家和植物学家建立了广泛的联系。[60]与他保持通信联系的人有：查尔斯·达尔文(Charles Darwin)、英国皇家植物园——丘园(Kew Garden)的几任园长以及欧洲其他国家的同级别大人物。1858年广州重新开放后，汉斯重回领事馆工作，但被任命为黄埔港副领事，因为那艘"鳄鱼号"可以为他添丁进口的小家庭提供栖息之处。他几乎一直在那里做副领事，直到退休，因为他拒绝学汉语，提升无望。外交部已将掌握汉语作为晋升领事的重要条件。桑普森曾告诉丘园园长提斯利顿·戴尔(Thisletong Dyer)，在那段驻香港的日子里，是汉斯让他重新燃起孩提时代对植物学的热爱。[61]

巴夏礼被提升为占领广州的联军委员会成员，这使他有机会任命桑普森做委员会的行政文员兼出纳。桑普森对薄乃德说，是巴夏礼的任命，才"使他得以进入广州的欧洲侨民社交圈"。桑普森之前一直混迹于由中国人、英国水手和恶棍构成的社会圈子。现在他摇身一变，不仅涨了工资，可以娶艾玛为妻，而且有了一定的社会地位，可以进入"上流社会"——那里的人都以"绅士"自居，在信封上都要注明某某"先生"(Esquire)的尊称。他的妻子艾玛也可以跻身"女士"之列，应联军的英军总司令邀请畅游广州了。

苦力贸易

联军委员会只存在了一段时间。1859年底，桑普森又得到一份差事，担任英属西印度群岛驻广州招工公所副代理，在柯士甸(J. G. Austin)手下工作，并于1862年接任代理职位。[62]描述一下这份工作不仅可以让我们了解艾玛丈夫的背景，还可以让我们对那个地区的中国妇女在当时的生活状况略知一二。

从官方角度来讲,大清帝国政府已明令禁止劳工出洋,但同禁止鸦片贸易一样,禁令并未真正执行。结果,19 世纪四五十年代,华工被大规模招募到亚洲、拉丁美洲、加勒比地区的种植园做苦工,或到其他地方开矿和修路,整个招工活动缺乏约束、规范,凌虐暴行层出不穷。华人"客头"(crimpers)利用哄骗、诱拐和绑架等手段,把那些由于天灾人祸而贫困潦倒的华人贩卖到需要劳动力的国家去。这些华工必须签订契约,卖身为奴,劳动数年后才能抵偿他们出洋的船票。这种情况有些劳工知道,有的则不清楚。那些前往加利福尼亚或澳大利亚金矿的劳工还算幸运,而那些被送往秘鲁和古巴的苦力却境况悲惨,很快引起反奴隶制人士的愤怒声讨,这对英国民意一直产生着重大影响。很多英国领事馆官员谴责这种贸易,但他们没有明确的法律权限。

1855 年,英国政府出台了《华人乘客法案》(*the Chinese Passengers Act*),要求所有从事劳工贸易的英国船只必须接受检查,确保每位劳工都是自愿出洋,而且,船只必须有适合客运的设备,通风状况良好。此法案一出,原来的华工贸易中心就从香港转移到澳门。1859 年,黄埔港就有六艘船,专门转送劳工去澳门接收所"猪仔馆"(barracks),其中美国船有三艘,德国、荷兰、秘鲁各一艘。柯士甸原本任圭亚那(Guyana)入境事务代理,后被派来香港,担任招工局代理,希望以更人道的方式招募劳工。他的目标是在合适的口岸建立由中英政府共同监督的招工点,要求出洋赴西印度群岛的劳工必须亲自到招工点报到,以此措施取缔"客头",杜绝发生各种残酷虐待华工的事情。对此,广东巡抚(Governor of Canton)十分配合,因为"客头"的残忍暴行已激起广泛的仇外情绪,而这种情绪危害所有贸易。

1859年,巡抚登出告示,允许"那些贫困、生计无着、愿出洋谋生者"前往广州招工局,协商契约及目的国事宜。作为招工局属下的代理,桑普森的工作就是到村子里张贴柯士甸的海报,争取地方官吏及乡绅的支持。此外,他还要得到传教士的支持,他们会鼓励信徒出洋谋生。在这些传教士中就有罗存德牧师,很可能就是他帮助赫德安置了其子女。1861年,罗存德搭乘一艘劳工船前往圭亚那的德麦拉拉(Demerera),亲身体验海上航行以及在种植园的感受。[63]

1859年11月15日,巴夏礼在写给卜鲁斯爵士的报告中说:

> 那个劳工招募处一宣布开门,就有申请者踊跃前去询问。当地代理桑普森先生今天对我说,中国人蜂拥而至,人数众多,令他应接不暇。虽然不少人只是来看热闹,或打听情况,还有不少人因为觉得不符合招募条件而打退堂鼓,但他还是登记了51名男性劳工,相信柯士甸先生会予以批准。

很多申请出洋打工者都是客家人,曾经支持过太平天国起义,太平军失败后他们也跟着倒霉。法国人也赞成这种在本地招募劳工的"广州模式"。大清帝国官府不得不认可在新增口岸从事此项规范贸易。新增口岸是1860年英法联军攻陷北京后确定的。英国劳工招募代理每年都要向英国殖民部提交报告,而殖民部同时还会收到接收劳工的西印度群岛各岛总督提交的报告,汇报劳工到达时的状况,还有之后的进展情况。两类报告都可供公众查询。

在招募男性劳工的同时,他们还特别注意招募女性,因为西印度群岛希望劳工永久性定居。柯士甸在海报上注明,携带一位妻子或一位成年女儿可获得20美元,携带一名儿童可获得5美元。(圭亚那总督抱怨说,他们出如此高价,让劳工们对那里的薪酬水平产生了误解,这可能是因为美元与墨西哥元存在差价的缘故。)此令一出,劳工们纷纷去娶廉价“老婆”——而娶来的女人要么年纪很大,要么干不动体力活,或者干脆是妓女。桑普森在1866年10月29日的一封信中承认,多数送走的妇女都是买来的,不过他又说,这些妇女倒也都心甘情愿。她们一般都是一贫如洗、走投无路的寡妇,她们的男人们早“在持续不断的内地族群械斗中”不知所踪。他又解释说,在最近这个招工季中,华人已经不再买老婆,不仅是劳工,而且是整个社会,都不搞这把戏了。所以,在他送走的上一船劳工中,女性全部都是男劳工货真价实的老婆,或母亲:

> 当然,我非常清醒地明白一个事实,有些人携带[买来的]老婆出洋打工是为了捞一笔钱,所以我对那些女劳工要进行一定干预,而对男劳工我是反对这样做的……我严密监视所有操作过程,谨慎到了可怕的地步。我费尽心机,尽量保证那些女人清楚自己所要走的路,并且是真心要走这条路。

各个殖民地反对花钱运来裹脚缠足的残疾女人。他们抱怨说,从厦门运去的裹脚女工比例过高。她们身残体弱,根本干不了地里的活儿。此前,桑普森曾委托当地一家商行办理厦门的招募工作。不过,在圭亚那总督辛克斯(Hincks)提出要求,要他另想办法解决此事之前,他已经决定停止那里的招募活动,因为,能招募到的女性远远达不到预想的比例。

桑普森与广州副领事梅辉立(W. F. Mayers)的信件往来显示,虽然华人老婆习惯上不跟随丈夫出洋,但客家女人(不裹脚)却很愿意随夫远行。梅辉立收到过一位中国官吏的信函。这位本省粮道报告说，在他力图平定长期发生的客土族群之争过程中，有七千名客家人寻求他的保护。他表示，他很乐意将那些愿意出洋的客家人送到桑普森这里来。梅辉立希望桑普森能够同意接收，这将是“一种既人道又令人满意的解决方式”。（在他脑海深处，一定还记着中国人之间大规模屠杀的事情。）

桑普森于同日，即1866年10月27日，回复了此信。他说，他尚未收到英属圭亚那及特立尼达（Trinidad）政府认可1866年3月签订的《条约》相关细则①的回信。此细则对1860年《北京条约》中准许英法招募华工出国的原则条款进行了详细诠释，其中一个协议条款是保证提供华工的回国船票，或者在其不回国的情况下拿到同等数额的奖金。由于执行了这些规定，而这些规定又带来不确定因素，因此向西印度群岛运送劳工的贸易开始衰落。桑普森认为西印度群岛殖民地很可能不再需要华工了。不过，“考虑到事情紧迫”，他个人愿意承担责任，招募2500名华工，条件是，他们的契约必须包括保证他们与种植园其他劳工相同薪水的条款，但要从每个月薪水中扣除1美元。这笔钱可以在劳工回国时支付船票，或在五年契约期满不回国的情况下全部返还。契约期未满而欲解除契约者，应允许劳工在缴纳未满年限每年15美元后解除契约。（这些条款将限定他作为代理人的个人责任，不必再因为殖民地政府不提供返程船票而必须自掏腰包，支付资金。）10月29日，梅辉立回信说，《招工章程》不提倡每月代扣1美元的做法，桑普森的计划于是未能获得批准。[64] 1872年，终于达成一项协议，向西印度群岛输送合法劳工的贸易得以恢

① 指中国与英法签订的《续定招工章程》（22款）。

复。于是,桑普森又开始重新招募劳工,一直到1874年招工公所关闭为止。我们所知道的,由他组织的最后一批劳工是在1873年12月由"花冠号"(Corona)运走的。这艘船搭载了314名客家男劳工、40名妇女、26名男孩、5名女孩和3名婴儿,都是在一位返乡劳工的帮助下招募的。招募妇女尤其困难,桑普森解释了其中缘由:"简言之,产生大量走投无路的孤儿寡母的族群纷争已经结束了。"

华工贸易渐渐衰落后,桑普森还兼任过一段两广总督的水师会计师职务。当时总督管辖着中国近代海军中的广东水师。

植物学家

华工贸易衰落意味着桑普森有了更多闲暇时间,可以去招募劳工时走过的地方采集植物,也可以写一些植物学和其他专题的短小文章,发表在《中日释疑》上。他的文章共有31篇,均写于1867—1870年,题目多样,涉及植物的、地理的、建筑的,以及汉字含义的。1984年,在整理有关他的资料时,这些文章都一一列在里面。还有一些文章后来发表在《中国评论》(*China Review*)上。关于植物采集的详细情况,他都告诉了薄乃德。他多次到白云山游玩,那里位于广州北面5英里的地方,有个寺庙,可以俯瞰整个广州城。桑普森最早去白云山是在1859年,与巴夏礼同游。1863年,他同汉斯一起又去了一次。"在环城10英里的范围内,外出游玩足有几百次。"[65]我可以想象出艾玛和孩子们和他一起快乐出游过很多次,因为她的孙女凯特还记得,她提到曾帮助他采集过植物。[66]在经历了黄埔港那段日子之后,艾玛最快乐的一件事一定是傍晚时分悠闲漫步。在时局太平的时候,她可以缓步走到河对面,那里堤岸将稻田分割开来,岸上的果树投下浓密的树荫。她也可能在宽阔的城墙上漫步。一名年轻的传教士妇女描述那座城墙“覆盖着蕨类植物、鲜花和漂亮的灌木丛”。[67]

桑普森还沿着最终汇入珠江三角洲的几条河逆流而上，远足游玩。他常去的是西江；去过三次北江（其中一次是与汉斯同行）；还与在香港的学者欧德理（Ernst J. Eitel）博士去过一次东江。[68] 1866 年，应当时粤海关税务司吉罗福（George B. Glover）之邀，桑普森和汉斯去海南岛旅游了一趟。1870 年，吉罗福回国休假，包腊（Edward Bowra）任代理税务司时，他又同包腊故地重游。包腊是一名出色的汉学家，也是一位植物迷。包腊称桑普森是他和妻子在广州最亲密的朋友。包腊的妻子媞萨（Thirza）1866 年第一次到广州，称这里是一个沉闷的单身汉社区，只有五六位欧洲女性。但是，当他们 1870 年回到广州时，这里已经变得相当热闹，有了更多的女性，社交活动频繁，有野餐、茶会、舞会、槌球戏等。包腊还保留着一张欢送 D. B. 罗伯逊领事的正式野餐会照片。包腊的儿子可以在照片中认出桑普森和格雷牧师。1874 年包腊准备回国时，桑普森买下他一部分书籍，并赠给他妻子媞萨一件告别礼物。媞萨只比桑普森妻子与第一任丈夫的孩子艾玛·卡拉尔年长几岁。[69] 卡拉尔家与包腊家的友谊一直延续到 20 世纪。

汉斯是这样赞扬桑普森的：

在所有我要感谢的植物采集人当中，我首先要感谢西奥菲利斯·桑普森。他是一位不知疲倦的人，在我的建议下，充满热情地投入到植物学研究中。他从他所到过的广东各地带回很多新奇的、极为珍贵的植物，大多数都制成了标本，极大地充实了我的植物标本集。[70]

桑普森本人倒是很谦逊,称自己"更像是个植物采集者,或展示者,而不是植物学名定义者,或植物分类学家"。[71]就这样,他把所有新植物的副本都交给汉斯来命名,然后寄到欧洲各大植物标本室。直到 1880 年 2 月 6 日,桑普森才第一次亲自给丘园园长写信:"我尊敬的朋友汉斯博士建议我为穆勒男爵(Baron Mueller)整理一包禾本科及隐蒴藓科植物。我想到您也许也需要得到这样一包植物。"[丘园的备注:收到。23.iv.80. 良好。][72]

幸亏他及时做了这件事。因为,1883 年,他丢失了 1800 件植物标本,"全部都已完成装帧,并用药水精心处理过"。当时发生了一场骚乱,他们全部躲到船上。他在沙面的房子,以及其他外国人的房子都被大火烧毁(图 3.2 可以看到他的收藏品。)据《泰晤士报》报道,此次事件的直接诱因是一群葡萄牙人杀了一名中国人。但报纸记者和赫德都认为,此事与法国人引发的仇外情绪有关。当时法国人正极力扩大其在印度支那的殖民地。桑普森的朋友汉斯当时在那里担任代理领事。[73]法国人的活动后来也影响到桑普森的继子贾雅格。

广州洋人圈

桑普森的继子吉姆·卡拉尔①形容沙面"风景如画,是外国人在华最佳定居地之一"。外国人占领广州后,就选择了这块泥沙洲作为他们的居住区。由英法政府出资,在这里修建起花岗岩河堤,并填土

① 后来取中文名:贾雅格。译文中,关于早期身世均译为"吉姆",进入中国海关后则称"贾雅格"。但作为书中他妻子和儿女的姓氏,仍使用"卡拉尔"。

筑基。英国人占据的大部分地盘被分成82个地块。1873年时还有空置的部分。法国人地盘上,空置地的大部分面积后来变成一块板球场。这里的主要建筑有德国领事馆和英国领事馆,安立甘教堂(图3.3)。紧邻教堂的宏伟建筑就是专门为海关税务司修建的署邸。此外,这里还有俱乐部、公共会议厅和"十三行"(原文如此)的房子(按卡拉尔的说法,这些房子现属于商业公司)。

约翰·亨利·格雷牧师的大宅子是一幢意大利风格的两层洋房。1852年2月他初来此地时,还只是一名年轻牧师。艾玛1855年认识了他。他曾为艾玛的女儿施洗。他的著作《中国:法律、礼仪与风俗史》(*China:A History of the Laws,Manners and Customs of the People*)于1878年第一次出版。桑普森与教会有一些来往,很可能同格雷牧师一起研究过中国人的风俗习惯。格雷以兼收并蓄,包容各种教派而著称,也以交往中国朋友,成为他们座上宾而出名。1875年,他第一次回国休假时完成了婚姻大事。所以,那年回国探亲的艾玛可能不认识他的妻子。格雷夫人将在中国生活的短暂经历写成一本书出版。可惜,由于身体欠佳,她的书篇幅短小。

罗伯逊回到广州后重新担任英国领事,并一直做到1870年。他的住处位于江对面的城中心,曾经是叶名琛的衙门府,周围有一个大公园。虽然天黑城门关闭,他便与沙面租界这边隔离开来,但估计他结交了中国官吏,并确立了一种和睦相处的基调,由此影响了小小英国社区的其他人。由于他以灵活圆通、办事高效闻名,就连法国天主教会主教都要时时向他讨教。他物色了一位获得过爱丁堡医学学位的中国人,聘请他做英国社区的医生。此人①一直留着辫子。[74]包媞

① 指黄宽(1829—1878),广东香山(中山)县人,中国第一位留英学习西医并获得医学博士学位的学者。

萨生第一个孩子时,不愿意请这位医生帮她分娩,而更愿意找传教士医生。在传教士医生中,最出色的当属哈巴安德(Andrew P. Happer)医生,他是美国长老会传教士兼医生,也是广州第一座长老会教堂的牧师。哈巴安德创立了几所学校和书院,其中一个书院后来成为岭南大学。赫德在广州期间与哈巴安德一家关系密切。赫德日记显示,1865 年 1 月,他答应每年给哈巴安德医生 500 美元,为期四年,以支付他儿子的教育费用。哈巴安德的女儿露茜(Lucy)和莱莉(Lilie)为赫德缝制了一双拖鞋作为回报。同拖鞋一起送来的还有一封露茜写的信。当时赫德觉得这个 14 岁女孩儿的信未免写得太糟糕了。不过,我们会看到,他后来更正了对她的看法。

大部分住在沙面商行里的都是年轻男人。他们大概对板球、骑马和射击更感兴趣,而不是中国文化。他们的上司则喜欢住在香港,每天乘坐轮船来检查指导工作。不过,外国人圈子中,年长一些的人,如桑普森和艾玛,则比大多数人更喜欢中国文化和汉语。这些人来自不同的国家,各有学术专长。不少人对科学兴趣浓厚。他们关注着欧洲大陆正在发生的思想大论战。1867 年,汉斯从黄埔写信给丘园园长胡克(Hooker),因为胡克想了解他对达尔文的态度。汉斯谈论了他早年研究斯特劳斯和其他图宾根大学神学学者有关应该如何阐释《圣经》的观点——1853 年在宁波时,这些理论观点曾吓坏了赫德的传教士朋友。汉斯补充说:"总的来说,达尔文主义如果保持在一定限度之内,对我来说应该没有问题。在这个先决条件下,我是个拥护者。当然,我并不准备走到作者在最后一本书中所倡导的地步。"汉斯的先决条件与人类灵魂有关。他承认我们与其他动物的所有相同之处,但他又接着说:"对这种类比,我只能根据尽人皆有的直觉或本能说,不管是什么人,不管是什么时代,我们拥有不朽的灵魂。

至于其价值几何,我自无需妄言。”[75]

就是在这种社交活动和学术氛围中,艾玛的聪明女儿艾玛·卡拉尔长大了。她的哥哥也已离开广州回英国去上中学。这里没有她可去的学校,所以艾玛负起启蒙教育的责任。汉斯夫人和哈巴安德一家人,还有朋友们很可能助了她一臂之力。汉斯一家在广州一直住到1861年。后来,他们搬到黄埔港。即便如此,他们也是常来常往。这里牧师出门造访,当天即可往返,所以,格雷有可能在写字与拉丁课方面帮助过她们。他的妻子后来提到,格雷在此教区没有多少安立甘教徒需要他的教牧关怀。[76]桑普森则将自己对植物、地理及显微镜的浓厚兴趣传给了继子吉姆·卡拉尔。小艾玛可能从德国领事一家那里学会了德语,也可能是从罗存德这样的传教士那里。她也会从阿嬷嘴里学一些汉语,但更多的可能是从继父那里学到的。这里的英国和美国传教士的妻子和女儿们都在学习汉语,以便用汉语来教课。艾玛和孩子们可能被引荐到几个愿意邀请洋人的中国家庭做过客(如格雷夫人就是由丈夫引荐的)。1900年义和团运动爆发后,母亲艾玛在写给赫德的信里说,“我尽力让他们[英国朋友]相信,中国人并非都是残忍的”。她可能还讲了一些自己的亲身经历。

儿子吉姆·卡拉尔早已得到进海关工作的许诺,到19世纪70年代初,他果真被派往广州供职,并在他们的老朋友包腊手下工作。这使母亲艾玛的快乐生活更是锦上添花。不过,到1875年,艾玛的婚姻却出现了紧张状况。她已经46岁,桑普森已不再指望她为他怀孕生子。桑普森的继子贾雅格现在已经自食其力,但供养继女,保证她有生活品位则开销不小。1875年时,小艾玛·卡拉尔已经出落得成熟老练,衣着打扮精致典雅。显然桑普森还为她买了马,以保证她的骑马爱好。姑娘已经23岁了,他心里一定盼着她早点嫁人,也好少一分负担。

1875 年 7 月,桑普森与母女两个艾玛第一次回家探亲休假。这趟旅行比当年艾玛出来时快捷了许多。如今的蒸汽船可以直接穿过苏伊士运河。待到假期结束,只有桑普森一个人踏上回程。母亲艾玛留在了伦敦,她要帮助女儿艾玛找个丈夫,或者找一份工作。她与桑普森两地分居,直到 1889 年才再次团聚。

担任教习

1870 年,赫德聘任桑普森为广州同文馆的英文教习。这是为那些愿意学习西方语言和科学的中国人开办的三所学校之一,由海关资助。(最重要的一所在北京,由赫德亲自监管。)鉴于自己没有正规资质,桑普森对得到这个聘任颇感意外。不过,从最后结果看,他是完全胜任的。桑普森可能一度担心,得到这个职位并非由于自己的才能,而是由于妻子与赫德的交情。这是他所厌恶的。1900 年,艾玛在写给赫德的信里说:“您还记得很多年前,我请您不要给我写信的事吗?原因是:桑普森先生斥责我,说我给他的上司写信未免过于放肆。”

桑普森继续写各种文章。他描述了 1878 年广州那场罕见的台风。狂风刮过人工填造的沙面小岛,向北刮过人口稠密的、中国人居住的郊区,“不消几分钟时间,屋顶掀翻,房舍倒塌,大树连根拔起,或者拦腰折断,数千人丧命”。(住在沙面的外侨因房屋坚固,未出人命。)他收集风暴途经路线的信息,估算出风力达到每小时 6—9 英里,但苦于没有教堂时钟来统一各个地点的时间,不可能获得完全准确的测算数据。“我们在沙面的人,每个人都说自己的表时间准确”,

但还是不完全一致的。[77]他的家在1883年那场大火中烧毁之后，他采集了更多的植物，但也仅限于广州周边了，因为教学工作占据了他所有时间。

他教书授课如鱼得水，积极主动，自己编写教材。虽然在英国尚未找到他编写的英语教材样本，但我在他写给丘园的笔记背面发现了一些句子。句子解释听与听见两个词的区别，以及表达将来时的不同方法，等等。这很可能就是他自编教材的一部分内容。[78]他还担任了同文馆的外籍校长。1888年11月12日，香港《孖剌报》(*Hong Kong Daily Press*)刊登了他离任时学生的感谢信，以及他的答谢辞，由此可以看出，他是在广州生活的最早一批外国侨民，自1853年起，除一年不在，其余时间一直生活在那里。从感谢信中可以看出，他视自己的学生为朋友，同时，在某种程度上，这些学生也弥补了他的家庭缺憾。学生们写道：

> 亲爱的先生，
>
> 在您即将离开广州回国休假两年的前夕，为表达我们对您的无比崇敬之情，我们斗胆恳求您，接受我们的绣卷等礼物。感谢您在过去二十年间对我们的呵护关爱，也感谢您对我们的谆谆教诲。您不仅教授英国文学和西方习俗，还教会我们道德品行和做人原则。我们衷心感谢您为学校付出巨大的心血，以及为了教导我们而专门编写教材所付出的大量劳动。千言万语无法表达我们对您的感激之情。您的恩情我们将铭记心中，永世不忘。

接着，他们又表示希望他在两年休假期满后再回来，“让我们继续得到您的教诲,分享您的生活和友谊”。这封信由59人签名。

桑普森以同样的语言做了真情答复,感谢他们的赠礼:

> 在我有生之年,我将珍藏这些礼物。它们让我怀念我在广州同文馆的那些最令我尊敬的朋友和学生。将来,我希望这些礼物由我的后人代代珍藏,成为我的传家宝。[在他的遗嘱里,他将这些礼物留给他的哥哥,亚瑟·博克斯·桑普森。]
>
> ……你们高度赞扬了我的工作,实乃言过其实。我只是尽我绵薄之力,履行了我的应尽职责。你们认可我的工作已经是重大褒奖,过分抬爱,让我担待不起。
>
> 你们当中,有些我提到的人,早已不再是我的学生,还有些人刚刚踏进学校大门;我要感谢你们所有人。你们的言行举止忠实本分,礼貌谦恭,让我的教习生涯充满快乐……我会永远怀念我在同文馆与你们一起度过的快乐岁月。

他说他该安顿下来,与亲人们一起生活了。随后他补充说:

> 我会以最大的热情一直关注你们的成长,在我未来岁月中……会很高兴听到我有幸教过的学生生活美满,事业发达。

他的签名是“你们亲爱的朋友西奥·桑普森”。报纸编辑的说明称他为“侨居广州最久的外国居民之一,从1853年起一直居住在广州,其间,只有一年不在”。

晚年生活,心态难调

桑普森并没急着回英国。1888 年 12 月 7 日,他还在广州。他在那里写信给丘园园长,感谢他寄给自己的《中国植物目录》1—5 卷,并请他将以后的书册寄到他哥哥 J. E. 桑普森牧师在赫尔市巴罗(Barrow)教区的地址,因为他将于 1 月离开中国去墨尔本,并在澳大利亚逗留一个多月。此行大概又是为了他的植物学爱好,因为他在澳大利亚并没有什么亲人。到 1890 年 9 月 3 日,他写给丘园的信是寄自伦敦西南部斯特里汉姆区马德拉路 12 号(12 Madeira Road, Streatham, London SW),该信要求把植物目录未来卷册寄到这个新地址。此时桑普森已经与艾玛团聚。1891 年人口普查时两人住在那里。在写给丘园的信中,他还说道:"从春天起我就已经不研究中国植物了。但我一直在收集英国植物。我希望冬天时再去拜访丘园,去确认几个尚存疑问的物种。"[79]

我们猜想艾玛也乐于分享这种活动的乐趣。人们都希望他们恢复往日的夫妻恩爱,因为,自从他回国后,艾玛就断绝了与老朋友的来往。如前所述,她写给赫德的信中,接下来是这样写的:"他从中国退休回来后,我不得不放弃了与所有老朋友的来往,因为他很讨厌社交生活。我并不后悔,因为这样他会高兴一些,而且我的朋友对我仍然很关爱。"对一位热衷社交生活的女士来说,这是一种很大的牺牲,说明她仍对他感情深厚。斯特里汉姆区的马德拉路上有很多大房子,足以容纳他的书籍、植物标本,并提供工作室。1891 年的人口普查显示,21 岁的简·桑普森(Jane Sampson)与他们住在一起。她是一名"数学专业的学生",生于印度,是桑普森的哥哥亚瑟·博克斯·

桑普森(Arthur Birks Sampson)的女儿。虽然桑普森在1890年写给丘园的信中自称为闲暇之人,但要想维持他希望的这种生活方式,他可能有些力不从心。艾玛后来报告他去世的消息时,称自己是校监遗孀,说明桑普森更愿意出门工作,而不是窝在受约束的住所里。亨利·格雷夫人曾说,许多背井离乡者终归是要回到自己的蜗居里的。

桑普森1897年12月29日去世,他的房产被估价为10568英镑。他的一大半金融资产,以及财产(房屋、象牙框的父母画像,以及书籍)都分给了他的兄弟姐妹,一小部分分给两个侄子、三个中国朋友、一个英国朋友,以及遗嘱执行人。剩余部分留给了他"亲爱的妻子",大概只有4000英镑。这让艾玛的生活变得很窘迫。幸好艾玛每年可以得到120—130英镑的利息。他的遗嘱订立于1896年4月,其中规定,如果艾玛先于他去世,则将剩余部分中的2000英镑留给他的继子贾雅格,其余部分归他的兄弟姐妹。

桑普森的性格很难表述。他很聪明,认真负责,不论做什么都兢兢业业,尽心尽力。他十几岁就离开家,但对这个家忠心耿耿。他对艾玛大概也算一心一意,白头到老了。也许艾玛没给他生下一儿半女让他深感失望,因为传宗接代、多子多孙对英国人很重要,当然对中国人更是如此。他回国后与艾玛一起安度晚年,说明他对她仍有感情。不过,他选择生活在伦敦,而不是靠近两个生活在约克郡的兄弟,丘园大概是一个主要原因。他深得学生们和汉斯等人的尊敬和喜爱。大家喜欢他,但对他的性格有一些尖刻的说法,他的文笔中也有一丝流露。他父亲显然是有一定经济实力的人,但他没有利用这个条件,享受哥哥们那样的上学机会,而是流落到黄埔港,窘迫不堪。这可能造成了他自卑的心理,让他易于动怒,渴望凭借自己的聪明才智和勤奋工作得到别人的认可和社会地位。金钱并不是他考虑的主要内容。他没有给艾玛留下足够的钱财，让她过上舒适宽裕、衣食无忧的寡居生活，可能是由于他对自己最后资产的估算过于乐观了。

赫德 1896 年写给我姨妈凯特的第一封信显示，由于赫德不再是丈夫的上司，艾玛又可以无拘无束地给他写信了。桑普森去世后，她搬回到伦敦西南部。1881 年人口普查证明她当时住在这个地区，更靠近她的老朋友们。1900 年，她写给赫德的信发自“瑟尔米尔”（Thirlmere），是诺比顿区纽帕克路（New Park Road，Norbiton）的一幢房子。京城使馆区被围困后，她写于 1900 年 9 月的信表达了她对赫德的长期惦念，也怀念为桑普森所牺牲的社交生活：

> 我必须给您写信，这会让我很开心。真心祝贺您从那些凶狠歹徒手下侥幸逃生，这都要感谢仁慈的上帝，他赐予您及同您在一起的人无限的恩泽。我们听说您安然无恙，都深感释然。这种巨大喜悦让我永世难忘。我之所以说我们，是因为我平日里经常见到贾雅格妻子的姐妹、侄女，还有她的叔叔、侄子。他们家离我这里步行大约 12 分钟。白立查（Pritchard）医生和夫人住得也很近，就在福克斯家对面。我们聊天的主要话题就是中国……我很喜欢白立查医生和夫人，他们待人和蔼可亲，善于交往，令人愉快。他一直给我看病。我现在的身体状况比以前那些年好多了。所以说，在印度或中国居住过的人，最好是去找在那两个地方待过的医生看病。[白立查医生曾在印度工作过。]

艾玛提到的福克斯家族来自诺森布兰。她的儿子贾雅格（吉姆·卡拉尔）娶了福克斯家的女儿，他是在进入赫德掌管的中国海关工作后第一次休假时结婚的。

3.1

3.2

3.1
西奥·桑普森于1874年。

3.2
桑普森在广州采集的部分草本植物标本，收藏于伦敦皇家植物园，目前仍有人前去查阅，显示出他作为“收集者和展示者”所付出的辛劳。

3.3

3.3
沙面的基督教堂及旁边的林荫步道。（照片摄于1895年左右，当时艾玛的儿子贾雅格在此任粤海关代理税务司。）

第四章

艾玛·卡拉尔与赫德的中年危机

赫德喜欢两种类型的女性:第一种是那些天资聪慧、与他一样对中国感兴趣的女人,他与这类女性可以保持深厚友谊;第二种是那些心地善良、任劳任怨、能够适应丈夫需求和海关事业需要的女性。赫丝特不属于两种类型的任何一种。这就是他在1875—1881年期间的处境。在音乐方面,他本来是个小提琴新手,但很快就超过了她的水平。没有资料显示她这几年陪伴在他身边。不过,与她分居两地也意味着他无法享受父女之情。他早已离开了与阿瑶生育的子女(见第二章),而且似乎已经将他们抛诸脑后,但1875—1878年期间,这些孩子又麻烦不断,不时找到他头上,连他们的母亲[①]也给他找麻烦。

忠诚是赫德性格中的关键要素:对工作,对家庭,对朋友,对祖国,他都忠心耿耿,情深意切。这些忠诚相互冲突时会造成他内心的紧张和抑郁,也导致他的婚姻在1878—1879年之间彻底失灵。对他

① 这里指监护他们的戴维森太太。

来说,工作是头等大事,所以要想维持和睦的婚姻关系,妻子必须理解他,目标一致,同舟共济。他的婚姻危机恰巧与艾玛·桑普森的女儿,我姑祖母艾玛·卡拉尔(Emma Carrall)1875 年暂住他家同时发生,甚至从某种程度上说,她的探望引发了这场危机。她的照片(见图 4.1)就是那时拍摄的。伴随这场危机同时发生的,还有在效忠自己祖国还是效忠自己承担职责的国家之间的矛盾,阿瑶所生子女再次出现也给他带来痛苦的回忆。

艾玛暂住赫德家(1875 年)

当我读到赫德写给我姨妈凯特这封信时,我终于明白了艾玛·卡拉尔对他意味着什么。信是 1902 年 1 月 26 日写的,是向她解释她的第二次北京之行必须延后的原因:

> 我希望——或者说原来希望——在 4 月最后一天星期三举办第一次花园晚会;但我现在不想举办了。那天正好是五朔节①,与我最亲密的朋友之一白莱喜夫人有关[80],她刚刚去世了,所以我现在不像原来那样盼望举办这场晚会了。我 14 日接到她去世的消息,起初无法相信这是真的。但 18 日收到回复电报,确认了这个噩耗。她死于 12 日——临终时安详,清醒,没有痛苦——并于 15 日下葬。婴儿是个女孩儿,活了下来,情况良好。她不久前刚收到我 11 月的信,我同意做她孩子的教父,这让她在去世前非常欣慰。她的优雅身姿依然在我眼前闪现,她

① 4 月 30 日是欧洲最古老、最重要的春天节日之一。

的谈笑风生依然在我耳边萦绕。我无法相信她已经离开了我们,此生此世再也见不到她的身影。我已经变得僵硬麻木;我认识的人大多已不在人世,我的朋友也有太多已离我而去,我的眼泪已经流干,死亡也已变成漫长人生中的寻常之事,不会再让我像过去那样悲伤。但白莱喜夫人不幸离世令我悲痛万分;我们曾是亲密的朋友,我对她充满崇敬与喜爱。你爸爸的妹妹艾米丽(Emily)[原文如此]·卡拉尔①也是我多年的好朋友,1875 年在我这里度过一个月的时光;当年她是一位可爱的姑娘。我原来有一些她的照片,从 7 岁到 24 岁的照片,但该死的义和团拳匪夺走了我所有的宝贵财产……

他手里留下的最后一张照片很可能就是图 4.2 那张,即 1876 年或 1877 年拍摄于伦敦的照片。

这封信让我开始搜寻赫德 1875 年所有日记。前几个月的日记主要讲工作上的事,也有一些个人内心活动,日记还提到了他 7 岁的女儿艾薇,提到的次数比他两岁的儿子布鲁斯或妻子还要多。在重要生日那天,他写道:

2 月 20 日,今天是我 40 岁生日。[然后是自我反省不足之处——我比别人差得太远了。]

今天早上艾薇很伤心,因为她没有礼物可以送给我。昨天她用漂亮的圆体字给外祖母写了一封信,亲爱的布雷登姥姥,请快给我回信吧。爱您。艾薇。

① 应为艾玛·卡拉尔。

人们一定会问，而且当时赫德一定也会感到奇怪，为什么赫丝特没让女儿给爸爸准备点什么东西呢？几天后，赫丝特又做了一件不太像个好母亲应该做的事：

> 3月13日，星期六。昨天赫丝让我吓了一跳。她跑来找我，大喊大叫说艾薇划伤了舌头。我以为她说艾薇划伤了脖子。我跑去一看，艾薇满嘴是血。于是我们派人去找医生。接着，我们帮她清洗了嘴巴，却发现她只是咬破了舌头。我们又赶紧派人去告诉医生不要来了。原来是赫丝拍了一下艾薇的肩膀，她一下子摔到，下巴磕在桌子边缘。Hinc illae lachrymae［然后大哭起来］。

3月20日，星期六，赫德拜访了几个朋友，并“同布策（Eugène de Butzow）夫人闲聊了一会儿。然后回家”。日记中没有提到赫丝陪同出门。后来的几篇日记显示，他发现布策夫人是个善于闲聊的人——她的丈夫布策是俄国公使。他们的谈话可能是用法语或德语进行的，而这两种语言赫丝特上学时都没学过。北京与口岸城市不同，没有那种多样化的外国侨民社区，所以赫丝特交往的对象主要是丈夫的同僚，还有几个外交官家属。许多外交官家属都有贵族血统，背景显赫，与她这么一个乡村医生的女儿有天壤之别。从赫德给金登干的一封信里可以看出，英国公使馆几任公使的夫人们都不太瞧得起她。1877年8月5日，当时赫丝特在伦敦。赫德写信给金登干说：

> 听闻威妥玛夫人和阿礼国夫人是如何对待赫德夫人时，我

感到很诧异。我认为赫德夫人理应去拜见她在北京结识的女士们。我倒不觉得她们没有回访是"受到冷落"什么的,我只是觉得我们"在信贷结算中"获得了盈余,是她们的做法表现得与人不善,毫无礼数。

(拜访和留卡片是当时上流社会极为盛行的社交礼仪。她们没有回访赫丝特说明她们不屑于与她继续交往。)

这一时期,赫德尽量设法减轻赫丝特的孤立状态,好让她在北京过得更开心一些。1873年4月26日,他告诉金登干他已经任命赫丝特的哥哥裴式楷(常作R.E.B.)为他的襄办副总税务司,这样他就可以来北京了。任命如此高级的职位也引起过一些闲话,但裴式楷与阿礼国一样,曾经做过陆军医官,获得过都柏林三一学院三个学位,而且赫德认为他是自己认识的最精明强干的才俊之一。1875年3月13日,他对金登干强调说,为艾薇找个家庭教师一定会使她爸爸妈妈的家庭生活更加丰富多彩:"我希望我们为艾薇找的家庭教师身上有一些我们这个圈子里没有的东西——也就是说,除了做教师应该做的事情外,她应该精通音乐,擅长演奏乐器,并拥有一个美妙歌喉……"

3月12日日记显示,卡拉尔小姐陪同一名德国籍保姆和一名女佣从广州远道而来。这说明艾玛可以讲德语,而赫德也正是以此为借口,邀请这位他1858年就注意到的可爱姑娘来北京,并在最后离开中国前,留住他家一个月。"3月22日,星期一,卡拉尔小姐与两位德国女孩儿一同到达。女佣是个干净利落的小个子女人,但那个保姆却是一个金发碧眼大个子……相当迷人!"日记的其余部分与工作有关。"金发碧眼的大个子"叫弗里达(Frieda),赫德之所以对她的外貌如此夸张,可能是故意分散赫丝特的注意力,以免她注意自己对艾玛的到来表现出喜悦之情。

既然卡拉尔小姐是赫德家的客人,应该也参加了他们的社交活动。不过,起初的活动在日记中并没有专门提及。日记里是这样说的:"3月23日,星期三,昨晚在布策家吃晚餐……赫丝穿了一条白色新裙子,看起来很漂亮。威妥玛先生夸奖我眼光好,品位佳。晚餐后,'跳个舞',约12点回家"。3月26日,星期五①,赫德家做东宴请客人晚餐。日记中主要是关于与中国的纠纷。2月21日,英国公使馆翻译官马嘉理(Margary)在途经云南(昆明)去缅甸探索新贸易通道时被人杀害。此时,在北京任英国公使的威妥玛趁机威逼中国给予英国更多在华贸易特权。他就此事多次拜访赫德。这一阶段,他们的交往还保持着友好气氛。

3月26日星期六的日记专门提到艾玛:

> 昨晚在罗淑亚(Comte de Rochechouart)家吃晚餐。7点到达,结果发现晚餐时间是7点半。在冷飕飕的客厅里坐了三刻钟。在座的有24人:我左边是卡拉尔小姐,右边是梅辉立。赫丝坐在布策和威妥玛中间——威对面是罗淑亚……

> 3月31日,星期三。昨晚在威妥玛家吃晚餐,同卡拉尔小姐一道,见到布策夫妇和巴兰德(Von Brandt)。只有8个人。席间有人送来纸条(梅辉立),请威妥玛离席而去……纸条大概是11点半送来的,上面最后一句话是"我拿到文件了"。这样一来,德

① 原文如此。应为星期六。

国人暂时就不会再争执,再提出违约威胁了。此番事态暂时平息,可能有很多原因。但这种平静又能持续多久呢?

罗淑亚是法国驻华公使。巴兰德是德国驻华公使。这段时间,德国人也与中国发生了纠纷。威妥玛同赫德一样,发觉在这种棘手的外交争端时刻,卡拉尔小姐可以给这种最高规格的北京国际社交小聚会增色不少。

但艾玛在北京的生活并不全是外交晚宴,她还跟艾薇玩耍,陪伴赫丝特。27 岁的赫丝特只比艾玛大四岁:

4 月 2 日,星期五。昨晚我在餐厅吸烟,卡小姐跟我开了个玩笑。她在裴式楷的陪同下,穿过台球室,带走了艾薇。这样,当我回到书房时,发现艾薇不见了,吓了一跳。今天,她、赫丝,还有蕾恩(Lane)小姐到万寿山去野餐了。昨天布策先生变了卦,不去了。我也待在家里,忙自己的事情。

4 月 3 日,星期六。赫丝组织的野餐会很成功,但卡拉尔小姐的眼睛进了东西,一直很难受。

4 月 4 日,星期日。[在讨论工作事宜之后]今天刮起热风。赫丝和卡拉尔小姐到前门外溜达去了。

4 月 6 日,星期二。与赫丝、卡拉尔小姐及裴式楷骑马去拜访申斯维斯基(Schenswisky)夫人和派廷克斯(Pietinks)夫人。我不喜欢他们在大街上飞奔而过,但卡小姐喜欢纵马飞驰。

四月份他有几天不在北京。日记里再次提到艾玛已是五月份。

5月3日,星期一。今天,裴式楷同卡拉尔小姐和弗洛林夫人(Mrs Florin)去了圆明园(Quin Ming Quin)。他们是7点半出门,两点回来的。

5月9日,星期日。赫丝说卡小姐一直对裴式楷说,她也许可以做K某的妻子,不过似乎更中意H君。

这是很少几篇提到赫丝特言谈的日记。日记中两个男士的简称很可能是卡拉尔小姐的追求者。

5月13日星期四的日记非常蹊跷。

昨天,俄国公使馆晚宴。赫丝坐吉布(Gibb)的马车去的,吉罗福夫人和卡小姐则坐轿子前往。参加晚宴的客人还有温德霍夫(Rindhoff)、巴兰德和奥蒂(Otie)。很奇怪,他们与吉夫人和卡小姐在屋里欢聚一堂。哎,一切都要结束了,这是她们在这里的最后一天——明天她们就要走了。裴式楷同她们一起走——他要去天津,待两周时间,在那里的办事处做一些事情……

5月14日,星期五。吉罗福夫人和卡拉尔小姐走了……今早7点半,11点到达通州,不知她们坐哪条船走,因为盛京号(Shingking)应该是星期五而不是星期日走。吉罗福从上海写信来[日记继续记述工作情况。显然北京与外界相当隔绝。]

美国人乔治·B.吉罗福从1859年8月开始就一直在海关服务。1875年他担任上海江海关税务司。他的一大爱好是收集钱币。这一时期,威妥玛正在与清政府争执不休,威逼清政府做出更多让步。赫德希望这些让步包括建立一个统一的造币厂和国家铸币制度,以取代五花八门的、破损严重的钱币,而且必须经巴克顿的代理商称重,才能确定价值。1870 年,49 岁的吉罗福在准备离开广州回国休假前,与 19 岁的露茜·哈巴(Lucy Happer)私定终身。露茜就是赫德在广州时认识的那位著名长老会牧师哈巴安德的女儿。据包媞萨讲,露茜是真心实意爱吉罗福的,而且她家人也认识吉罗福,还曾经请他到家里做客,十分相熟。所以她听到露茜父母反对这桩婚事时感到很诧异。最后新郎租了一条游艇,让船长在海上为他们举行了婚礼。后来他们又在教堂举办了仪式。露茜·吉罗福生在广州,长在广州,可能会讲十分流利的广州话。[81]她与艾玛,一个 25 岁,一个 23 岁,很可能情投意合。

接下来的两年中,由于工作事务,吉罗福经常携妻子北上见赫德。赫德到上海时,也会与他们同住。关于这次晚宴,他就只提到吉罗福夫人。赫丝特是家中主妇,所以他的日记写得十分谨慎,他没有解释为什么会让这两个年轻迷人的女子与客人们待在一起,这很奇怪。而且,我们除了看到艾玛喜欢策马飞奔,还跟他开了个真玩笑(偶然间还会违反规矩,闯进只允许男人玩乐的台球房)外,日记并未告诉我们他后来在 1902 年为什么会把艾玛看成亲密朋友的原因。不过,他 7 月写给金登干的一封信可以让我们了解更多情况:

> 1875 年 7 月 2 日
>
> 一个月前,桑普森一家从广州回国了……桑普森娶了一位卡拉尔夫人[原文如此]。他的儿子贾雅格现在是我们海关的二等供事。除此以外,他还有一个女儿,艾玛·W.卡拉尔小姐——一个绝顶聪明的女孩儿,是我的同盟军。她家里的事有些麻烦,如果卡小姐不嫁人,很可能要在英国找些事情做,自食其力。她

的愿望之一是做一名医院护士(去伺候那些医学院学生!),可我建议,如果她非要工作不可,不妨试试储蓄银行、邮局、电报局之类的地方。后来我想到,让她去找你——所以,我把你办事处的地址给她了。她也可能根本不会去找你——但是也说不准;如果她去找你,你可以跟她实事求是地讲——给她最好的建议。如果她想知道如何才能找到这种工作,请尽量帮助她,拜托了。我希望她的哥哥——其实也是个不错的小伙子——能有她那种头脑就好了!(我觉得可能是没有听从山姆之父[Samivel's father]的忠告:呜呜呜[Hinc illae lachrymae]。)[82]

赫德的日记没有告诉我们她与他之间的谈话内容,但显然她在谈话中讲了继父桑普森不想再继续供养她,她打算找份工作自食其力的事。从信里可以看出,在 1875 年那个时候,聪明的女孩儿在英国要自食其力,是没有什么机会如愿以偿的。

与赫丝特关系紧张——两拨子女的负担

在 1875 年 7 月 2 日的同一封信中,赫德还告诉金登干,曾在 3 月份提出的寻找音乐家教和“居家陪伴”之事不用再找了:

赫德夫人明确宣布明年春天要回老家去,如果她真的要走,就不用给我们派任何人来了。她似乎决心已定。去年(还有 1871 年和 1873 年)我都想让她回去,但她不肯;我父母那时还在世,我想让他们见见艾薇。但现在他们二老都已不在人世了……对我来说,家,及生活的意义都完全改变了。我现在是家里的长辈了,不再是儿孙之辈,这是最重要的,所以我很想让艾薇留在我身边,——但是如果她妈妈回去(对她身心健康都有好处),当然她也得跟着回去。

如此看来,3 月到 7 月间的某个时候,赫丝特已经下定决心离开中国——也离开赫德。尽管赫德小心谨慎,她一定还是发现了他对天资聪慧的卡拉尔小姐怀有爱意,或倾慕,可能还有吉罗福夫人。到 1875 年 8 月才满 28 岁的赫丝特绝不会做一个逆来顺受、忍气吞声的妻子。这位他在 1866 年还形容为"面对大多数来访者,持重自从"的姑娘,现在也开始违抗自己的丈夫。他显然还认为,是北京这个地方让她变得神经兮兮。

他对她的做事方式很恼火,这可以从 6 月 7 日星期一的日记中看出来:

我签了遗嘱……赫丝下午四点才开始往通州赶——中午就该出发的。我还以为他们根本走不了了呢[这与吉夫人和卡小姐准时上路完全不同]。我们最后一天在一起时,艾薇很伤心,差点哭鼻子。赫丝也是。雨倒是不下了,但天却渐渐黑下来。

赫丝特和孩子们可能是去烟台,那里已经成为避暑胜地,有一幢专门为总税务司准备的小洋房,就坐落在税务司官邸地界上。前几年夏天她都在这里小住过,以躲避北京的酷热和尘土。

赫丝特确实令我们同情。除了看不惯赫德爱慕吉夫人和艾玛,北京的闭塞小圈子,使她厌倦不堪,同丈夫交往的人与她在社交习俗和语言方面存在障碍,也令她不胜其烦。另外,北京缺少良好的生活条件和必要设施（这里出行要坐大车，没有弹性十足的减震装置），让她受够了。可怜的她在生孩子时还经受了难产的折磨，她可能感受到，为人之母可谓付出巨大，得不偿失。这一切赫德大概都看在眼里，记在心上。1871 年 9 月 1 日，他对金登干说：

> 威妥玛夫人刚刚为我们的国王代表生下第三个儿子……而她嫁给他才三年三个月。在我看来，这样虐待一个女人很不公平……这意味着让一个弱女子经受太多痛苦，承担太多苦役和繁重家务，人应该——当然说起来很微妙——但我还是适可而止！

即使是在婚姻生活中，他显然也在尽力约束自己，不给妻子增加太多负担。

赫德刚刚年过四十，如同这个年龄的很多男人一样，已经开始回顾人生，检视自己是否实现了人生目标。不仅如此，7 月 2 日的信显示，他不久前刚刚经历了双亲亡故的打击。年纪轻轻就有能力赡养父母让他无比自豪。如今他已经成为赫德家族的一家之长。父母在世时，阿尔斯特是父母的家，对他意义重大。而随着他们相继离去，这里就不再具有特殊意义。1866 年他探亲休假，大部分时间都是在这里度过的，而 1878—1879 年那次休假时，他只在那里短暂停留。他不仅失去了父母至亲，也失去了对那个“家”的眷恋之情。现在，中国成了他真正的家。

与此同时，他的另一段历史也来敲门了。一封不期而至的信让他再次想起那个百般柔顺的中国伴侣阿瑶，以及与她生下的三个子女。“6 月 3 日星期四。收到邮件……戴太太说她的受监护人都已经长大,不知道接下来该如何安置他们。”

这些孩子一直生活在伦敦,而赫丝特很快将回伦敦定居。他决不能让她见到这些孩子。1875年6月5日,他写信给金登干,完全想象不出孩子们现在长成什么样了:

> 1866年我把我的三个被监护人——(安娜·赫德、赫伯特·赫德和亚瑟·赫德)送回英国。史密斯埃尔德公司(Smith Elder and Co.)将他们委托给其记账员的妻子戴维森太太照看。目前他们仍然由其照看。时间过得太快了,我有责任安排好这些孩子的未来,但拖得太久了一些,安娜现在已经16岁了,我必须着手安排此事,刻不容缓。
>
> 至于男孩儿们,没有什么特殊问题。我希望能立刻将他们送到克里夫顿学院(Clifton College)[在布里斯托附近]。赫伯特刚过13岁,亚瑟也快10岁了。他们这个岁数,我觉得送到初中比较合适。安排他们寄宿时,我希望能给他们找一个在1875—1876年假期期间可以留宿的人家。从一开始,我就说得很清楚,让他们上学的目的是最终进入印度公务员体系,除非他们不适合从事这个职业,或者有其他兴趣专长。
>
> 关于安娜,我希望能送她去欧洲大陆的一所新教寄宿学校,学习三年。在那里她可以专门学习音乐、法语和德语,享受舒适的寄宿生活和良好待遇。
>
> 在这件事上,我只能向你一人寻求援助……一旦找到我要求的那种女子寄宿学校,请立即将安娜送过去。如果你能抽出时间,还烦请你亲自陪她前往……我希望这孩子能有个舒适的生活环境,接受通识教育,学会法语和德语,发挥天分,精通

音乐。

他对安娜提出的教育要求正是他心目中女性应有的素质。

随着赫丝特和孩子们的离去，他的兴趣又回到音乐上，但总在小提琴练习曲上纠结徘徊。于是他冒出新念头，把自己喜欢的曲调写下来。

> 满心欢喜，上床睡觉。我居然做到了以往不曾做到的事：我在祷告时祈祷千万不要让我花在小提琴上的时间白白浪费掉吧，让它成为我自娱自乐的好方法吧……也让我的演奏或谱曲给其他那些不懂音乐的人带来消遣的快乐吧。
>
> 今天早上，我照常练琴，惊喜地发现，我居然可以不看乐谱而奏出……昨天反复练习的曲谱了！我并没有说这两者中有什么因果关系，但事情发生的简单顺序就是这么奇妙：练习时磕磕绊绊，祈求上帝，突然开窍了。当然可以不用"天助我也"来解释，但我以前可是从来没有祈祷过让我在音乐上有所突破。就是昨天晚上祈祷过，今天早上我就可以不看乐谱轻松演奏了。[他顺着这个话题又写了几行。]

像许多有头脑有思想的人一样，赫德的观念也受到1859年出版的达尔文《物种起源》的挑战。他似乎与宁波的密妥士和黄埔的汉斯一样，开始倾向于斯特劳斯对大部分《圣经》的诠释，包括对超自然的神力相助也有新的理解，即那些说法不过是带有目的的神话故事，而不是字面表达的真实意义。正统教堂很少能帮助知识分子解决宗教信仰与科学新知之间的矛盾冲突。

他的日记又有一段时间没有提及家人,直到"10月22日,星期五。今天,大多数房间都生上了火,每间屋里都舒服了许多。昨晚艾薇和布鲁斯开始和他们以前的保姆弗里达待在屋子里"。(此时弗里达已升任家庭教师。)从这个月初起,赫德就一直在日记中抱怨屋里比屋外还冷。显然赫丝特对他的抱怨无动于衷。她似乎还坚守着小时候养成的观念,即不到11月不应该生火。但保持温暖对赫德尤为重要。在所有日常需求里,温暖甚至超过食物。1876年11月,他去了一趟天津,一路上大车碾压着石头路,颠簸不停,让他头疼欲裂。回到没有多少家具陈设,但却散发出暖意的房间时,他不禁又开始思索。从最基本的意义上讲,"你也许会将舒适安逸定义为吃得饱,穿得暖。当你达到这个水平之后,其他的需求就会出现,而从我的立场来看,干净整洁,饭菜鲜美,身体健康,休息充足,都会成为主要特性,但这些总是以吃饱穿暖为先决条件的"。

暖融融的炉火让他心中升起喜悦之情,他写诗,与孩子们玩耍相伴:

> 10月23日,星期六。几个月来第一次写点小诗句。真奇妙呀,人写诗作赋的能力可以忽来忽去……
>
> 10月28日,星期四。艾薇昨天与我们一同吃晚饭——以后她每周三都可以与我们共进晚餐了。今天早上[说完艾薇讲的梦之后]我对布鲁斯说"嗯,年轻的先生",他立刻反击"你才是年轻的先生!我是——布鲁斯先生!"真是两个可爱的好孩子。愿上帝保佑他们。
>
> 10月31日,星期日。今天赫丝和艾薇跟我一起去了教堂……布鲁斯在早餐时说"你们太过分了——太过分了"。看到

孩子们的智力在增长,语言能力在提高,感觉真是奇妙!

11月7日,星期日。教堂里人很少。今天完成了报告的第一部分。

从这时起,日记显示,他在多个星期日以及原本应该陪伴家人休息的节假日都在埋头工作,在写一篇有关贸易带给中国益处的报告。这是总理衙门要求他写的,为的是回应威妥玛逼迫清政府增开新口岸的要求。

11月开始进入冬季。赫德常常举办晚宴,或外出赴宴。

11月12日,星期五。昨天第一次在家举行晚宴。

11月13日,星期六。昨晚我和赫丝一起读W君关于自助的文章,读到11点。浅薄。我看他还得再修炼十年。

我在翻阅赫德1875—1876年的日记时发现,这是唯一一次提到他与赫丝特有共同学术兴趣。在下一篇日记,以及1875年3月27日的日记中,可以看出,他们甚至去教堂都不经常一起,因而无法共同讨论布道的话题:"11月14日,星期日。今天我和艾薇去了教堂。赫丝没去。考林斯的布道很精彩。"

但他的孩子们让他充满乐趣。

11月17日,星期四。艾薇很积极地把昨天学到的一段东西讲给我听:"上帝不是我想要的牧羊人。"可爱的小乖乖,多么天真可爱的小宝贝儿!布鲁斯把我的手套拿到床上去了。他迷上了手套……

但是,天啊,他与阿瑶的孩子却又给他添麻烦了。他应该是在秋天就收到了金登干安置孩子们的报告。8 月金登干去见了戴维斯太太,发现孩子们视她如亲生母亲,而她说她也爱他们如自己的儿女。赫伯特已经长成健壮的小伙子,除了头发和眼睛外,完全像个英国人。安娜更多一些中国人的模样,而亚瑟则完全像个中国人,而且体格纤弱。第一次与他们交谈后,金登干认为他们似乎很快活,谈吐斯文,举止得体。安娜会弹一点钢琴,弹得也还算准确,但却没有多少音乐感。然而,当金登干送男孩们去克里夫顿学院后,他们却没能通过入学考试。校长建议他们先去博德牧师开办的私立学校学习一两年后再说。金登干进一步了解,发现男孩们在克里夫顿存在一些社交方面和教育方面的问题——该发 H 音的词他们都没有发。所以他决定听从校长的建议,去找博德牧师。博德牧师手下只有 14 名学生,他对他们如同家人一般。赫德 11 月收到金登干的信后,便嘱咐他,戴维森太太的合理要求一定要满足,毕竟她待孩子们不薄。但金登干却发现问题十分棘手:戴太太的朋友为她出谋划策,要她别放孩子们走,除非得到一笔补偿。她丈夫对突然要带走孩子的决定也很恼火,拒绝给她钱为孩子们做新衣服。金登干只好又拿出 20 英镑作为孩子们的置装费,因为"他们只有几件自家缝制的衣服"。按照维多利亚时代的标准,戴维森一家属于中低阶层,虽然令人尊敬,但无法传授专业阶层的行为方式和语言规范。[83]

金登干也为安娜找到了归宿,即裴勒(Peile)小姐在瑞士沃韦(Vevey)开办的一家女子学校,学校只有 12 名女生。金登干亲自送安娜前往学校,并告诉赫德,他认为安娜在那里会很舒适。可怜的安娜不仅与眼中的亲生母亲分离,还与自己的弟弟天各一方。显然她想家,感到孤独。12 月 10 日,金登干把安娜和赫伯特的短信转寄给赫德,并告知他已写信给安娜,鼓励她开心快乐一些,并寄给她 20 法郎过圣诞节。他还建议裴勒小姐设法提高安娜的英语知识,以及小学课程里比较薄弱的科目;让她先学一门外语,德语暂时放在一边,等法语掌握得差不多了再说。在他们一同前往沃韦的旅途中,金登干显然已经切实注意到她的身心健康问题。他的信件让赫德意识到,对孩子们的期望值也许应该降低一些:

1875 年 11 月 23 日

……孩子们的学业成绩令我失望,但也无能为力。请博德先生对他们严加管教,并看看他们适合朝哪个方向发展。在所有职业中,我最希望他们将来能进入印度公务员队伍,但我也不想勉为其难,强迫他们去做做不到的事情。亚瑟真是个丑小子。安娜很像 1857 年我第一次见到她母亲的模样,只是她母亲脸上没有麻子。我希望安娜能在学校里再学习四年,但愿到时她能成为温文尔雅、出落大方的姑娘。她母亲就是世上最和蔼可亲、最明白事理的人。而她的父亲呢,曾自认为是个聪明人,但后来开始在内心深处坦白,自己是个大傻瓜!

和蔼可亲,明白事理——哦,可不是吗!他年轻的时候,阿瑶曾经让他充满激情,热血沸腾!

与此同时,赫丝特带着孩子们从烟台回来了。北京也已经进入隆冬。他不得不忘掉私生子的事,重新回到正常生活中:

11 月 25 日,星期四。自从星期二以来,赫丝就显得无精打采。尽管她极力反对,我还是叫来了卜士礼(Bushell)医生。

11月26日,星期五。客人们都出席了晚宴。赫丝没有露面。

11月27日,星期六。赫丝好多了。她穿上日式礼服,非常合身。礼服柔软轻盈,宽松暖和,都舍不得她脱下来。

她在他眼里还是很有魅力的。婚姻生活中确实有令他怀念的点点滴滴。1876年1月31日星期一,他不就是这样想着她吗:“昨晚躺在床上,一直睡不着。”他形容说,心里经历着思想斗争,是恪守责任,还是满足“这把年纪还有的”欲求。他所说的“责任”可能指他不想让她在这个时期怀孕。

赫丝特回英国的日子日益临近,但他在日记中并没有直接讨论此事,甚至在2月14日星期一的日记中也没有提到。“1876年情人节”——见图4.4

哦!过情人节的日子已经过去了——永远过去了!生活中再没有什么比得上那时一半的甜蜜。比如年轻情人之梦——以及相伴而来的结晶。

慢慢人生路上,人们渐渐变成老朽——那么爱情呢——
哦,你这年轻的家伙,你去了何方?

这时,他可能已经收到金登干转寄来的安娜那封忧伤的短信。与阿瑶的年轻情人之梦,相伴带来的“结晶”正是这个小女孩儿。他第一眼见到她时,完全陷入迷茫。我想,这篇短文写的就是阿瑶,因为他在向赫丝特求婚时已不是一个热烈多情的青春少年。而这篇写于2月的日记主要记述他与威妥玛的频繁争吵,他们是为尚未解决的英中争端而争论不休。

到了3月,家里肯定已充满收拾行装的气氛,到处都是准备启程的景象。3月16日,他将赫丝特的行程安排告知金登干,并请金登干在伦敦银行①为她开一个账户。日记中他流露出内心的情感:

> 他们离别的日子越来越近了,一家分离的事情很重大,今天我完全无心做任何事情;有时我会突然意识到就要分别了,然后感觉似乎马上要"走上跳板",或者被绞死!简直无法相信,我们一行人乘坐"艾尔菲号"(Alphée)邮轮驶向东方到今天已经十年了。多大的变化呀!

赫丝特回国之事并不会在北京的圈子里引起多少议论。因为,这完全符合外侨的生活方式,即妻子要回国住上一段时间,照看子女上学。[84]不过,赫德心里没有把握,不知道他们是否还能再次聚首。

> 3月18日,星期六。晚上艾薇与我们一起用餐。她会说一些"我在收拾行李,准备回家"之类的话。"我知道你在收拾行李,我知道。我知道你在收拾行李。"可怜的小宝贝儿,恐怕她一走就会想我了。
>
> 3月19日,星期日……上午10点,赫丝、艾薇、布鲁斯,还有弗里达和多萝西亚(Dorthea)……一刻钟之前上路了。布鲁斯因为出门而兴高采烈,艾薇哭着找我,哭得几乎人都缩小了。赫

① 《中国海关密档》第一卷第367页提及赫德是在丽如银行为赫丝特开账户。

丝也动情洒泪……现在就剩下我一个人了,我的亲人都已离去。我们何时再相见?在中国?在家乡?此生还是来世?只有上帝才知道。一切皆为命中注定。如果此生无缘与爱过的人相聚……那么就与他们在天堂见面吧……

3月20日,星期一。昨天的早餐、晚餐、夜宵,以及今天的早餐都只有我孤零零一个人。我多么想念他们——赫丝、艾薇、布鲁斯!

接下来的日记又变得一切如常,只是偶尔提到赫丝走后的情况。

4月17日,星期四。收到赫丝从香港写的第三封信和第六封信。一切均好。

4月29日,星期六。赫丝一行今天应该从亚丁启程了。他们离我是多么遥远呀!……

4月30日。六个星期以来第一次7点半起床!照例练习小提琴一小时,然后喝茶。12点后再次练习——人已经变得毫无气力,弓法和指法都生疏了。就是因为手指疼才起床的。不过,我想我会很快恢复到原有水平,并且有所长进……

5月1日,星期一。[放假一天,虽然日记比一般时候长了足足两页,但没怎么提到赫丝特。]还不到9点,我已经练习小提琴一个半小时了,读了120首维吉尔(Virgil)的诗[日记有半页写梦见艾薇生病。]然后就一直感觉不太舒服……法国来的邮件送到。有赫丝特的信和赫政从西贡寄来的信。

唯一提到赫丝特来信内容是说布鲁斯掉了一个指甲。[然后他很快转到一封关于俄国新公使即将到达，以及他将随后拜访的信上。]

此时，至少另外几个子女都已经安顿下来。1876 年 4 月 21 日，金登干随信附上安娜的一封信，以及报告其他男孩儿情况的信。想必情况很顺利，因为金登干写到：他很高兴地看到孩子们都很快乐。这几个孩子似乎在受委托人那里都很讨人疼爱。

一仆二主，忠义两难（1876 年）

就在这个时期，威妥玛试图利用马嘉理被杀事件牟取利益，引起英中关系再度紧张。

> 1876 年 5 月 12 日，星期五。威妥玛又来了。[争论异常激烈，总的来说气氛不太友好。争论的议题之一涉及长江口岸特别条例问题。]后来他喝了一大杯雪莉酒，扬长而去……
>
> 5 月 13 日，星期六。昨晚一封海岸邮件送到。裴式楷信里说桑普森病得很重，恐怕再也出不来了！

此时裴式楷在广州担任粤海关税务司。桑普森与妻子和继女在英国休假。日记继续记述了其他一些工作之事。但有关桑普森的消息令他回想起艾玛·卡拉尔前一年来他家探望这件大事。日记随后流露出抑郁的情绪——接下来几篇日记都显得闷闷不乐，还充满反思自省：

> 5 月 14 日，星期日。去年昨天这个时候，吉罗福夫人和卡拉

尔小姐走了。今天,给安德里亚·希佩(Andreas Hippe)写了一封长信,给吉罗福夫人写了一个短信,还给凯蒂写了一封信……法国来信了:没有赫丝的信!从特蕾莎[他妹妹]的信里,听到她丈夫去世的消息;她认为他是像一个基督徒那样死去的……真是令人欣慰!二十年守在一个她可能根本不爱的老男人身边(结婚时44岁,去世时65岁)——远离朋友——充满苦难、欺骗、虐待。可怜的姑娘!她也许是上帝赐给他的礼物,但对别人来说,不就等于世上少了她这个宝贵财富吗!现在,她该怎么办呢?一个寡妇,带着四个女儿,身无分文。[这个特蕾莎正是1854年圣诞节时,他在宁波听到的那个未征得父母允许就嫁给他人的妹妹。]

5月15日,星期一。昨晚做噩梦[自己被宣判死刑——法律条文帮他逃过一劫。]今天早上,就像俗话说的,"灵光乍现",我突然想到人生是如此短暂,尤其是不管我们制定了什么计划,实现了什么目标,是否赢得了一切,我们最终还是得离开这个世界,我们什么都带不走……我这两年的酬金……16000英镑,多少人会为此眼红嫉妒,而我曾经多么看重这笔财富——我曾多么害怕与它失之交臂——我是多么急切地想方设法得到它!而现在,这笔财富近在咫尺,唾手可得。我要说的是,我几乎退缩,生怕它到我手里的一瞬间会化为乌有——或者我会突然消失,人间蒸发。即便我有幸多活几年,享受这些从天而降的飞来横财,几年之后我还是要撒手人寰,财富留于身后——像所有人一样,"赤条条"而去,或者重获新生时,我不会因为它而比别人多一星半点的优越——也许还会更糟……上帝帮帮我,给予我仁慈与悲悯。

他指的是服务年限每满七年之后可以得到的额外年薪。这是赫德经过与中国方面的谈判，为海关职员争取到的待遇，以替代养老金。就他的职位来说，这笔钱是每年 8000 英镑，是一笔不小的数额——但对于当时任海关二等供事的我外祖父而言，就不是这么回事了。他可能只挣到不足 400 英镑，但已经比职位卑微的钤子手（tide-waiters）好多了。那时候的薪酬差距巨大。

赫德的郁郁寡欢不仅是由于家人不在身边，以及想到现实中妻子与心目中理想女性反差巨大，还因为他不确定，为中国效力而做出的自我牺牲是否值得，这让他烦恼：

> 6 月 4 日，星期日。……我感觉多么懒散！我多么厌倦北京的生活——这种可怕的隔离生活！
>
> 总理衙门已经很久未派人来与我商讨威妥玛之事：是出于慎重，还是怀有戒心？……有时，我几乎要去对他们说“你们是想要我辞职吗？我已经做好准备了”。后来我又想：不，如果等待的结果是去总理衙门进行毫无意义的谈话，那我高兴不起来，我忍耐到今天为的是有目的而去。我正在渐渐地——不，迅速地接近我的目标。难道我不能再多等一两年，直到胜利到来吗？噢，生命！噢，生命！噢，生命！你的价值对我意味着什么？我已经开始质疑我自己的价值。这种自我反省是一个好习惯吗？它带来沮丧、怀疑和恐惧；它让我们惶恐地盯着堕入深渊的危险——让我们关闭心灵，看不到仁慈的上帝早已在船底与海底之间留出未知的空间，让深沉的海水保护我们安渡险关！事实上，人人都会跟着传道者所云，“虚空的虚空，万事皆为虚空”。

让我们把传道者的整句话听完吧:“让我们敬畏上帝,遵守他的戒律——因为这是人的全部天职!”是啊,我们也许会怀疑,我们也许会迷茫——我们也许会选择罪孽——如果我们变得绝望了——这就是我们的最终结局。背离基督,我们将得不到真正的安宁,因为只有基督徒才能获得永恒的、确定无疑的快乐。让我们的目光只投向一处——让我们毫无保留地献身于上帝——让怀疑和恐惧消失,让魔鬼堕入深渊,无地自容。就我而言,我感到自己充满罪孽,头脑中尽是亵渎之念。与抵抗外在的罪恶相比,摒弃心中邪恶念头更加艰难!“上帝怜悯我这个有罪之人吧!”

6月18日,星期日。下午一口气读完《约伯记》(*Job*)(用了一个半小时)。多么伟大的篇章!在其之后,再无人能写出超越他的文字。所有的故事,所有的预言,所有30个世纪以来的洞察都不曾像他的文字那样具备启迪卑微灵魂的智慧,也不曾像他那样改变藐视者对上帝的评说!有信仰者必须运用这本好书的语言,才能升华到信仰上帝的最高境界——那些没有信仰的人将永远无法提升其否定力,他们不知力量源泉就藏在此书之中。

6月21日,他想起这一天是赫丝特29岁生日,但是原来准备写的信却没时间写了。6月23日,他给赫丝特寄出了第13封信,并告诉金登干,这是自己在中国的第23个夏天,加上“马嘉理事件”,这个月令他在“痛苦”中煎熬,现在已是身心交瘁,难以支撑。威妥玛对他实行孤立政策,令他苦恼不堪。因为,以前在领事馆工作时,威妥玛一直是他的上司,而且他还是江海关的第一个外籍管理人。他也是一位著名汉学家。与前几任英国公使共事时,赫德一直感到相处融洽,最后取得的结果是他认为对双方都有好处的。但是,威妥玛不同,他在中国待的时间太长了,经历了颇多磨难,人的状态也过了最佳时期。[85]

赫德深知,中国统治层十分脆弱,不堪一击。1874 年,慈禧太后的儿子,年轻的同治帝驾崩,慈禧正紧锣密鼓地张罗另一位受她监管的皇帝登基。威妥玛咄咄逼人,态度强硬,恶化了双方的紧张关系,这使赫德更是左右为难,进退维谷。在这种局面中,身为中国朝廷命官,他理应挺身而出,捍卫朝廷利益。但他同时又是一位英国公民,一位英国前外交官,而眼下的局势有可能再次导致一场中英战争。赫德认为,开放更多通商口岸有利于中国,正像他在为总理衙门撰写的促进商贸发展报告中所说的,而且,他还希望进行一些其他方面的改革,比如建立国家造币厂,建立全国邮政服务体系。(海关的内部邮件通过自己的信使传递,而且,通商口岸也设有寄送外国邮件的外国邮局。中国官府内部倒是有很好的快马驿递系统,但是普通老百姓只能到就近的镇子上,找民信局寄信)。赫德认为,(虽然一名派去调查的英国外交官已查明,云南昆明巡抚直接卷入了马嘉理谋杀案),威妥玛要求把他押到北京受审未免太过分了。1876 年 6 月 27 日,他在写给金登干的信中说:

再没有什么比他这个要求更让中国政府深恶痛绝的了……因为他的要求等于逼迫中国政府……对全中国百姓说……外国人士是值得尊敬的人……作为一个英国人,我会认为没有比这个要求更好的……但是,作为帝国海关总税务司,我知道中国无论如何不会如此就范。朝廷宁肯走向衰落,也不会束手就擒,乖

> 乖屈服,除非开战……李鸿章[他认为李是中国方面最希望天下太平的人]是个主战派,瓦维瑟尔(Vavasseur)和克虏伯(Krupp)的好朋友,连他本人都知道,开战将会惨遭失败……[而且,一旦失败,他就会名利不保]。

与此同时,赫德内心的思想斗争也在继续折磨着他。他要对不在身边的妻子尽丈夫之责。7 月 1 日星期六,他写了一篇长长的日记,记述了他一步步走过的人生之路。从一个血气方刚的青年堕落到毫无节制的荒唐放纵,到后来陷入痛苦的内心挣扎和不断的故态复萌:

> 直到他终于摆脱了肉欲的纠缠……我一直注视着在我身上发生的这个过程,色欲是对我最大的诱惑。我发现我省略了一个阶段……当一个人停止外在的罪过时,他很可能在意念中犯下同样的罪过,他的脑海里会建立起一座美女如云、妻妾成群的后宫。

谁住在这个后宫里呢?艾玛此时远在伦敦,而吉罗福夫人就在跟前,会让他时时憧憬:一个知书达理、支持丈夫事业的女人会给婚姻生活带来多大乐趣呀。

1876 年 7 月,政治危机即将到达顶点,吉罗福(及夫人)已从上海赶来,为即将开始的谈判助一臂之力。古斯塔夫 · 德璀琳也赶来了。他是颇有影响力的德国籍津海关税务司,与李鸿章交情甚密。[86]赫丝特也来信了。信上说她已经回到波塔当,与家人团聚,相见甚欢。但这个消息在赫德 7 月 16 日的日记中只占了个简要旁白

的位置,而关于吉罗福夫人,他在第二天的日记里这样写道:

> 7月17日,星期一。整个上午都很忙,下午来了很多客人——后来威妥玛来了……告诉吉罗福夫人我写的《星条旗颂》[他为歌颂1776年7月4日美国独立一百周年作的诗歌],还在早餐后闲聊了一会儿——她非常聪明,内涵丰富……吉罗福这几天是怎么回事——是不是遇到什么问题了?[难道是吉罗福注意到有人在盯着他的妻子?]

8月中,赫德总算将威妥玛与李鸿章会晤之事安排就绪。中国政府指派李全权代表,出面谈判。地点是烟台。谈判结局是1876年9月12日签订的《烟台条约》。四天后,中国政府批准了条约,而英方拖到1885年7月才最终批准该条约。谈判期间,赫德以及手下高级税务司都在烟台。

> 8月21日,星期一。早上8点钟,来自意大利威内托(Veneto)的乐队就来到露台。擅长唱小夜曲的德璀琳夫人以一首奥地利圣歌开场,最后还唱了一首《守望莱茵河》(*the Watch on the Rhine*)。吉罗福夫人身穿粉红色晨礼服,美丽动人。

赫德对服装品位的偏好显然不是当时流行的那种僵硬繁复的淑女装,而是宽松舒适的礼服——赫丝特那套日本裙装,以及吉罗福夫人的简便晨礼服都颇受他的赞赏。9月3日星期日,他“5点起床。工作到8点。跟吉罗福夫人闲聊到9点”。他还提到了下水——到下海泡澡的时间了。

不过,大多数时间他还是埋头工作,心无旁骛。此时,他已经解决了忠义两难的内心矛盾,是效忠老上司威妥玛代表的英国,还是忠心于他效力的中国。1876 年 8 月 24 日,他告诉金登干:

> ……在我过去的职业生涯中,还从未如此紧张焦灼过,也从未像现在这样轻松安逸过。李大人按照我的建议,“握着极大的权限”来到这里面对威妥玛。我们[即赫德本人与李]做了所有能做到的事,就此了断了所有纠纷。[他列举了一些争论焦点的详细情况。]威妥玛的态度几乎引发一场战争……而我们不能容忍这种情况发生,我们想要的是和平,所以……我们首先争取让他接受条件——从个人角度上讲,我希望他接受解决方案……遗憾的是,在许多事情上,威妥玛与我的关系早已今非昔比;他认为受到了冒犯,我们现在也只是见面点点头的交情了;我感到很遗憾……但在目前这场危机中……我不再是一个中间人,在对垒双方之间躲来躲去。我现在可以立场鲜明,大胆明确,充满精力地工作了。

杜德维是美籍税务司,后面我们还会讲到他。他写道:“我认为,历史将为赫德书写一笔。1876 年,在马嘉理被谋杀后,中英对抗无法避免,他在最后关头帮助阻止了双方爆发战争。”[87]令赫德乐于看到的是,两国的协议使得长江沿岸及南方地区又设立了新口岸,贸易得以扩展。但中国却不肯让步,拒绝建立国家造币厂和邮政体系,这又令他感到失望。他一直希望这两件事可以成为他苦心谋划的中国现代化的一部分。邮政体系一直拖延到 19 世纪 90 年代才建立起来,而货币改革则拖延得更久。

赫德陪同吉罗福夫人一路南下到上海。他不顾自己晕船的不适，尽量呵护照顾她。9 月 23 日星期六，他们到达上海。赫德终于有机会做一些在北京没有条件做的事了——他去看了牙医，并订做了一身冬装。那天晚上，正值吉罗福夫人的妹妹 18 岁生日。他与夫人进行了一次出乎意料的亲密交谈：

> 我与吉罗福夫人单独用晚餐，因为吉出门了，于是我们喝了香槟，并祝玛丽身体健康；我的祝酒词是"祝玛丽身体健康！祝她美貌如花，前程似锦，愿她所有朋友都如今晚祝她健康的朋友一样真心爱她！"吉罗福夫人对此祝词的应答是"感谢您！为玛丽干杯！"[接着日记简单概括了谈话内容]喜爱并不等于情爱。她很快发现这是一种喜爱，而不是情爱。多少年过去了，情感与责任感开始搏斗：情感要反抗这种孤独的生活；而责任感则敦促你对妻子更加忠诚。接着，旧情重又迸发出来。她从内心到外表重新焕发青春，朝气蓬勃。他们像夫妻一样团聚，如影随形。疑问：这种遭遇对一个孩子没有好处吗？我认为是有好处的。如果是这样，旧的情感将会消失，这株新生的爱情常春藤将紧紧抓住责任感这株老橡树，茁壮成长。那么 1877 年，路又在何方？

维多利亚时代社会习俗的束缚随着香槟酒而松绑。我认为，他之所以能有如此亲密的内心表白，说明他是她眼中的朋友，让她充满信赖；日记看不出他有勾引她的意图。就在第二天星期日的日记中，谈到他与吉罗福一同听完布道后，他不无敬佩地引用了吉罗福的话："'最糟糕的是'，吉罗福说，'你根本不知道他[指布道者]是否相信自己的话！'我们跟随的是怎样一个牧羊者呀！"

与此同时,赫德亦不知道自己的家人现在何方,于是不得不要求金登干转寄他的信。(10月7日,金登干发电报,告知他们在斯卡波罗[Scarborough]。)他的第一拨孩子让他的家庭开销越来越沉重。1876年11月17日,他寄给金登干900英镑,令其存入赫德夫人的账户,另外汇了600英镑,以支付账单,因为"那几个'受监护人'的开销大得惊人,可怜的孩子们!"安娜显然希望回英国度暑假,但金登干告诉赫德,裴勒小姐——正好到伦敦访问——建议安娜最好不要回去,那样会影响她的学业,因为两个国家新学期开始的时间不同。于是安娜又提出是否可以圣诞节时回家一趟。金登干只好对她说,她的监护人希望她在国外度过假期,所以他也无法安排此行。赫德一定被自己头生女儿这种苦苦哀求所打动,她一定让他想起了她的母亲阿瑶。但他不能冒这个险,因为这个17岁的聪明姑娘一旦回英国,必然要设法联系她的法定监护人一家。

这一年,多重压力最终影响到赫德的健康。1876年底日记上的笔记显示了这一切。他的字迹出现异常,大而不规则:

> 1876年12月31日,星期日。终于到了一年的最后一天。这本日记也到了最后一页。明天将开始1877年;也将开启新的日记——明天会揭开我人生新的一章吗?我有太多要感恩的,但我是多么不知足,感恩之意多么不够!求上帝原谅我吧!
>
> 今天也是艾薇的生日。她今年8岁了。愿上帝保佑这个孩子……
>
> 12点1刻听到雷声。4点又听到。雪下得很急。

事实上,1877年的赫德还是比以往快乐的。他经常出门,巡访各地海关,有新开设的,也有老的;还与他的下属见面,视察新的海关官邸和办公楼,并全面检察长江沿岸和南方各关的工作进展。这些巡视让他有机会多次途经上海,并与吉罗福一家住在一起。但他并未忘记他的妻子,还觉得有必要提前两个月嘱咐金登干,为她6月21日过生日买一个非常漂亮的写字台——他可能付了100英镑——8月2日,他又转寄了一些非常贵重的首饰,作为他们结婚11周年的纪念礼物:

> 请原谅让你做了这么多私事,添这么多麻烦——但是请记住,我在这里坚守岗位是为了保证公众利益。这是我唯一能找到的,请你办理这么多麻烦私事的借口。

这些私事还包括要解决安娜提出的敏感问题。1877年2月4日,金登干附上一封裴勒小姐的来信,提到应该给安娜一笔置装费。金登干认为这是个好主意,可以让她了解金钱的价值,并且还给她买了一块8英镑的表。他还转交了安娜写给赫德的三封信。他说,最后一封信有些尴尬。显然安娜开始打听自己生母的事情了。金登干记起来,赫德曾在1875年11月给安娜的一封信中提到过她,用的是过去时。于是他告诉安娜她母亲已经死了。[88]金登干还提醒赫德,男孩们可能很快也会提出这个问题了,只是比较好应付一些。赫德算是非常幸运的,因为他有金登干这样的朋友在伦敦为他打点一切。1877年6月,金登干发来两张照片,还有博德先生汇报两个男孩儿进步的一封短信。赫伯特是个讨人喜爱的孩子,个子长得很高,对自己的衣着十分注意。他还附了一封安娜的信,显然她提出能否让弟弟们来看她。他对她说,男孩儿们还太小,不能单独旅行;而且他也不能照她的意思给赫德发电报,因为发电报太贵了。

赫德重新变得轻松快乐,其中原因是他心目中的中国使命至少已经完成了一部分,而且纠结于内心的忠诚矛盾也随之化解。他写了几封信给金登干,要他安排资助中国首任使节[①]出使欧洲,如果可能,请他给予指引。他还要求金登干坚持中国的权利(此次是海关理船厅命令趸船移泊的权利[②],要应对"英国公使馆的狂妄自负")。

8月30日,他又通过金登干给赫丝特汇去900英镑,并且说如果他汇钱迟了,耽误了她去欧洲大陆的旅行计划,他非常抱歉。他自己马不停蹄地出差巡视,也令其开销增加,倍感压力。他补充说:"另外,赫德夫人一直跟我说你是多么善良,乐于助人,总是欣然为她做很多事,多多感谢。"

赫德最后一次在欧洲休假

1877年9月中旬,赫德同吉罗福一家在芝罘(烟台)度假,然后于10月中旬返回北京。此时他主要忙于准备中国展品,参加1878年5月在巴黎举办的世界博览会。自从1851年在伦敦成功举办了水晶宫博览会之后,这种国际性展览会已经成为各国展示最新技术和艺术成果的盛会,颇具影响,广受欢迎。德璀琳负责整个北方地区的展品收集工作,而常驻广州的裴式楷则负责收集南方的展品。是否要去一趟博览会,赫德犹豫不决。11月9日,他在给金登干的信中说:"我倒是想换换环境,但又害怕巴黎的生活。我没有太大'去'的

---

① 指1877年1月抵达伦敦出任驻英公使的郭嵩焘。

② 1876年5月停靠镇江的英国太古洋行趸船拒绝按海关理船厅要求移泊,中国方面与英国驻华公使威妥玛交涉未果。经郭嵩焘据理力争,1878年2月英国外交部终于同意施压太古洋行,解决纠纷。

动力,到时会忙得不可开交,或者说那里太过热闹。"

这封信寄出后,他又发了一封电报,是关于给艾薇买礼物的事:

> 我建议买一套漂亮精美的针线盒。因为娃娃的衣服总需要缝补,她也要学会自己动手,所以,她会觉得针线盒有用处,而且拥有一套完全属于自己的针线盒会让她感到很骄傲。

拥有针线盒标志着女孩儿已经长大,因为承担家里缝缝补补的针线活计,是那个时代女性的分内之事。

1877 年 11 月 30 日,他给金登干的信显示,对能否借参加博览会与赫丝特团聚,他没有把握:"我已经给赫德夫人写了信,让她假定我会去,看她意下如何,或者觉得需要怎样吧……"

12 月 7 日,他再次强调他需要"休息,以及——娱乐"。尽管他很疲倦,但是在 1877 年结束时,他的状态还是比 1876 年底时轻松了许多。他的笔迹恢复了正常,好像也不再絮絮叨叨反省自责了。他说到一个奇怪的梦,但没有进行分析:

> 12 月 31 日,星期一。昨晚做了一个怪梦。吉罗福拍了一下吉夫人的肩膀。她扭过头,头发甩到脸上。今早我 6 点醒来,她和我挨得很近,刚刚吻过(!)我,我正在说"露——亲爱的"。梦是多么怪异的东西呀。
>
> 今天是艾薇九岁生日。给她写了生日贺信:亲爱的孩子,愿上帝保佑她!

1878 年 1 月 12 日,显然他已经知道赫丝特和孩子们准备与他团

聚,并指示金登干寻找适合他们的房子:

> 我需要有个小花园,孩子们可以在里面玩儿,至少有两三个可以“坐”的厅,五六个卧室[费用不超过2000英镑]……到巴黎参展的代表团费用不能享受政府拨款,我们完全要自掏腰包……如果我去,我准备在巴黎度过那段时间,不打算到处跑,所以希望有一处自己住的房子。那种可以立刻入住的舒适房子,而且要华丽高贵,要让帝国海关职员看到,他们的总管在如此盛大场合中住的是像样的房子。依我看,雇四个男仆和四个女佣来打理杂务应该足够了。还有,在这期间,我要包两架马车,要找一流租车公司……

2月9日,他收到金登干的邮件,里面有亚瑟和赫伯特的成绩报告,还有一封亚瑟写的信。他发现信上有一个奇怪的签名。这是麻烦临头的迹象。赫德回信说:

> 亚瑟这小子怎么可以这样称呼他自己?[他提到伊丽莎白·巴雷特·勃朗宁的诗《奥罗拉·李》(*Aurora Leigh*),以及评述罪孽报应持久不断的诗句。]等于说“种瓜得瓜,种豆得豆”。但年轻人应该不会考虑这种事情呀!

1878年3月1日星期五。赫德离开北京。在海上航行期间,大概与1866年那次一样,昏头昏脑,意识迷乱,因此他没有写日记。吉罗福一家与他同船而行。4月21日船到马赛时,他才又开始记日记。他乘火车去了一趟伦敦,短暂逗留。大概是去见他的律师,然后,再乘火车去巴黎。4月24日星期三："5点45分到达巴黎。赫丝和孩子们到火车站来迎接。布鲁斯已经长成一个漂亮男孩。艾薇则纤细娇弱，嘴唇有些流血。赫丝的样子没怎么变。"

在巴黎期间的大部分日记都很简要，记录了他正式出席展会的情况——5月14日，威尔士王子光临，还"向赫丝和我鞠躬致意"。（几天后，在德国使馆的招待会上，他们又握了手。）他还记录了与孩子们出游，听歌剧，看戏，与朋友一起共聚晚宴（有一段时间，他的弟弟也在巴黎），还去看了一位亲戚——马吉（Maggie）和她的母亲。几篇较长的日记记述了一些个人事情，比如一位颇受器重的职员自杀身亡。

有一篇日记写的是他的健康问题，以及艾薇的身体状况。有一周时间他咳嗽不止，十分烦恼：

> 5月26日，星期日。由麦克雷（Macrae）医生做了体检……他说我的肺、心脏、肾脏和肝脏都没有问题，但身体状况欠佳——各种指标都偏低下；要是我回伦敦的话，他会给我一瓶感冒药，一支喷嗓子的喷雾器，会给我一剂［空白］，用于治疗???病；还会给我一些专门治肝火旺的Fromkstahl［?］药水。
>
> 坐车去了圣德尼教堂（St.Denis），参观法国国王的墓。

他讲了头一天遇到的一件微不足道的小事，然后另起一行，写道："今天，麦克雷医生还给艾薇做了体检，说她不应该再回中国去了。"他拖到最后不得已才记这件事——难道不正说明此事非同一般吗？这说明他不愿意再次经受与心爱的女儿分离的痛苦。

接下来一直到6月9日星期日，都是几篇简短的日记。之后的日记都是用铅笔写的,可能是后来补上的。日记显示了他的活动轨迹,从伦敦到都柏林(在爱尔兰待了不到两周),再于7月25日回到巴黎。图4.5是一家人在奥地利巴德伊舍(Bad Ischl)度假,这是麦克雷医生推荐的两个温泉疗养胜地之一。至少他的病痛让他有机会在回北京之前享受一下乡村生活,并与孩子们共度美好时光。

私生子女与第二段夫妻团聚的日子

1879年6月1日之前一直没有日记:

北京。5月26日我再次回到这里。从我最后一次写日记到现在,所经历过的事情简述如下。我在巴黎逗留到7月底。8月在巴德伊舍——9月在巴登巴登(Baden Baden)——从10月到2月一直待在英国布赖顿(Brighton)——其间去伦敦两周,去巴黎几天。3月23日星期日,从马赛……启程。船过新加坡之后,我开始发烧——恶心,腹泻,到现在还没有好利索。

从新加坡到香港乘坐的是美国轮船总统号(President)。乘客中有格兰特将军。西贡政府请我们参加晚宴,我因身体不佳而未出席。在香港,我们与轩尼诗(Pope Hennessy)[香港总督]共进晚餐,他住在杰克逊(Jackson)家。在上海,我们与赫政共进晚餐,还拜访了鞑靼将军林(Tartar Lim)[89],但是没有接受任何外出赴宴的邀请;继续往北走……拜见了李中堂[赫德对李鸿章的另一种称呼]。在天津还拜见了鞑靼将军盛(Tartar Cheng),我在那里逗留两日。

28日,我前往总理衙门,受到相当隆重的接待。29日,我访问了德国公使馆和法国公使馆，还拜访了意大利公使。30日，我访问了普鲁士［原文如此］、俄国及英国公使馆。30日……我看望了同文馆总教习丁韪良博士（Dr. Martin）。［这里指的是京师同文馆。］我每次遇到恼火的事，就会头疼；目前，我需要自我调整一下。

从干巴巴的日记讲述中，人们很难看出他是与赫丝特和小布鲁斯一起回到北京的，也看不出他将爱女留在伯恩茅斯（Bournemouth）上学之事。在欧洲期间，他仍偶尔给金登干写信，并发出简单指示。不过，他还是承认，自己很享受在巴德伊舍的体力活动及乡间漫步，但脑力活动还是让他头疼。什么也干不了。

这些信件有些涉及他的第一个家庭。用于他们身上的花销，加上他自己及合法家庭的花销，似乎给他带来了双重负担，已经开始令他吃不消了，因为休假期间只领取半薪。后来的事情显示，到1900年的时候，赫丝特已经知道了这些孩子的存在。我认为他就是在这个时候向她坦白的，为的是解释财政上捉襟见肘的缘由。金登干1879年6月20日的一封信显然是回复他的请求，即压缩孩子们开销。因为他说，哈钦斯（Hutchins）（赫德的律师）认为钱再少的话，就很难找到愿意接收这些孩子的人家了。他建议让孩子们在博德先生那里再待一年。大男孩儿倒是可以帮一些忙了，但还没有到做学徒的年龄。小男孩儿身体瘦弱，这几年恐怕还干不了什么活。他建议说，或许可以在伦敦找一户人家，把这些孩子安顿在一起，这样安娜也可以一边帮忙做一些家务，或辅导孩子，一边照看两个弟弟。但这样一来，她的日子就不如她已经习惯了的那种生活舒适安逸了。安娜现在已经20岁，有自己的主见。“她说，离开裴勒小姐让她感到遗憾,并希望能送给她一份礼物,因为戴先生就拿到了200英镑。”

1879年8月24日,赫德很快回信,显然他已经知道赫丝特在北京不会久留。他为给金登干和哈钦斯带来这么多麻烦而道歉,但又说:“这件事给我带来了多大的烦恼呀——总是让我悲伤欲绝……我认为……除了伦敦,把他们安置到哪里都可以;除了戴维森家,把他们安置到谁家都行。”此信的剩余部分语气生硬,不再像以往那样,对孩子们充满同情。我的感觉是,此时赫丝特已经完全明白,原来那么多钱都花在这些孩子身上了,于是坚决要求赫德缩减他们的开支。赫德嘱咐金登干让一个孩子去做杂货店老板,另一个将来做布店老板;赶紧找个地方让他们做学徒,以便自食其力。“到目前为止,他们接受的教育恐怕都过于高级了。”

所幸的是,孩子们之前遇到的人都善待他们,愿意伸出援手。1879年11月7日,金登干报告说,他已经同哈钦斯一起,在伦敦见过博德先生和孩子们了。博德先生已经不在那个学校工作,他将在布里斯托一所新的语法学校任职。他准备将两个男孩作为家人一同带上,因为他相信孩子们根本不会给他添麻烦。他每年只收200英镑,这包括了亚瑟的学费。孩子们听到这个消息,简直是感激涕零。赫伯特长得很健康,沉静,聪明。亚瑟的个头似乎比实际年龄矮小一些。博德先生认为赫伯特将来即使不能成为建筑师,也会成为一位艺术家。亚瑟会成长为有商业头脑的机灵小伙子。赫伯特会尽快去一位建筑师那里做学徒(已经有人开始评价他的绘画技巧了)。再上一年学后,亚瑟也会去一家商行做学徒。安娜会继续留在裴勒小姐那里,全部费用每年只需60英镑,因为她已经开始做一些活儿,很快就能自食其力。金登干会设法将全部费用控制在赫德能够提供的300英镑之内。他和哈钦斯都被博德先生的仁爱之心所打动,他真是慈悲仁爱，善待“孤儿们”，他的爱心也得到了回报。

赫德显然对他们的成绩感到满意。在 1881 年 5 月 15 日的一封信中，他又增加了一些钱款，其中包括赫伯特的学徒契约费，而且他的话语中也恢复了原有的和蔼口吻，充满关爱：“你最近见过这些男孩儿，或听到过他们的消息吗？希望他们一切顺利。”1882 年 6 月 30 日，金登干终于告诉赫德，亚瑟已经去一个会计所做学徒了。赫伯特也已经签订学徒契约，干得很出色。他还报告，裴勒小姐说安娜因健康问题提出换一个环境，并建议她去探望博德先生，费用自理。（此事由哈钦斯先生经办，所以没有更多细节。）

此时，赫德的身体已经康复。回到北京后，他设法下放更多权力，起初每天只工作 4 小时。到了 11 月，延长到 6 小时，再后来，他就完全恢复到原来的作息时间，勤奋工作起来。他的日记也恢复了每天几行到半页不等的正常长度。然而，他和赫丝特都没觉得夫妻团聚的生活值得继续下去。他有病在身时，需要她在身边关照，而对她来说，残存的夫妻情分可能也只够让她在他彻底康复之前留在身边。1879 年 11 月 1 日，他们的另一个女儿降生了，名字叫马蓓尔（Mabel），昵称诺丽（Nollie）。12 月 21 日，他对金登干说：“她母亲对她喜欢得不得了，但对我来说，她是个丑小鸭。她长得可真快，她母亲身体也不错。”似乎他从一开始就刻意与这个小女儿保持距离，以免将来再次遭受分离之痛。一般情况下，他给金登干的信里很少提到赫丝特，或者诺丽，反倒是常常提及布鲁斯。两个月后[①]，1881 年 2 月 6 日，他对金登干说，赫丝特和孩子们准备在 1882 年春天回国。他可以给出的理由是当时中国政局动荡不定，仇外暴动时有发生。

---

① 原文如此。

如果北京发生危机,他们在跟前会很不方便。1881 年 4 月 25 日他对金登干说:

> 我不喜欢吵闹[从前后文来看应该是骚乱],但是,如果要经历一场骚乱,那我宁愿只有我一个人在这里,让女人和孩子们远离千里之外,而不愿意让他们在旁边碍手碍脚,我倒是照顾了他们——却耽误了大事!

9 月 2 日,他在一封电报中告诉金登干:“明年入夏之前,赫德夫人和孩子们将再次回到欧洲,‘彻底不回来了’。”

赫丝特心里明白,最大的幸福莫过于做自己的女主人,可以大把花着赫德给她的生活费,吃好的穿好的,养尊处优,并时常出门,周游世界。格特鲁德·贝尔(Gertrude Bell)在伦敦接她,认为“她很享受自己过自己的日子”。[90]赫德显然也得出同样的结论。所以,送别家人并未引起多大的感情波澜,他也没有为此向金登干大吐苦水,诉说孤独。在 1882 年 4 月 8 日从上海寄出的信中,他讨论了与自己银行之间的一个问题,然后接着说:

> 在这场入不敷出的财务惊慌中,我告别了赫德夫人和孩子们。在那以后,你 6 日的电报说“圣迈克尔及圣乔治十字勋位爵士”(KCMG)证书将要寄达,这个消息使我的处境柳暗花明。

赫德放弃了家庭生活,从而解决了家庭生活与工作的矛盾。他很高兴自己在工作上的付出得到英国的认可。这次,英国授予他一个爵位。(《烟台条约》签订之后他只获得大英帝国勋章[CMG]的头衔，一直让他感到委屈不平。）随着放弃家庭生活，他也放弃了性生活——他很明白，再找一个中国小妾，或建立中国家庭会带来诸多麻烦——所以，他的名字从未与绯闻沾边。他通过书信来往与赫丝特保持着友好和睦的关系，而且一直想念着艾薇。

在这个阶段，赫德的主要需求是结交女性朋友——不分年少年长，只要她们理解他对工作的热情，对中国的迷恋。在本书后半部分中，他与卡拉尔家几位女性关系的故事证明了这一点。对年轻女性，他给予她们叔辈的关爱情感。按照我们这个“性迷恋”时代的标准，他的行为与众不同，但也绝非独一无二。女记者玛丽·西加特（Mary Sieghart）认为，老一辈的比尔·狄迪思（Bill Deedes）①也有相似癖好，总是将年轻女记者置于他的卵翼之下，而他的妻子则对他的工作毫无兴趣，不闻不问。她写道：“我崇拜他，但完全是以纯洁的方式。”我相信，我的姑祖母艾玛·卡拉尔，还有凯特姨妈，在与赫德的关系上也会说出如出一辙的话。[91]

艾玛·卡拉尔——结局篇

与此同时，艾玛·卡拉尔的命运又是如何呢？

她有可能如愿以偿做了一名护士。她母亲就是一名外科医生的女儿，所以可能鼓励她也走上这条路。图 4.2 中她戴着一个很大的十字架，而这一时期，的确有几个女性宗教教团或协会在从事护理事业。还有一张她母亲的姐姐凯瑟琳的照片，她也戴着类似的十字架。所以，这个姨妈很可能在安提瓜做过传教团护士。这个十字架，或者

① 比尔·狄迪思（1913—2007），英国保守党政治家，也是《每日电讯报》（*The Daily Telegraph*）的主编。

那个与众不同的领饰可能都标志着她成了一名女执事。送这张照片给赫德,大概是向他展示自己的徽章。到这个时期,看护工作与教书和做护士一样,尤其如果是有宗教动机的话,都是既得体又受人尊重的工作,往往被视为中产阶级家庭老姑娘的一条出路。19 世纪 60 年代,妇女已经被允许担任教堂执事一职。她们的任务之一就是护理穷人,或者在他们离开医院后给予护理。[92] 1880 年 6 月 2 日,艾玛·卡拉尔最终嫁给爱德华·阿尔麦克(Edward Almack)。结婚证书以及 1881 年人口普查信息显示,他是国王学院医院的秘书。如果她是一名护士,或者巡访教民的女执事,倒是正好解释了他们是怎么相识的。1881 年他们住在伦敦圣克莱门特丹尼斯区,凯里街 27 号(27 Carey Street, St. Clement Danes)。从那里去医院很方便,但也许环境不够卫生。1885 年 8 月 20 日,艾玛·卡拉尔去世,而两天前,她十天大的女儿刚夭折。女儿的教名为米尔德丽德·赫德·阿尔麦克(Mildred Hart Almack)。导致死亡的直接原因是产后感染,而且医生提到她患有肾病已有四年之久。她去世时,母亲艾玛·斯普赖·桑普森也在场,并以悲痛欲绝的丈夫的名义发布了死亡消息。此时阿尔麦克夫妇居住在斯特里汉姆(Streatham),而爱德华·阿尔麦克正担任保守派协会秘书。

我不知道赫德住在布赖顿的那段很长的、没有记日记的时间里——或者是他去伦敦的时候,是否与她见过面。他一直与她保持联系,都是寄信给金登干,让他转寄给"阿尔麦克"。1881 年有两封信,1884 年有一封,1885 年有两封。1885 年 7 月写的一封信大概是同意为即将出世的婴儿做教父,于是用了他的名字给婴儿命名。另一封 9 月写的信是向悲伤的丈夫表达同情。8 月 21 日星期五的日记记录道:"收到阿尔麦克昨天发出的电报,上面说'我失去了我的妻子和孩子’。可怜的艾玛·卡拉尔！愿你的灵魂在天堂安息！”下一本日记的开始处插着一份《泰晤士报》，上面刊登着死亡通告：

> 8月18日，在斯特里汉姆的弗利(Fawley)，阿尔麦克与艾玛·阿尔麦克的女儿米尔德丽德·赫德去世，享年十天。8月20日，在同一地点，爱德华·阿尔麦克之妻艾玛去世。中国报纸，请转载。

这时赫德的日记中充满了反思，到底是留在中国海关做总税务司，还是接受英国政府的邀请，出任驻北京的英国公使，这可以使他拥有从男爵的世袭封号。他的最终抉择再一次倾向了中国。他希望保持帝国海关良好的运转和声誉，而这样就意味着中国方面会保留这个政府机构，也就是手下职员赖以生存的饭碗。不过，他知道妻子会不同意。9月7日的日记居然把赫丝特和艾玛联系起来，非常可笑：

> ……但是赫丝以及从男爵的事——她会非常愤怒，爵位也会丢掉。
>
> 收到艾玛·卡拉尔的来信。此刻她已不在人世。她来信想要一封戈登给她丈夫的信。[93]
>
> 今天天气很热，我觉得非常疲倦，虚弱无力——不知是什么原因。

日记中有关艾玛的文字并未流露出多少悲哀，不像他在1902年给凯特信中，讲到白莱喜夫人去世时那么哀伤，那次也连带着提到艾玛。但他这个月的日记却又流露出抑郁沮丧,还提到头疼的事。政治上的忠诚冲突再次与亲友离世及烦恼不期而遇,同时到来。除了收到艾玛去世的噩耗,他还听说爱女艾薇扁桃腺发炎。这种复杂的焦虑体现在他 9 月 29 日的日记中。当时,他刚刚给金登干发了电报,询问关于艾薇的情况:

> 我真的很担心她,我的小宝贝!这样与孩子分离是一件多么艰难、多么折磨人的事情啊——尤其是在一个人的观点与他的妻子不同的情况下,赫丝一心想住在城里,享受热闹的社交生活,而我想住在乡村,过宁静的生活。天哪——严峻的现实,如同一片崎岖的丛林,剥夺了美好生活的艳丽色彩!岁月从杯中悄然流逝是多么令人心酸的事,例如,出任公使的提议让我的生活痛苦不堪。如果我接受,我就不能回家,海关的事业也会彻底完蛋。如果不接受,我就失去那份安逸和奖赏,还会得罪其他人,到头来,还要看着海关事业蒙受危害而痛心疾首。所以,从今以后,接受不接受,都将给我带来不断的折磨!但愿可以不再去琢磨这件事,而且我也试图不去琢磨。但是,每一天我都会想,不去公使馆是个错误决定吧。

那一年,吉罗福在上海去世,就在他准备退休休假之际。从 1884 年起,他的身体就不太好,并于 1885 年辞职。吉罗福夫人离开了中国,未再婚。赫德随后又恢复了稳定情绪,再接再厉,为中国现代化作出更多贡献。这个时期,令他欣慰的事情之一是收到来自德国公使巴兰德的一封信,说他很高兴赫德能够留在海关,继续完成他开拓的各种海关事业,由于他的巨大贡献,中国海关比印度海关及其他殖民地的海关都运作得更好。而1893年他获得了从男爵的封号。

爱德华·阿尔麦克的生活也在继续。1891年赫德通过金登干转给他的最后一封信很可能是祝贺他那年再婚。阿尔麦克认为有必要向他解释再婚决定,这本身就暗示着他知道自己第一任妻子与赫德有亲密关系,而且并未感到不舒服。这使我更加认定,赫德与年轻艾玛的关系并非男女之情,看来,她从孩提时代起就视赫德如自己的亲大叔。而对赫德而言,他也许在1875年感受到了某种微妙的、对这个年轻女子的肉体吸引,但他们抑制住了欲望,没有越过雷池,因为他们深知他对妻子恪守职责,对老朋友艾玛·桑普森怀有敬意,正是她欣然同意自己的女儿去他家做客,接受他的呵护关照。他所能够承认并享受的,正如他给金登干的信所显示,是她的聪慧和她的友谊。

艾玛·卡拉尔只是与他长期保持亲密朋友关系的例子之一。另一个例子是她母亲艾玛·桑普森,还有一位是倪维思夫人。金登干显然知道赫德一直对吉罗福夫人的消息感兴趣,因为1903年8月14日,他写信给赫德,提到:"那天晚上吉罗福夫人与我们共进晚餐。她看上去气色很好。"[94]

至于艾玛·斯普赖·桑普森,她也从来没有忘记自己的女儿。在一幅有相框的相片背面(图4.6),她写道:

> 爱德华·阿尔麦克之妻艾玛于1885年8月20日去世于斯特里汉姆,芒特诺德路(Mount Nod Road)的弗利。
>
> 哦,主啊,让她永远安息吧,让光明永远照耀她。
>
> 到那个世界去吧。
>
> 他们都离去了。

接着,她又补充了诺伍德(Norwood)墓地里的具体下葬地点。多年后,1900 年,在给赫德爵士的信中,她写道:“想到我心爱的艾玛永远安睡在我附近,我感到一些宽慰。”

相信人有来世让许多那个时代的人得以活下去,因为,那时死亡随时会光顾自己的亲人。1902 年这种信念也帮助我母亲挺了过来。本章开头引用的 1902 年赫德爵士给我凯特姨妈的那封信接着说道:

> 我不知道那些逝者在哪里,他们是否睡熟了,在等待着“复苏的神圣号声”?我认为不是这样的;但是,倘若他们没睡,四处走动,那么我想知道他们对什么最感兴趣,他们在人世间时的老朋友在做什么,在另一个世界里有什么新鲜事,认识了什么其他人。我想知道“眼所未见,耳所未闻”的一切——所以我们只能等到我们该去的那一天才会知晓!

凯特姨妈以及她的姐妹们,即艾玛哥哥贾雅格的女儿们,是在 1882 至 1883 年之间进入赫德的生活的,也就是赫德与赫丝特及孩子们第二次分别后不久。

4.1

4.2

4.1
艾玛·卡拉尔，摄于香港，大概就在她访问北京之前。

4.2
艾玛·卡拉尔，24岁，与母亲艾玛·斯普赖·桑普森在伦敦。

4.3

4.3
即使到1900年左右，人们仍然使用北京大车这种极不舒适的交通工具（Ca01–118）。

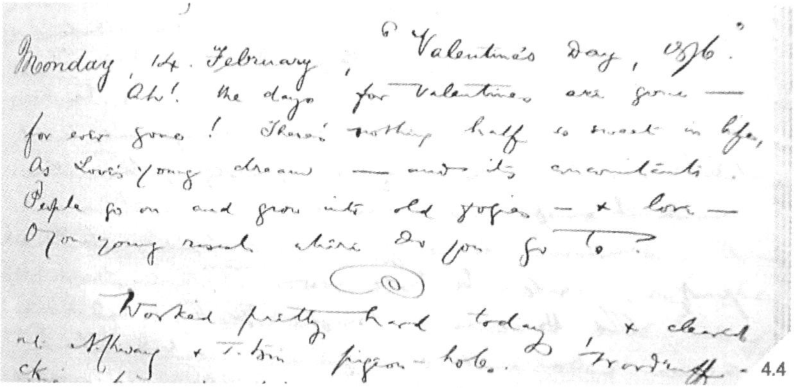

Monday, 14. February, "Valentine's day, 1876."
'Ah! the days for Valentines are gone —
for ever gone! There's nothing half so sweet in life,
As Love's young dream — and its concomitants.
People go on and grow into old fogies — & love —
O you young rascals where do you go to?

Worked pretty hard today, & cleared
... pigeon-holes. ...

4.4

4.5

4.4
1876年2月14日的日记。

4.5
1878年，赫德、赫丝特，与他们的两个孩子，艾薇及布鲁斯。照片大概拍摄于奥地利的巴特伊舍。为鹭宾·赫德爵士藏品，MS15号，贝尔法斯特女王大学版权所有。

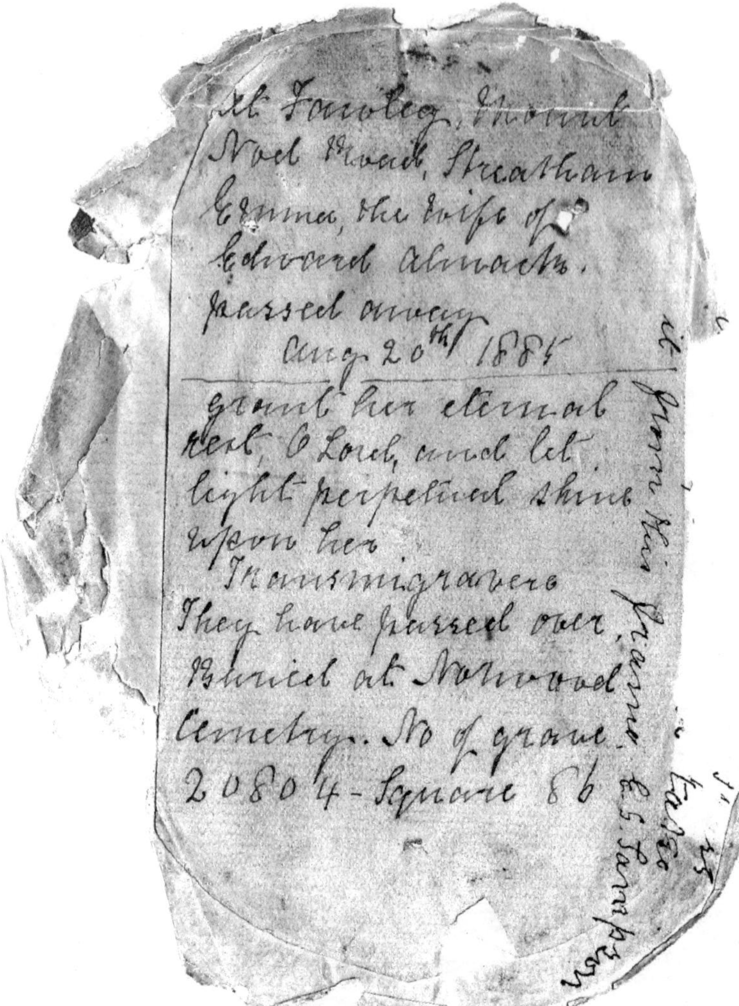
At Fairley, Thornton
Noel Road, Streatham
Emma, the wife of
Edward Almack.
passed away
Aug 20th 1885
grant her eternal
rest, O Lord, and let
light perpetual shine
upon her
Transmigravere
They have passed over.
Buried at Norwood
Cemetery. No of grave
20804 - Square 86

4.6

4.6
一篇母亲的回忆录。

第五章

贾雅格:娶妻立业终有成

艾玛·桑普森的儿子吉姆·卡拉尔幸亏不用修心理学,否则他会认定自己是天生的失败者。作为一个男孩儿,他从小就缺乏长久的男性角色榜样,身边只有一个嫁过三次人的母亲,和一位令他从小到大一直生活在阴影里的妹妹。他缺乏妹妹那种活力四射的天性。但几经挫折,他最终还是在事业上取得了骄人成就,生活中也拥有一个长久美满的婚姻,养育了九个儿女。孩子们虽然有时嘲笑他的各种毛病,但却爱他敬重他。我母亲就十分亲近她父亲。我现在还保留着他的拐杖,一定是母亲要求留给她做纪念的。

学校生活及朋友

赫德曾许诺将来在海关为吉姆谋一份差事。要想使其成为现实,他必须完成语法学校的教育,这是最起码的要求。作为继父,西奥·桑普森似乎觉得这主要应该是艾玛的职责,不过,他也出过力。他将吉姆引荐给自己一个兄弟,这位兄弟当时在约克郡圣托马斯做牧师,1864 年 1 月为吉姆施行洗礼,教名为伦敦的詹姆斯 · 威尔考克斯 · 卡拉尔(James Willcox Carrall)[原文如此]。这表明,此时大概是他第一个圣诞假期,所以说他很可能是 1863 年 9 月才到伦敦开始上学的。赫德的另一个要求是学会中文。根据凯特姨妈的回忆,他回到广州后,是桑普森教他中文的(可能只教授文字,因为他自己的广东话都说得磕磕巴巴,像个小孩说的)。1868 年 7 月 2 日,赫德在日记中写道,“聘任了吉米(Jimmie) · 卡拉尔(桑普森)”。这个职位是海关内班四等供事,属于最低级别的职员。在他 21 岁生日时,他寄了一张照片(图 5.1)给母亲和父亲,即艾玛和西奥 · 桑普森。

艾玛应该是在 1863 年托人将吉姆带回了英国,大概是她的亲戚奥斯曼 · 爱德华兹(Osman Edwards)船长。这位表兄比她年长几岁,同样来自奇林顿的南汉普村。1862 年,他与妻子作为证婚人参加了艾玛外甥女拉维尼娅 · 金赞与乔治 · 哈里斯(George Harris)船长在上海举行的婚礼。拉维尼娅的大儿子 1864 年出生于上海。长期与亲友们没有来往的艾玛这次再辛苦也要与他们见面。她乘坐的是当时已经开通的香港至上海的快轮。有两个证据可以证明她和西奥与他们十分熟悉。一个是拉维尼娅第六个孩子就叫西奥菲利斯。另一个证据是贾雅格给自己 1889 年出生的儿子取名为奥斯芒德 · 艾瑞克(Osmond Eric)。虽然这个名字从未用过,但也说明贾雅格一直牢牢记着这位叫做奥斯曼的人,只是不太清楚他名字比较特别的拼写。

吉姆有个有钱的祖父,叫詹 · 卡 · 威 2 号,但也不指望他能给予什么帮助——也许老头儿会给一些钱,但他不会亲自去看望一个身在异地的男孩儿,给他一些安慰。詹 · 卡 · 威 2 号很可能会为他付学费,让他去伦敦斯特里汉姆的圣詹姆斯语法学校上学。这么说,是因为按凯特姨妈的说法,他在那里的名字是威尔考克斯。(这并不足为奇,赫德也很愿意为自己非婚生孙子付学费。)但一到假期,问题就来了。詹·卡·威2号此时的伴侣西莉亚·拉坎布肯定不愿意让他去埃克斯特郡的家。但这位祖父肯定允许他去普利茅斯附近他合法儿子詹·卡·威3号家里暂住,因为吉姆认识詹·卡·威3号的孩子们,即詹·卡·威4号和妹妹格蕾丝(Grace)。

吉姆的祖母,安娜·塞斯·卡拉尔就住在不远处巴特西区,福尔肯路1号(1,Falcon Road,Battersea),与丧妻的女婿和六个孩子住在一起。家里很挤,也许没有房间可以给他住,尤其是放假的时候。不过,他认识了杰克·福克斯和亚瑟·福克斯,这两个来自英格兰北部的男孩儿,他们成了他一辈子的好朋友,还邀请他去家里做客。他们的父亲罗伯特·福克斯是哈特尔浦(Hartlepool)的富商,家境殷实。1865年前后,罗伯特·福克斯在达林顿(Darlington)西边租下风景如画的丁斯代尔大宅(Over Dinsdale Hall)。所有孩子都记得这个充满田园风光的地方。他的妻子安娜·玛利亚(Anna Maria)来自贵格教派的斯贝舍尔家族。他们有十个儿子和四个女儿。这样,吉姆也就认识了他们的小妹妹弗朗西丝。她那个年纪的女孩会把一个具有异国情调的大男孩当英雄来崇拜。(图5.2)

1856年,当安娜·玛利亚·福克斯的丈夫在波罗的海出差时,她写信给丈夫,显示了她顽皮幽默的天性,以及独立自强的精神。(她可不是一个"装烟斗的妻子!"),她与丈夫还是一对知识知音,共同分享读书的快乐(最新的狄更斯小说和麦考莱[Macaulay][①]的作品)。从这些信中还可以看出他的事业发展。我们还可以看到,出身贵格派家庭的安娜继承了虔诚的宗教信仰,而这些信仰也影响了身

---

① 托马斯·巴宾顿·麦考莱(Thomas Babington Macaulay,1800—1859),英国维多利亚时代早期辉格派历史学家、散文家和政论家,著有《古罗马之歌》和《英国史》。

为安立甘教徒的丈夫罗伯特。罗伯特每天早晨带领家人进行晨祷,男孩子们朗读日课。杰克 5 岁时就会诵赞美诗。吉姆与他们住在一起,可能也接受了某些贵格派观念。我们所看到的是一个其乐融融的模范大家庭(图 5.3)。

走上工作岗位

贾雅格于 1868 年 8 月 1 日在天津开始工作,1869 年前后被派往北京进修语言,为期 18 个月。这是通向锦绣前程的关键一步。赫德主要参照外交部的规矩,在北京建立了一个语言培训中心,但他要求自己的见习通译加倍努力,勤奋学习。他对自己选拔的苗子严格管理,密切关注。他不时邀请这些来自不同国家的年轻才俊参加自己举办的晚宴。每名见习通译都有单独教师一对一辅导,但相互之间竞争意识强,你追我赶,不甘落后。未来的税务司必须具备优秀的中文功底。[95]

接下来,贾雅格被指派到广州,在包腊手下任职。在这里,他编写了《广州城旅游指南汇编》(*The Tourist Guide for the City of Canton, Compiled from Various Sources*),由粤海关出版。虽然此书直到 1877 年才在澳门出版,但他在书页上注明的出版日期为“1873 年 9 月 1 日”。旅游指南的第一部分列着值得参观的景点,地名以中文和英文标出,按地理分布分类。这部分介绍了工艺品商店、餐馆(包括那些狗猫餐馆,这里的动物是用来吃而不是用来喂养的)、寺庙,及其他古代建筑、天主教大教堂、一个新教医院,还有白云山。第二部分讲解、描述古代建筑,并附有最佳参观时间。最后一部分是广州简史,其中介绍了广州经济状况和目前特点。这本指南很有用,但缺乏灵气。

不过，字里行间都流露出他对广州的喜爱之情。

赫德鼓励年轻人利用闲暇时间从事此类活动，培养科学爱好。贾雅格在1876—1878年休假期间，成功申请到伦敦皇家地理学会会员资格。他还撰写了一篇短文，并在返回中国之后的1880年11月3日发表了此论文。论文题目是："关于中国天津东北偏北约120英里的唐山发现石炭纪化石岩的地点释疑"。这篇文章显然是他休假之后撰写的，因为他说1878年中国已经成立了一家国有公司，在使用欧洲技术开采那里的煤炭。

休假与成亲

内班海关职员可以在服务七年之后（此后每十年）享受两年的半薪休假待遇。贾雅格大概是等到年薪有一定提高后才开始休假的。之前，他从广州调往天津，并于1876年升职为二等帮办中班（Second Assistant B）。这时他陪同中国第一位驻伦敦公使郭嵩焘踏上他的英国之旅。[96]娶妻成家也是此行的一个重要目的。像赫德一样，他需要亲朋好友帮忙物色，寻觅一位有良好教养、美丽迷人的妻子。他没有浪费一点时间。从1876年11月17日赫德写给金登干的第二封信中，我们看到，他授权金登干，让他召集两三位在家休假的年轻海关职员，在必要的时候为郭嵩焘提供翻译服务。1877年1月5日，金登干回信说没有找贾雅格，因为他很快就要结婚了。这使我大为诧异，贾雅格直到1878年3月才娶弗朗西丝·福克斯为妻的呀。

贾雅格的首选新娘肯定是格蕾丝·威尔考克斯。她是威尔考克斯合法子嗣詹·卡·威3号的女儿。她送过他一张照片，背面日期是1876年。一个姑娘只可能把照片送给未婚夫，而不会送给一个普通朋友。贾雅格也赠送给她一张照片作为交换,这是他于 1876 年 11 月 10 日在朋友亚瑟·福克斯工作的汉堡拍摄的(图 5.4a 和 b)。但两人却未能步入婚姻殿堂。1881 年和 1891 年的人口普查信息未见格蕾丝的踪迹。但在 1901 年,46 岁仍然孑然一身的她却出现在一家精神病医院里。订了婚却不履行婚约在当时社会可算是一桩大罪过,但据我们所知,她的哥哥们并未追究此事,因为詹·卡·威 4 号还送过卡拉尔一张自己的照片,上面有他的姓名字首和 1878 年这个日期。送照片很可能是祝贺贾雅格那年与弗朗西丝喜结良缘。显然,格蕾丝精神健康不断恶化,或者说还会发生歇斯底里的症状,使得她无法随夫远行中国。另一位海关关员邓罗(Charles Brewitt-Taylor)曾认为中国条件太过艰苦,精神脆弱的妻子们根本无法承受。[97]

贾雅格从失望的打击中挺了过来。此时,一定是生活在伦敦的杰克·福克斯把自己的妹妹弗朗西丝再次介绍给他。她的个子比他还高,贾雅格起初可能有些为难。但他肯定是看上了她柔弱外表背后勇敢冷静的基本素质。这是一个姑娘到中国生活的必要条件。

弗朗西丝的母亲安娜·玛利亚·斯贝舍尔已于 1871 年在丁斯代尔去世,而当时弗朗西丝正在姨妈位于苏塞克斯郡刘易斯(Lewes)的贵格派学校住读。一位同学曾这样描述她的姨妈:

> 蕾切尔·斯贝舍尔小姐(Miss Rachel Speciall)是一位聪明睿智的女士,通常教两个高年级班……她喜欢教聪明拔尖的女生。对天生愚钝的学生,她也早练就了一套苦口婆心的本领。但是对那些资质中游的学生,她则言辞犀利,令人胆寒——她可能从来不相信我们已经尽力而为了。

弗朗西丝可能就属于徘徊中游的学生,因为蕾切尔·斯贝舍尔在一张她拍摄于1872年的照片背面写道:“她令我失望。”弗朗西丝虽在学业上并不出类拔萃,但做事非常明智。

蕾切尔·斯贝舍尔与两个朋友共同开办这所学校。她们俩是一对姐妹,受委托而来。她们手下有25名学生,其中15名是寄宿生。学校有一名德国女助教,负责教授德语。大家都喜欢在星期日晚上与蕾切尔一起唱德语圣歌。经常会有一些优秀教师从布莱顿来,教学生们法语和绘画,偶尔也会有老师来讲授理科课程。蕾切尔自己教英语和其他一些课。她上课时精神饱满,一丝不苟。学校里不设运动课,但姑娘们也会做操,在活动室里练习形体。活动室里还有一个跳板和一副秋千。周末她们会到附近的山上行走。星期日和星期三她们还会去两次教友聚会场。几乎每个星期日,都会有一位比较有钱的贵格派教友邀请她们去美丽的花园游玩。这种专门为女孩子提供的良好教育在那个时代算得上凤毛麟角,难得一遇。不过,只有几名学生跟着马路对面的音乐老师学习一些音乐。[98]可以从图5.5a和b中看到弗朗西丝和她的老师。在图5.6中,她看上去20来岁,很像我自己那个年纪时的样子。

弗朗西丝的父亲虽然不太乐意让女儿远赴中国,但他还是同意了这桩婚事。他和艾玛·桑普森是贾雅格婚礼的两位见证人。婚礼于1878年3月19日在达勒姆县(Durham)丁斯代尔的教堂举行。此后不久,夫妻二人便启程前往中国。她父亲赠予她一笔财产,使她有些微薄收益。这笔钱是由她,而不是她丈夫掌控,说明这笔钱是1887—1889年他们休假时获得赠予的。这是因为1882年出台了《已婚妇女财产法》,使她能够掌管钱财。

弗朗西丝内心一定也有很多苦衷和伤痛。我姨妈还记得她母亲总是将图 5.3 中那张照片放在中国家里的壁炉台上。“他们是这样一个和睦大家庭,离开家人一定会令她十分伤心……我还记得十岁的时候,第一次见到母亲泪流满面时是何等震惊。当时她刚刚接到一封电报,得知了她父亲的死讯。”[99] 与亲人分离,与老朋友分离是外侨生活的代价之一。

弗朗西丝·卡拉尔与赫德相见

贾雅格被调回天津任职。1900 年,女儿凯瑟琳和慕德访问天津,以前见过她们的人都还记得这两个可爱的小姑娘。弗朗西丝自然需要结交一些朋友,这是因为 1878 年 9 月 17 日至 1882 年 2 月 13 日之间,她生了四个孩子。头一个孩子叫爱德华,是个早产儿,出生后不久就夭折了。父母都很伤心,尤其对于贾雅格,简直就是一场灾难。他也有中国人那种传宗接代、延续香火的观念。接下来三个孩子都是女儿:艾米丽、茱莉尔和慕德。

1883 年 11 月,贾雅格被任命为赫德的机要秘书,这似乎纯属偶然。赫德原本打算派他去上海。但当时常有人生病,需要调换岗位。赫德的日记记录道:“11 月 4 日,星期六……贾雅格夫妇下午两点到达。与往常一样,聚餐会,然后是音乐演出。11 月 6 日,星期一……昨晚与卡拉尔夫人在花园散步,谈论他们今天的活动。”1883 年 1 月 7 日,赫德告诉金登干,他每个星期六都要与四位同僚举办一个音乐聚会,每人演奏不同乐器。他自己演奏大提琴或小提琴。这种活动贾雅格夫妇自然参与不了。正因如此,他们后来刻意让孩子们接受良好的音乐教育,而那正是他们自己所欠缺的。

不过，作为社交活动，他们还是会参加的。在圣诞节和中国新年期间，赫德举办聚餐会和舞会，弗朗西丝似乎总会义不容辞地去帮忙。这些活动有时会在他的日记里提及：

> 1882年11月7日，昨晚我举办了一个舞会，从9点半到2点半，准备了72个人的晚餐，其中跳舞的女士有20位。舞会办得很顺利，这是我今年冬天在北京举办的第三次大型舞会。所以说我们都紧跟潮流，享受快乐呢。
>
> 1882年12月26日。22日我准备了一棵圣诞树，还举办了圣诞晚宴舞会。29日，我还要举办一场舞会，预计有60位来宾。跳舞风靡整个京城。

圣诞树上挂着给每个客人的礼物。弗朗西丝大概帮着选购礼物，并一一包装好。她可能不在那些跳舞女士之列，因为她又怀孕了。不过，她女儿凯瑟琳1900年的日记显示，她肯定从中学会了如何安排节庆活动。但是，1882—1883年期间她有时会觉得北京的晚宴有些令人吃不消。1883年2月15日，赫德在日记中写道：

> 卡拉尔夫人早早离席——我想她哭了。她一直在讲昨晚的菜单，好像是搞不清到底有多少道菜。我笑着问了几句，她更糊涂了，然后眼泪夺眶而出——不过没有哭出来。贾雅格说："昨晚她回到家已是筋疲力尽，都快站不住了。"

贾雅格则没有达到赫德的期望：

1月31日,星期三……今天在办公室……我开始感到挠头,不知该拿贾雅格怎么办。去年11月让他去了上海就好了。

2月7日,星期五。昨天用一份诏书来考考他,结果他一头雾水,不知所云。

这份诏书好像涉及一个死了很久的朝廷大臣和小妾的罪行,以及皇上的惩罚。贾雅格的中文水平大概马马虎虎:

3月22日,星期三……昨晚用一封信测试贾雅格——结果不及格。

赫德记录了我姨妈凯特来到人世的经过:

4月20日,星期五。卡拉尔夫人又生了一个女儿——这是连续第四个女儿了,今晨5:30出生;昨晚她还与我们共进晚餐,一直跟我聊到10点钟,走的时候还说,它大概还要等两周时间才会到来——虽然大家都没有明说这个"它",但21日早晨婴儿降生时,贾雅格的脸色难看极了。德贞(Dudgeon)医生和利默(Limmer)当时也在场。后来皮斯奈特(Pisnett)夫人也来了。

5月17日,星期一。小卡拉尔在餐厅受洗。布里尔顿(Brereton)和我做了教父,吉罗福夫人和卡拉尔夫人的小妹妹做了教母;她妹妹叫凯瑟琳·福克斯。后来我们坐下来,一共有16个人,一起吃早餐。我注意到卡拉尔夫人和那个什么夫人看起来很伤心!

赫德显然忽略了一个社交礼仪,即他应该去关照社会地位更高的女士——按女士丈夫的官位高低而论。贾雅格可能小的时候在广州就认识吉罗福夫人,他们俩年纪相仿。他可能知道选择她来做教母会让赫德开心。

五月份的一组日记包括了贾雅格调往新岗位的事,以及赫德对他的看法:

5月21日,告诉了卡拉尔夫人,他们将要去福州……任命贾雅格为福州关署理副税务司……他感谢我的"提拔";我说"不是提拔,而只是一个提前任命,年薪与你现在相同"。麦某某认为他是个傻瓜;在某种意义上,他确实是个傻瓜……陪卡拉尔夫人一起去看了医生,还去查看了新房子和家具。

5月22日,昨晚举办晚宴。晚宴后玩二人赌博游戏(Jool Ecarté)[100]……我赢了施尔泽(Scherzer),然后又赢了贾雅格,接着是葛罗文诺(Grovenor)夫人。后来我又请蒂蒂巴赫(Tittbach)打台球,我靠运气战胜了他的球技,最后打败他。我的运气真是好极了……晚上玩得非常尽兴。

5月26日,星期六。……茉莉尔[卡拉尔]这两天有点发烧,希望这个小不点儿不要生病。德贞医生一会儿跑进来,一会儿跑出去,一副不慌不忙的样子!

6月5日,星期二。17年前的今天,我请求赫丝跟我一同来中国。

今天早上,从11月4日起就住在这里的贾雅格一家上路去福州了。他是个古板,自私,愚钝,一本正经的人。而她温柔,不做作,脾气好,不苛求;孩子们都讨人喜爱——艾米丽聪明,茉莉尔可爱,慕德胆大,凯瑟琳的将来还是个谜……我又可以一个人享用这幢大房子,享受完全属于自己的时间了,好开心呀!

但这种开心只是暂时的。贾雅格给自己的上司留下这么糟糕的印象,部分原因是赫德开始想念自己的家人了。1883 年 6 月 17 日,他对金登干抱怨说:

> 我想跟妻子和孩子们在一起,我想休息一下,修身养性,在这里做不到,这里太多事情要做,占去我太多时间和脑力!

他送走妻子和孩子刚半年,贾雅格一家就住了进来。鉴于他曾经对威妥玛做出评价,我们可以理解,他用自私这个词来定性贾雅格很可能是指他让弗朗西丝生这么多孩子,受这么多罪。至于古板和一本正经,可能指他接受的贵格派原则。虽然赫德不喜欢弗朗西丝的丈夫,但被弗朗西丝和孩子们迷住了,她们让他真切感受到自己对亲人的思念。在他 1896 年写给凯瑟琳的第一封信中,他告诉她:

> 我想艾米丽和茉莉尔已经不太记得我了吧,但十年前,或者十二年前,她们可是我的好朋友呢。她们从 10 月到 6 月一直住在我家里。茉莉尔总是坐在我肩膀上,在院子里转,她叫我"赫德爵士先生"!

他只在 11 月 6 日的日记里提到过与弗朗西丝晚上散步的事,但 1896 年 12 月他在给凯瑟琳的第三封信里问道,"我想知道,你妈妈还记得 1882 年冬天跟我一起散步的事情吗?"这说明她晚上常跟他

一起在院子里一圈圈地散步,养生健身。这封信还讲了一个取教名的有趣故事:

> 是我为你选了你这个名字(希望你喜欢!),但我原来想起的名字是凯瑟琳·玛沃瑞安(Kathleen Mavourian)。是你亲爱的妈妈去掉了第二个名字,只保留了第一个名字。

从此以后,弗朗西丝定期给赫德写信,都是在他的生日或圣诞节时。另外,我们还将看到,她视他为类似父亲的角色,永远可以为她提出建议,出谋划策。对他来说,他对她的性格描述显示她属于他所中意的第二种类型的女人——善良,不自私,任劳任怨。不过,起教名这件事也证明,她在自己认为重要的事情上还是非常坚定执着的。玛沃瑞安是一个爱尔兰名字;凯瑟琳的第二个名字是福克斯,这也是她所有孩子姓名里都有的名。

调往福州,贾雅格崭露头角

署理副税务司的头衔离最终掌管这个英国在华第二大贸易口岸还差两步。但他也于1884年担任了这里的代理税务司。当时,福州已经成为中法冲突的中心地带。[101]图5.7展示了一幅典型的中国港口景色,许许多多的水上人家,生活在一条条舢板上。

贾雅格调往新岗位的过程并不顺利。虽然全家人6月5日就离开了北京,但在南下的旅途中,他却身染重病,直到7月27日才报到上任。但上任第二天就请了病假,直到8月12日才再次上班。然后,第二天他再次请了病假,一直拖到8月23日才终于开始工作。

他到底得了什么病,我们不得而知,有可能是疟疾,这在南方潮湿的夏天多有发生。这大概也给他留下了后来长期发烧的病根儿。那时候,金鸡纳树皮的神奇妙用只有一些老中医知晓,并不是所有医生都知道从树皮中提取的奎宁对治疗疟疾有特效。如果贾雅格是在旅途中患上疟疾的,他可能找不到这种药。不管怎样,如果这种苦味"树皮药"吃不够量的话,也就无法彻底杀灭体内的疟原虫,它们会再重组,繁衍。一旦人的身体状况低迷,这些疟原虫就会沉渣泛起,兴风作浪,其症状类似流感。弗朗西丝除了要照看四个不满五岁的女孩,还要护理生病的丈夫。

所幸的是,福州有不少传教士医生,其中还有几位美国女医生。美国海军外科医生乔治·W.伍兹(G.W.Woods)1885年1—2月在此驻港。他生动描绘了这里的外侨生活场景。他是这样形容这些女士的:

> 考尔斯(Cowles)女医生古板,严厉……凯瑞(Carey)夫人甜美可爱,举止优雅。科芬(Coffin)夫人精明能干,年轻漂亮,充满活力。所有这些女医生业务熟练,待人诚恳。她们经验丰富,工作卓有成效。科芬夫人目前已经不再做全科医生,而是在家专心帮助丈夫,照看自家买卖。……[考尔斯医生年过四十,刚刚嫁人。]考尔斯先生是一位谦恭顺服的书呆子,著名汉学家及东方文学学者。是她在养家糊口。所有人都看到,这种联姻完全颠覆了人们常见的两性关系……

一些外国人住的房子属于茶叶商行,都坐落于闽江边,但是:

> 许多外国人的房子如同……中国郊野上的点点绿洲。低矮的山坡上覆盖着细弱扭曲的树木，其间是坑洼不平的人行道，肮脏的岩石，烟雾缭绕的神庙；但等你穿过这些地方，到达山顶时，会发现这座城市已经到了尽头。……这里有几处最好的住宅区，散落着漂亮精美的乡村房舍，其中就有我们的房子[美国人的]。有俄国领事馆，传教士医院，还有俱乐部……俱乐部的阳台上摆着舒适的休闲椅和茶座，你可以一边轻松惬意地品尝茶点，一边俯瞰下面流淌的江水……古老的石桥上，蓝衣蓝裤的人们熙来攘往，江中拥塞着不见首尾、绵延不绝的船流……

贾雅格的房子就坐落在这块被称为南台的高地上。身为代理副税务司，贾雅格是可以去俱乐部的。而且，在对女士开放的时间里，弗朗西丝也可以光顾。不过，科芬医生就没有这个运气了，因为她丈夫的商行是做“零售”生意的，“……那种商行成员不属于这个俱乐部，或者任何竞赛组织；而且，批发商行的女士也不会去拜访科芬夫人……”科芬夫人的店铺是洋人社区里必不可少的设施，欧美人生活中经常需要的物品这里应有尽有。伍兹记述了热情周到的服务，从“茶和巧克力牛奶……直接为我们端到床上”，到提供高级葡萄酒的晚餐。[102]

科芬的商行赫奇公司（Hedge & Co.）还从事拖轮及小火轮货运业务。从福州顺流而下 9 英里就可以到达罗星塔停泊地，那里可以停靠大型轮船。在罗星塔岛①及周边地区有一处小小的外国人聚居地，住着船政学堂的法国教师和英国教师，以及其他与福州修船厂有

① 也称马尾岛。

关的洋人(这些地方,以及福州船政局,都位于停泊地上游)。此外,这里还住着海关理船厅、几位钤子手、一位医生,以及一位英国副领事及治安官。

伍兹写道,赫奇公司还经营着去往罗星塔岛的信鸽邮政服务。鸽子送信只需 8 分钟,而小火轮迎着潮水航行则需要两小时。每两周会有一班轮船从其他港口,或国外带来邮件。如果有人有急事,也可以发电报。此时所有通商口岸之间都已经建立起电报联系,也可以给外面世界发电报。电报服务由英国公司经营,尚未完全联通福州。不过,通信员可以将信息送到最近的、位于尖峰山的电报站。电报信息一般第二天就可以送达北京。使用电报服务的人包括需要与北京联络的福建巡抚、与赫德联络的海关高级关员、与各自使团负责人联系的各国领事,当然还有商人和传教士。电文必须简要,因为 12 个字以后,每个字都要额外付费。

贾雅格刚一开始工作,就令人刮目相看,甚至曾经令赫德大为头疼的中文水平也很不一般了。税务司汉南(Hannen)1884 年 7 月 3 日向赫德报告说:

> 自从去年 11 月我接任以来,我让他为我做各种工作,书面的,口头的,随时随地,以考验他作为汉文文案税务司的各种能力,不管是口头交流方面的,还是文案处理方面的。考察结果让我可以断言,他是一个精明强干、手脚麻利的人。

法国攻打福州的背景(1884 年 8 月)

在 1871 年惨烈的普法战争中,法国人目睹了德意志人占领巴黎,目睹了自己的皇帝拿破仑三世被赶下台。大获胜利的普鲁士人在凡尔赛宫宣布,德意志所有的邦终于统一了。这些邦眼下仍然是现代德国的组成部分。在经历了一个时期的彷徨之后,1875 年法兰西第三共和国宣布成立。共和国的总统和总理需要依靠议会选举时不断变化的利益联盟而上位。茹费理(Jules Ferry)于 1880—1881 年担任总理,并于 1883 年 2 月到 1885 年 3 月间东山再起,再次担任总理之职。他一心要洗掉奇耻大辱,恢复法兰西昔日荣耀,并准备扩张其帝国版图。在亚洲,这意味着他将向北扩展其交趾支那殖民地的地盘,将越南王国收入囊中。而越南王国的北方省份东京(Tonkin)与中国的云南省毗邻。[103]早在 1874 年,越南国王承认了法国拥有交趾支那,并接受了法国的保护,但他同时继续定期向中国朝贡,而且中国的大清朝廷仍视其为自己的藩属国。在这一时期,东京大部分地区由一个中国太平军未归顺的将领控制着,他领导的一支非正规武装号称黑旗军。法国人于是派遣了一支小规模远征军前往东京。但远征军的海军司令李维业(Rivière)擅自越权,于 1882 年 3 月攻下河内。很快,黑旗军部队联合越南人包围了河内城,以抵抗法国人的攻势。

详细讲述中越战争与谈判过程未免令人生厌。其实,双方内部都有力争和平解决的主和派,也有主张声索利益的主战派。“面子”,即国家的荣誉和名声,对双方都很重要,含糊不得。双方之间存在很多误解,不仅是由于语言障碍,也是由于迥然不同的政治理念和政府办事风格。法国人无法理解“藩属国”的概念,也为大清帝国权力分散造成的决策过程缓慢而恼火。1882 年 12 月,法国驻北京公使宝海(Albert Bourée)与李鸿章谈判商定,中国从东京撤军,而法国停止对那里的征伐。中国将允许法国在云南进行边境贸易。李鸿章在北京的主子迟疑犹豫之后才接受了这个协定。但协定却遭到了茹费理的拒绝,他于1883年2月再次组阁。他认为这样一来,中国方面等于有了干涉越南的借口。于是他撤换了公使宝海。法国这一拒绝加深了中国的怀疑和不信任感。中方军队随后进驻东京,支援那里的非正规部队黑旗军。1883年5月10日,李维业试图从河内向外突围,但行动失败,并被打死。这引发了法国人的愤怒。此事关乎法国的声誉。茹费理派出增援部队。1883年8月,法国人攻陷越南首都,并通过签署新的条约,将越南变成法国的保护国。在最初阶段,他们取得了对黑旗军的小小胜利,但由于自身原因,并未乘胜追击,扩大战果。而中国方面,曾对法国和其他大国发出了警告,声称中法正规军之间发生任何冲突将被视为战争爆发。不过,虽然发生了几次摩擦,也并未真正说到做到。

从1883年4月起,赫德便不时向伦敦的金登干倾诉他对时局的担忧。贾雅格夫妇想必也体会到战火蔓延的恐惧。中国的另一个藩属国朝鲜也处于动荡之中,因为日本正在那里谋求扩大自己的势力,俄国人也虎视眈眈,伺机掠夺中国东北领土。赫德还意识到,如果法国陷入印度支那内陆战争的泥潭无法自拔的话,可能会采取进军北京,或用海军封锁中国港口的手段直接向北京施压。他的担忧并非空穴来风,完全得到了证实。到1883年10月,法国驻福州代理领事方栋(Ernest Frandon)早已收集了沿江所有要塞和炮台的详细信息。无怪乎尼可·提克西耶(Nicole Tixier)为一年后法国人取得大捷而对他赞誉有加。[104]在中国内部也有不同派别,李鸿章与总理衙门之间,总理衙门与其他朝廷势力之间,都存在分歧,意见不一。总理衙门并非欧洲人理解的外交部。它只是一个在外交事务上为皇上建言献策的班子。中国驻巴黎公使同样是一个举足轻重的角色,可直接与慈禧太后联络。1883 年 6 月,赫德就此事对金登干说,简直搞不清楚该跟谁打交道。

1884 年 3 月,法军再次打败东京的中国军队。赫德在总理衙门的长期盟友恭亲王,以及他的支持者被赶下台,取而代之的是一批慈禧太后认为对法国更强硬的主战派。看来,开战的可能性很大。仍在天津关担任税务司的德璀琳是李鸿章的好友,休假返回后发现自己已经被调派到广州任职。在赴广州途中,他拜会了与茹费理有私交的法国水师总兵福禄诺(Francois-Ernest Fournier)。此番斡旋的结果是,1884 年 4 月,赫德被要求召德璀琳回天津关,协助中法谈判,解决争端。福禄诺在其舰队司令和其他海军部队陪同下,沿中国海岸缓缓而上,于 5 月 11 日到达天津。根据当时已经达成的《李—福协定》,中国军队将立即撤出东京,法国的既得利益基本得到认可,法国收回赔款要求。法国驻北京公使没有参加谈判。此协定内容含混不清,李鸿章对撤军之事也是支吾搪塞,语焉不详。他知道此举必定激怒朝廷中的强硬派势力。他还认为法国人不会在雨季进行军事行动。实际上,李鸿章深知中国实力薄弱,因此想避免发生战争,但他又担心这样一来自己会丢了乌纱帽。赫德也认为这个协定模棱两可,但他同 1884 年 5 月时的大多数人一样,希望协议能最终化干戈为玉帛。

遗憾的是,尽管是雨季,法国人还是发起了进攻。起先是一些局部的误会冲突,随后,在 6 月 23 日,法军与中国军队发生了一次小规模战斗,战斗中 22 名法国人阵亡。法国人立即要求中国为这种“背信弃义”的行为付出大笔赔款。中方拒绝了。法国人发出了最后通牒,威胁说如果不在 7 月 19 日之前支付赔款,将采取报复行动。后来又将日期延长到 7 月 31 日。中国方面同意从东京撤军,不同意赔款,但提出可以对死者给予同情性补偿。他们也争取另一个大国参与调停。但是,8 月 7 日,法国拒绝了美国参与调停的请求。法军向中国台湾的要塞发起炮击,但未能成功登陆。8 月 14 日,法国远东舰队在司令孤拔(Courbet)率领下,驶向福州下游的马尾港。舰队并未遭到守卫江口的炮台袭击,因为那里尚不清楚两国是否已经开战。协助法国舰队行动的还有几个由中国海关颁发执照的引水员,其中有两名英国人,两名德国人,一名意大利人,都收取了法方高额酬金。由此,贾雅格即将登场。

马江之战

汉南在 1884 年 7 月 11 日发给赫德的急件中说:

关于法国人非法雇用引水员一事

……福州将军穆图善大人……昨天来到海关码头,要求见税务司。由于我当时不在办公室,署理副税务司贾雅格先生登船面见了将军大人。他希望知道是否可以指控那几名引领法国军舰入港的引水员。贾雅格先生解释说,在两国未宣战之前这样做属于违反国际协定的行为——这一点将军大人似乎也明白——但他仍然表示,这些引水员不应该引领法国船只入港。将军大人似乎更倾向于让这些人每周或每个月停止工作若干时间——但没有给出具体建议。大人临走时说,如果税务司回来后,能就此问题给他发一份书面意见,他会很高兴。此事我未照办……我更希望派署理税务司贾雅格先生前去转达我的意见。意见已在草拟的备忘录中……

> 下班后,贾雅格前去面见将军大人。会面过程也记录在同一份备忘录中。内容是转达我对此事的看法……我不在办公室,并随后派副税务司面见将军大人……完全是由于私事和公务繁忙,这些事务与我本人因紧急私人事情,急需安排休假回国有关……

汉南一走,这个烫手的山芋就落到了贾雅格手里,一直到1884年10月。鉴于事态的发展,汉南的意见是,如果法国人的行动属于战争行为,则引水员的所作所为才应被视为非法。

当时的英国领事是星察理(Charles Sinclair)。他已经在福州混了25年,被形容为"愚蠢无能,心术不正"。[105]相比之下,此地的法国官员个个年轻进取,积极活跃。英国驻罗星塔岛的副领事沃伦(Warren)说,开战之后,中国士兵向英国小火轮开火,原因是:

> 法国舰队租用了挂着我们国旗的小火轮运送快件,并搭载法国副领事往返于江中,[他]住在停靠在我们军舰旁的一条英国茶叶船上。

在担任英国驻日本大使18年之后,巴夏礼爵士最近刚刚接替威妥玛,任英国驻北京公使。7月21日,星察理发给他一封密码电报汇报情况:"孤拔在这里威胁说要攻打福州。十分担忧。不知将和解还是宣战,望知其详。"7月22日,巴夏礼回电:"请电告法国舰队司令如何威胁攻打福州。法国公使正在上海谈判。法国兵舰有何动向?"星察理7月26日回复:"法国兵舰据守江中,以防中国人实施封锁。港口未被封锁。法舰队总司令停泊在锚地,随时准备行动。星察理。”7 月25 日,他又通过轮船送来一封较长、较清楚的报告。整个福州城已是人心惶惶,因为孤拔最初那份最后通牒提出的 7 月 20 日期限马上就要到期。不过,大限将至时又被推迟到 8 月 1 日。中国人认为,法国人想以占领福州作为遵守协定的担保。但他了解到,法国人的军事行动将只限于罗星塔停泊地。8 月 5 日他报告说:“除了三四位女士,社区里所有女士都带着孩子撤离了。”他将此局面归罪于贾雅格,因为贾雅格将一份罗星塔岛海关理船厅收到的孤拔司令的通告散发出去。该通告令商船转移到炮火射程以外的地方,因为他正“随时”待命开战。星察理认为这是谎报军情,因为英国海军副司令威廉 · 陶威尔(William Dowell)爵士有两艘军舰,一艘停在福州商馆附近;另一艘在停泊地。而且,据星察理讲,陶威尔本人也认为事态会得到解决。

星察理的报告显示,地方当局也试图确保其他国家不卷入这场冲突。他们发布公告,要求市民尽力保护各国商人,不给他们留下卷入纠纷的把柄。巡抚则干脆取消了原定在罗星塔停泊地举行的水陆阅兵仪式,以免刺激法国人。8 月 5 日,他叫停了前往尖峰山电报站的通讯员,原因是他们也在为法国舰队司令送信。不过,到了 8 月 11 日,他又想出办法,解决了这种不便。他让海关税务司为通讯员发放通行证,这样他们就不会被士兵阻拦了。巴夏礼 8 月 6 日发电报给星察理:“总理衙门称,巡抚电告他们说英国海军部门执意不听从他的意愿,建议派人登陆;他还说你没有适时干预。请电报解释此事,并电报汇报目前情况。”(驻扎在福州的英国海军舰长派遣了一支部队登岸,以显示自己保护外国侨民的能力,但此举引发了仇外情绪。目前他答应让他的人在军舰上整装待命。)8 月 7 日,星察理向地方当局提出抗议,抗议他们在福州城与停泊地之间的江心放置花岗岩石料。8 月 16 日他报告说,地方当局回答,由于是战是和尚未确定,这样做是一种预防性措施;而且说“要强调的是,我们无意给你们国家制造任何不愉快的事情”。一旦顺利完成和谈,这些半封锁的障碍物将会被清除。法国人的行动使战局未定的局面更加动荡,他们“一切准备就绪,时刻可以开战——但在皇帝生日那天[16 日],法国兵舰上又升旗庆祝……真令人匪夷所思”。

福州地方当局也被北京主战派和主和派之间的对抗搞得无所适从,不知所措。中国海军已经部分实现现代化,但在权力分散的中国政治体制下,没有一个人或一个机构可以完全调动海军。驻扎福州的福建水师实力比较薄弱。贾雅格在 9 月 30 日发给赫德的战况报告中说:

> 法国人有 11 艘舰艇,包括 4 艘巡洋舰、1 艘小型护卫舰、3 艘炮艇、2 艘鱼雷艇,共 77 门炮。中方水师由管带张成率领……有 11 条船和 45 门炮。多数是轻型炮,主要用来对付海盗,维护治安,而不是用于作战。

星察理在 8 月 11 日的快件中说,中国只有 3 条船可以称得上战舰,即护卫舰“扬武号”,以及 2 艘炮艇,各有一门强力火炮。中国海军最强的有生力量在北方,由李鸿章亲自统领。他现在正为朝鲜发生的事困扰。他和上海水师提督都没有派任何舰艇来支援福州。

罗星塔岛的法国副领事 8 月 22 日给沃伦发来一份通告,称军事行动将在次日展开,作为对东京之战的报复。此时天气恶劣,直到半夜,沃伦才将消息传送给闽江对面的海关人员。其他居民都被告知赶快逃到停泊在罗星塔岛下游的中立船上去。

贾雅格的报告说,8 月 23 日下午 1 点 56 分,停在江中的船只随着落潮转移了方向。接下来:

> “窝尔达号”(Volta)升起红色旗帜,“野猫号”(Lynx)率先开炮,其他法国军舰随即开火,有些是轻量级炮艇(under weigh [原文如此])。“琛航号”和“永保号”坚持了几秒钟便开始下沉。“艺新号”和“伏波号”溯江而逃,在林浦搁浅。“福胜号”和“建胜号”船头朝向上游,无法使用船上的 18 吨大炮瞄准射击,不久便漂浮不定,处于下沉状态。“扬武号”用后膛炮回应了“窝尔达号”第一波侧舷炮火,很快奏效。第一发炮弹在“窝尔达号”的船桥上爆炸,当场炸死舵手(来自上海的托马斯),以及 6 名士兵。舰队司令孤拔在炮弹炸开时正站在舵手附近,险些丧命,侥幸逃脱。“扬武号”只打掉了一门侧舷炮,就被位于“窝尔达号”后半部的鱼雷艇发射鱼雷击中。鱼雷击中“扬武号”右舷后侧。这样,它在开战 27 秒钟后被炸沉。“福星号”、“济安号”和“飞云号”交火不久便失去战斗力。而英勇无畏的小小“振威号”完全暴露在巡洋舰“菲勒斯号”(Villars)和巡洋舰“德斯丹号”(D' Estaing)的炮火之下,而且在驶过的“凯旋号”(Triophante)的重炮齐射之下,几乎被打成筛子一般。但它仍然顽强抵抗,战斗到最后一刻。只见它舰首和舰尾烈焰熊熊,一边无助地顺水漂流,一边缓缓下沉,但它仍然一次又一次装炮引绳,直到一艘法国鱼雷艇冲入浓烟之中,完成了毁灭性的一击。但就在沉入水中的最后一刻,英勇的小舰艇仍射出最后一发炮弹,击中了自己的毁灭者,重创舰艇指挥官和两名士兵。

从打响第一炮开始,7 分钟内,所有中国舰船都失去了战斗力。但是法国人并未就此罢手,他们继续狂轰滥炸,火炮和机关炮弹倾泻而下,完全无视炸毁船只上那些身负重伤、奄奄一息的士兵。这不能叫做一场战斗,这简直就是在屠宰场里大开杀戒……

中方军队事前接到钦差大臣张佩纶[负责海疆防卫]的命令,不得无旨先行开炮,不准无命自行起锚。这样就给法国舰队司令孤拔择机而动的优势……退潮时,船只发生旋转移位,7 艘位于法方前面的中国舰船无计可施,只能用船上尾炮瞄准射击。假如[两艘]装备 18 吨大炮的船是尾与尾系泊的话,那么法国人就要为这一天的收获付出更大代价。

沃伦的报告认同贾雅格的叙述:

法国重型兵舰击碎了那些不堪一击的小运输船和玩具似的小炮艇,其状惨不忍睹。所有亲见此情此景的人心中只留下深深的悲悯和强烈的厌恶。

美国海军军官似乎是个例外。他们对扬长而去的法国军舰不吝赞美之辞,称“凯旋号”:“勇敢的舰艇劈波斩浪,驶向新的光辉与荣耀;愿战神安坐船头,永远与你同在。”在赞扬“德斯丹号”时,他们说:“新的光荣在等待你,‘中国佬’将再次领教你的铁嘴钢牙。”不过,这些颂扬者也认为,尽管中国人勇敢顽强,战斗到底,但比起法国兵舰处于优势的吨位、火炮装置和兵舰数量,他们毫无胜算。法国人最大的舰艇“凯旋号”重 4127 吨,而中国最大舰艇“扬武号”只有 1400 吨。法国人有机关炮、速射火炮,以及最先进的鱼雷。这些中方都没有。[106]早些时候,沃伦在8月10日的报告里说,中方的战斗策略是集中火力,击沉“窝尔达号”,而且他们也已将它置于射程之内。如果不是鱼雷艇终结了“扬武号”的进攻,中国人也许会实现既定方针。已于8月31日接到情况汇报的赫德对金登干说:“对法国的所作所为……我只能说那是些任性莽撞、毫无裨益的举动,毕竟存在着卑劣的蓄意杀戮……”

贾雅格的报告继续讲述了8月24日发生的事情:“上午10点刚过,‘窝尔达号’、‘益士弼’(Aspic)和‘野猫号’向上游驶来,停在船政局旁,用重炮和机关炮向它开火。”贾雅格听到5声巨大爆炸声。下午3点,从他位于福州山顶的房子看去,可以看到巨大的火团和浓烟冲天而起,由法国人帮助修建的造船厂被彻底摧毁。接着,法国人试图登陆,但山坡上出现大批中国士兵,将他们赶回兵舰。兵舰上的炮火随即发威,击溃了中国人。25日,法国军舰开始沿江而下,炮轰中国人的岸防炮台。炮台无法还击,这是因为修筑大炮是为了控制闽江口,抵御外面船只来袭,所以无法应对从后方发起的攻击。不过,铁甲舰“拉加利桑尼亚号”(La Gallissonnière):

> 这艘法国在这片水域堪称头号舰艇的铁肋巡洋舰,驶进了江口……在距炮台还有2.5英里的地方用侧舷炮向炮台射击,立刻遭到还击,但未被击中。舰艇随即猛烈开火,炮弹在炮台正面炸开。但是不久,它进入了炮台射程,炮台的两发速射炮弹命中舰艇……其他岸炮紧随其后,开炮射击。“拉加利桑尼亚号”发现形势不妙,迅速撤退……后来被送到香港,停在船坞里等待修理。

贾雅格随后又描述了法国人进一步摧毁炮台的行动,直到 8 月 29 日,法国舰队才驶出闽江口。他注意到,战斗一打响,负责岸防的钦差大臣和船政大臣就溜之大吉了。在报告的结论部分,他评价了事件的法理意义:

> 孤拔司令在未与大国宣战的情况下,在该大国港口挑起军事冲突的行为,以及在认为该国主权"默许"的情况下进入港口,绝对违反了惠顿(Wheaton)《万国公法》(*Law of Nations*)第 140 页和 104 页[他引用了法律条文]。

贾雅格称,法国方面损失了一名军官,14 人阵亡,40 人受伤。中国方面估计损失了 3000 名士兵。此事激起中国民众的仇外情绪,是完全在情理之中的。在香港,中国工匠拒绝修理"拉加利桑尼亚号"。

直到这时,贾雅格才顾得上追究那几名帮助法国人的引水员。8 月23 日,他责成英国领事和美国领事警告各自负责的引水员,不要参加战斗。(德籍和意大利籍引水员由美国领事负责,因为他们的领事住在厦门。)两位领事显然都照办了。8 月 26 日,海关理船厅告诉贾雅格,这些引水员仍在法国兵舰上。贾雅格指示他注销这些引水员的执照。他还要求福州将军和总督大人致函相关领事,请求他们以"极端错误地违反国际法行为"的名义拘押这些引水员。他还请求将此函抄送英、美领事馆。中国官员 9 月 30 日发出了函件。星察理回复说,他无法拘押英籍引水员,因为他们都在法国兵舰上。但他又说,待他们返回时,将照此办理。不过,他警告说,上海会审公廨也许会认为,判定其有罪与否取决于当时两国是否已经宣战。9 月 9 日,他报告说,上级部门已经知会他,中国根据 8 月 27 日的圣谕,已经极不情愿地对法国宣战了。星察理写到,他认为,目前局势显然已经是战争状态了,但他也已告知上级部门,如果他们希望争取其他国家保持中立,以确保自己的优势,那么他需要确认宣战已通过公认渠道发出。巴夏礼于10月7日告诉星察理,他不清楚中国发出宣战是通过驻北京的外国代表,还是通过中国驻欧洲各国的公使。[107]

唯一被拘押的是一名德籍引水员,据称他是被胁迫到"凯旋号"上服务的。贾雅格认为此说法与那位引水员对他的陈述相矛盾,无奈引水员背后有驻厦门的德国领事为其撑腰。贾雅格在商会的支持下,采取行动,替换了所有五位引水员。各国领事并未提出反对意见,但是否有引水员被送上法庭则不得而知。

9月9日,海军司令陶威尔告诉星察理,9月6日,英国皇家海军"西风号"(Zephyr)炮艇被一处岸防炮台击中,一名军官受重伤。这一事件如不谨慎处理,可能导致英国采取报复行动。星察理将此事告知了巡抚。巡抚大人立即派两名高官前去面见陶威尔司令,表达遗憾和歉意。星察理与翻译官赫斯特(Hurst)随同前往。双方一致同意,由相关的中方官员以个人名义做出公开的、彻底的道歉,且赔偿事宜由英方司令提交国内定夺。仔细分析这些商议,可以看出,陶威尔司令急切希望和平解决此事,而且他将赔款事宜直接报回国内,其目的就是避免星察理掺和进来。

9月19日,贾雅格就中国方面的补救措施向赫德做了一个部分报告。当时,"西风号"被误认为是法国军舰。按照陶威尔司令的建议,巡抚衙门已派一名副官,以及两名船政学堂学生在江边某处为所有进港船只(非法国船只)发放一面大旗,旗上有镶黑边的大字,表示这艘船的国籍。贾雅格也派出一名钤子手——施密特(Schmidt),帮助办理此事。

事实上,在更早的时候,他还参与了另一次斡旋活动。这件事他一直拖到10月11日认为事情已经办妥之后才去报告,这是因为此任务并不是他愿意承担的:

> “西风号”案
>
> 巡抚及洋务房拜见威廉·陶威尔爵士,表达歉意。
>
> 9月9日,粮储道兼洋务房会办刘道台(刘瑞祺)代表巡抚大人来见我,请求我帮忙确定因开火致伤的每一位皇家海军“西风号”船员应给付的赔偿数额。我回答说,此事应找英国领事办理为宜,对此刘道台告诉我,他本来已经准备去见星察理先生,但星察理先生不愿与此事有任何瓜葛,还说,既然海军司令已经直接电报英国外交大臣了,那么此事还是在英国外交大臣与总理衙门之间解决为宜。于是我同意尽力而为。但我也有言在先,此事不仅无关我的部门半点干系,而且必须谨慎处理,否则,如果没能办成什么对他们(地方官员)有利的事,岂不是引火烧身,自讨没趣。
>
> 道台回答说,时间紧迫,而且鉴于目前这种情况,没有人会指责我多此一举,插手分外之事,而且他补充说,如果我肯在此事上出力,巡抚大人会觉得我给了他很大面子。
>
> 我极不情愿与此事有任何牵连,不仅因为我无法确定这样做的理由,也不想承担失败的风险,而且还因为你可能会批评我介入此事自找麻烦——不过,既然他们找到我头上,非要我帮忙,我只能同意尽力而为,使这件倒霉事有个圆满结局。

鉴于重伤军官不治而亡,贾雅格建议赔偿其寡母3000英镑;另外几名轻伤水手一共分得500英镑。鲍威尔(Powell)舰长将此意转达给英国政府。对方接受了赔偿数额,钱款通过贾雅格支付。星察理向巴夏礼汇报说,他完全没有插手交涉过程,他还觉得此结果太便宜中国人了。但巴夏礼对他说,他和海军方面对中方的道歉之举和赔偿处理完全满意。

中方于8月26日"勉强"发布宣战公告时,北京的总理衙门已经召见英国和德国公使,要求他们根据国际法相关规定,禁止为法国方面提供燃煤补给和修船设施。[108]然而英国外交部却一直不确定是否已经出现了符合国际法的战争状态。直到11月下旬,伦敦的外交部才最终认定中法两国已确实处于战争状态,因此才发出上述禁令。与此同时,9月6日,中国官员告诉贾雅格,他们从上海得到消息说"嘉纳德·沃尔斯利爵士号"(Sir Garnet Wolsey)已在那里装满煤炭,驶离港口,并要求贾雅格查明它的去向。9月9日,他告诉他们,此船正在为停泊于闽江外马祖岛的法国舰队提供燃料,而且他也已拿到目击者证词。中国官员回复说,他们将把此信息转达给英国领事。接着贾雅格将目击者证词抄件发送给其他口岸的税务司,以便在"嘉纳德爵士号"停靠他们口岸时,他们可以以其违反了英国条约第47条指控它。但接下来是不断的推诿和扯皮。厦门税务司称,他需要福州的中国官员对厦门官员发出指令,再通知他去拘押该船。福州官府先是拖延不办,然后又诉苦,说星察理照会他们必须由中方派遣海关稽查船来拘押"嘉纳德爵士号"(完全不考虑他们的船只已经被法国人全部摧毁这一事实)。

1884年11月28日,赫德对贾雅格的工作表示感谢,但随后给已经回来复职的税务司汉南发了一封快信:

> 我认为贾雅格先生在这件事上做得小心谨慎,明智合理;但是,回过头来更心平气和地来看,抛开当时各地的紧张气氛不考虑,我不敢说英国法庭会批准查扣这艘船,或者说,英国当局会同意这么严重的惩罚,即禁止这艘船停靠任何中国港口。不管怎样,如果中方决定追究这个事情,那么,有必要特别注意以下几点:……

接下来,他简单讲述了律师会如何看待此案,包括“对中方引水员的处置也许会拿到法庭上,但最终也会不了了之”。他将把这个问题拿到总理衙门讨论,并会告知汉南最终结果,但他希望汉南做好准备,一旦海关抓住这艘船,指控有可能是无果而终。

第三件事,按照中国人的看法,同样没有得到圆满解决。9 月 17 日,星察理向巴夏礼汇报,由于听从了署理税务司的建议,巡抚大人致信给他,说英国人拥有的东方电报公司(Easterm Telegraph)尖峰山电报站正每日为法国舰队发送电报,还说这是非常不妥当的做法。“他恳求我立即与您联系,停止他们的这一活动。”星察理说,海军司令威廉·陶威尔爵士也认为中国方面的要求有道理。星察理似乎已经给公司写信,表达了相同的意思。海关雇佣的五名通讯员被中方官员逮捕,所有信件被扣押。这引发了外商的抗议。通讯员后来好像被释放了。9 月 23 日,巴夏礼批评星察理给电报公司写信的做法。在没有正式宣战之前,“公司当然会收到双方的信息,直到某一方站出来阻止他们收发信息”。

汉南一回来,所有这些事情都可以交由他负责了,贾雅格肯定大大松了一口气。很久以后,当北京时局令裴式楷焦头烂额,贾雅格向其表达同情时,回忆起这段紧张焦虑的日子:

> 1900 年 6 月 19 日……这一定是焦虑不安的时刻。我最能理解这是什么滋味儿,1884 年我在福州经历了类似的煎熬。几个星期彻夜不眠,白天还要紧张工作……[109]

这些个案证明了海关关员要面临诸多难题的考验。他们原本是中国政府雇员,一方面,他们需要与各地海关监督打交道,在 1911 年之前,这些监督负责到海关收取并转交税银,而且从理论上讲,这些官员只负责处理政治事务。另一方面,洋员又不归各地中国巡抚或口岸地方行政官道台管辖,而道台只与各国领事打交道。但他们有时会彼此需要,相互关照。洋员对赫德负责;赫德对总理衙门负责;而总理衙门本身又不能对各省督抚发号施令。这些个案同样也证明,中国地方官员也要面对重重困难。他们处处受到掣肘,无法采取有效措施,对付违反中国法律,或在国际纠纷中损害中国利益的外国公民——造成这些困难的部分原因是外国人的强势,另一部分原因是中国行政体制特有的权力高度分散。海关税务司必须处处小心,时时谨慎,掌握分寸,一方面听命于监督,同时避免完全对中国官员言听计从,以致损害海关洋员的声誉。[110]

外国领事与税务司之间的关系同样复杂微妙,难以拿捏。有时候赫德会觉得贾雅格做事过了头,于是贾雅格会受到责备。而有时候,他的举措又是必要的,也会得到赫德含而不露的认可。在这种情况下,赫德眼中的贾雅格是在替自己挽回声誉。法律上的含混不清,以及潜在的国际影响,意味着赫德必须拥有“小心谨慎,明智合理”的税务司。虽然大部分海关工作都是照章办事,只需要“读、写、算”这些基本功,但在紧急情况下,需要他们发挥应有的智慧,施展外交手腕来处理问题。1885 年 1 月，贾雅格被提升为头等帮办前班（仍为署理副税务司），年薪增加到每月 300 两银子。（海关年薪均以中国白银银两支付，它与黄金和英镑的不同价值后来带来很多麻烦，但在当时，他的年薪相当于每年 1000 英镑。[111]）1885 年 7 月 4 日，他再次被提升，成为副税务司，并被告知 7 月 1 日将被派往上海。从此，他的事业之路越走越宽广。

中国知恩图报谢功臣

1885 年，赫德面临着一个重大抉择。巴夏礼突然病故。在 3 月 30 日巴夏礼的葬礼上，赫德被提议担任英国驻华公使。这个职位是所有加入领事行业的青年人梦寐以求的最高理想，而且这一职位也将给他带来从男爵身份，并在英国享有崇高社会地位。赫德举棋不定，给妻子发了电报。妻子希望他接受这个提议。但他最终还是在夏天拒绝了这个提议。接下来几个月，他一直在反复琢磨，自己这样做是否正确。

与此同时，他还在总理衙门的许可下，谋求解决与法国的争端。金登干被派往巴黎，亲自拜见茹费理，商讨一桩无足轻重的海关问题。其间，他把握机会，促成了中法谈判。双方达成的协议并没有受到茹费理下台的牵连（随后中国军队在东京一场地面战斗中打败法军），也没有受到中国总理衙门迟疑不决的影响。1885 年 4 月 4 日，两国在巴黎签订了议定书，这使法国派遣了一位新的公使到中国安排具体事宜。最终协议是在《李—福协定》的基础上确立的，于 6 月 9 日在天津由李鸿章和巴德诺（Jules Patenôtre）签订。[112]

中国方面很快做出报答。1885 年 7 月 5 日，赫德告诉金登干，皇上授予自己双龙二等第一宝星,相当于大使级的荣誉;金登干也获得二等第三宝星,贾雅格则获得三等第一宝星,相当于领事和上校级别荣誉。当时的勋章是按照欧洲模式,严格根据等级和职业授予的。一等勋章授予君王。在凯特姨妈参考的海关名录里,她发现贾雅格授勋日期与晋升副税务司的日期均为 1885 年 9 月 3 日。这说明,赫德晋升贾雅格的用意之一是让他具备被授予三等第一宝星勋章的资格。另一位英国人邓罗获得了三等二级勋章,相当于副领事头衔。他是由福州船政局大臣推荐的,因为他作为一位航海专业教授,在船政学堂辛勤耕耘五年,值得嘉奖。不过,同贾雅格、赫德和金登干一样,邓罗(Charles Brevvitt-Taylor)在 1884 年事件中的出色表现同样被中国人牢记心中。[113]我们家的家族记录中没有提到是谁推荐了贾雅格,但很可能是当地巡抚推荐的。这枚勋章目前仍被他一位曾孙子保存着(图 C)。也许贾雅格同时还被授予了朝服和官帽(图 A 和 B)。可以看出,朝服被穿过很多次,很可能被我外祖父在适当的场合使用过,比如说,他会穿着它款待从自己工作过的口岸来的重要中国商人。

弗朗西丝当然没有得到公开的奖赏。但赫德在日记中记录道:“[1885 年]8 月 15 日星期六。李带来消息,说去年卡拉尔夫人留在福州没有走,真是勇气可嘉。”她没有像大多数外国女性一样落荒而逃,当然她肯定也为自己和四个小女儿的安危担惊受怕。星察理在 8 月 11 日给巴夏礼的长篇报告中讲到,1884 年 7 月 19 日全城笼罩在恐怖气氛中。当时,有钱的中国人纷纷带着家眷和细软逃出城外。城里缺粮少米,盗匪猖獗。

1884 年 10 月 14 日,弗朗西丝生下了他们的第五个女儿,也叫弗朗西丝。我们希望贾雅格此时比生第四个女儿时变得更沉稳豁达。

家庭琐事及二度回国休假(1887—1889)

1885年8月20日，贾雅格妹妹的去世一定对他打击巨大，同时他还担心这会影响到独自生活在英国的母亲。但是，第二个休假期要在第一次休假十年之后才能享受。这样，他是在1887—1889年才回国休假的。我姨妈凯特写道：

> 对我们这些孩子来说，这是第一次感受到英国的生活方式。我尤其记得那次圣诞节，因为外祖父对我们好极了。礼物放在台球桌边上，我们每人都找到了自己的礼包。我得到了第一个玩具婴儿车。我多么自豪呀！

弗朗西丝的父亲罗伯特·福克斯已经从英格兰北部搬到泰晤士河畔的京斯顿(Kingston-on-Thames)。这里离几个在伦敦和附近地区工作的儿子更近一些。他称这个家丁斯代尔，以纪念那个幸福快乐的老家。这次休假是弗朗西丝最后一次见到父亲。她父亲于1894年去世。而对艾玛·斯普赖·桑普森来说，1887—1889年这次休假让她第一次见到自己的孙女们，而且与这个儿媳妇更加亲近。

到他们休假时，五个女儿大的10岁，小的4岁。弗朗西丝可以教他们读书、写字、做算术，还会给他们讲点《圣经》、历史和地理。我们可以想象，她就像她的母亲曾经做过的那样，身负多重任务。她母亲1856年曾给在德国的丈夫写信：

> 威利(Willie)坐在我对面，做功课，他以自己特有的方式对

安娜·玛利亚说"我可不要做一个笨蛋"。安娜·玛利亚很高兴看你的信,没有回信可不是她的错。我简直没法跟他们安安静静坐下来。我现在正抱着宝宝给你写信。

与一般人眼中旅居中国的外侨家眷形象相反,弗朗西丝一点都闲不住。她收拾家,并以合乎丈夫身份地位的方式招待客人。家人生病难免,于是她还要在家人生病时精心护理。她为家人缝补衣服,很可能还亲手缝制,或改造衣服,毕竟手头的钱不是很宽裕。她有个中国阿嬷帮着做家务,看孩子,还有其他佣人在她的指导下洗衣、做饭、打扫卫生。(在英国休假期间,她一定非常怀念这种生活。)大些的孩子需要她当老师,这占用了她很多时间;小一些的孩子则从阿嬷或佣人那里学一些中国话和洋泾浜英语。领事馆的记录显示,他们结束休假返回时,还带了一位陪护兼家教,萨拉·艾维斯(Sarah Ives)小姐。她将随他们赴下一个岗位地点——厦门,可以帮上点忙。在厦门,他们盼望已久的儿子终于在1889年5月16日出生,名叫艾瑞克(Eric)。1890年9月,贾雅格又被调往芝罘,任署理税务司。他将在那里走完自己的职业生涯,只是其间又在厦门和广州短暂工作过。

我认为,我外祖母弗朗西丝并不认同赫德的看法,即生孩子多了会"让一个弱女子经受太多痛苦,承担太多苦役和繁重家务"。身为妻子和母亲,她感到幸福。她在后来写给赫德的信中说,对女性而言,这是最令人心满意足的角色。她给他的信流露出对女儿的自豪,而且她喜欢小宝宝。凯特姨妈在1902年2月写给赫德的信中说:

我们现在可是一大家子人了,因为又来了一个小宝宝要我们照顾，他的爸爸妈妈出门度假去了。这个小宝宝和我们家的小宝宝互相嫉妒，总是怕我们偏心另一个。但我相信母亲喜欢这样，因为她说，这样好像我们有了一对双胞胎宝宝一样！

她似乎不是很乐意扮演老师这个角色。艾维斯小姐似乎不久就走了。1892年，五个大一些的女孩都进了芝罘女子学校，她也把母亲的早期教育任务完完全全交到这些大姑娘手里。

弗朗西丝与她婆婆一样善于写信。凯特姨妈写到，她祖母年纪大了之后，最大的乐趣是收到媳妇那些聊家常的信。她把这些信整理成一个集子。这个集子在凯特姨妈写信时还“在家里”（可惜现在已下落不明）。弗朗西丝保持着一种紧密的家庭联络网，后来证明这是无价之宝。贾雅格教会女儿们写信，工工整整，有条有理。在过期的正式海关日记簿尾巴上，凯特记下了她1900年的日记。她还在最后几页［信件往来记录］顶部填写日期、寄件人、已回信否、收件人、回信收到否等每一项。1900年凯特曾写信给朋友，给众多亲戚，给她的两位教母——露茜姨妈和吉罗福夫人。

她当然也记录了给教父赫德写信与收信的详细情况。他们的通信往来始于1896年，当时她13岁，在芝罘上小学。这将成为后面章节的主要内容。这些通信展示了那个时代在中国的外侨家庭生活，以及赫德与下属家人的亲密关系。

5.1
年轻的贾雅格。照片背面写着:“送给父亲和母亲,爱你们的詹姆斯。1870年10月1日于中国。”这是他21岁生日后两天照的。(赫德曾经提到他还记得1869年时见到这位相貌英俊的年轻人。)

5.2
快11岁的弗朗西丝·福克斯,摄于1868年8月。

5.3
福克斯家族，摄于1860年。当天孩子们参加完板球比赛，吉姆的朋友杰克和亚瑟分别站在后排两端。3岁的弗朗西丝坐在姐姐腿上。她后面还有两个小孩。（感谢埃文斯·福克斯〔即左侧站立男孩〕的后人林赛·斯蒂尔威尔提供的照片。）

5.4
(a)

5.4
(b)

5.4（a）
格蕾丝·威尔考克斯1876年于列明敦。

5.4（b）
贾雅格1876年于汉堡。

5.5
(a)

5.5
(b)

5.6

5.5（a）
弗朗西丝·福克斯

5.5（b）
她的老师蕾切尔·斯贝舍尔，摄于1872年左右。

5.6
20岁的弗朗西丝，摄于1877年。

5.7
福州万年桥，摄于1907年左右，由G. W. Swire 拍摄。1884年时的景致应有所不同。（感谢John Swire & Sons Ltd 提供照片）

第六章

芝罘女生与鹭宾·赫德爵士

我母亲和姨妈念念不忘的中国其实就是芝罘。那里有中国内地会(China Inland Mission,CIM)[1]专门为传教士子女办的学校,不过,学校也接收那些怕长期与子女分离,不愿意送孩子回国上学的家庭子女,这样既省了他们一大笔费用,也免去了思念之苦。对有一大家子人的贾雅格来说,让孩子在当地上学非常有必要,而且,凯特姨妈1900年的日记也显示,这样他也可以亲力亲为,扮演一个称职父亲的角色。

芝罘与山东省

1890年7月24日,赫德告诉金登干:“现在,职员必须工作多年后才能晋升下一个级别:那些1863至1868年之间来的,现在已排到前列,但即使已经排到前列的,也只能做到署理的位置。”贾雅格

① 英、美等国基督教新教对中国派遣传教士的差会组织,1865年由英国的戴德生创立于伦敦。

1868 年被招募进海关时只是一个四等帮办。由于表现出色,1890 年 9 月 1 日他成为芝罘海关的代理税务司。他一直在那里任职,直到 1902 年去世,其间在厦门和广州工作过三年。按年薪算,这里并不是一个肥差,但也算是个理想之地,因为人们都认为这里比中国大部分地方更健康。这里冬季寒冷,夏季炎热,适合开展各种体育活动,而体育活动有利于身体健康。从凯特的日记中可以看到,她非常喜欢这里山海之间的美丽景色。图 6.4 是小弗朗西丝在广州大病初愈的样子。但即便是在芝罘,一家人的生活也常常伴有大病一场的危险。在海关华员和洋员中,死亡率都非常高,其实是因为这里的环境不利健康,而并非洋人不适应热带气候所致。[114]

赫德创立了每个口岸每十年编纂一份报告的制度。贾雅格撰写的 1892—1901 年十年报告包括了图 6.0 所示的那两张地图。芝罘这个名字是指整个口岸地区。贾雅格所示的烟台则主要是城区部分。当时那里没有正规的外国人租界区(1899 年曾规划建设),但最有名气的外国人住宅区都分布在当地人称为"租界山"(Settlement Hill)的烟台山上。这是一处突入海湾的岬角。西边与主要商业区,与港口(2)和东海关税务司公署(1)相邻。东边是一片沙滩,海岸一直延伸到内地会总部和学校(17-19)。除了这些传教士,多数外国人都住在山上或伸展到东边海滩的山脚处。这里也是俱乐部的所在地(26)。

有一张从毓璜顶拍摄的 1900 年芝罘照片,这张精美照片是贾雅格的朋友基尔施泰因(Kirschtein)拍的。他似乎是一个半专业摄影师(图 6.1a)。照片质量相当不错。一处不大的画面放大之后可以看到,税务司官邸就位于烟台山港口一侧突出的山坡位置(图 6.1b)。层层台阶一直通往办公楼前的圆形中心,阶梯两侧的白色栏杆清晰可见。图 6.2 可以从果园方向看到下面低两层的阶梯和房屋。那里有为总税务司准备的小别墅。夏天客人多时,贾雅格也会启用这处房子。

紧邻港口和烟台山西南方就是中国老城烟台。对此,贾雅格这样写道:

> [从 1891 年以来,]没有做任何工作来改善人民的卫生条件……对外国人社区的模范作用视而不见,无动于衷。[社区里有一个非官方机构烟台工部局(General Purposes Committee of Chefoo)]。芝罘的里里外外,用外国人的话说,根本没有道路,没有排水,更糟糕的是,城里路边都是牲口粪便,还有些地方将人粪堆成一堆,卖给乡下农民。如此无视健康造成外国人和当地人都易染上疾病。这是因为,到了春天,这些污秽之物的干燥颗粒会变成尘土,被南部刮来的干燥热风吹散到空气中,引起发热,以及眼睛和喉咙不适。[115]

图 6.1a 中可以看到中国城里拥挤不堪的房屋。凯特的日记描述了她去一个传教士站点看望一位朋友的经历:

> 我们必须穿过中国城的中心地带……那里当然是肮脏污秽、粪水横流的地方。大约走了一个小时后,我们从另外一边出城(终于可以呼吸到一点新鲜空气了)到开阔的郊区……出城的时候,我们必须穿过坍塌的大城墙拱门。

中国城里道路狭窄,人们择路而行,最令那些 19 世纪后期的欧洲人震惊的就是那里的恶臭。与 19 世纪 40 年代艾玛·斯普赖·桑普森所居住在伦敦相比,他们对公共卫生设施的要求已经大大提高。现在烟台的状况较 1892—1901 年时期已经改变了许多,令人欣喜。图 D 是我在毓璜顶拍摄的照片,与基尔施泰因先生的拍摄角度差不多。

东海关税务司公署办公楼(1)离税务司官邸不远,靠近海关码头。但是出于身份之尊,贾雅格要坐轿子上班。2002 年,海关公署旧址仍在使用中,不过,只是做培训用,要从原先的后门进入,后门位于通往烟台山的大路上。公署楼房朝向港口的一面更加漂亮,但在 2002 年时已被旁边挤占的建筑物遮挡了一半。

贾雅格估计,烟台的中国人口从 1891 年到 1901 年之间增加了一倍,达到 57000 人。他写到,这里的居民在不断变化:每年有几千人离开烟台去旅顺、海参崴和满洲里,他们要么在铁路上干活,要么在海边捞海带。华工贸易依然盛行。来自山东农村的苦力们有的因为黄河泛滥而流离失所,有的因为气候大旱而背井离乡。这里还是传教活动非常活跃的地方,有三座罗马天主教主教辖区,还有几个新教礼拜堂。由于贫穷,也由于许多中国人认为传教活动破坏了他们的文化而仇视传教士,19 世纪 90 年代后期,这里成了义和团运动迅速滋生的沃土。

在同一时期,这里的外国人数量从 270 人增加到 655 人,其中只有 293 人住在芝罘,其余的外国人都住在内陆地区,他们主要是一些传教士,还有少数人购买或租赁土地种植葡萄,或从事其他农业活动。1901 年,城里共有 26 家外国商行,其中 10 家为日本商行,7 家为英国商行。城里有一个法国天主教主教辖区,一座修道院和一个医院。城西边有一个美国长老会教团(20),从图 6.1(a)中可以看到其气势宏伟的教堂。

在芝罘的成年外国人想必都明白，中国越来越衰弱贫困，并不完全是由于内乱。已经完成现代化的日本日益强大，虎视眈眈，伺机扩张。1894年，朝鲜国王请求中国前去镇压叛乱。中国同意出兵，但日本派出的军队更加强大，攻占了汉城，并扶植一个亲日傀儡取代原来的国王。于是中国向日本宣战，但在海战和陆战中皆遭惨败。日本占领了台湾岛，以及满洲部分土地，获得进入通商口岸和建立商馆的自由，还拿到了巨额赔款。巨额赔款促使中国财政体系陷入混乱。[116]贾雅格注意到，其结果之一是日本和朝鲜通过芝罘的贸易量得到提升。

日本人实力增长，引起俄国人和法国人的警觉。他们向日本施压，要求日本放弃对旅顺的索求，以增加赔款来换取。最终签订的和约将朝鲜置于日本的实际势力范围之内。旅顺是一个不冻港，直接与芝罘隔海相望。俄国人扩大了在满洲的地盘，在那里修建铁路（于是带旺了华工贸易），并控制了旅顺。德国人则抓住一位传教士被杀的契机，于1897年租借位于山东南部的青岛（胶州），将其视为自己的殖民地。[117]他们修建铁路，通往内地，这样就从芝罘瓜分走山东出口贸易中的很大一部分。1900年，他们在芝罘开办邮局、电话局和电报局，而那时是由海关来承担在中国建立新的邮政线路，开展邮政的业务。于是，英国人通过签订一项协议，不容许其他大国染指长江，获得控制权，并于1898年租借香港对面紧邻九龙的新界，以及芝罘东面的威海卫。（日本曾占领过这个中国军港，但已同意撤出。）1898年，弱小无能的中国皇帝此时已长成一位年轻皇上，他试图效仿日本，在中国实行大胆的变革维新，但很快又被精明而保守的慈禧太后牢牢掌控。

1896 年美国在芝罘开设了领事馆。1898 年法国和德国也相继设馆。贾雅格在地图上还标出了日本领事馆(9)和俄国领事馆(11)。相比之下,英国领事馆(8)资历要老得多。同德国和俄国领事打交道给贾雅格带来不少麻烦,但他的女儿们非常开心,因为她们有这么多不同面孔的外国小伙伴在一起。1902 年,凯瑟琳在给赫德的信中说:

> 我和艾米丽每星期都上领事夫人开的德语课和法语课;这里非常国际化,你可以听到人们讲着各种各样的语言,这对我们女孩子是个优势。

法国和俄国对英国很不友好,这体现为他们四处游说,反对海关给职员加薪。这是因为海关是由英国人赫德执掌的。这直接影响到贾雅格为下一次休假,以及为退休后在欧洲安度晚年而积蓄资金。他们拿到的薪俸银两相对黄金在不断贬值。早在 1891 年,赫德就开始为这种情况而担忧。(大多数欧洲货币都是金本位制,包括英镑。)赫德很清楚手下职员的不满情绪,但此时正值中日交战,暂时不适宜调整。1898 年 7 月 1 日,海关职员的年薪最终实现倍增。

赫德与卡拉尔家小女生们的通信往来

内地会在芝罘开办了三所学校:一所男子中学,一所为小男孩开设的预备学校,还有一所女子学校(图 6.3)。卡拉尔家大一些的女孩们于 1892 年进入校园。按现代意义讲,这间学校规模不算大,但它给女孩子们提供的教育甚至优于同时代的大多数英国学校:

1890 年 8 月 14 日芝罘……英语女子学校。怎么评价这所学校的教育质量都不为过:它完全可以和拥有优秀师资的一流英国学校相媲美,而且在许多方面更胜一筹。女孩子们不用死记硬背,而是学会如何思考,并在很大程度上学会独立自主和自力更生。[118]

但是,女孩子们回到英国后会发现,这些素质在当时婚姻市场上算不上是什么宝贵资产。不仅如此,即便是这么好的一所地方学校,也有一个不利之处,那就是它无法为姑娘们在母国提供校友关系网,这种关系网可以同家庭关系网一起派上用场,为姑娘们找工作,找对象。在社会等级观念盛行的英国,选“对”学校能够提升她们的社会地位,而在中国学校上学,则根本无法给她们加分。[119]

1893 年 2 月 8 日,赫德对金登干说:

我们将很快面临春季人员调动的头疼问题……[休假职员纷纷返回]将搅乱并替代目前所有的代理职位……我有可能派杜德维去广州;总理文案税务司一职我准备用贺璧理(Hippisley)或贾雅格(他真的是个不错的人才)。现在我很少见到贾雅格夫妇,不知道他们还算不算我的特殊朋友,不过,他在工作岗位上是个好员工,而她也是一位最最可爱、善良、温柔贤惠的女人!

不过,1893 年 3 月底,贾雅格生了一场大病。他休病假一直到 1893 年 6 月 5 日,随后就被派往厦门。[120]我母亲 1893 年 4 月 11 日在芝罘出生,但由于弗朗西丝忙于照顾生病的丈夫,并处理搬家的必要事宜,没来得及为她洗礼。1895 年 9 月,她的小妹妹,最要好的伙伴菲丽丝(Phillis)在厦门出生。在厦门,贾雅格显然参加了当地外国人猎杀老虎的体育活动。在慕德的相册里有一幅照片,一只死老虎躺在他家草坪上。[121]后来,贾雅格又从厦门被调到广州。1896 年 7 月 19 日,赫德在发给金登干的信里对贾雅格作了评价:“贾雅格在广州干得也很出色。”

姑娘们是作为走读生进学校的,而现在她们成了住读生。赫德给凯特姨妈的第一封信提到此事,即去厦门上学需经受海上颠簸的折磨。那年她 13 岁。是他的老朋友艾玛·桑普森让他想起写这封信。信中的语气轻松、戏谑。不过,随着他对她的了解逐渐加深,随着她慢慢长大,他写信的风格也有所调整。她并不是唯一收到他的信的女孩,也不是他唯一的教子。贝尔法斯特女王大学保存的赫德档案里,有一叠一叠的女性朋友写给他的信。她们有些人很小的时候就认识他,因为参加过他在北京举办的圣诞派对。他与特别喜欢的女孩一直保持书信来往,直到她们长大成人,结婚出嫁,比如,我们看到的白莱喜夫人和艾玛·卡拉尔就是其中的例子。显然,除了写信,他还送她们礼物。

从赫德写给一个年轻姑娘貌似无关紧要的信件中,我们看到他披露了他的许多生活内容:

北京

1896 年 10 月 26 日

猜一猜!闭上眼睛,别看信,猜猜写信的人是谁:是谁呢?猜不出来吧?好吧,我最亲爱的凯瑟琳小姐,是我!但我又是谁呀？我是你的教父呀！我这不是介绍自己了吗，免得我一上来就称呼你为最亲爱的凯瑟琳小姐，让你吓一跳。现在让我继续吧。[**他讲了给她取教名的事，前文已引用。**]我有个好消息要告诉你，所以趁机给你写信，希望收到你的回信。事实上，我这里有一封你写的信，是写给你奶奶桑普森夫人的，她非常疼爱你，以你为荣，所以在她上一次给我的信里，她附上了你给她写的生日短信，日期是7月18日。我很高兴得到这封短信，因为这是你写的，写得很好，表达了真情！噢，天哪，我要告诉你的消息怎么忘记了？哦，对了，想起来了，裴式楷先生要回家了，所以我已经决定把你爸爸从广州调到芝罘，担任税务司！你高兴吗？你、敏妮(Minnie)、慕德和艾瑞克都会到芝罘去，住在山坡上的大房子里——税务司官邸——再过两周吧。你们不用再坐船去广州过圣诞节，然后再回学校了。你们可以在芝罘过节，也不用再受晕船折磨——不会上下颠簸，左右摇摆了——也许不用再换地方，一直到下次回英国。我希望冬天河里不结冰，那样的话你就可以在放假的时候来北京看我。但是冬天的确要结冰，而且从芝罘到北京也没有火车——所以你没法来看我了。也许明年夏天吧，如果我还在这里，如果你厌倦了臭氧，厌倦了咸咸的海浪，喜欢尘土，喜欢北京的干燥空气，你也许可以来一趟，或许我会去一趟，看看你？

[**他忆起茉莉尔和艾米丽在他的花园里玩耍的情景。**]你们现在一定都长成大姑娘了吧：如果现在跟你们哪个姑娘出去溜达，就像你们还都是小姑娘时那样，我肯定会觉得怪怪的——你们那时都是可爱的小孩子！

代我向艾米丽和茉莉尔问好，你自己保重，有空的时候给我

写一封可爱的信。信上的地址你只需写

鹭宾·赫德爵士

北京

(北京也是他在信头上写下的唯一一个词。)贾雅格大概已经知道自己已经成为正职税务司了。他的收入终于能让他做一些投资,以便退休后还能有些进项。不过,直到1898年他的年薪提高之后,他才真正存下一些钱。但回报高,风险也高,他会很快明白这个道理的。

赫德很快收到了回信。这封信和其他那些1900年6月以前收到的信一样,已经丢失,但我们对凯特回信的内容还是可以猜出一二的。当时,他立刻回信给她:

1896年12月4日

最亲爱的凯瑟琳:

昨天邮件送来时,我马上就挑出一封来看,不是我认识信的笔迹,主要是因为上面的地址写得工整,字体隽秀,而且非常简洁:肯定就是你的信。[他强调,"鹭宾·赫德爵士,北京"这几个字就足够管用了]……

很遗憾听说你妈妈和姐姐们因为慕德的情况要留在上海,恐怕她们北上时天气会非常寒冷。[慕德生病了,显然两个姐姐留了下来,帮助照料病人,而弟弟妹妹们则随父亲和保姆继续前往芝罘。]上星期这里冷极了,北风呼啸,刮个不停,到处滴水成冰。墨汁都凝固了,而且是在离炉火不远的地方。芝罘情况如何?你有没有觉得干燥的冷风像小刀子一样割着皮肤?是不是到处都白雪茫茫？我最喜欢炎热的月份，可以穿轻薄凉爽的衣服，不用老想着如何保暖这种麻烦事。现在白天很短，所以，光线充足的时候，我都抓紧办公，天黑以后只能在花园里锻炼身体，走五圈应该够一英里了。所以从7点到8点，我一般要走三四英里。走完之后，整个晚上都感觉浑身暖融融的，坐在炉边看书到十一二点。

你的考试结果如何？拿了几个第一名？得了多少个奖？你最喜欢哪门课？什么游戏最让你开心？女孩子中谁跟你最要好？她是什么样子？我想你现在长高了不少吧——下次过生日你就14岁了，对吗？你的头发是深色的，还是金色的？最好送我一绺，用你最喜欢颜色的丝带扎起来！

虽然我们已经打破了沉默的“冰”，我希望我们的通信会像“水”一样源源不断。你要经常告诉我你的消息。如果我没能尽到我的教父义务，履行我的教父之责，那都是因为工作繁忙，而并非我愿；你要是在这里，你会发现作为教父的我很享受这里所有的特权待遇，不亦乐乎，尤其是在圣诞节期间！

随信是送给你们五个女孩的圣诞礼物（艾米丽、茉莉尔、慕德、凯瑟琳和弗妮）——五人平分，每人五分之一。请转达我对其他人的问候，并接受我专门给你的亲吻——好吧，再见啦！圣诞快乐！新年快乐！

爱你的

鹭宾·赫德

另，赫德爵士乐队的照片：站在大鼓后面的是我。

不久，他不得不再给她写一封信：

1896年12月17日

万分感谢,亲爱的凯瑟琳,感谢你寄来的可爱的卡片和信。哦,我真是一个大傻瓜,居然把格蕾丝的支票寄给你了!我还煞费苦心,折腾了半天,希望写给每个人的支票都装对信封。但最后我这个爱尔兰人还是搞错了:装错了信封,难道这不是一件蠢事吗?[**接着,他给她讲了曾经收到过两封装错照片的信——说明信在到达他手里之前被人拆开过。**]假如当时我是凭照片选妻子的话,那麻烦可就大了——假如我期盼的是一位苏格兰高地的北方姑娘,而来到眼前的是一位康沃尔郡的南方姑娘,那会多么令人失望呀!你已经有5英尺6英寸高啦!我的天哪,我脑子里的印象完全被打破了;你已经长成大姑娘了,再也没法坐在我的肩膀上在花园里溜达了,而且,我得坐在一把高脚椅上,才能让你爬到我的膝盖上,或亲我一下——难道非要我蹬着梯子才能够到你的嘴唇吗?[**像凯瑟琳的父亲一样,赫德的个子也不高。**]时光真是一个暴君——我心中所有做教父的美梦都被这个暴君和你的成长打碎了!不过,说到那绺头发,是的,我真的想要,所以,请一定寄来,请把头发编成漂亮的小辫儿,系上你最喜欢的"蓝色"丝带!

你喜欢植物学和天文学很好,两门课都非常有趣!我也非常喜欢天文。到春天时,我会送你一本天文图册。下面是一首优美的诗,是我在一本美国杂志上见到的,署名是"Ab Astris"——拉丁语,意为"来自星星"——诗是这样的:

仰望星星扫过永恒的太空

无边无际的星球、太阳和星系,

瀚海无垠中地球如原子一粒
每个人的轨道和归宿已注定
我迷失于自己的渺小与虚无。
但我自问难道你不知上帝
引导星球漫游太空也引导着你?
你不再自我贬低、自感卑贱,
在浩瀚、和谐、完美的宇宙,
在无休无止无极无限的太空,
人类不朽灵魂自有它的归宿,
你的归宿与历史如日月长存。
巨大的队伍排列成行,
在神的引导下奇妙前行![122]

多么美妙呀?几乎每天晚上,当我一个人在花园中一圈一圈"养生"散步时,我都会朗诵这首诗。四周寂静无人,只有头顶那些数不清的美丽星星陪伴我。我通常从7点走到8点。在这一小时里,天色完全黑下来,连天堂里都要点起明灯,让树下的我偷得些许星光。我想知道,你妈妈还记得1882年冬天跟我一起散步的事吗?……我希望你能参加进来,跟我"出去走走"——有时我会感到非常孤独。房子里只有我,没有别人,赫德夫人和孩子们在你出生前一年多的时候就回国了。中间只有艾薇在1892年和布鲁斯在1895年两次短暂探望我,我总是孤零零一个人。我的小女儿诺丽两岁时回国——现在已经18岁了,但自她那次走了以后,我就再也没见过她了!如果说是命运让我扮演这样的父亲角色,那么,我没能早点"觉醒",早点尽教父之责就不会让你感到惊讶了吧?

好吧——带艾米丽和茱莉尔一起来,尽量吧,我这里有很多房间——六个空着的卧室——我会很高兴你们都来的!

如果你想写信,就经常给我写信吧:我觉得你的信写得很好,我一直喜欢看到你那些工工整整的信封。跟我说说你的心里话,想写些什么就随便写,就好像我们是老相识老朋友一样——事实上我们就是!……

爱你们所有人,并亲吻拥抱你,

爱你的

鹭宾·赫德

另,希望听到慕德的好消息。

赫德的信显示了他失去家庭的巨大代价。艾薇在英国长大,身体可能会更健康一些,但她和布鲁斯在19世纪90年代再次来看望他时,却令他深感失望。在这封信里,赫德将他们探望他的时间说得很短暂。慕德的病好了,但留下了经久不愈的病根儿。一封汇报她1899学年冬季学期成绩的短信显示,她的病让她无法继续学习音乐,而且,1900年冬天,海关关医莫利纽克斯(Molyneux)医生禁止她去滑冰。

在下一封信中,凯瑟琳写到两个妹妹,格温和菲丽丝,在芝罘推迟洗礼的事。我母亲格温当时四岁,显然非常淘气,没有礼貌。

1897年4月3日

最亲爱的凯瑟琳:

昨天打开邮袋,倒出一堆信件,在那些工整的信中,我看到有一封最工整的,我知道那就是你的。很高兴收到你的来信,你讲的关于格温的事很有趣。当然,迟迟不受洗的话,这种调皮捣蛋事情就会发生:你当时就不是这样![**他想起一个阿斯特尔小孩的类似情况。**]

说到我的小提琴——我有好几把,但布鲁斯把好的几把都拿走了。我过去有几件古老的意大利乐器,但没有一件是大师制作的。我这里倒是有一件珍品,但自从中日战争之后,就一直没有演奏过。还有我的大提琴,去年二月份以后就再也没有碰过了。工作的事情让我忙得不可开交,我抽不出时间练琴,真是遗憾。我很喜爱音乐,此外,骑马也曾经是我的一大休闲爱好,现在这两样都顾不上了。你知道,我有一个铜管乐队,乐队里有十五六个中国男孩乐手,他们演奏得棒极了。他们演奏的舞曲虽说有些吵闹,但十分精彩。他们演奏时充满激情,富有表现力,节拍掌握得很准。冬天,每个星期三和星期六上午,他们在花园里演奏,从上午 11 点到 12 点。夏天,也是在这两天演奏,只是从下午 5 点演到 7 点。晚餐后,只要我们需要,不管是听音乐,还是跳舞,他们都会在厅外的一间屋子里演奏。随信附上今天早上演奏的节目单。这期间我一直在中式会客厅里与一个朝廷官员谈事情!

很高兴听到慕德可以下地走动的消息。我相信她会慢慢强壮起来,最终摆脱病魔纠缠。她的绘画得了什么奖?祝贺她取的好成绩!听说你在学习"家政课",我觉得有趣。这门课是否包括做米饭布丁、甜蛋卷,或者学会巧做无米之炊?把学业和游玩恰当结合起来:男女搭配,干活不累!我还要记住感谢你送我的一绺头发:眼睛流连于这些色彩,指尖触摸那丝般柔顺,多么让人心生愉悦之感呀!

[他提到了一位路过芝罘的客人,最后说“爱你们所有人,并特意亲吻你”]

爱你的

鹭宾·赫德

家政课一定不会是我姨妈喜欢的课程。20世纪40年代我去看望她时发现,与我母亲相比,她的持家水平和烹饪水平相当低,令我惊讶!她给他的下一封信是祝圣诞节快乐的,他也回了信:

1898年1月1日

最亲爱的凯瑟琳:

这里刮大风。不过墨汁没有冻上:这回墨汁溅得到处都是。我怀疑那些抹成大花脸的人是否会开心;感谢上帝,好在你不在这里,所以不用担心这些!你的圣诞信和卡片令人欣喜,来得正是时候,还有你爸爸妈妈的热情问候信,感谢你们所有人,在这个美好节日里都惦记着我。今年的圣诞节和新年与往年不同,我忙得不可开交,不得空闲,但两个公休假都是在星期六,让我觉得星期日时间增加了。12月28日后第二天也感觉“不伦不类的”——明天可能同样让人感觉怪异。

真希望我也在芝罘,跟你们一起忙活这个节假日,并看望那里所有的年轻人——包括倪维思夫人,她是我1854年在宁波认识的好朋友。我还要把我的“短袜”挂起来——我可没有“长袜”——但我有点担心,担心圣诞老人来访没放礼物,倒是让什么人的“脚丫”伸进去了。今年我没有时间,这里有50多个孩子要送礼物,而且还有差不多这个数目的大人,所以,我决定这次躲到一边,图个清闲。再说,还有其他五六家人也准备了圣诞树。[树上挂着写有每个孩子名字的礼物。]我们举办了一个大型圣诞晚宴,然后是舞会,现在又在英国公使馆开一个化装舞会,在法国公使馆搞话剧演出。我觉得我哪个都不想去,因为我的宿敌——腰疼病两天前又向我发起突然袭击,我因此开心不起来——坐下和起来都疼得皱眉头,如果我不留神,打了个喷嚏,噢,上帝,不会是有人在诅咒我吧?整个人就像被撕成两半!但我又不能大喊大叫,总的来说,在大多数人眼里,我的身体还算不错,没什么毛病——我想你会说"那你的字为什么不写得漂亮一些呢?"我的回答是"没错,亲爱的:的确写得很烂!——但不是越琢磨越能品出味道吗?"其他人的信可能一下子就读完了,然后扔进火堆,烟消云散。而我的信难道不是能迷惑人们一个星期,让他们琢磨很久吗?

爱你们所有人,给你特别的亲吻,爱你的

鹭宾·赫德

赫德在2月20日生日时通常会收到很多信,包括凯瑟琳和她母亲的信。那年麻疹流行,很多人遭殃。家里有病人的都被隔离了,因为要预防疾病传染:

1898年5月26日

最亲爱的凯瑟琳:

真糟糕,我欠了所有人的债,没能写信给他们,实在是身不由己呀:我的工作满满当当,根本腾不出手来,还不知道什么时候能休息一下呢;所以我只能希望各位对我宽宏大量,希望他们至少看到我是有"志"者,只是"事"未成!

听说麻疹流行,让你们与外界隔绝,在芝罘无法跟大家一起活动,我很难过。但是这种情况也不止发生在你们身上。在北京这里,斯奎尔斯(Squiers)家和康哈克(Canghak)家都碰上了同样的麻烦。这里已经很久没下雨了,干热的空气和各种细菌飞沫专门寻找人们的薄弱环节钻空子。我们过了一个为期十天的假日,与亨利亲王访问有关。亲王殿下是个相貌英俊的男人,也是一个富有魅力的王子。殿下他举止真诚自然,神态和蔼可亲,大家都很喜爱他。但是,过一个节要十天时间,未免太长了。热闹之后,一切又归于平静,我们都很高兴。亲王一行带着自己的乐队,又是小提琴,又是曼陀林,让大家过足了瘾。我有六个晚上参加同样的活动,六个白天外出游玩。我觉得这一年已经玩儿够了,已经不如过去年轻的时候。熬夜会让我筋疲力尽。我没有去看比赛,而是像往常一样待在办公室里,处理一些要紧的事。眼下这里在举行网球比赛,人人兴奋异常——今天天津队来了,要与北京队一决高下。他们希望打败北京队,以报上个月天津板球队输给北京队的仇。罗杰斯夫人是我们这里人气极高的网球女神,大家都惊羡于她那种矫健优美的身姿,轻快敏捷的步伐,以及漂亮的正手击球:W 君是我们的高手,无人匹敌。你打网球吗?如果打得好,这可是一种一流的运动呢!

[他讲了斯奎尔斯家又来拜访的事,并再次提到他们家也处于被隔离状态。]

我自己的活动永远没有确定的时候。我希望裴式楷先生被任命为副总税务司之后,我就可以脱开身了。不过厘金(Likin)的新问题又来了。我还得再"奋战"一年。事实上,我想你可能希望先回英国看看吧！人们总说我“深居简出”，但事实是我无法做到轻易让步。[“厘金”是指海关的新职能，即对运离口岸地区的外国货制定统一的地方进口税，并进行征收。]

请你妈妈原谅我未能回信。爱你们所有人，亲吻你，

爱你的

鹭宾·赫德

这位亲王是维多利亚女王的外孙，德国皇帝威廉二世的弟弟。1899 年 5 月 29 日，贾雅格及芝罘的各国领事与亲王在德国海军军舰“德意志号”上共进晚餐。当时，他请贾雅格代他向赫德问好。[123]

凯瑟琳写给他的下一封信显然是在她参加第一次英国大学考试后写的。

北京，1898 年 7 月 7 日

最亲爱的凯瑟琳：

谢谢你给我写的可爱的信，告诉我你在考试中经历的可怕煎熬。希望你已经从折磨中恢复过来了，希望几个小时的分析答题没有让你散了架，但有时候可能会懊恼不迭！

眼下我在北戴河度假[北戴河是北京人喜欢去的海滨度假胜地。]我要在这里待一星期或一个月，或许更久一些，这要取决于天气和心情。我已经感到无事可做是多么难熬了，因为我就带了箱子，但什么活都没带，只能无所事事干着急，如同握着“越野手杖”跃跃欲试，却还坐在椅子上。你想象得出来吗，自从我1886 年来到这里，还没离开过北京呢：已经很久没见过铁路的样子了——而且我现在感觉就像“如鱼失水”，因此我起锚了，决

定离港出航。

希望你们大家夏天过得愉快,有晴好的天气,健康的身体,天天开心如意。好好玩儿吧,补回辛苦用功失去的时间!很高兴听到茉莉尔得了奖……我知道她写的东西是什么样的,因为,我手里有一封她写的信,是别人寄给我的——我就不告诉你是谁了:我觉得非常有趣——虽然信里有很多破折号和感叹号!很高兴前不久收到那张你们全家在台阶上的照片。艾米丽已经是个年轻女士了——再也不是一个小姑娘。你们其他人也都像年轻的……哦,天鹅一样,正准备展翅高飞,或独自潜入水中。我想你们很快就要起飞了!

爱你们大家,并给你一个教父之吻,亲爱的孩子,爱你的,

鹭宾·赫德

北戴河

那封信可能来自桑普森奶奶,可能还随信附上了图 6.5 中的照片。

写这封信之后不久,赫德邀请艾米丽和茉莉尔去了北京。大概是因为她们的母亲提议还是先邀请两个姐姐去比较合适。她们也出现在他的日记里,不过赫德未做评论:

11 月 17 日,星期六。在办公室安安静静工作,一天都没有人来打搅……[晚上]艾米丽·卡拉尔和茉莉尔·卡拉尔,以及九个见习通译[**列出名单**]在这里唱歌,弹奏班卓琴,还有其他什么的,非常热闹,但天气很冷!

11 月 22 日,星期二。昨天在那个什么地方与赛克斯

(Secks)夫妇以及他们的客人,还有卡拉尔家的姑娘们共进晚餐——是我带艾米丽入座就餐的。

此时,赫德脑子里想的是:皇上锐意改革,但疾病缠身;太后重掌大权;强权觊觎,蚕食中国领土;承办邮政服务;计划第二次参加法国博览会。由此可见,卡拉尔姐妹此时来访可能不太合时宜。九名见习通译出席晚餐说明他与那些有培养前途的海关年轻职员交往密切。下一封信也是在北戴河写的,透露出此次北京之行对艾米丽意义重大:

北戴河,1899 年 7 月 9 日

最亲爱的凯瑟琳:

谢谢你 4 日的可爱来信。很高兴得知你去参观"鳕鱼号"(Whiting)了。但如果航速是每小时 30 英里,而不是 15 英里,你会更吃惊,更开心。[英国皇家海军"鳕鱼号"是一艘鱼雷快艇,后面还会讲到。海军有时会邀请一帮女学生到舰艇上玩儿。慕德的相册里有一张 1895 年参观皇家海军"风神号"(Aeolus)的照片。]我们在北京看到了月食和天空的景象。当时,银色的月亮从天空红褐色的袋子里露出四分之一的脸,把它切成两个盘子的形状——整个天空就像疯狂涂抹的油画!上个月我看了史蒂文斯(Stevens)的书,非常喜欢;他描写基奇纳(Kitchener)①那一章,以及关于戈登特种部队那一章写得特别好。[124]我这里有

① 基奇纳(Horatio Herbrt Kitchener,1850 — 1916),生于爱尔兰,英国陆军元帅,英国史上最具影响力的名将之一,为多场英帝国殖民战争建立战功,在第一次世界大战初期扮演重要角色。

很多书，可以夏天看。不过这些书都是最轻松不过的读物——小说之类的，我以前从来不读。我倒是挺喜欢这种让人精神彻底涣散的读物，但读过之后又会觉得懊悔，觉得这是虚掷光阴，不如学习一点扎实的东西。不过，人倒是应该偶尔??[①] 一下！

我是22日到这里的……可以说我这次不像去年那样喜欢这里了。去年我确实累极了，能休息一下感觉特别美妙；但今年我好像并不需要放假休息，我会尽早回北京。那些地方太多人了——[**他描述了海边到处是人的景象**]……我为自己找很多借口不出门：今天太阳太晒，明天雨太大，等等。这里最大的缺点是没有树荫，一走出房间就来到烈日之下。虽然海边空气清新宜人，但阳光暴晒也让人心烦。[**太阳镜是1929年才发明的。**]除了跟伙伴一起在海里打水玩儿，这里没有什么好玩的东西——再说，你也不能一天24小时都泡在海里呀！今年我没有带小马来：去年它们在这里受够了苍蝇的袭扰。看着它们那么受罪，我骑在马上也兴致全无。

真是奇怪，去年秋天，艾米丽离开北京时居然与“凤凰号”(Phoenix)相遇：事实上，人们邂逅相识，终成眷属，总是让我感到惊奇！说到这一点，我手头上有几行优美的诗，我会抄给你，诗的作者不详，我是在一张用来包巧克力的加利福尼亚报纸上看到的。

爱你们大家，特别亲吻你。

爱你的

鹭宾·赫德

① 原文如此。或指“放松”。

另,谢谢你爸爸,他送来今年第一筐苹果,一点都没坏!
鹭·赫

(他抄录的诗是苏珊·马尔·斯伯尔丁[Susan Marr Spalding]的《命运》。)

在回芝罘的旅程中,艾米丽遇到了皇家海军小型护卫舰"凤凰号"上的一位年轻上尉,查尔斯·霍士(Charles Forbes)。一年后,他们订了婚。凭一个上尉的薪水是买不起房子的,所以,结婚的事还得等一等。艾米丽看望赫德之行的第二个结果是赫德发现她极具音乐天赋,但她家里没有钢琴,只有一架类似风琴的乐器,大概是跟房子一起接收来的。于是他赠送给卡拉尔家一件珍贵的礼物,一架上好的钢琴。这还是从桑普森夫人给他的两封信中了解到的。其中第二封信写于1901年1月16日:

刚刚收到芝罘寄来的几封信,让我十分惊喜,都是讲你慷慨送礼物的事。格温德林(Gwendoline)①现在正在学音乐,艾米丽在教她,说她很聪明,手指灵活,而且喜欢上音乐课。你的贵重礼物深受欢迎,没有闲着,让我感到很满意。

回忆学校生活

1899年5月以后,艾米丽和茉莉尔就不再上学了。1899年12月,慕德也结束了学业。她们都没有参加英国大学考试,因为考试对

① "格温"的昵称。

女孩子压力太大,而且,她们将来都要结婚嫁人,做贤妻良母,也没有必要参加什么考试。艾米丽本来可能是最有出息的,1946 年我第一次见到艾米丽,她给我的印象是能力与智力兼备,应该有很好的前途,但作为大女儿,她只想着早点嫁人,以免拖妹妹们的后腿。(当时有些人还是认为大女儿应该先嫁人。)凯特是唯一经历过这种“可怕煎熬”的人。她参加了师范学院(College of Preceptors)最低等级的考试,称为三级考试,并在考试中拿到一等的最高级成绩。1900 年,她开始记日记。日记显示,虽然她以往学习成绩不错,但 1899 年 11 月,她对自己一级考试的成绩没有把握,心里忐忑不安。一般都认为女孩子要通过这种考试实在太难。她的日记本是 1898 年父亲用过一部分的办公笔记本,显示出贾雅格家特有的节俭生活风格(图 6.8)。

这些考试是 19 世纪 50 年代创立的,授予考试及格者教师资质。如果通过一级考试,就等于证明考生有能力进入大学学习。不过,到 1900 年之前,牛津大学和剑桥大学一直都要求,凡参加地方考试的考生已取得高一级的成绩者,均要再学习一年高级课程。英国新式中学为出类拔萃的女孩子提供了进大学的机会。卡拉尔姑娘们的表姐,来自纽卡斯尔的马蓓尔·福克斯(Mabel Fawcus)就是一个例子。不过,只有少数女孩子能进入这类由上流社会资助的私立女子寄宿高中。凯特说服父亲,让她在高六年级(Upper Sixth)①继续学习一年,至少学到夏天。她的老师特意告诉她,以前曾有学生坚持学习,通过考试,拿到资质。于是,1900 年 1 月 16 日,她和慕德一起去了寄宿学校,看望以前的校友艾尔西·伦德尔(Elsie Rendell),并与年级

---

① 按照英国教育制度,中小学教育是 13 年制,中学不分初中高中,中学六年级(Sixth Form)叫 12 年级,高六年级,也称 13 年级,相当于高中阶段。

负责教师比尔(Beer)夫人一起喝茶。正如凯特在日记中写的,她“给我们看了一张马蓓尔·卡西迪(Mabel Cassidy)的照片和一封来信。她已经拿到了学医资格”。2月份,凯特回到学校时,只有她和艾尔西·伦德尔两个女生在那个年级继续学习,修读德语、法语、历史、文学和生理学。凯特还加修小提琴与钢琴。她和艾尔西为自己定下了规矩,相约从此“一心一意,锲而不舍,坚持到底”。

母亲弗朗西丝把姑娘们的成绩单都寄给桑普森奶奶,难掩自豪的奶奶又把这些信转寄给赫德。慕德、凯瑟琳和小弗朗西丝1899年的成绩单出现在赫德1900年以后的书信集中。从这些成绩单中可以看出,学校里一个年级的学生很少,通常只有6—8名女生;另外,还可以看到他们在所有科目上的排名。(图6.7是1898年中学五年级学生的照片。)她们有可能跟男生一起上理科课程,这样年级人数为17人。凯特的算术和代数相对较弱,而且没有学几何——但她在文科课程上经常排第一。她也许不知道,在当时,如果她想效仿表姐马蓓尔进入剑桥,那么几何课的成绩是必不可少的,因为人们认为几何可以显示逻辑思维能力。

后来,凯特在一档广播节目里充满深情地讲述了她在学校度过的时光。打字稿原文如下:

> 清晨,刚过六点,我们的中国保姆,阿嬷,就会站在我的床边,用轻柔的声音唤醒我,“洗澡水好啦,四姑娘”。旁边就是我们姐妹共用的浴室,一个涂着绿色彩釉、布丁形状的陶制浴缸正冒着氤氲的热气。浴缸底部有个软木塞,我们洗完澡后,会有专门负责浴室的仆人把水放光。这些仆人先是用扁担挑着长长的热水壶,把浴缸灌满热水。[我还记得1939年,我随母亲访问芝

罘时见到过这种情形。在我当时生活的香港,浴室使用的都是常见的水龙头。]在我坐进热水没到脖子的浴缸之前,我要仔细检查,看水里是否漂浮着昆虫,因为,浴缸没有水的时候,蜈蚣、蝎子什么的喜欢躲在里面的阴凉处……我们的洗澡海绵都包着纱网,以防小昆虫钻进里面乘凉。

早餐有米粥、水果羹、面包、黄油,都是用丹麦锡质餐具盛着端上来的。然后就该准备上学了。我们舒舒服服坐在小木船的船尾上,船工摇动木桨,我们便抓紧时间复习一下自己的功课。我现在还能记起弥尔顿的几行诗,或是莎士比亚的几段文字,同时脑海里浮现出明媚的阳光、粼粼的水波、海水拍打船身的哗哗声……

冬天,我们五个人骑上小马,或坐在轿子上,排成小小一列队伍行进在大路上。[125]路上有时会走过一溜浑身披挂、快活自在的毛驴,脖子上挂着的铃铛叮咚作响,脑门上红色缨络左摇右晃,驱赶着飞舞的蚊蝇。毛驴背上驮着轿子,轿子挂着帘子,里面大概坐着一个中国媳妇和小孩儿。我们很担心,如果毛驴失蹄,那轿子里的人可就遭殃了。如果遇到朝廷官员的大轿子,我们就会被挤到路边,因为官轿四周都是保镖随从……

9点整,我们都坐在大礼堂的小桌前,开始进行每日圣经朗读,然后祷告。我经常庆幸自己养成了这个习惯,因为这让我学会背诵大段文字。随后我们开始上课,一直上到中午1点午饭时间。接下来是上床午睡,有老师在旁边监督,以保证绝对安静。午睡后,我们这些走读生上预习课,然后放学回家,而住宿生要到外面步行。他们或沿着山崖行走,或顺着大路往乡下走。常常有一些小男孩盯着他们看,但没人打扰他们,因为中国人都很尊重学问。回到学校后，这些住宿生要上预习课，直到晚祷时间。接下来是晚餐和游戏活动，最后上床睡觉。[126][学校还培养他们对戏剧的兴趣爱好。我们可以在她们的相册中找到戏剧表演的照片(图6.6)。]

1900年冬天的节日

过圣诞节和欧洲新年时，男人们可以放假几天，不用上班。中国农历新年时他们同样可以放假休息。那年春节从1月31日开始。整个冬天全部是晚宴、舞会、戏剧表演、音乐会，还有孩子们的派对。最后的那个活动需要专门的准备，就是挂好礼物，装饰厅堂，准备好游艺节目。(佣人们都忙着做菜做饭。)

16岁的凯特是这样开始她1900年日记的：

> 今天是新的一年，新的一个世纪！全家以祈祷开始这一天。母亲前两天在山脚下跌了一跤，眼睛和嘴巴都伤得很厉害，而且受到不小的惊吓，现在倚在沙发上。我们五个人负责接待所有客人。客人来了不少(莫利医生[莫利纽克斯]、格鲁森[Gulowsen]医生、安兹[Anz]先生、莫尔特琴科[Maltchenko]先生、埃克福德[Eckford]先生、M.史密斯[M. Smith]先生、肯诺尔[Kenal]先生等等，等等。)下午，我们排练了准备演出的节目。演出1月4日举行，但只有莫尔特琴科先生和埃克福德先生来了。维维安(Vyvyan)家的人今天从家里出发了，能再次见到他们真是太好了！晚上，我们举办了一个盛大的海关晚宴，有16人出席——殷萼森(Innocent)夫妇、陶森(Dawson)夫妇、艾伦(Allen)

> 夫妇、莫尔特琴科先生、金佩瑙(Kindblad)先生、威廉姆斯,还有莫利纽克斯医生。晚宴后我们大家玩游戏——猫头鹰游戏,哑谜对韵游戏(dumb crambo)等——12:30 p.m.[原文如此]结束。

凯特没有提到她母亲又怀孕的事。43岁的弗朗西丝在第十次怀孕时受了不少罪,第二天就卧床休息了。演出延期举行。

日记中提到的名字多次出现。出席海关晚宴的有海关内班职员,还有两个关医。维维安·埃克福德有时也被称为维维(Vyv,V),或维埃(V.R.E.),他是1877—1884年芝罘海关理船厅郑宁师(Charles Jennings)的儿子,比艾米丽大两岁。他父亲被狂犬咬伤后自杀身亡。母亲随后改嫁给芝罘最大商行之一的合伙人,非常富有的安德鲁·埃克福德(Andrew Eckford)。维维安和两个双胞胎妹妹也改姓为埃克福德。1900年,维维安在继父的商行里工作。家里大人回欧洲,去接他的双胞胎妹妹阿达(Ada)和莱拉(Lilla)了,她们在德国的女子精修学校就读。家人不在的时候,维维安通常星期日与贾雅格一家一同用午餐。在1月和2月的日记里,他的名字每星期会出现四五次。日记使用了他的第一个名,说明他是被当作兄长,而不是当作未来丈夫对待的。姑娘们的父母信赖他,多次在傍晚活动结束后,让他陪姑娘们回家。他经常来串门,跟他们一起滑冰,散步,跳舞,演戏等。[127]

有邮件到来的日子都是大日子,这使他们能够与家人和朋友保持联系。1月4日:

> 下午出去散步,回来后发现邮件来了,有奶奶的信……听到

> 卜克斯(Brooks)先生(布朗夫人的哥哥)被中国教派残忍杀害的消息。克莱顿(Crichton)表哥在南非参加布尔战争……杰克舅舅送我一些乐谱……

传教士西德尼·卜克斯(Sidney Brooks)于1899年12月31日被义和团杀害。① 当时他在与妹妹过完圣诞节,坐独轮车返回自己工作的地方时被杀。[128]但此时,外国人社区的注意力都集中在有关布尔战争的消息上。司各特主教团(Bishop Scott's Mission)的格里菲斯(Griffith)牧师正在筹办一场音乐义演会,以帮助阵亡英国士兵的寡妇和孤儿。1月5日,凯特:

> 早上在俱乐部试演音乐会中的曲目。钢琴是安德森夫人的,不太好用。[她自己家里有架好钢琴,那是赫德送她的礼物。]然后跟艾米丽和弗朗西丝在山上散步。下午练习钢琴和小提琴……剩下的时间一直在编小篮子什么的,是为我们孩子们的派对做准备。伯恩(Burne)先生和太太来了,因为伯恩先生要与艾米丽试唱他们的歌曲,艾米丽是他的伴唱。

伯恩先生是他们礼拜堂的牧师。第二天日记所记载的内容可以在图6.7中看到。其实在第二天星期六,大家不只去了孩子们的派对。在莫利纽克斯医生为孩子们举办派对过程中,挂着真蜡烛的树着了火。另外还有一场音乐晚会,艾米丽、小弗朗西丝和凯特都表演

---

① 西德尼·卜克斯(Sidney Brooks,1874—1899),英国安立甘会教士,1899年12月30日在由泰安返回平阴教堂途中被杀,中国史称“肥城教案”。英美史学家多认为此事件为义和团运动的前奏。

了节目。演出很成功。凯特记录了父亲对女儿们的表现深感自豪。

接下来的几天,她们断断续续忙着准备自家举办的孩子们的派对。派对于1月15日星期一举行,来了45名海关职员子女,还有9名来帮忙的非海关成年人。准备工作一切顺利,但她母亲则“过度疲劳”。第二天,姑娘们听从父亲的意见,取消了戏剧演出。母亲弗朗西丝终于恢复过来,于1月25日又举办了一次晚宴,出于外交礼仪,还邀请了俄国领事。小弗朗西丝和凯特没有入席就餐,因为那样的话,用餐人数就会是13,但她们参加了晚餐后的游艺活动——唱谚语歌,猜书名。接下来在2月5日,有一场16个人参加的晚宴,之后有音乐表演和游艺活动。人们在社交场合登台献艺,演奏音乐,说明音乐才华曾经是颇受重视的女性素质。

1月11日的邮件中有一封赫德写给她们母亲的信,邀请慕德和凯特春天时到北京玩一两周。这意味着她们得赶快学会舞厅舞和流行乡村舞。姑娘们平时在海关子女跳舞班上帮忙,而冬天,在她们自己家里也开了跳舞班,是专门为大一些的女孩子开设的。上完2月3日星期六最后一次跳舞课后,凯特对自己的基本功已信心十足:

> 大家都来了,我们跳得很开心。我同埃默里(Emery)先生、莫尔特琴科先生和劳偲(Russell)先生跳了华尔兹,觉得已经完全掌握了!我们学习苏格兰舞也很顺利,跳了一遍。还有萨拉托加舞,我一步都没跳错。最后跳了一曲瑞典舞,我是同劳偲先生跳的。维维带头欢呼三声,“为贾雅格夫人喝彩”。所有人都说他们这个下午过得非常开心,难以忘怀。

听赫德说,1901年春天之前他们都不会有什么工作调动,她非常高兴。“这对我们大家都很合适。上帝对我们多么仁慈呀!”接着,贾雅格去了“第二届吸烟音乐盛会”——大概是只有男士参加的活动。但第二天,他就开始头疼。

这一年的春节从1月31日星期一拉开序幕:

> 所有家里的佣人和父亲公署的佣人都来拜年了,向他行“拱手礼”。街上挤满了穿戴节日盛装的中国人,当然也有衣衫褴褛的老少乞丐。

家里有24个佣人。有些佣人,如保姆和厨子是他们的私人佣人,但园丁、门房和其他人则由海关支付薪水。洋人们不参加烟台城里举办的各种节庆活动,但过年放假意味着凯特可以同父亲一起沿着海边漫步,走得很远。姐妹们则在海关职员子女跳舞班上帮忙。第二天唐纳利(Donnelly)夫人举办了一场大型海关子女化装舞会,她们都去帮忙了:

> 那里有一条巨大的模型船,船上灯光闪烁,装饰着各种沉甸甸的礼物。后来就是跳舞和游艺活动。巴和礼(Parkhill)先生和安兹先生请求母亲允许我们跟他们去看圣诞树,伯恩夫人和维维安也同往。圣诞树是十名单身海关职员送给内地会孩子的,用来补偿他们送给爱国基金[为布尔战争牺牲者捐献]的那一棵……我们跑来跑去很开心。维维安送我们回来,并与我们一同吃了晚饭。

那年冬天,主要户外娱乐活动就是滑冰。1月18日星期二凯特第一次滑冰。那天维维安来家里喝茶,然后带她、慕德、小弗朗西丝,还有艾瑞克去了一个湖。“维维安和莫尔特琴科先生轮流教我们,我简直高兴坏了。埃默里先生和殷莩森先生带着我在冰上转了一圈又一圈。月亮升上天空,我们才打道回府。”第二天,他们又去俱乐部冰场滑了两次,分别是早上和下午4:30。那个时候,男人们都下班休息了。——“太棒了,尤其是跟别人搭伴绕场溜冰”。接下来,她们每星期都会去滑几次,直到2月10日,那时候冰都要融化了,春天快来了。但是,就在3月1日:

> 夜里下了一场大雪……所有树上、草木上、灌木丛上都覆盖了松软的雪花,银装素裹。所有树杈上的积雪都足有3英寸厚……花园……如同仙境一般……

图6.9中就有一幅雪景。

贾雅格似乎喜欢与女儿们单个交流。凯特经常在他下班后去见他。比如2月6日这一天:

> 下午4点钟,我去接他,随后我们去了老城区,发现有一家日本人开的小店,干干净净的,我们进去探寻了一番。然后我们来到大路上,沿着海边走回家。傍晚的景色非常美丽,宁静。柔和的粉色和蓝色云霞衬托着日落,云彩的倒影映在平静的银色海面上。

还有一次,因为大雾弥漫,与父亲散步的计划告吹,于是,他“花了几个小时的时间指导慕德研究显微镜下各种奇妙的微生物。她马上要学习这门课了”。贾雅格深知，赫德最讨厌无聊无趣的人，所以专门给慕德补课，以便她在访问赫德时能够展示一下她对一些显示智力的科学问题感兴趣。让姑娘们接受教育的主要目的之一，是让她们学会将来“出去”参加成年人活动时，交往得体，谈吐有趣。她们总要与父母共进晚餐，而不能总吃儿童晚餐。艾米丽和茉莉尔已经“出去”过了，这也可以从她们盘起的头发看出来。慕德在 2 月 13 日就要过 18 岁生日，也将经历这种重要的人生转折。中国新年活动纷纷落幕，星期六，人们又开始正常上班，新学期也开始了。凯瑟琳和小弗朗西丝也只能在星期日参加成年人社交活动。

与此同时，艾米丽在操心自己的终身大事。凯特在 1 月 14 日的信中写道，“拉瓦斯（Lavers）夫人［另一位海关职员家属］请艾米丽去上海见查尔斯，就看他能不能请假从香港赶过去了”。1 月 17 日的邮件：

> ……带来安妮姨妈寄来的一个包裹，里面有送给艾米丽的漂亮礼服和给我们的领带……艾米丽从西摩尔海军司令那里听说……他已经将查尔斯继续留在中国服役的申请报告寄回国内，但他认为被批准的希望不大……

当时的女孩子们一般都穿黑色裙子，连打网球穿的都是这种裙子，但她们可以不断更换衬衫和领带来变换搭配。礼服则是很特殊的装束。卡拉尔家显然与海军司令爱德华·西摩尔爵士关系很好，他是驻中国的英国舰队司令。不久后，他将领导一次国际救援行动，营救被义和团围困在北京的外国人，但此次行动并未成功。

1 月 26 日，“艾米丽收到哈利舅舅的信，说他将应老朋友霍士船长的邀请去看望他”。原来,艾米丽未婚夫的父亲正在调查她家的底细,这在当时是人之常情。亨利(哈利)·福克斯是弗朗西丝·卡拉尔的大哥,所以,霍士将他视为福克斯家族的一家之长。霍士船长对他的纽卡斯尔口音很不喜欢。[129] 1月28日晚些时候,查尔斯发来一封电报,说他请了35天的假,已经从香港动身,前往上海了。艾米丽犹豫不决,是自己去一趟,还是让他来芝罘。考虑到此时正值农历新年,让他来一趟可能麻烦重重,于是艾米丽决定自己去一趟,并于1月29日乘轮船前往上海。即便她在上海会住在朋友家,但父母允许她出门,说明他们思想也够开通的了。后来的日记还提到她的幸福来信。2月27日,凯特写道,“今天,查尔斯告别艾米丽,回香港去了。她会感到多么凄凉呀”。可怜的艾米丽:查尔斯申请继续留守服役没有被批准。4月,他被调到“塔尔伯特号”(Talbot)上,驻扎在英国,负责北方勤务,这样一来,两人天各一方,相见遥遥无期。[130]

拍照片是当时非常重要的社交活动内容。卡拉尔家有一台可携带的盒式照相机,就是那种19世纪90年代中期问世的照相机。使用这种相机时,需要插入一块玻璃板,曝光形成负片,再在家中的暗室里冲洗出来。这大概是赫德送给茉莉尔的礼物。2月8日,凯特与茉莉尔出门,与埃特里克(Etterick)夫人、科伯特(Corbert)夫人和库柏(Cooper)医生(女性)一起喝茶。在凯特给她们弹奏钢琴曲时,“茉莉尔与她们讨论照相术,并与科伯特先生扑蝴蝶”。如果那本幸存相册中的照片是茉莉尔1899—1900年拍摄的,那么可以明显看出,她已多次尝试如何使用各种化学药水,如何掌握色彩和摄影技巧。有些照片是黑白的,有些则是深褐色,或靛青色。

2月27日,埃克福德一家回来时,卡拉尔家的大人们都去迎接他们,但姑娘们还是在3月4日星期日礼拜时才第一次见到阿达和莱

拉(维维安的两个19岁双胞胎妹妹)。接下来:

> ……午餐前,他们全家来跟我们打招呼,请我们跟他们一起散步。下午3点,我们跟他们碰头,散步到墓地……我们爬到山顶,到了庙里,还在那里四处探寻一番。回来后,我们到埃克福德家喝茶,在他们精美漂亮的客厅里……晚上,茉莉尔和慕德留在那里吃饭。

从那时起,阿达和莱拉成为姑娘们社交生活中的重要成员。3月18日星期日:

> 茉莉尔、艾瑞克和我出门散步,去了学校那边,跟[埃克福德他们]一同回来。他们都到家里来喝茶了。埃克福德先生和夫人跟父母一起在客厅喝茶,而阿达和莱拉,还有维维安,跟我们五个人[艾米丽已经从上海回来了]一起在餐厅,艾迪斯(Edith),艾瑞克和亚瑟这些小孩儿在小餐厅里。

烟台山的税务司官邸能够容纳三拨客人同时用茶。不过,整个房子的中心部分还是客厅(图6.10和6.11)。

看望赫德的日子日益临近,全家人开始讨论凯特是否算是要“出去”了。最后大家认为在此之前还应该有个过渡。3月26日,“晚上,埃克福德夫人来到家里,给裁缝一些指点,裁缝在给我们做连衣裙。后来,她又把我们的头发编好盘到后面(a plat[原文如此]behind),扎上一个很大的蝴蝶结”。她刚从欧洲回来,所以她的这些新时尚很受大家欢迎。4月1日星期日:“照常在上午11点去做礼拜。

弗朗西丝和我第一次半盘着头发去教堂!星期一,照常上学,艾尔西非常羡慕我的发型……”

4月3日星期二

> 这一天是一个要感激和赞美上帝,要牢牢记住的日子。晚上8点,母亲收到了丘彻(Churcher)小姐的短信,是大学考试结果。弗朗西丝通过了师范学院考试,拿到了二级考试一等成绩,我则拿到《圣经》课及生理学一级考试一等成绩。

丘彻小姐是继伯顿(Burton)小姐之后的女校长。(1942—1945年,我在印度修会学校念书时学习卫生与生理学。我们的课本没有提到生殖系统。我想当年师范学院的生理学课程大概同样省略了这一部分。女孩子对于性方面的知识可谓一窍不通。我母亲对于“生命真相”的了解,还是她丈夫在把结婚戒指牢牢戴在她手指上之后,才传授给她的。)

> 4月4日。来到学校后,我们发现今天放假,不上课,为了庆祝[考试结果]……接下来的三天,我要打点行装,下个学期再来学校了。晚上,由于茉莉尔不能去,我和父亲、艾米丽,还有慕德去埃克福德家吃晚餐。今天是双胞胎妹妹的生日晚会。我们表演了三重奏,阿达和我演奏小提琴,莱拉演奏大提琴,埃克福德夫人为我们钢琴伴奏。然后我们又玩了游戏,非常开心。伍德先生领我入席进餐。我们玩到12:30才回家!

为了此次她将永远难忘的北京之行,她还要多多练习。赫德爵士对于年轻女宾客,以及网罗来陪伴她们的年轻见习通译来说确实是一位热情好客、细心周到的主人。而就在一个月之后,由义和团运动引发的一系列事件便接踵而来,惊心动魄。

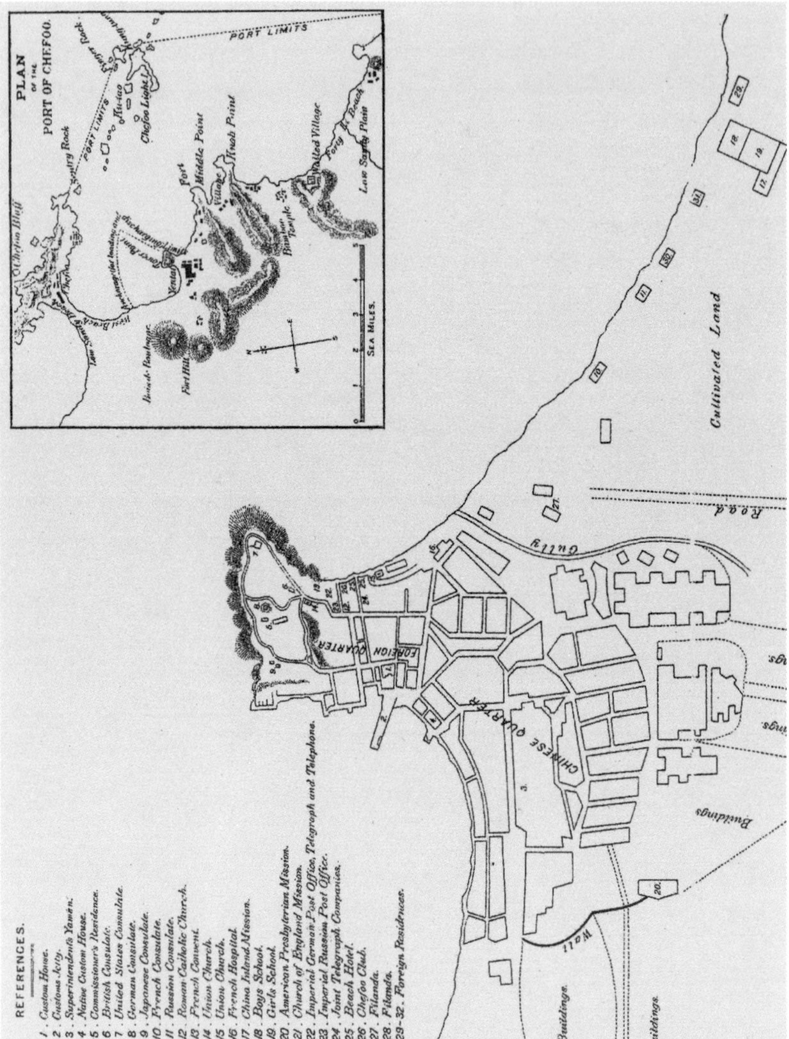
PLAN OF THE PORT OF CHEFOO.
PORT LIMITS
SEA MILES.
Middle Point
Knob Point
Walled Village
Fort Hill
FOREIGN QUARTER
CHINESE QUARTER
Cultivated Land
Road
Gully
Buildings
Wall
REFERENCES.
1. Custom House.
2. Customs Jetty.
3. Superintendent's Yamên.
4. Native Custom House.
5. Commissioner's Residence.
6. British Consulate.
7. United States Consulate.
8. German Consulate.
9. Japanese Consulate.
10. French Consulate.
11. Russian Consulate.
12. Roman Catholic Church.
13. French Convent.
14. Union Church.
15. Union Church.
16. French Hospital.
17. China Inland Mission.
18. Boys School.
19. Girls School.
20. American Presbyterian Mission.
21. Church of England Mission.
22. Imperial German Post Office, Telegraph and Telephone.
23. Imperial Russian Post Office.
24. Joint Telegraph Companies.
25. Beach Hotel.
26. Chefoo Club.
27. Filanda.
28. Filanda.
29-32. Foreign Residences.

6.1（a）

6.0

芝罘口岸区和“烟台”（是贯雅格在1901年的《芝罘东海关十年报告》中描绘的）

6.1（a）

芝罘，从毓璜顶拍摄的租界山以及港湾，由基尔施泰因先生拍摄（Ca01–64）。墓地位于照片下方，在松树掩映之下，如今成为一所小学。烟台城的西墙（在照片左侧中部）依稀可见。

6.1（b）

6.1（b）
租界山港口一侧的放大图。税务司官邸有巨大的白色烟囱，可以从房子正面平台延伸出去的两级阶梯辨认出来。花园从上面靠近坡顶的大门延伸到下面大路边的南门。路的另一侧是日本领事馆（即图中有很多窗户的大房）。

6.2

6.2
1900年的税务司官邸，从果园方向拍摄（Ca02-12）。这里有一处草坪，以及紧靠平台墙下方的网球场，再往下是果园。（还有一个菜园和一个鱼塘。）

6.3

6.3
女子学校合影，摄于1899年。没有注明姓名。后排中间的老师穿着中式服装，这也是一些传教士的行头（Ca01–048）。她可能是当时的艾米丽·伯顿校长。此建筑现为中国海军学院的一部分。

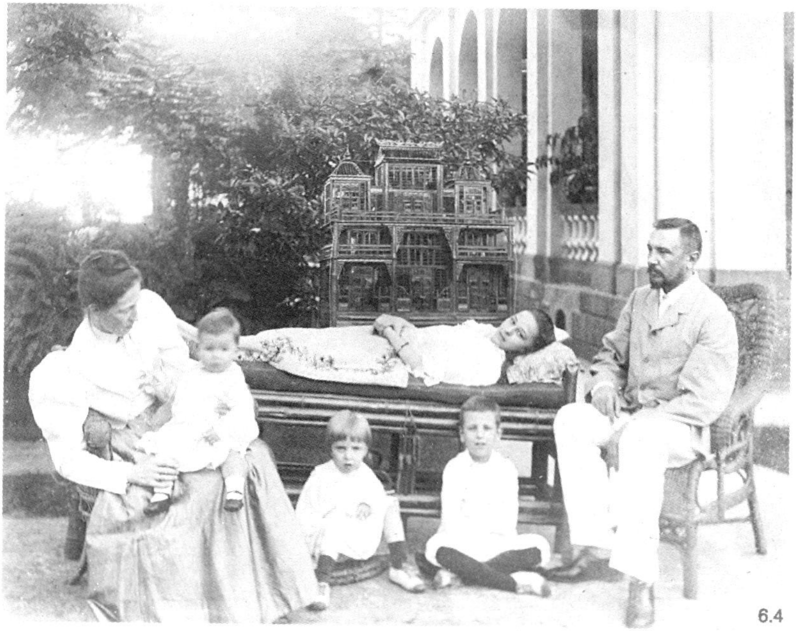

6.4

6.4
家中小孩子，摄于高大显赫的粤海关税务司官邸的露台上。小菲利丝坐在母亲腿上。小弗朗西丝显然在康复中。我母亲格温姿势不雅地坐在板凳上，她旁边是艾瑞克。背后是一只鸟笼（Ca01-023）。

6.5

6.6

6.7

6.5

全家在厦门，摄于1895年（Ca-s02）。艾米丽站在最高处。我母亲格温坐在她母亲腿上。唯一的男孩艾瑞克坐在母亲身边。

6.6

1899年学校圣诞戏剧演出：美女与野兽（Ca1-033）。一位教师被借来扮演一个男角色，但王子是由一名女生戴上假胡子装扮而成。表演者姓名没有标明，但右起第二位好像是艾米丽。

6.7

这是一本大相册的半页，Ca1，是1898年6月拍摄的五年级合影，有慕德和凯瑟琳（后排左边和中间两位）。

† 7

1898 [1st Month—31 Days] **January** [6-9] [Chinese XII Moon]

Epiphany. Old Xmas Day. Twelfth Day. 6 ~~THURSDAY~~ [6-359] Saturday. [XII Moon, 14th Day]
四拜禮日六初月正英 日四十月二十華

In morning Em + Frances + I practised our pieces at the Club. We all eight with Father went to an Xmas party given by Dr Molyneux. He had a Christmas tree, + I was given a dainty pair of China vases. Everyone was there, including V.R.E. who is all right again. The tree caught fire at the end, + all the children were sent out of the room, but the fire was quickly extinguished. In the evening we of course went to the "Grand Evening Concert" got up by Mr Griffith in aid of the widows + orphans of our killed + wounded British soldiers. Em + F. opened it with an overture duett, + I played my solo—Liszt's "Rhapsodie Hongroise"—was terribly nervous, but Father was satisfied, + I was congratulated by several people V.R.E. declaring it to be the best, but of course that is his Germanism. Mr McLaren recited beautifully, + his recitations with Mr Burne's songs were the best items on the programme.

Partial Eclipse of the Moon [see p. 2]. Accession of Abbas Pacha, Khedive of Egypt, 1892. 7 ~~FRIDAY~~ [7-358] Sunday. [XII Moon, 15th Day]
五拜禮日七初月正英 日五十月二十華

Rose later in consequence of concert. Special prayers said for sufferers from war, + for friends + relatives of murdered Rev. Brooks. Mr Burne preached. Went round the hill with Vyvyan who said Ada + Lilly disliked idea of coming out here. Vyr. came to tiffin as usual. Afterwards Em, Frances, Maude + I with Vyr. went for a long walk towards + round the foot of the pinnacle. Rather cold but exhilarating, many people skating. Vyr. briefly regaled us with Florence Marryat's "Three Fates" (?) which he had read while in bed. Gwen gave us a very original Xmas tree after tea, consisting of my violin stand ornamented with bits of straw, + herself, in an old rug, Baby's white cap, + a red doll's dress in her mouth for a beard represented Santa Claus: Father lying down, having caught a chill.

○ Full Moon, 8.30 a.m. 8 ~~SATURDAY~~ [8-357] Monday. [XII Moon, 16th Day]
六拜禮日八初月正英 日六十月二十華

Father much better. Subscriptions, concert, offertories, self-denial for Patriotic Fund collected in Chefoo amount now to about $1760. In morning + evening finished sewing for children's party. Went for a walk down to the rink + back. Vyr. called in evening to see how Father was + is to take us skating tomorrow. Lady from Shanghai is to take Miss Burton's place. Release for H.M.S. "Phoenix" probably not coming out for 3 months, so more chance of C. being able to stay out on China station.

First Sunday after Epiphany. Accession of King of Italy, 1878. 9 ~~SUNDAY~~ [9-356] Tuesday. [XII Moon, 17th Day]
拜禮日九初月正英 日七十月二十華

Practised piano + violin, + ticketed presents for children in the morning. Doctor Molly called, + as usual urged us to go out + not stay in so much. He refused to allow Maude to skate. Vyr came up to tea, + after it, Em, Frances, Eric, I + he went down to Singtai's pond. The ice was excellent + quite a number of people came to skate. Vyr + Mr Maltchenko each gave me a lesson, + I enjoyed it immensely. Mr Emery + Mr Innocent also whirled me up + down. We came back by moonlight, + decided to have the acting after all

6.8

6.9

6.10

6.8
凯瑟琳1900年1月6–8日的日记。

6.9
俯瞰花园以及西北方的港口，一直到远处的山，摄于1901年12月（Ca2–050）。下面的房子为日本领事馆—为图6.0上的9号位置。2002年，还可以从半岛的顶端依稀看到这幢房子（彩图D）。（白色斑块为酸腐蚀。）

6.10
客厅的另一端（Ca01–085），摄于1902年。小弗朗西丝盘起头发，但仍穿着裙子，正抱着小吉姆。

6.11
税务司官邸拥挤的大客厅一角（壁炉及镜子在对面墙的中央）。（照片来自艾米丽的孙子威廉·霍士一纽顿。）

第七章

花季少女:义和团运动的动荡岁月

到访天津和北京

1900年2月25日,赫德在信里调侃了凯特,因为她对查尔斯没能去芝罘看望艾米丽耿耿于怀,赫德暗指她是个天真幼稚、懵懂未开的小姑娘。从他们信件往来的言语中可以清楚地看到,姑娘们到访北京期间,与他相处甚欢。而从他在义和团暴动后所写的信札中可以发现,他植根心底的信念之中也隐藏着一些悲哀。他的信念就是要力助中国在经历那年夏季毁灭性打击后还能保住一统江山。而在芝罘,外国人对贾雅格和妻子弗朗西丝领导社区的功劳也一直心存感激:

最亲爱的凯瑟琳:

谢谢你的来信,以及对我生日的良好祝愿!岁月已悄然流逝,光阴荏苒65载,但它丝毫不会驻足片刻,带来的快乐也不会超过以往64年任何一次生日!我想象,我的第一个生日应该是最快乐的,因为我让别人手忙脚乱,而自己却全然不知——那大概是让他们增长本领的最好方式吧?

很可惜,你错过了我们跟艾米丽和她心上人开玩笑的乐趣:会轮到你的,等着吧!不知道你跟自己开玩笑会是啥样!知道吗,有时候会是这样的,也就是俗话说的:“两人成伴,三人不欢!”当然,你总会经历那种最美妙、最令人开心的场景,卿卿我我,窃窃私语!不过你还不太懂这些事情,不过……呵呵……等着瞧吧!

今年过冬,北京很热闹,很快活。有戏剧表演、宴会、溜冰、猎纸赛马会[①]及其他活动。我派我的乐队为他们四处奏乐,但我自圣诞节前就很少出门了,因得了感冒,待在家里,屋内有温暖的火炉,明亮的灯光,绝好的书籍,所以我的时间都排满了,一点都不会[心烦意乱]!现在霜都化了,所以我又想出门换换环境了。我最怕无聊,但我更怕别人嫌我无聊——年轻人聚在一起,叽叽喳喳,欢声笑语,肯定顾不上我这样的糟老头——事实上,我最好躲得远一点!

我想请你和慕德复活节时来北京,你们安排4月14日来可以吗?我不想你们晚于这个时间来,但如果不得已,提前五天也没问题。我想你们可以待两周。可以吗?

① 也称“跑纸”。1876年刊印的《沪游杂记》中记:“跑纸。春秋佳日,西人遣细崽马夫,囊携碎纸,乘马至远郊随意抛弃。次日,西人乘骑觅,能遵原路而先到纸尽处者为胜。”在跑纸活动开始的前一天,有人把沾有动物气味的纸沿路抛弃,第二天参赛者骑马,在猎犬的指引下前进,以能沿着原路最先抵达者为胜。

爱你们所有人,亲吻你! 爱你的,

鹭宾·赫德

图 7.1 是芳龄 17 和 18 岁的凯特和慕德。照片就是在那次难忘的访问后拍摄的。复活节是 4 月 15 日,而 4 月 2 日赫德就已发出详尽指令。他首先通过头一天的邮轮给杜德维先生寄了一封短信,内容涵盖了她们行程的每一步,他在信的最后写道:

第六,关于行李问题。你们带多少大箱子都行,但我要提醒你,不要拿太多零七碎八的小行李,很容易丢失,照看起来很麻烦。我还期待见到温妮·斯图亚特(Winnie Stewart)和艾菲·拉格斯代尔(Effie Ragsdale,中文名若士得)这两位漂亮姑娘。[她们后来发现,这个艾菲已经 15 岁,依旧穿着短裙,但各方面都很成熟。]

3 月 31 日星期六,"母亲收到艾尔莎·杜(Elsa Drew)的来信,说她也接到鹭宾爵士邀请,将前往北京,所以请我们顺便到她们天津的家小住几天,去程或回程皆可"。艾尔莎的父亲,杜德维是津海关的美籍税务司。由于温妮·斯图亚特那年没能去看望赫德,所以由艾尔莎顶替了。

4 月 9 日星期一,姑娘们已收拾好行装,准备上路,但没有去天津的邮轮。星期二晚上大约 8 点,父亲听说"剑鱼座号"(S.S.Dorado)再过两个小时将要起航。但所有客舱都订满了,好在船长把自己的船舱让给了她们。(当时芝罘没有定期的轮船航班,但有个在海关任职的父亲事情就好办了。)次日,海上风浪巨大,晕船的姑娘们经受了

五个小时的颠簸。星期四凌晨两点,她们醒来,发现船已到了拦江沙,离大沽差不多5英里远。她和慕德:

> 赶紧穿戴整齐,收拾好行李箱,走到甲板上,不少乘客已站在那里了。此时海上还算风平浪静。大概10:30,师安蒙(Strangman)先生(总巡)乘一艘小火轮来到海上,专门来接我们。[他们顺着泥滩河道,溯大沽河而上,最后抵达塘沽,可以看到那里有坚固的中国要塞,由重兵把守。]我们给杜德维先生打了电话[这大概是她们第一次使用这玩意儿],然后师安蒙先生把我们送上火车车厢。

到了天津,杜德维先生和艾尔莎来接她们,让她们坐上马车,先到他们家,然后带上艾尔莎的妹妹(也叫凯瑟琳),以及杜夫人,一同前往跑马场,后来又去了网球场。马车很稀罕,值得拍照留影,因为那时芝罘的道路崎岖不平,没法使用这样的马车(见图7.2a)。她们度过了漫长的一天。但第二天早上,她们并没有睡懒觉。6点钟艾尔莎就叫醒她们,穿衣打扮后去看训练小马,为赛马做准备——赛马可是当时重要的社交活动(图7.2b)。

星期五晚些时候,她们收到赫德爵士的邮件,请她们在天津再多待几天,因为他身体不适。于是,星期六,她们又打开了行装。她们去了一趟公墓。“我们见到了爱德华的墓,那里竖着一个朴素的十字架,墓碑上刻着爱德华·福克斯·卡拉尔的名字。”很可能是她们的父母请她们去悼念一下他们的第一个儿子。下午,她们和杜夫人乘马车前往跑马场,杜家的姑娘们和儿子莱昂内尔(Lionel)则骑自行车和骑小马去。她们在看台上喝完茶后,随艾尔莎和露茜姐妹到唱诗班俱乐部(the Choral Club)参加一个聚会。聚会后,她们步行回家。吃过晚餐,凯特和露茜一起演奏了小提琴。

星期日复活节,一位马丁(Marten)小姐来接慕德和凯特去参加清晨圣餐会。她们还跟杜德维一家去参加 11 点开始的英国圣公会教堂礼拜。到达之后却发现座位爆满。三个人找到位置,其余的人则乘人力三轮车赶到愉宁堂(Union Chapel)。(人力三轮车也是一样新鲜玩意儿,在芝罘还没见到过。)之后,她们去看望了吉勃里(Gipperich)一家[131],跟着又参观了一个墓地。

其余的日子也都安排了丰富的活动:看牙医,临时补了一个牙,看板球赛,打网球,购物,参观戈登图书馆①,学骑自行车,打扑克牌,广交朋友,给家人写信。4 月 20 日星期五是凯特 17 岁生日。杜德维一家把赠送给她的礼物一一摆在小桌子上:

> 杜德维先生送了一把象牙裁纸刀,他夫人送了一把银勺,艾尔莎送了一条白领结,露茜送了一本地址簿,凯瑟琳送了一副相框,莱昂内尔送了集邮册。[凯瑟琳爱好集邮。]慕德赠送给我一本《穆尔诗集》(*Moore's Poems*),是她和姑娘们一起买的,还有小妹妹们送的一副儿童手套。

后来,凯特因为吃虾而闹肚子,所以那天只能早早上床。她没有参加次日早晨的赛马会,但还是按计划动身前往北京。这段路程已不再需要两三天的时间了。11 点钟,杜夫人送她和艾尔莎到火车站,然后:

---

① 天津英租界工部局大楼,也称戈登堂内的图书馆。英租界由查尔斯·戈登率工兵部队完成勘察、测量和规划。

> 把我们送到车厢[火车]内。我们与汉萨德(Hansard)夫人(我们的陪护人①)、若士得先生、裴令汉(Bellingham)先生②、哲美森(Jamieson)先生及宝士德(Bristow)先生[132]在同一个车厢……[下午2:30,她们抵达北京火车站,赫德告诉过她们,车站离城里有3英里。]贝特勒(Bethell)先生和文铎(Wintour)先生(海关见习通译)来接我们,带我们坐电动车,只消七分钟就到了永定门。在这里,我们坐进一顶四抬"绿呢官轿",另有两名跑腿和跟班把我们抬到鹭宾爵士府邸,也就是我出生之地。鹭宾爵士在大厅里迎候,亲吻了我们。饮过茶后,我们来到宽敞漂亮的花园,听到乐队在演奏。傍晚,艾尔莎唱歌,由我伴唱;我还拉了小提琴,由慕德伴奏。白莱喜小姐和安妮·买威令(Annie Myers)[133]过来与我们共进晚餐,并讲述以前在厦门度过的时光。

60年后,凯特补充描述了当时的情景:那顶官轿十分抢眼,引人驻足,一个围观的中国人称,"那里面是道台和他的四个妻妾"。她还将赫德描述为一个身材消瘦、中等个头的65岁老者,两眼炯炯有神,脸带和蔼的微笑。[134]亲吻一位非亲非故的姑娘显然是一种非同寻常的问候方式,值得一提。

第二天是星期日,四周环境比较安静。9:30早餐后,赫德爵士带她们参观他的大宅,还"进到他堆满文件的'书斋'里"。11点,她们去公使馆的礼拜堂,他没有陪她们去。凯特发现做礼拜的会众人

① 英国习俗,未婚女子出入社交场所必须由年长的女性陪同,以监督行为。

② 裴令汉(William Bellingham)是英国建筑师、商人,1894年3月在英租界工部局的支持下创办《京津泰晤士报》(*Peking and Tientsin Times*),直至1941年太平洋战争爆发停刊。

数很少。跟赫德爵士一起用过午餐后,裴式楷先生陪慕德、凯特和汉萨德夫人一起到城墙上散步。站在城墙上,远处紫禁城的宫殿庑顶和庙宇楼阁尽收眼底。凯特注意到,北京城城墙虽有 50 英尺宽,但上面荆棘密布,而且有好几处已经残破坍塌的地方。几周后义和团围攻公使馆时,这里残破的城墙刚好为他们提供了可乘之机。晚餐后,赫德爵士的客人们又开始为他演奏音乐,娱乐助兴。

4 月 24 日星期一,是典型的忙碌的一天:

> 早上写信。午餐后,我和慕德,还有艾菲一起去奥地利公使馆,与纳色恩(van Rostern)[135]夫人和艾紫培·吉勃里(Elspeth Gipperich)打网球,然后又去网球俱乐部,汉萨德夫人和艾尔莎在那里打网球。晚上,鹭宾爵士举办了舞会,白莱喜先生和夫人,裴小姐(Miss Bredon),还有海关和公使馆的见习通译们都来参加。他的弦乐队前来奏乐,真棒。舞会一直开到半夜 12 点,其间休息时演奏乐曲。(鹭宾爵士竟让我挑选音乐节目!)我们与老朋友相约,在华格纳(Wagner)先生和哈利·宝士德家再见面。

图 G 展现了赫德专为舞会印制的节目单,慕德舞伴的名字都列在上面。

次日早晨,即 4 月 24 日,凯特起床较晚。哈利·宝士德骑着小马来,准备教她骑马。下午,他们坐马车到文铎家饮茶,贝特勒先生、卢立基(de Luca)先生、费克森(Ferguson)先生和斯泰老(Strauch)先生[136]也来参加。随后大家去了观象台(图 7.3)和贡院,最后顺着老城墙返回赫德府邸。收到家信,得知家里又增添了一个小男婴!家中喜得麟儿,她在日记里讲讲倒也不足为奇,但对一贯生活节俭的卡拉尔家来讲,特地发一封电报不免有些过于铺张。

4 月 25 日,购物之后,她们到英国公使馆拜访了柯(Ker)夫人[137]。夫人后来用自己的驴车把她们送回家。赫德爵士举办了一次花园派对,请来几位技艺超群的中国杂耍艺人和口技艺人表演节目:

> 铜管乐队演奏乐曲,夜晚,天气渐凉,我们便三三两两,漫步而行,最后跟兰瑟(Lancer)一家在草地上坐下来,觉得很开心。汉萨德夫人和艾尔莎到外面吃饭,所以晚上只有我们三人跟赫德爵士在一起,他为我们朗诵诗歌,还给我们看他的照片。

4 月 26 日,哈利·宝士德带慕德和凯特去了煤山①。“我们坐马车回来,沿路颠簸得厉害。在他家喝茶,柯夫人作为陪伴人在场,还有德鲁里(Drury)先生和鲍尔(Bower)先生。”那天晚上,赫德爵士举办了晚宴舞会。凯特写道:“我真是尽情享受。”4 月 27 日,柯夫人举办花园派对,艾菲、慕德和凯特都参加了,还有 30 名海关和公使馆的见习通译。凯特打网球,赢了两场。然后,她们又跟赫德爵士及汉萨德夫妇一起安安静静地度过一晚。汉萨德先生是来接太太回家的,用凯特的话说,这样一来她们就“没了陪护人!”星期六下班后,卢立基先生和贝特勒先生 5 点来接她们出门,跟劳腾飞(Von Rautenfeld)先生[138](海关职员)一起喝茶。她们兴趣盎然地观看他的小小动物展,还让小伙子们为她们拍了很多照片,最后兴高采烈地坐着人力三

① 现名景山。

轮车打道回府。赫德爵士下班后,她们又跟他一起喝第二轮茶。那天晚上,三位姑娘到白莱喜家吃晚餐,还“玩了一些荒唐游戏”。这种吃喝玩乐的夜生活似乎是当时京城贵族的风尚,在更为小资的芝罘,也是歌舞升平,大同小异。

4月29日星期日,郊外一日游留下了许多照片:

> 上午10:30,华格纳先生、桑德克(Sandercock)先生、卢立基先生和贝特勒先生来陪我们所有人去佛手公主坟,在这块绿树成荫的地方野餐。我们乘马车来到通惠河边,然后雇了两条晃晃悠悠的中式平底船,载着我们——裴氏一家、白莱喜一家,以及海关见习通译们(总共25人)——溯河而上。船是由一些男孩子拖着的。一路上,我们玩游戏,还让艾菲朗诵诗歌。[从图7.5可以看到,她穿着短裙,众星捧月一般。]运河两岸绿草茵茵,白鸭四处游弋。上岸后,我们在一座寺庙里吃午餐,庙内四面墙壁和屋顶尽是大块大块即将剥落的灰泥。后来,我们玩游戏,又跑又跳,而男士们进行射击比赛,每人搭配一名女士。与慕德搭配的那位男士为她赢得了二等奖。突然间,尘土飞扬,下起雨来,我们躲进庙里,还拍了照片[图7.6]。喝过茶后,我们乘船回家。鹭宾爵士过来,跟我们聊天,与往常一样,我们一起喝第二轮茶,整个晚上,我们都和他单独待在一起。

星期一,她们继续打网球,还拜访了白莱喜一家。晚上,赫德爵士举办了第三次晚宴舞会。“我们跳舞跳到半夜12点以后,中场休息时在清凉的花园里散步。”5月1日星期二,她们拜访了司各特夫人,她是北华主教的太太。“裴丽珠(Juliet Bredon)来串门,和我们聊天,一直聊到吃午饭时。”下午2点,德鲁里先生过来,带她们出远门,去万寿寺玩。她们乘马车走了18英里,好在这次路况不错。他们很晚才到家,得知鹭宾爵士和艾尔莎一直在担心,生怕他们在关城门之前赶不回来,被关在外面。

次日,裴丽珠又来“聊天”;下午4:30,几位年轻的海关职员来陪她们打网球。那天晚上,赫德拿出他自己创作的诗歌,吟诵了“几段优美的诗句。后来在我们的请求下,他为艾菲和桑德克先生赋诗一首”。后者是他的一名海关见习通译。

5月3日星期四:

> 下午4点,我们出去串门,拜访了白莱喜夫人、纳色恩夫人、福克(Focky)夫人和霍尔姆斯特姆(Homström)夫人。[由于是按照成人社交活动的规矩办事(登门拜访,要留下一张名片),她拼写人名的水平大有提高,但不是所有人的名字都拼得出来。]卢立基先生和贝特勒先生5点过来,陪我们到劳腾飞先生家做客,他要举办一场大型花园派对……有中国姑娘表演,她们在胡琴、梆子等乐器的伴奏下唱曲子。有人领我们参观劳腾飞先生的房子,房子装潢精美,摆设着各种中国和日本的珍品及家具。卢立基先生、贝特勒先生、桑德克先生、费克森先生和李家森(Richardson)先生陪我们回家,然后又在我们的小客厅,把尊姓大名写在我们的签名簿上。晚上,鹭宾爵士安排了一场温馨快乐的舞会。在慕德和我穿衣打扮时,鹭宾爵士让人送来首饰,每人两件——我的是一块银链手表和一条带珠宝吊坠的漂亮项链。他领我入座就餐,坐在他的右边,而罗斯(Rose)先生坐在我右边。我一曲接一曲地跳舞,没落下一支舞曲,尽情享受我的快

乐时光！

5月4日星期五，上午10:15，她们坐轿子去看赛马。凯特没有记下任何关于赛马的事，反而谈到女士们花枝招展的衣帽秀，谈到她们与小伙子们一起午餐的趣事，还讲到"施特劳斯(Strouts)上校请求我赏光跟他一起喝茶，我同意了。当被问到为什么我们在天津时他不来请我们时，他回答说，在我们去的前一天，他刚刚参加过一个晚宴！"施特劳斯上校是海军陆战队军官，后来在保卫公使馆行动中表现神勇。她们回家后，在花园里遇到鹭宾爵士和裴丽珠。鹭宾爵士和凯特一起合练小提琴，"优雅美妙，出神入化"，共练了45分钟。晚餐后，乐队在花园演奏，还有烟火表演。她们最终以"骑兵方块舞"结束。星期六的活动大同小异——看了一天赛马，包括"享用了一顿非常愉快的午餐。卢立基先生说我是这群人中唯一不需要伴护人的！"看来凯特把此言当作了奉承，但也可能是指那种与异性身体接触时的矜持和勉强，因为鹭宾爵士后来曾提到"她那羞涩的脸颊"。"施特劳斯上校又过来和我们搭话，非说我们跟他有姻亲关系……傍晚，我为鹭宾爵士演奏了狂想曲和小夜曲，他说没想到我能演奏得那么棒。"他们一起拉小提琴，拉了一小时，其他人都到白莱喜家去了。

5月6日星期日，凯特觉得疲倦不堪！裴式楷先生11点来接她们去礼拜堂。然后她们跟卢立基先生和桑德克先生一起在城墙上散步。但突然一场沙尘暴袭来，他们只好折返。"晚餐后，鹭宾爵士给我们展示了他收藏的饰品，共有23件。"5月7日星期一，下雨。"裴丽珠来了两趟，跟我们聊天"。"聊天"一词仅仅用在裴丽珠身上，表明她们觉得她有点烦人。[139]尽管杜夫人已写信要艾尔莎第二天启程回家，但鹭宾爵士还是安排她们住到星期六。

5 月 9 日星期三早上,她们和纳色恩夫人一起打网球,然后和哈利·宝士德在英国公使馆里喝茶:

德鲁里先生和巴尔先生(Barr)也在场,考克伯恩(Cockburn)夫人是我们的陪护人。[她丈夫是英国公使馆汉文秘书。]一般茶点(a regular bachelor's tea),都有罐头奶油、瑞士牛奶、烤面包干,等等。用茶之后,我们看了神奇的走马灯,主要是贝德福德(Bedford)、北京和天津的风景,也有"美女与野兽"的画片。太好玩了……我们跟鹭宾爵士共度了一个宁静的夜晚。我弹了四首钢琴曲,艾尔莎伴奏。我们还练习跳华尔兹舞,向他行屈膝礼,这是鹭宾爵士教我们的,他也很开心!

星期四,鹭宾爵士举办最后一次晚餐舞会。早上,凯特写好了节目单。下午 4 点,邓罗夫人来访,然后几个见习通译来接她们去打网球。晚餐舞会时:

逊戴尔(Suendale)勋爵和布雷克(Blake)小姐,所有海关的新院(Hsin-yu-an)宿舍成员和部分南院(Nan-yu-an)宿舍成员[此时海关选送的见习通译比包腊那个时候要多得多,所以分成了两个宿舍]来了。另外,[公使馆]见习通译翟兰思(Giles)先生、汤森德(Townsend)先生、罗斯先生、宝士德先生,以及巴尔特(Porter)先生也来了。一共有七首舞曲。中场休息时,罗尔瑜(Lauru)先生演奏小提琴曲,而我弹钢琴,演奏了舒伯特的"小夜曲"。我确实快活极了,几乎跟每个人都轮流跳了一次舞,每跳完一首舞曲,便到花园里漫步一番。[这里有 15 个单身汉,只有三个非单身！可见爱慕者真不少啊！]李家森先生领我入座，享用晚餐。

5月11日星期五：

是我们的最后一天!! 虽然头天晚上晚睡，但还是起得很早。和艾尔莎在花园里散步。鹭宾爵士几乎整个早上都陪着我们。他坐在窗台上，跟我们天南海北，东聊西侃。大约11:30，裴丽珠经过，看到我们大家都在，便停下来跟我们聊天。午饭后，收拾行李。下午4:30，文铎先生、贝特勒先生、卢立基先生和桑德克先生带我们去参观景泰蓝店……我们观看了整个制作过程，然后几位男士赠给我们每个人一件小礼物。我的礼物是一个可爱的墨水瓶，卢立基先生送的。我们后来一起去了新院宿舍饮茶，度过了美妙时光。我们先是在桑德克先生的房间喝茶，接着参观其他人的房间，这些房间都挂着照片和刺绣画。[可能是中国刺绣画]。之后，我们在宿舍大厅里跳了一场即兴舞……我们玩得非常尽兴，后来才发现鹭宾爵士就在花园里，偷听到"我们悦耳的笑声，像珍珠，像激流，像涟漪"，这是他说的。到纳色恩夫人和福克夫人那里道别。白莱喜一家、裴氏一家，以及霍尔姆斯特姆一家来送别我们。和鹭宾爵士度过一个完美的夜晚，最后是——告别。

事实上，这样说并不确切。星期六早餐后，她们还抽空在花园里溜达了几圈：

跟鹭宾爵士谈到入秋后再来拜访的事,谈到我们度过的美好时光,等等。后来,买威令小姐来了,贝特勒先生和桑德克先生也来了。约 10:15,我们坐上轿子上路。在拐弯处,看到了所有的海关职员,大概有 30 来人,有新院和南院的见习通译、白莱喜一家、裴先生……他们纷纷来到轿前,跟我们一一握手,然后在大门口挥动手绢,跟我们告别。贝特勒先生和桑德克先生坐人力三轮车跟着我们,送我们到车站。途中,德鲁里先生和宝士德先生也骑车赶来,一同为我们送行。

杜德维先生在天津迎接她们。"我们有漂亮的礼物送给他们,还有照片给他们看。一个下午都在聊我们的北京之行。"(这时期她们还没有相机;那些照片都是她们结交的朋友送她们的礼物。)

此次北京之行给凯特留下了终身难忘、回味无穷的记忆。鹭宾爵士也趁此机会从形单影只的孤独生活中得到片刻解脱,因此难以忘怀。5 月 13 日星期日,她们从天津寄来感谢信,他立即回复。

1900 年 5 月 15 日

亲爱的凯瑟琳:

整个星期六我都忙忙碌碌,但当我坐下来吃晚餐时,就觉得房间里空空荡荡——我多么怀念那些七嘴八舌、热闹愉快的时光。当我进到另一间屋子,点上雪茄,坐下来,孤独之感立刻向我袭来,如同一只熄灯器突然罩在明亮的烛光上——我感到十分凄凉;不过,到了星期日,我就又恢复了原来的模样,忙忙碌碌做各种事情,忘掉了孤独。现在,我都不能想象,你们已经来看过我了,你们的访问已经成为过去!但你们的来访给我留下了美好愉快的回忆;我真高兴看到你已经长大,成了一个心地善良、聪明理智的好姑娘。你的举止、你的思想、你的品位是如此端庄贤良,能认识你让我无比快乐。还有可爱的慕德——她的天性如此开朗,充满阳光:我觉得你们俩是相得益彰的好姐妹——你严肃认真、单纯质朴,她生性活泼、乐观开朗!我们这一群人组合得真够完美的——艾尔莎一副颐指气使的女王相,"小宝贝"艾菲天真可爱的样子,一桌客人各式各样,多姿多彩,为我这个主人带来了无比快乐。

整个星期六下午,我们这里又刮风,又扬沙,还很冷。星期日还是刮风,扬沙,浓雾弥漫——就像法国南部一样。昨天是个大晴天。今天也还凑合——闷热,阴沉。星期日和星期一,我都出去串门,今天打算继续出门,但刚刚喝了杯威士忌,处理了一些事情,包括给你写这封短信。你们报平安的信我已经收到,但是还没有艾菲的消息——但愿她别是生病了,可能她在北京玩得太疯,太兴奋,到天津后有些"身体不适"。不过,希望她万事大吉,但愿都是我在瞎着急,乱操心。海军司令今天到达,我明天要去公使馆赴宴——24 日还要去一次。我自己也得为公使馆举办一两次宴会,开始准备我的星期三花园派对。你们远离北京,真是可惜——要是你们在我跟前,参加这里所有活动就好了,有你们参加,这些活动会更加精彩!

向慕德问好,最后吻一下你羞涩的面颊。

爱你的

鹭宾·赫德

另外,希望你补牙时不会太遭罪!

赫德说的海军司令就是西摩尔司令。他已经派遣陆战队的斯特劳斯上校过来,商讨加强公使馆保卫之事。当时政局不稳,在北京已经能感觉到紧张空气,当然,这并没有反映在凯特的日记里。凯特只是在后来的回忆录里提到:“一天晚上,向来对耸人听闻的传言不以为然的鹭宾爵士显得心神不宁,十分不情愿地计划我们的离别行程。”

鹭宾爵士对姑娘们个性的评价精准到位,说明他通常有敏锐的判断力。“严肃认真,单纯质朴”恰如其分地概括了我所了解的凯特姨妈的个性。我在40年代末到50年代见过她。她对许多事物饶有兴致,认真对待。但她也有天真单纯的一面。我想部分原因是她从不爱把其他人想得很坏,还有部分原因是她从自己的内心世界得到了许多快乐,所以对身边局促的生活环境并不是特别在意。我的慕德姨妈1949年死于癌症,而在此之前大约一年的时候,我与她和她丈夫相聚,度过一周时间。对她的“生性活泼,乐观开朗”,我记忆犹新。她对自己的生活天地心满意足,把自己的家打理得井井有条。

凯特和慕德在天津一直逗留到5月21日星期一。部分原因是她们需要去看几次牙医。当时牙医只是偶尔光顾芝罘。她们照旧参加各种社交活动,看赛马,打网球。5月15日:

> 上午9点去看牙医。11:30与艾尔莎坐车去看赛马。那里人很多。总的来说,赛马会进行得很慢,天气热得要命。我们所有人与德璀琳一家吃了午餐。他们家有一幢漂亮的房子,午餐也很丰盛。汉纳根(Hanneken)先生和凯特尔斯(Kettles)先生分别坐在我的右边和左边。汉纳根先生讲起与我父母相识共处的日子……[140]阿理嗣[141](Aalst)夫妇来拜访,我们一起去看了头

天晚上那场大火的废墟。昨晚半夜1点钟着火的时候,我们非常兴奋,从花园里观望。

直到后来她才意识到,那场大火是义和团的纵火行为,是局势恶化的征兆。

5月20日星期日,风很大,所以没有去做早礼拜:

而是读了几篇杜夫人找来的杂志文章,很有趣,都是关于女性职业,评论等内容。用过茶后,去做礼拜……斯特劳斯上校登门看望慕德和我。晚上他又和亚当斯(Adams)先生、埃姆斯(Eames)先生过来与我们共进晚餐。杜德维先生领我入座,我坐在他和埃姆斯先生中间。为艾尔莎演奏了一支"小夜曲"和一首歌曲。然后我们去散步……结果发现斯特劳斯先生居然是那九个人中的一位,是个有妇之夫,还有一个孩子!!

我猜想,是杜德维夫人设计安排了这个揭秘插曲,因为她担心凯特对这位大胆时髦的上校过于感兴趣。她鼓励凯特考虑上大学的事。"杜德维夫人跟我讲了许多美国大学生活的事,还给我看了朵拉(Dora)的论文,以及一些有趣的小册子和杂志。"朵拉是杜家的大女儿。

5月21日星期一,他们获悉第二天有一班轮船将驶往芝罘。斯特劳斯上校写信来告别。杜德维先生送她们上火车,并托付给一对夫妇关照。凯特称他们为"典型的跑遍全球的美国富翁,相当友善"。5月23日早上6:30,她们到达芝罘:

我们冲进屋里,看到母亲和小宝宝在睡觉。他们被我们吵醒了。我们一口气跟母亲聊了一小时,给艳羡不已的姐妹们和父亲展示各种礼物和照片。整个上午都在拆包行李。后来跟父亲、茉莉尔和慕德散步,一直走到男子学校那边。后来又在我们家山顶上碰到埃克福德一群人,他们惊喜地跟我们打招呼。与父母共进晚餐。

显然,在北京逗留过的凯特从此被视为长大成人了。

义和团风云起,阴云笼罩芝罘(1900 年夏)

凯特回来后马上就回学校上课了。但由于去过了北京,算是“出去”过了,她更积极地参加成年人社交活动了。实际上,就在她返校第一天,5 月 24 日,“维维安、阿达和莱拉举办了一个舞会,给了他们的父母一个‘突然袭击’,我们都去了,芝罘所有人都去了。舞会地点是花园,我们在树下用晚餐,在草坪上跳舞。风很大,但我们照样玩得不亦乐乎”。她跟丹尼斯·唐纳利试跳了一曲华尔兹。这个少年才 17 岁,已经开始参加成年人活动,但他显然没有参加过冬天的跳舞班,所以,一曲跳罢,凯特再也不与他为伴了!不过,那个夏天,年轻的丹尼斯倒是与她们常来常往,展示唱滑稽歌曲的天赋。她们与埃克福德一家人继续保持友谊。5 月 27 日星期日,卡拉尔一家、福勒(Fowler)一家,以及埃克福德一家分乘三条船,前往西海岸,又从那里继续前行到巴保男爵(Baron von Babo)[142]的葡萄园,“我们在他的小房子里喝茶,然后乘船返回。在海面上,我们与埃克福德家展开比赛,当然我们的船赢得了比赛!”

5 月 25 日,中午时分,凯特收到德鲁里和宝士德寄来的她们在北京时拍的照片。邮政服务即将中断。5 月 31 日:

晚上,父亲告诉我们一个消息——“义和团”武装成员人数增加! 他们杀害了孟鹤龄(诺曼,Norman)牧师和孙宾饶(罗宾森,Robinson)牧师(两人都是英国教会的传教士),而且放火烧了距北京 15 分钟路程的丰台火车站。幸亏我和慕德在大乱之前安全返回,真是谢天谢地。目前局势似乎日益危急。[143]

义和团火烧丰台站,以及袭击比利时铁路工程师的行径,促使外交官们于 5 月 28 日提出派部队保卫公使馆的要求。星期五,凯特把这个消息传到了学校,引起“不小的骚动”。皇家海军“百夫长号”(Centurion)、“鳕鱼号”和“恩底弥翁号”(Endymion)从威海卫起航,驶向大沽口。他们又听到消息,说天津的渣打银行被烧。在接下来的夏天里,凯特的日记充满混杂凌乱的内容,十分怪异,既有令人恐怖的消息,又有芝罘社交圈子通常那些笙歌燕舞的逍遥事,还有凯特自己的学业和音乐活动。

6 月 3 日是圣灵降临节,给新生儿进行了洗礼。小弗朗西丝和凯特赶到礼拜堂,准备提前装饰一下洗礼盆,却发现埃克福德家已经在那里忙着装饰了,于是帮着一起收拾停当。所有海关职员的孩子都来观看洗礼,并在洗礼结束后,在山坡草坪的帐篷下喝茶。傍晚,埃克福德一家来和他们一起进行礼拜日晚上的赞美诗吟唱和音乐活动。夏天,一家人常在山坡台阶上进行这些活动。女孩子们轮流进屋,弹奏她们喜爱的乐曲。

第二天到学校后,她们听到消息说“租界里所有人家都武装起来了,因为城里聚集了几千名义和团团民。芝罘也临时组建了一支志愿队,夜间巡逻,从晚上10:30到凌晨4点!天津那边也有些人在转移过来"。6月5日,她详细记录了大沽口和天津那边人员及舰船活动的情况,并写道:"英国人进入了紫禁城!"其实他们还离得很远。

> 6月8日,星期五,照常上课。保定府着火,通州[144]被烧。传教士们幸未遭殃。5000名俄国人已经在天津登陆。这里兴奋异常。我们在等待杜德维一家的到来……[用铅笔书写,显然是后来添加的]北京围困开始了。

6月9日她记录到,窦纳乐爵士给上海发电报,说情况十分危急。西摩尔总司令和一位美国司令率领的800人部队正向北京挺进。外国军舰纷纷聚集到大沽口外,而中国军舰来到了芝罘,不过没有引起什么惊慌:

> 6月10日,星期日。照常于11点去教堂做礼拜。做完礼拜,埃克福德夫妇来到家里,问我们是否愿意跟他们一起乘船出海,在海上喝茶。我们4:30出发。艾米丽、慕德、覃书(Count d'Anjon)[145]和我,还有劳偲先生坐一条船。维维安、埃默里先生、双胞胎姐妹、茉莉尔和弗朗西丝坐另一条。我们驶往烟台灯塔①那里(大约半英里开外的地方),然后把两条船并在一起,抛锚停稳。大家饮茶。后来,我们返回,把艾米丽放下,让她去教堂[因为她要在那里弹风琴],接着我们又划船出海,并绕着一艘

① 1866年英国传教士福莱尔(Fuller)在崆峒岛上设计并监造的灯塔,系东海关所设最早航行标志之一。

中国军舰转悠——覃书先生莫名其妙地玩性大发,一件衣服都没脱就从船上跃入水中。他如此胆大妄为,被人抓住,送上岸,罪名是随意滋事,行为不端!维维安和劳偲先生送我们回家。目前港口里已经停有五艘中国军舰!由八个人组成的巡逻队每天夜里在租界区巡视。

6月11日,往北京发电报已经发不出去了……这里的道台十分慷慨,拨出一队中国士兵来保护我们,每条路上都有四五个背着棍棒巡游的岗哨!!

6月12日。一队士兵与义和团团民遭遇,打起来,打死50人。所有电线杆都被砍断。星期六,北京的赛马场大看台被烧毁。这里一切似乎都很安全,但估计14日晚上会发生一次袭击。英国皇家海军"凤凰号"已经进入港口,德国和奥地利领事也已经发电报请求兵舰支援。

6月13日。中国士兵怨声载道,因为他们已经很久没有发军饷了。大家怀疑他们中很多人其实就是"义和团",都同情他们。对我们来说,形势还不错。

一名志愿队队员提醒贾雅格注意港口入口要塞上的大炮,因为大炮的射程范围包括租界区。贾雅格于是找到道台,跟他一起找人卸下炮闩,使之失去威力,这才罢休。大炮则留在原地,没有移动,以免引起义和团支持者的怀疑。6月14日没有发生什么情况。6月17日,艾米丽和慕德从平房搬回大屋子。他们在那里存放了十来支步枪和一箱子弹夹。后来凯特奇怪地说,谁会使用这些东西呀。[146]

贾雅格开始备份所有信使及轮船送到公署的报告。[147]他还在家里谈论这些事,所以这些事都出现在凯特的日记里。不过,她也从别

的途径获取消息:

> 6月18日,星期一。我去上小提琴课时,从麦克欧文(McOwan)先生那里听说大沽口炮台已经被联军军队攻克。他们要求中国人24小时内撤离,但中国人拒不交出炮台,反而在时限之前向外国兵舰开火。鱼雷艇“名望号”(Fame)、“鳕鱼号”和“阿尔及利亚人号”抵近炮台,向其中两座炮台开火,将其完全摧毁。日本人则攻下另一座炮台。可见这些炮台是小型兵舰攻克的,大型战舰无法靠得更近。

她只是大致讲述了联军的伤亡情况,还写道“中方也有损失”。而她父亲的报告中则有详细的联军伤亡记录,贾雅格在报告中抄录了莫尔顿(Moreton)上尉写给他妻子卡拉尔夫人的信,信是他在皇家海军“鳕鱼号”短暂停靠芝罘时写的:

> 皇家海军鳕鱼号,6月20日
>
> 亲爱的卡拉尔夫人:
>
> 我们刚刚起航,驶往长崎,很遗憾不能在此稍作停留,因为是紧急调遣我们去那里。
>
> 请转告慕德小姐,我对打下大沽口炮台感到抱歉。我记得她说,我们决不应该那样做。[她还记得她们去北京途中见到那些炮台的情景。]“鳕鱼号”先冲过炮台,之后我们才将其攻陷。中国人试图用水雷阻挡我们,却炸沉了一条平底船。我们中了四五发炮弹,所以现在正赶往长崎,给船舷更换新船板,还要更换一个锅炉,因为它被炮弹击穿了。让我们高兴的是,我们和

“名望号”一起俘获了四艘中国驱逐舰，是登上舰艇将其缴获的。他们并没有进行抵抗。北京方面没什么消息，但是司令将率领一支强大的舰队赶到那里。目前天津还在抵抗着[原文如此]。

您的

(签名)J. A. 莫尔顿

慕德小姐的相册中有他的照片(图7.7)。

有传闻说6月20日将对芝罘的洋人发动袭击。于是几位女士和学校寄宿生把要紧的物品都装箱打包，准备随时逃命。但事实上什么也没有发生。这场与中国的“战争”打得稀里糊涂，莫名其妙。这个特点第二天再次显现出来。有几艘中国军舰被掠走，另外几艘被保住。6月21日，凯特写道：

这里的中国士兵增加了一倍。俄国人希望干掉港口里的三艘中国兵舰，但他们受到警告，溜回威海卫。这里是英国人的地盘，所以他们也就安然无恙。有天津打仗的消息传来，但却完全没有北京的消息，大家都为这两个地方牵肠挂肚，惴惴不安。

今天我们照常进行“家庭聚会”。家里来了很多人。[夏天，他们每个星期四都在家里打网球。]其中有三个日本人、一个德国人、一个美国人。皇家海军“奥兰多号”(Orlando)停泊在港口。港口里还有23艘轮船，挤满了逃难者，一间客舱里要挤14个人，不许上岸，因为英国领事觉得负不起更大的责任了！

凯特大概问过父亲，是否会发生一场战争，因为第二天她写道，各国发出了“最后通牒”，称他们只是对义和团开战。“尽管如此，很多中国人因为惧怕洋人而离开家园,逃往南方。我们的厨子已经走了。阿嬷也想回广州!”(阿嬷后来改变主意,留了下来。)

6月23日星期六,他们听到消息,说北京的海关宿舍被烧毁了。在天津,俄国人奋勇斯杀,保全了其他部队未被击垮。但是,皇家海军“奥兰多号”却带来消息,说城市大部分几乎都成了废墟。星期日下午,卡拉尔家五个姑娘和埃克福德家的双胞胎姐妹划船出海,还围着那些军舰转悠,军舰向她们鸣笛致意。奥地利乐队在俱乐部演奏,招待宾客。“更多难民涌入这里,多伍德(Dorwood)将军与威海卫中国军团[148]的950人从这里经过。① 晚上,唱赞美诗,晚餐后有音乐活动。”

他们得知,虽然天津被解救了,但海军总司令西摩尔的部队却遭遇抵抗,陷入困境。(6月28日,他们又获悉他已摆脱困境。)6月25日,凯特写到,有更多女生离开学校,回到家人身边。“因为,如果发生什么情况,领事只能保证大批儿童(约200名)的安全,而这里什么保护都没有。”据说周边地区活跃着1500名义和团团民。6月28日:

> 有报告说“义和团”已经到了平度(距此地有四天路程),一半以上的租界区洋人都感到惶恐不安。埃克福德家开始收拾必要物品,捆箱打包,时刻准备撤离,只有维维安不为所动,他母亲只好悄悄为他收拾了一件衬衣和一双袜子,塞进自己的包袱里。

海军的到来给芝罘的社交生活增添了一丝新鲜空气。6月29日星期五:

---

① 指1898年英国在威海卫组建的华人雇佣军“华勇营”,这个“中国军团”于1900年6—8月参与了八国联军攻打天津和北京的战斗。

> 姑娘们见到了"恐怖号"(Terrible)的海军军官[凯特此时在学校上课]。父亲母亲到埃克福德家去了，与他们一起吃饭，见到斯科特(Scott)上校。这是一位十分有趣的人物，因为他就是那个英国海军著名的炮术专家，曾在南非莱迪史密斯山(Ladysmith)围攻战中设计了在陆上使用火炮的炮架。

(海军的大炮在最后解救北京时派上了用场。)同一天，传教士纷纷从内地涌来，人数不断上升，让英国领事忧心忡忡，坐立不安。"魏德曼(Tratman)先生[①]颁布了一个条令，要求他们向南转移，否则他们会影响到其他居民的撤离疏散，进而威胁到他们的生命安全。"人们对这个"条令"置之不理。7 月 4 日，凯特写道，"我们的学校为他们腾出空地"。

这是一段令人揪心的时刻。7 月 2 日，42 名来自通州的传教士到达芝罘。凯特听说德国人烧了总理衙门(不准确)，还听说中国人已经把炮架到城墙上，瞄准了英国公使馆和其他公使馆(准确)。"只能干着急，帮不上忙。愿上帝保佑他们平安。"

芝罘最紧张的日子

当地义和团不时出没的传言并非无中生有，空穴来风。凯特对 6 月 30 日星期六发生的事件做了有限的描述，显然贾雅格跟姑娘们讲了当时的危急情景：

---

① 驻烟台英军军官。

上午上课。母亲带艾米丽、茉莉尔、慕德,以及埃克福德家双胞胎姐妹去了皇家海军"恐怖号"军舰,与司各特舰长共进午餐。她们……在军舰上转了个遍,看到了在莱迪史密斯山战斗中立功大炮的银质模型。还有女王赏赐的一盒盒巧克力,甚至还亲口品尝了一下。她们还看了布尔战争中使用的炮弹。从舰上回来后,她们又参加了克里尔(Krier)夫妇的婚礼。下午约5:30,只有我和弗朗西丝在家,这时格温和菲丽丝从外面回来,说街上发生了骚乱。母亲也回来了,让我们不要担心。好像是说大约150名原本要去海参崴挖矿的中国人接到报告,发现实际上他们是被拉去当兵,还受到了虐待。于是,他们拒不上船,暴乱就此发生。一大群暴民朝外国人扔石头,砸碎了他们的玻璃窗。勇敢的志愿队员拿着步枪冲出来,朝这些中国暴民放空枪,将他们驱散。过了很久,街上才安静下来。

贾雅格7月5日写的半官方报告给我们讲述了不太一样的经过:

30日下午4点左右,打工者中突然爆发了一阵慌乱,这些人为数众多,准备登上由安兹公司代理的"近江丸"(Seiko Maru)轮船前往海参崴。随后聚集了越来越多的暴民,他们砸碎了士美洋行(L. H. Smith)[①]办公楼的窗户。事件起因是一些被招募到煤矿的打工者听说要把他们送到海参崴去当壮丁,还要剪掉他们的辫子。人群中还有人说有些出国苦力的辫子已经被"近

---

① 英商士美洋行于1894年成立,主要经营金融业和航运业,专门从事从烟台到海参崴的业务,另外还开办了保险和进出口业务。

江丸”上的日本人剪掉了，还说这些人跟其他500多名出国打工者被关在士美洋行仓库里。当时我在场[在凯特后来的回忆录中，她说父亲是在参加婚礼过程中闻听骚乱消息的——正因如此，他才戴着礼帽，穿着礼服赶过去]，立刻派人去找史密斯先生，并得到他的允许搜查公司。接着，我让街道副治安官和队长到那些扬言有中国人被关押的人群里去，挑选三个人出来……跟我一起去搜查。他们照我的吩咐做了，但仔细搜查一番之后，并未发现所谓的500人，也没有发现少了辫子的中国人。那里只有洋行雇员。事情结果是，为了向道台呈报准确的调查结果，街道副治安官请那三位代表一起去道台衙门府。在那里，他们三个和另外一个据说是挑头闹事的人一起做了口供，并签字画押。做完这些工作，道台也赶到了。我向他汇报了所有经过，以及结果……于是他下令将众人驱散。随后，我在轮船代理公司襄理和街道副治安官的陪同下，登上“近江丸”，去清点船上的苦力人数，却发现他们都已经下船走了。回到岸上后，这位治安官向仍然滞留在那里的少数人群澄清事实，说船上空无一人。民众这才纷纷离去。晚上大约7:30，码头重新恢复宁静。一场险些酿成大乱的事件终告结束。[149]

他在报告中并没有提到“勇敢的志愿队员”。在与群情激奋的民众交涉之际，有他们在场反而可能帮倒忙，会火上浇油。大概他们是最后出场，驱散“仍然滞留在那里的少数人群”的。

在12月21日给赫德的一封私人信件中，贾雅格再次提到这些事件。

码头上和主要街道上密密麻麻挤满中国人,我费了很大劲儿才能往前挪动……事后,美国轮船"纳什维尔号"(Nashville)的罗杰斯(Rodgers)船长称赞了我临危不惧、沉着应对聚众闹事者的做法。单枪匹马,赤手空拳地冲上去,面对这么多人,真得需要一点胆量呀。不过,我跟这里的人向来无冤无仇,所以没有人会对我动刀子。[150]

凯特后来回忆道,父亲说过,他看着那些人搜查仓库时,心里非常紧张,一刻也不想多停留。晚上 8 点左右,他回到家里时,妻子正在网球场上心急如焚地来回踱步。

芝罘的中国商人坚信贾雅格当机立断,妥善应对,是他拯救了芝罘,使芝罘免遭天津老城的悲惨命运(凯特 7 月 6 日报告说,"老城的大部分地区都毁于大火")。假如当时街上义和团团民动手袭击了外国人,那么停在港口里的外国军舰势必开炮进行报复,还会派兵登岸,那么就会重演在天津发生的疯狂劫掠一幕。7 月 4 日,凯特写道:

这里的华商自发地组织起由当地人组成的卫队,维持治安,保护外国人财产。当"纳什维尔号"鸣笛致意时,有些中国人吓坏了,以为是冲他们发难,于是带着果品和美味点心去送礼,请求他们手下留情!!

7 月 10 日凯特报告说:

大沽口的情况有所好转。日本佬表现不错。1600 名美国人在前往大沽口途中抵达上海。法国军人"胆小怯阵",奥地利人“喜欢隐蔽”，日本佬“勇敢无畏——简直是一群心狠手辣的矮子杀人狂”。他们和俄国人一样，见到中国人就大开杀戒，不管男女老幼，一律干掉。“劫掠，劫掠，劫掠，这就是当天在天津发生的一幕。”

除了组织卫队，中国商人还决定以重礼相赠，感谢这位保住了他们城市的人。此事他们筹划了很久，直到1901年1月1日，贾雅格才在给裴式楷的报告中说到这事：

关于接受锦书之事

12月31日，我设年夜晚宴，招待这里的外国商人。今天，我请这里的重要中国商人共进午餐。芝罘同业公会已经于12月31日在我家向我赠送几幅锦书，以及一块牌匾，上面刻着我的名字以及感谢词，他们对我在去年6月30日骚乱中所采取的行动表达谢意，以此作为纪念。我接受了锦书和牌匾，因为我事先了解到，如不接受，道台大人会觉得很没面子。

今天中午，我接到了山东巡抚袁世凯祝我新年快乐的贺电。

红色锦书上是精美细致的金色文字，造价一定不菲。（图7.8，以及彩图H）。其中四幅现仍保存。第二幅及第四幅（从右到左阅读，张旭［音译］为我进行了翻译）①部分文字如下：

……直匪紛乘，謠言時起。修鐵路虔循良法，代辦鳩工；恐

① 作者提供了锦书原件照片，译者对中英文翻译作了校勘，纠正了其中许多错误，感谢中山大学历史系刘勇博士的协助。

烟台隱匿奸民,妄思蠭起。始而一唱百和,訛傳斷髮而逃歸;繼而億貌千形,力欲挺身而走險。……

島向使掣鯨無術,頓揚東海波濤,必致班馬有聲,誰司北門鎖鑰?一夫振臂,萬眾離心。誰補此偏?誰救此弊?卒能補偏救弊,化險為夷,此固列市所共知,而壯猷有素定也。貪悖不憂其豕突,勿須大戟長鎗;從容不亞乎羊公,仍爾輕裘緩帶。

第六幅锦书是我母亲留给我的,上面有签名:

……東海關稅務司賈大人德政,燕臺公會眾商頓首拜頌。

就像在福州时一样,贾雅格与当地官员密切合作。这次,他与当地商人保持了密切关系。他支持商人募集钱款,寻求专业技术方面的建议,将港口堤岸向西延伸(他早期曾提出过这个建议)。但他觉得在义和团运动之后,自己和这些商人都得不到裴式楷的支持。当时作为副总税务司的裴式楷已经和总税务司署大部分职员搬到上海,而赫德则留在北京,协助中国人与战胜国列强进行谈判。

暑假时光及围困解除

凯特的日记又回到夏日生活,可以看到,年轻人正在筹备一场赛艇会。“慕德为劳偲先生和丹尼斯做舵手,弗朗西丝为安兹先生和巴和礼先生做舵手,而艾米丽和茉莉尔参加女子双人赛,由巴和礼先生做舵手!”7 月 8 日,他们听到传闻,说义和团团民已经进入使馆区。“要是能了解到真实情况,让我们做什么不可以呢?”但是,到了 7 月

17日,“我们的巡抚袁世凯……称英国公使馆到该月9日时还是安全的”。7月20日,由于不断传闻情况严重,赛艇会推后举行,取而代之的是由丹尼斯召集的水上野餐,埃克福德家和卡拉尔家负责准备食物。7月23日:“基督教会派了一个当地教徒来告诉魏德曼先生,义和团团民已经摧毁了离这里几英里远的几处传教士住所,有可能打到芝罘这边来。”警报不断传来。此时,她们有了新任务,那就是为运到威海卫英国海军驻地的受伤人员出一把力:

> 7月27日,星期五。今天学校开始放假了。离开校园之际,丘彻小姐给我一番语重心长的叮咛,因为,下学期我可能就不再来上学了。
>
> 下午,从朝鲜赴威海的女护士到了。她们是米尔斯(Mills)小姐、安文小姐和卡梅伦(Cameron)小姐……她们与我们一起吃晚饭……母亲给我们定了一个计划,即我们每人每天要卷六条六码长的绷带!是给威海的伤员用的。

北方传来的消息非常不妙。7月31日:

> 收到莫理循(Morrison)博士[151]、鹭宾爵士和窦纳乐爵士发来的长电报。电报说死了62人,包括斯特劳斯上校、华格纳先生和奥利芬特(Oliphant)先生。128人受伤。其余的人则在静候救援到来。吃的是米饭和马肉。太可怕了。我抱着宝宝去看唐宁(Downing)小姐,并与罗蒂(Lotty)、艾尔西和尤尼斯组织了一个文学社。

显然,北京的消息并未让她马上反应过来。直到第二天,8 月 1 日,她才感觉到,“北京死人的消息令人悲痛万分。我简直无法相信我们居然刚刚去过那里。我坚信,并祈祷亲爱的鹭宾爵士安然无恙,其他人也平安无事”。

她并没有忘掉杜德维夫人在她心中唤起的远大志向。那天下午,在“与父亲沿着海边漫步很远后……他保证让我下学期继续上学”。坚持上学的唯一原因是准备参加 12 月举行的英国高中毕业证书考试(Higher School Certificate Exam),这是上大学的资格考试。8 月 16 日,学校通知她,比尔夫人可以继续教她。对父亲来说,这是一桩头疼的事,因为她后面还有五个弟弟妹妹要上学,他自己也还有个寡母要赡养,而且,年过五十的他也需要攒钱养老了,所以,不免觉得有些捉襟见肘。日记显示,她一直坚持上学,暑假期间还每周三次到安兹先生那里上德语课。她也继续读英国文学经典作品。艾米丽和慕德参加了她的文学社,打算研究丁尼生的生平与著作。

这些活动并没有影响她参加“家庭网球聚会”,也没有影响她在暑期频繁参加“水上泛舟”——划船。卷绷带的任务照做不误,有时甚至带到派对上,那里会有男士帮忙,丹尼斯·唐纳利会唱滑稽歌曲从旁助兴。7 月 28 日星期六上午,他们“第一次下海游泳。很开心。我们姐妹几个都出动了,跟阿达和莱拉一起坐船出海,从船上跳入水中”。之前的日记有几处提到天气炎热。8 月份,他们每周游泳两三次。8 月 16 日,他们获悉“救援部队的先头部队次日出发。希望可以很快到达北京”!

8 月 11 日,艾米丽面临着一次重大抉择。此事她肯定只与父母商量,而没有跟姐妹们谈过。因为,凯特只是简要提及此事,她先描述了那天下午为送别殷莩森一家举行的孩子派对,写到“在月光下疯狂划船”，还卷了一堆绷带。接下来，她才提到“艾米丽接到查尔斯的电报，让她‘火速前来’。她的回复是，如果去了就结婚，她就去——否则不去。我不明白是啥意思”。查尔斯当时在伦敦，显然不能承诺马上结婚。此后，他再也没出现在日记中，除了 9 月 23 日他的生日那天，“父亲讲了话，我们大家祝他身体健康！”

此时，他们几乎每天都能听到联军向北京挺进的消息。8 月 17 日：

> 我们五个人划着小船走了很远，大约一英里半。我们还绕着一艘日本军舰划了一圈。在回来的途中，我们遇到维维安和莱拉，以及吉勃里家的孩子，他们都划着自己的船。于是我们在“森塔号”(Zenta)巡洋舰附近聚拢，停靠在一起，等待巴保男爵和“森塔号”司令划船赶上来……后来，回到海岬时，吉勃里家的人告诉我们刚刚收到的消息。这个消息足以使今天成为一个纪念日——15 日晚北京围困解除[用红笔划了下划线]。

父亲立刻给在伦敦的金登干发了一封电报。电报深夜才送达，但金登干还是争取到在《晨邮报》(*Morning Post*)上登出此消息。这也是第二天早上的独家新闻，上了头版头条。[152]

整个夏天，这里平静如常，实属难得。这部分归功于贾雅格夫妇在社交圈里所扮演的领导角色。凯特的母亲在北京围困解除之后给赫德的第二封信中写道：

> ……虽然那几天我们焦灼不安，但我们从未停止过期盼，盼望您平安无事，渡过难关。我们尽量保持生活常态，定期到各家

打网球——星期一到费克森家,星期二到荣美莉(Ewing)家,星期四在我们家,星期五到理船厅家。我们还决定在7月底举行一次赛艇会——本以为在赛艇会前一天会接到您获得解救的消息。但等到那天到来时,却音讯全无,安静得出奇。大家心中惶惑不安,于是决定将赛艇会无限期推迟。尽管如此,我们的目的还是达到了,那就是让所有年轻人保持活跃,不停地训练,不停地划船,以确定比赛选手。在海里跳水游泳活动也没落下,即便没有什么人围观,我们还是尽量保持应有状态——整个外国人社区自始至终和睦友善,亲如一家——做到这一点的确不太容易,需要有一些外交策略。我们很高兴埃克福德夫人回来了。比起动脑筋,想办法,她做事能力更强些,总是干劲十足。但我们相信她完全是出于善意,而且人也会进步的!

凯特后来写到,天津遭到攻击时,父亲曾动了念头,让母亲带着孩子们到日本躲一躲。但是,母亲弗朗西丝的表现与在福州时的临危不惧一样,认为他们应该不动声色,照常行事,以免在外国人和中国人面前暴露出内心的恐惧。

围困解除之后

8月22日,他们听说到北京的邮政服务又开通了。早上大家一起去照相(图7.1),回来后,母亲、凯特和慕德分头给鹭宾爵士写了短信,表达终于释怀的喜悦之情。父亲也到公署写了信。母亲弗朗西丝写道:

……我必须写信告诉您,终于听到北京解除围困的消息,我们心中充满感激。我们大家一直都惦记着您,心中一直放心不下。因为,听不到您的消息,不知道您在前不久的恐怖事件里是怎么熬过来的,我们根本无法踏踏实实地正常生活。您安然无恙,除了华格纳先生,您的职员也都安全渡过难关,这让我们感到一些欣慰。

好吧！就此打住了,即使写满四大页纸也无法表达我们的感受。想必您已经收到一堆堆的贺信和电报,再也不想收到更多的了。为什么我们家竟有四个人觉得享有给您写信的特权,会觉得如果不给您写信,会让您惦记呀？所以,我们的特权是盖世无双的……

普通信函一般使用一张大页纸,折叠起来成为四页。所以,写满四大页纸就相当于写了 16 页的长信。凡是不超过一大页或四小页的书信,都属于"短信"或"字条"(鹭宾爵士专门备有写这种短信的信纸)。

下午 6 点钟,凯特和艾米丽到教堂唱诗班练习唱歌,然后同慕德和小弗朗西丝划船。海上风大浪高——"我们拼命划桨"。第二天,"我们和阿达、莱拉一起出去游泳,轻松愉快。海浪很高,我们都玩得十分尽兴"。这段日记说明她们在海边游泳。父亲和其他几个人在那里搭了几个更衣棚,就靠着法国修道院的院墙边。修道院旁边是芝罘洋人俱乐部。(第二年,洋人社区中发生了不愉快事件。当时修女们要求拆除更衣棚。父亲答应了她们的要求。剩下几间没有拆除的棚子被修女们捣毁。这下惹怒了那几位棚主。他们采取了报复行动。姑娘们穿泳装的照片没有保留下来,但很可能她们的泳装短于她们打网球和曲棍球时穿的裙装。也许就是这身装束惹怒了法国修女。)[153]8 月 24 日,他们在长好美(May)夫人家“网球聚会”时,听说了在围困中有五个孩子丧命,其中包括白莱喜夫人的幼子,还听说联军之间发生了争端。(长好美先生任超等总巡兼理船厅,平时配合贾雅格,为其收集信息,以便编写芝罘事务报告。)她们原来抱着一丝希望,鹭宾爵士会到芝罘来,但 8 月 26 日杜德维夫人的来信把这点希望冲得烟消云散。信上说,他已经决定留在北京,与他那八位光棍儿职员组成的一干人马坚守岗位。

9 月 3 日,凯特和小弗朗西丝又开学了,于是日记变得时断时续,只有几篇记述了社交活动,比如 9 月 16 日星期日,为 21 岁的艾米丽和 5 岁的菲丽丝一起过了生日。她们与埃克福德家的孩子一起到德国军舰“戈尔号”(Geier)上玩儿。德国军官们给她们展示了自己养的宠物,一条鳄鱼、一只长尾小鹦鹉和一只南美负鼠。这个月,去参加救援部队的莫利纽克斯医生回来了。跟他一起回来的还有海关第一批见习通译文铎先生(架着拐杖)和史密斯(Smyth)先生——他们是经过这里回国休假的。这年秋天,芝罘时兴两种新娱乐活动,惠斯勒桥牌和曲棍球,这是当时风靡一时的女士体育项目。曲棍球委员会于 9 月 26 日开会,决定组织两支队伍,每周六开展活动。“我们姑娘们要制作自己的专用上衣和球帽了!”

9 月 29 日星期六,是父亲 51 岁生日。全家为他庆祝生日,不仅送了一大堆礼物,还举行了一系列活动:

> 早上 7 点,全家人来到母亲的卧室,向他说“生日快乐”。艾米丽和慕德送给他一打绣着他姓名字首花体字的手帕。茉莉尔送了一幅油画。母亲则送上由我们所有人凑份子的一张支票,

用于支付一枚印章金戒指。上午莫尔顿先生来了，邀请我们去看板球比赛，但由于我们已经计划了一场家庭音乐会，就婉言谢绝了。（艾米丽、茉莉尔和慕德正在制作父亲的生日蛋糕！）下午4点，我们大家一起喝茶，茶后直接开始音乐会，一直到6点钟。艾米丽和慕德去教堂唱诗班练歌，剩下我们散步或练习射箭。"鳕鱼号"的麦肯锡（Mackensie）上校[原文如此]和莫尔顿先生来吃晚餐。艾瑞克……在晚餐上停留很久，不肯回房睡觉。我们结束了音乐会。麦肯锡先生唱歌，我们则打惠斯勒桥牌和"老处女"牌[①]。后来大家都来玩"老处女"游戏了（莫尔顿先生命中注定是个老光棍），接下来又玩"发财"游戏，所有人大呼小叫，十分过瘾！（我们本来是要到"戈尔号"上跳舞的，但军舰突然接到命令，开走了。于是，莫尔顿先生提议请我们到"鳕鱼号"上去玩儿，去看舰艇锅炉里那枚未爆炸的炮弹。但是，音乐会让所有计划靠边站了。）"黑白"照片中是满脸笑意的"鳕鱼号"军官们！[图7.9]

芝罘港湾里依然停满了军舰。9月30日收获节时，他们几乎无法挤进小小的礼拜堂，因为里面来了20个海军新兵，分别来自两艘军舰。不过，凯特狡黠地说："十来个老老实实的水兵居然给我们挤出了四个人的位子！"晚上，北京海关总税务司署的史密斯先生来吃晚饭，向大家通报了情况：

所有人都很好——差不多整个总署的人都给了三个月病

① 19世纪英国流行的一种简单对对子的玩牌游戏，剩下的单独一张牌是"王后"，也称"老处女"。其玩法类似中国的鳖七或鳖王八。

假——所有见习通译都走了,只留下六个人——鹭宾爵士是最体贴周到、沉着勇敢的男人,纳色恩夫人则是世上最勇敢的女士——裴式楷一家自私自利,胆小怕事![154]买威令小姐、白莱喜夫人与窦纳乐夫人一起收拾整理房子。整个总署的东西差不多丢光了。鹭宾爵士只剩下身上穿的一套衣服。

与此同时,凯特的个人计划也出了岔子。9月18日,“去上学,却听到比尔夫人要回英国的消息。那样的话,艾尔西和我目前的学业就要被打断,因为学校‘人手太紧,腾不出老师按我们的要求单独给我们授课’——丘彻小姐非常遗憾地对我说”。第二天,艾尔西就和比尔小姐一同回国了,于是,她只好为自己制定了继续学习的时间表。她继续跟着诺里斯(Norris)小姐学习音乐。但由于另一位老师生病,请了假,诺里斯小姐已经忙得不可开交了。母亲大概已经预见到她将来一定要有一份事业,于是鼓励她主动为学校帮忙,学校欣然接受。

母亲弗朗西丝在围困解除之后,9月26日给赫德的第二封信里讲了此事:

亲爱的鹭宾爵士:

上个月我写信祝贺您脱险时还天天都盼着能见到您,但显然,即使是没有刚刚发生的麻烦,您也会舍不得离开您深爱的北京。我这次打算写一封轻松闲聊的信,省得大家都跟我一样,觉得您仍然高高在上,离我们十万八千里,而您个人其实厌恶被奉为神明,反而希望体验一下人间烟火,了解了解我们普通港口生活是什么样的。……我还一直没有见到过与您一起经历过那场浩劫的人,但是,所有那些到过这里,那些有机会向人讲述事情经过的人，无不羡慕我们有您这样一位掌舵人，我不禁为自己曾有机会领略您的风采感到荣幸，您的真正胆略常常被总税务司的外表所掩盖。您的下一次讣告（我相信那是将来很久以后的事了）可能会更真实些，所描述的性格更接近您的真实自我吧！好吧！请不要觉得我的文笔过于唐突失礼，因为，在我们与您共同度过那年冬天之后，我已经充分见识了您的足智多谋，您的大公无私，这些品质似乎给那些与您密切接触过的人都留下了深刻印象。我感到由衷欣慰，因为，我知道，那些人对您不约而同、众口一词的赞扬都是您当之无愧的——我笨嘴拙舌，永远无法用这样的赞誉之词表达内心情感，但我确实感同身受，请您一定不要责备我如此吐露心声。

她继续讲述了那年夏天芝罘的情况，前文已有引述，随后又补充说，她希望见到自己大哥的儿子：

……他隶属英国皇家骡马炮兵部队（R.H.A.）……只是那些印度运输船来到威海卫停靠一下，准备北上，所以我们根本没有见到他，令人大失所望。他是我第一位，也是唯一一位亲戚，他远道而来，到了中国，只要一想到他就在天津，离我那么近而不能相见，就让人恼火。我们准备为他的25岁生日做一个生日蛋糕，然后送过去！……凯瑟琳的事也让我们十分失望——她原本准备跟着一位专门老师继续学业，所有事情都已经安排得十分妥帖，也进行得很顺利，但那位女士突然接到电报，回国去了。［她还告诉赫德，凯特在给学校的音乐课帮忙。］在几个姑娘上学的事情上，学校对我们很关照，当时慕德生病，学校对我们也很好,所以,现在能奉献一点小小回报,是件好事,也让我多少感到欣慰。在拳乱发生时,学校真的表现出色,一直保持正常运转。他们一直没闲着——接纳了大屠杀留下的孤儿。我的长篇大论到此结束吧,别紧张,我不会再找一张大纸,另起一页了……向鹭宾爵士致意……

10月12日,学校新来了两名教师,父亲对丘彻小姐说,凯特该继续她的学业了。这段时间她的日记内容很少,显然新老师给她布置了很多功课。11月23日有一篇日记:"母亲生日!我们几个女孩儿送给她一些绣品和一个顶针。"虽然凯特在天津时看过几次牙医,但现在她的牙疼又犯了,让她无法参加晚上的派对。11月29日,她又写道:

在学校最后一天,真的是学校生活的最后一天了!一上午都在收拾书本,还有零七碎八的东西。商量好继续读《玛利亚·斯图亚特》(*Maria Stuart*)和《斯卡潘的诡计》(*Les Fourberries de Scapin*),以保持我的德语和法语水平,每周还到诺里斯小姐那里上一次音乐课。

她没有按原定计划去上海参加12月的英国高中毕业证书考试。小弗朗西丝第二年去了。对自己的能力,凯特心里没底,临阵退缩,很可能是由于学业中断导致她信心不足,觉得没准备好应试。后来发生的事情证明,此次缺考代价巨大。好一些的女子学校现在都只招聘有学位的教师,而仅仅有一个师范学院证书,被认为尚不够资质。[155]凯特在给赫德的信中并没有抱怨什么,但对奶奶则透露过心声。奶奶后来在1901年1月给赫德的信中讲了一些内情,"她很伤心，因为那个学期就要告别学校了，而她是那种酷爱学习的孩子”。

赫德笔下的围困，信件往来源源不断

赫德爵士 11 月 12 日回复了她们的来信。他的信皱皱巴巴的，显然这些信被反复传递、反复阅读过，以至于信上的笔迹模糊不清，读起来比看平常信件难度更大：

最亲爱的凯瑟琳：

当初我没有劝你们几个姑娘再多住一个月，是多么万幸呀！在那八周时间里，我怎么能用马肉宴请你们，怎么能用隆隆作响的枪炮音乐招待你们呢？我经历磨难，大难不死，至今安然无恙！“救援部队”一到达，我就开始工作，一直试图收拾残局，重整旗鼓，但还没有成功，不过，我们怎么也得把矮胖子（Humpty Dumpty）①扶起来。当然，应该敲打敲打中国，整一整那些亲王和大臣，是他们酿成这些暴行，他们原来还有更恶劣的打算。至于联军是否趁机报复、趁火打劫的问题，则是小事一桩——我们要筹划的是未来，所以，目前，我正在静观其变，为此坚持不懈地努力。当然，我应该休假，但我感觉还挺“结实”的，而且［两个汉字］在这个“船将倾覆”的节骨眼儿上，我也不能弃“船”而逃，我们必须摆正船身，保住这条船的利益，也保住其他所有人的利益。我租到几间房子，就在祁罗弗洋行（Kierulff）②后面，好像他

---

① “矮胖子”是英国《鹅妈妈童谣》中“坐墙上栽跟头”的人物，后被用来指“蠢笨的人”，这里指清朝政府。

② 丹麦商人彼得·祁罗弗创立于 1874 年的北京第一家西方贸易公司，以专售舶来品闻名。

们刚刚给我收拾停当,可以入住了。[他很不走运,因大雾降临,工期延误,一直拖到春天。]

我这里一点都不舒服,但比起其他大多数人,还算凑合了。我没想到自己这么抗冻。我选的另一个地方是一座寺庙,就在哈德门高景庙(Ha-ta-mu-kao-tsing-miao)旁边。1861年的时候,他们就让我看过那个地方,如果英国公使馆没有地方给我住的话,我可能当时就住在那里了!跟我在一起的有帛黎(Piry)、甘斯腊(Granzella)、斯泰老、科洛约夫(Kurhowyoff)、费克森以及印卡马诺(Encarmano)。其他人都随副总税务司去了上海,或者休假去了。可怜的华格纳先生被打死了。德柯西(de Courcy)先生后来也死了。我们的很多人都很……[原字模糊]。你可以看到贝特勤和桑德克那些年轻人是多么勇敢:俾斯麦(Bismarch)和威利·杜普雷(Willie Dupré)……[原字模糊]几乎每天夜里持枪站岗——他们干掉了不少义和团拳匪!前两天,我收到艾尔莎·杜的信,说她渴望回到天津。但是自从5月以来,我就没有听到艾菲的消息。回想你们来看望我的那些日子,我心中充满喜悦。但那仿佛是很久很久以前的事了。事实上,从那时到现在,我经历的是一种永恒过程,因为我总觉得公使馆被围困的几周永远都没有结束。

那天我去看了老地方,回来时,双手捧着满满一把玫瑰,眼里是酸楚的泪水,心中之痛无以复加!你们是看不到那种废墟残垣的惨状!我所有东西都化为灰烬,大火夺去的东西永远无法找回。8月4日,我总算给伦敦发出了一份电报,请他们寄一些衣服过来,因为我只剩下夏天的单衣,我的部下立即照办。邮轮于8月23日出发,装着我要的好东西,于本月19日到达,我立刻就拆包了,此时,我还一直穿着夏天的单衣呢。20日,天上就飘起了雪花,气温大约下降了20度,我有暖和的冬装穿了,多么幸运呀！法国公使馆损毁得十分严重,我简直无法想象那里的人是怎么熬过来的！我认为,他们、日本人,还有柴五郎中佐(Shiba)在围困中表现可嘉。可怜的施特劳斯上校,在围困接近尾声时战死,令人痛惜;他那时四处奔忙,夜以继日,嘴里永远叼着一只烟斗,所有事情亲力亲为,深藏不露。我们经历了最可怕的半个小时,当时就在我们的墙外,战斗激烈,枪炮声响成一片,十分骇人。好在他们没能翻墙进来。海关的人都聚集在[公使馆见习通译食堂里],[156]就在小教堂对面。我们在那儿吃饭的有四十来人,每次八个人同时进餐,在共用餐桌上吃。米尔斯(Mears)太太负责备餐,还有劳偲夫人和德贞小姐做她的帮手,把我们照顾得非常周到。说实话,如果没有米尔斯太太,我简直不知道我们会是怎么过——她真是一个万里挑一的能人！我的两个男仆也陪我一起经历了这场劫难:阿峰(Afong)从1859年起就一直跟着我,文志(Wen Chi)也跟了我12年左右,他们表现得非常出色。现在你再也找不到我们的胡同了——胡同里所有房子都成了废墟！那儿的人也都走光了！令我痛心的是我的乐队也落了难——但也许乐队的座右铭应是"东山再起"！如果我还能坚持一年——我正努力争取,而且有像你们这些朝气蓬勃、青春年少的孩子们加入进来——我一定会从头再来,但那里再也不是原来那个家了！

爱你们所有人,特别亲吻你——如果你不把脸扭到一边的话！

爱你的

鹭宾·赫德

另:代我向你妈妈和慕德道歉,我还没抽出时间给她们回信呢!

赫德的信反映了一个有关社会地位的有趣问题。赫德本人对自己的社会地位非常敏感,但他对别人的地位并不在意。他把米尔斯太太说成是主要负责做饭的人,而她丈夫克里斯托弗·米尔斯自1880年以来不过是一名海关勤杂工兼煤气技师。另外一位当事者满乐道(Coltman)医生赞扬的却是劳偲夫人和米尔斯太太:“她们无时无刻、不知疲倦地忙碌着,用每天定量供给的马肉和大米为大家做出可口的饭菜。”[157]对于这位满乐道医生来说,首先提到劳偲夫人,是表明她丈夫的社会地位较高,他是一位教授,在围困解除之后出任福州税务司。

凯特也已经听到了这些消息,因为,在10月3日的时候,伯蒂·辛普森(Bertie Simpson)来她家吃午餐。他是直接从北京来的第一位客人。他“给我们讲了围困过程中许多有趣细节,只是有些情况让人悲伤——德柯西先生在星期日那天死了。桑德克先生发了疯,可能病得很厉害。德鲁里先生据说也快死了”。这证明当时现实是多么折磨人啊。这些年轻人做梦也没想到,他们会被逼得要打仗,要开枪杀人。莱斯利·桑德克1898年进入海关。他最终还是从我们现在所称的应激障碍症中康复过来,之后成了一名税务司。赫德说到的勇气是要付出代价的;1902年11月9日,他在写给金登干的信中说到,安东尼·贝特勒经历围困之后完全像换了一个人,他刚又出事了,被火车轧断了双脚,不得不截肢。其实他很可能是企图卧轨自杀。贝特勒最终也获得康复,担任了一名税务司,并于1929年退休。

凯特立即回信：

1900 年 11 月 12 日

我亲爱的教父：

那天放学回家，一眼看到您那醒目的信封正摆在壁炉架上等着我，我高兴极了……您的信已经回答了我要问的所有问题……您一定公务繁忙，日理万机，却还给我写信，真是太感谢您了。的确，重新收拾残局，把“矮胖子”扶上墙的任务太艰巨、太可怕了。

很高兴您身体很好，很“结实”，希望您很快安顿下来，舒心惬意——高景庙的事真是神奇，居然会有这样的巧合！听您说那幢心爱的老房子被大火烧毁，我难过极了。不能想象那幢房子已经不存在了。因为，每次我想到它，就会联想起我在那里度过的快乐时光。我一想到北京，那幢房子和花园就立刻浮现在脑海里——我们在那里一边漫步，一边听着乐队演奏，看着烟火升上天空。没有了那幢房子，连带所有那些您精心收集、百般珍爱的物品，噢，一定让您痛心疾首，无法忍受。不过，听到您那两位男仆对您不离不弃，还是让人感到一丝欣慰呀，我真想夸他们几句！不过，他们理应回报您给予他们的厚爱。我还清楚地记得阿峰的样子。男仆里面我最喜欢他。艾尔莎喜欢那个胖一点的，说话时嘴巴的样子很滑稽！是啊，所有一切似乎都是很久以前的事了，我们四个人曾经到过您那里，与您分享了那些快乐时光，而在那之后，居然发生了那么多事情。史密斯先生和文铎先生也给我们讲述了围困时的许多有趣细节。文铎先生的膝盖已经好多了，史密斯先生帮了他很大的忙。今天，白莱喜小姐和巴尔先生到家里来坐了几个小时。

现在入冬了,大家又充满了活力。我们组织了一个女子曲棍球俱乐部,每个星期六会员们聚到一起,进行一次比赛。我们还凑了一个小提琴乐队,艾米丽做伴奏,我是表演者之一,轻松随意,趣味无穷。

离我和弗朗西丝放假的日子还有三个星期。目前,我差不多是一个人在学习。班上的姑娘们都走光了,一个接一个,她们盘起长发,已经“长大成人”了。估计早晚我也会走上这条路的!每天早上走着去上学,觉得非常寒冷。昨天,远处的山上都可以看到雪了,池塘里也结了薄冰。

宝宝长得很快,十分逗人喜爱(您还记得他出生时大家是多么兴奋吗?)他非常受宠,人见人爱,不过他什么都不在乎!特别喜欢大家逗他玩儿。

我真心希望您能重组您的乐队。他们演奏得多好呀,给大家带来无限欢乐。或许,等局势平静一些后,队员们会慢慢回来,重新投到您的旗下。

艾玛·桑普森在围困解除后也写来第二封信,她听到人们对自己昔日老友的赞誉之词,同样感到由衷的自豪:

我认识一位叫福勒的先生,还有他的妻子和女儿们。他们住在这里,但离我们住的地方还有一点距离。他是窦纳乐爵士的一个朋友,所以对北京的事情自然十分关注。他讲述了您是多么勇敢,多么无私,工作是多么勤奋。另外,白立查夫人也有一位从中国来的朋友,她也跟我讲了同样的故事。但愿这些重担不要损害到您的健康。但愿您不会感到太过孤独，可以早日离开中国，回到英国老家休息片刻。

您对我孙女们的厚爱让我感激不尽，让我感到幸福快乐。

祝您安康

您的艾玛·斯·桑普森

11月29日，她再次致信赫德，告诉他，她的侄子（同父异母兄弟威廉的儿子）所见的事情。他说侨居南非伊丽莎白港（Port Elizabeth）的华人募捐了145英镑，来“慰问我们的士兵”。

当然，圣诞节时，贾雅格一家人也给赫德写了一封信，凯特和慕德还给他送了礼物。慕德送的是一副手套“——您千万不要嫌手套的样子怪，因为，母亲记得您不喜欢手套上有拇指，而是喜欢留个洞口，以便于握笔写字”。她告诉他这里冬天流行的新玩意儿，即越来越时兴的惠斯勒桥牌派对，吵吵嚷嚷，好不热闹。第一次派对是在埃克福德家举行的。曲棍球比赛已经告一段落，因为这里天冷风大，取而代之的是“大家在吵嚷着要成立女士保龄球俱乐部，每个星期六活动一次。看来我们个个都要变成大块头了”！

凯特的信讲的是准备过圣诞节的事。倒是她母亲的信提到她送礼物的事，礼物一定是同信一起寄出的：

希望凯瑟琳做的帽子您戴上还合适——做活儿她不是很拿手，而且为了这事儿一直焦急不安。她的奇思妙想是做一顶金色或宝蓝色的帽子，跟您以前戴的一样。他们说，您习惯戴着帽子来喝茶，摘下帽子，“塞进裤兜里”。她担心她做的帽子不够软，塞不进裤兜里。

这里说的“做活儿”指的是针线活,即女性的手工活,而非指凯特在其他方面的勤勉。

凯特12月23日又恢复了记日记。12月24日,姐妹们一起上阵,帮忙装饰教堂,下午又装饰好家里的圣诞树。圣诞节那天,他们去参加8点钟的早场教友聚会,然后参加11点的礼拜。下午3点,凯特还为唱诗班的孩子们伴奏。晚上,他们到埃克福德家参加晚宴,随后玩各种游戏,其乐无穷。

这一年,重大事件频频发生,在年末最后一天,凯特记述的是一个普通的日子,并就此结束了一年的日记。她一直没中断过学习,给弟弟艾瑞克上了音乐课后,就到伯恩先生那里学习希腊语和拉丁语。下午,她帮父母准备新年晚宴,招待外国商人:“埃克福德家六口人、唐纳利一家、威克(Wake)先生、魏特曼先生、布赖恩特(Bryant)先生、葛尼尔(Guernier)先生、迪克夫妇,以及我们一家。大家举杯,祝身体健康,并纷纷致辞,表达良好祝愿。明天,我们将第一次,也是此生最后一次见证新世纪的曙光!”

对贾雅格一家,以及其他所有人而言,新世纪将给他们带来一些悲剧,将搅乱他们的个人生活,将影响整个尊崇维多利亚习俗的社区。对他们更直接的破坏是亲密和睦的家庭生活,以及与埃克福德家的友谊。按凯特的说法,是姐姐们破坏了这种友谊。在这个小小通商口岸的外国人社区里,任何伤风败俗之事一旦发生,流言蜚语便会像燎原烈火,迅速蔓延。

（a）

（b）

7.1（a）
凯瑟琳

7.1（b）
慕德，1900年8月于芝罘，由专业摄影师拍摄（Ca01-067）。

7.2（a）

7.2（b）

7.2（a）
在天津杜德维家的马车——是轿子和北京大车的改良版，但必须在洋人租界内正规平坦的道路上行驶（Ca01-076）。

7.2（b）
看赛马（Ca01-075）。

7.3

7.3
参观古观象台。慕德坐得似乎不够稳当，在她旁边的凯特伸出一只脚。汉萨德夫人站在后排，在卢立德与文铎之间，看起来是个性情随和的陪护人。年轻的艾菲·格拉斯代尔坐在最高处（Ca02-016）。

7.4

7.4
赫德爵士的花园派对（Ca02–100——从一本杂志上剪下）。

7.5

7.5
划船。大家关注艾菲，她还穿着短裙！慕德和凯特在一旁，无人关注（Ca02-013）。

7.6

7.7

7.6
到公主坟游玩。凯特是后排中间未注姓名的高个子女孩，旁边是邓罗先生。慕德在她下方，她为照片中其他人标注了姓名（Ca01–029）。前排的桑德克先生与艾菲坐得很近。

7.7
皇家海军“大沽号”是一艘被俘获的中国舰艇（Ca01–095），麦肯锡中尉与依靠在中间左侧的莫尔顿中尉站在船上。

7.8

7.8
芝罘中国商人赠给贯雅格的锦旗。

第八章

长大成人：姑娘们的爱情纠葛（1901—1902 年）

1900 年秋天，我们看到赫德的小女儿诺丽想要嫁给一名年轻的海关职员，赫丝特却对他不满意。赫德给诺丽写了一封信，让诺丽感觉父亲还是理解自己的，但他实际上也未同意这桩婚事。诺丽只好于 1901 年 5 月与那位年轻人分手了。这件事有助于我们了解为什么他对 1901 年 7 月卡拉尔家的风波颇感兴趣。赫德的一封信引发了卡拉尔家的大地震。

冬去春来，生活平静——体育活动时有开展

1901 年在平静的气氛中拉开帷幕。1 月，气候温和，所以无法再去滑冰。1 月 21 日，维多利亚女王驾崩，使得一些节庆活动不得不往后推迟。2 月 10 日，凯特写道：

> 女王驾崩怎能不令我们错愕？我们从未听说她生病，而突然间她就离世了。我们原本计划好的消遣娱乐当然也就推后

了，因为要进行一个月的哀悼。星期日举行了一个哀悼弥撒，领事先生也来了，还特地穿了制服。艾米丽演奏了“死亡进行曲”。在弥撒上，我们听到了国王的名字，感觉好陌生。

一场为中国聋哑儿童学校募捐的音乐会不受哀悼月影响而照常进行。凯特告诉赫德，她们新组成的小提琴乐队获准参加演出，让她欣喜万分。母亲弗朗西丝照例给赫德发去生日贺信，其中提到了这些事，接着她又写道：

我想凯瑟琳……会告诉您更多详情……如果我告诉您更多情况，她和慕德会抱怨的，就像弗朗西丝那样（她要给家里写信，感谢什么事情），她对我说，“人家都说，总是讲什么滑冰呀，开学呀，音乐会呀，保龄球呀，还有天气什么的，没什么意思，可是她们又非让我写不可”[写满大页纸的四面]。

16岁的弗朗西丝开始扮演越来越突出的角色了。对自己的父母，不管是直接面对，还是跟别人谈论时，都是有话直说，相当坦率。

女士保龄球这个新玩意儿开始风靡。哀悼期结束后，男士们向女士们发起挑战，还颇有风度地给女士慷慨让分。他们说女士水平低，让60分。表现紧张，再让30分。但他们对局势判断严重失误，低估了对手。慕德打出一局138分的好成绩，创下女士最高分。女士们获得的平均成绩为95分，男士则是101分，他们紧张出一身冷汗。如果加上他们让的分数：

女士们总共得到448分……我们……立刻向他们挑战，提出按他们的条件再赛一场。(他们当然不干。显然,让他们一下子接受失败的结局很不甘心!)

4月20日和21日,母亲弗朗西丝和凯特再次给鹭宾爵士写信。她们得知,这个夏天不用从芝罘搬家到别的地方去了,都觉得很高兴。此时,春游踏青和舞会已经红红火火地开展起来,每次都少不了埃克福德一家。母亲弗朗西丝告诉赫德:

所有七个姑娘,加上艾瑞克,都参加了在埃克福德家举办的派对——这是他们(埃克福德家)这周以来第三场舞会了!他们去舞会之前,我们在家喝了茶,庆祝小宝宝一岁生日,还点了一岁生日的小蜡烛。蜡烛摆在一只小玻璃盘上(那是多年前我在北京一次非常开心的庆生会上得到的礼物),我无法不想念您……后来又听说好博逊(Hobson)先生再次担任江海关税务司。我如果不是上了年纪[44岁!],总待在家里大门不出,我可能会给他写信,问问他的"龙船"是不是还有位置,能否搭上我,去给家里采购一番!

她没料到将很快见到好博逊先生。她还告诉赫德,艾米丽的未婚夫又调派到中国驻防。还有就是凯瑟琳,虽然不再去学校了,仍一如既往,认真学习。

凯特则向他汇报了"运动会"的情景,再次表明当时人们对女性运动能力的普遍看法:

从我们去看望您到现在,仅仅过去了一年,但似乎是很久以前的事了，其间发生了这么多事情！……想想又到夏天了，还是很让人开心的……前些日子，我们去山上玩了几天，天气晴朗。下周，我们要到“梅园”去喝茶，那是一个漂亮的花果园，掩映在山脚下的花海里。

上周，这里举办了运动会，非常热闹，女士们和男士们一样积极踊跃。她们参加了三项赛跑，而且事先都经过训练！我们五个人都上阵了，非常活跃。您可能没见过那么稀奇古怪的女士比赛……第一项是常见的勺子托蛋赛跑，结果成了我们家的家庭比赛，因为茉莉尔得了第一名，慕德第二名，艾米丽第三名，我得了第四名！第二项叫做“女士赛马”，每位女士的小马其实就是一位蒙着眼睛的男士。比赛时，女士左右拉动缰绳(拴在男士胳膊上)，驾驭着男士向前面的终点奔跑。但要想控制方向，保持飞奔并不是一件容易事，因为，跑道上挤满了 15 位蒙着眼睛的男士奔马，以及他们身后的女士骑手。您可以看到一些“马儿”四处乱撞，东倒西歪，有的挣脱了缰绳，向前狂奔，把可怜的女骑手甩在后面，场面滑稽，令人捧腹！不过最可笑的是第三项比赛，女士做加法算术，她的男搭档吃剩了十天的包子。女士必须算术正确，而且男士伙伴最先吃掉包子才能得奖。覃书先生是我的吃包子搭档，得了冠军，我也总算做对了算术题，所以我们一举夺得一等奖。慕德和她的吃包子搭档夺得了第三名的成绩。

一位叫施罗德(Schroder)的先生参加了第二项比赛，他穿着短裤，身材健美，跟一个姑娘一起率先撞线。(图 8.1)

赫德在给她的回信中，极富预见性地祝福她抓住时机，享受最美

好的时光:

1901年4月25日

最亲爱的凯瑟琳:

今天看到你3月21日的来信,得知你们一切均好,玩得开心,非常高兴。艳阳高照晒干草——青春年少莫虚掷!我一直都很忙,但没有什么有趣的事可说,都是些老生常谈的话题——手头事情太多,也没有功夫发明“新花样”。我倒是看了不少书。莎士比亚的作品给我无穷乐趣;他堪称伟人——一代英国伟人!今天我去了美国公使馆,斯奎尔斯夫人办的“家庭聚会”。美国第九军团乐队在园子里演奏乐曲,男男女女,各色人等齐聚一堂,好不热闹。天公也相当作美。

真希望我的老房子还是好好的,真希望你们几个能再来看我,但我现在已无家可归,无法招待宾客。我希望我能放下手中的工作,休息片刻,其实也不是不可以;但眼下不行——那样的话,如果需要我,可能就找不到我了。所以,我最好还是坚持一下,坚守岗位。男仆在喊“饭做好喽”,所以我必须停笔,回头再接着写。

现在是8点钟,想必你也在吃晚饭了——祝你胃口好!春菜汤、炖鸡、煮牛舌、蛋糕布丁、橙子、大枣、核桃、雪茄。这些就是我和帛黎先生美美地享用的晚餐。我们已经道过晚安了。他回了他的房间,我回到我的房间。

自打围困之后,我就再没有听到艾菲的消息。她是个多么可爱的姑娘啊!至于桑德克先生,听说他恢复得很好,在家乡跟另外什么人订了婚,可他还不到20岁呢!大概你已经知道了吧,俾斯麦先生在日本娶了一位叫毕晓普(Bishop)的小姐:从照片上看,她是一位可爱的姑娘。基恩霍夫(Kiernhoff)先生仍在这里,还有费克思、斯泰老,但见习通译宿舍已经零零散散没什么人了。义和团这件事搅乱了我们的所有计划,也改变了我们所有人的生活,我感到非常悲伤,非常痛心。我很少出门;满目疮痍,到处残垣断壁,让人不忍卒睹!谢谢你妈妈 20 日的来信,我会慢慢回信的。

流言四起,名誉难保

鹭宾爵士从凯特 7 月写的下一封信里看出她有些情绪低落。他知道,她家里出了事,但她没有提:

1901 年 7 月 15 日

亲爱的教父:

我希望您和我们一样,正在度过一个愉快的夏天。跟去年这个时候相比,一切都变了模样!我们有些担心,这里什么传闻也没有,异常安静,不知道您那里是否也是如此。

宝士德先生(小宝士德)不久前从这里经过,要到南边去,让我不禁回想起我们在北京度过的快乐时光。我把当时的情景都一一记在日记里了——现在重读日记觉得非常有趣。希望您身体健康,能偶尔出来走动走动,换换环境,就像您过去曾经盼望的那样。我希望您到我们这里来避暑!这阵子,我们大家都在打网球,游海泳,划船,生龙活虎。上个月,英国军舰从威海卫过来,停留了一周,让我们很是开心。乐队每天都演奏乐曲,“恐怖号”的珀西·司各特舰长还在军舰上举办了一场舞会,很好玩,有很多可以“不跳舞,只坐坐”的地方!!

艾米丽的未婚夫已经到了上海,在皇家海军“塔尔伯特号”上服役。艾米丽渴望见到他……自从他上次离开中国到现在,已经有一年半时间了,我们大家都想再见到他,继续调教他。

我们有个表兄,从山海关来(他属于皇家骡马炮兵连),跟我们一起住了十天,真的让我们很开心!他是13年来我们见到的第一位来到中国的亲戚。所以,他的到来是我们家的一件大事。他这个人特别爱开玩笑,爱戏弄人,但他发现我们并不好惹,会还以颜色的。我们跟他玩得很投缘。[**休·福克斯(Hugh Fawcus)在皇家骡马炮兵连服役,是母亲弗朗西丝的大哥亨利的儿子。他最终还是找到机会来看望他们了。**]

您还记得慕德着迷于看手相算命的事吗?她仍痴迷于此,喜欢告诉人家什么时候会结婚——会生几个孩子之类的。我们大家都很好,只是父亲最近身体欠佳,不过正在好起来!

希望您不要过于忙碌,因为那样我们才能收到来信!

所有的姑娘们,尤其是凯特,似乎都觉得有必要“调教”一下小伙子们,教会他们尊重有智慧有头脑的年轻女士。但赫德却听到她家发生了解除婚约的传闻,这在当时可是非同小可的事情。他给母亲弗朗西丝写了信,她后来提到此信时,称之为“您充满同情的询问信”。他的信令父亲大惊失色,他这才知道最宠爱的女儿茱莉尔(图8.2)惹了大乱子。此事迫使贾雅格于7月18日跟全家翻了脸,并在7月19日给赫德的官方备忘录中补充了一些信息:

"私人内容"。艾米丽与霍士上尉的婚事尚未完成,因为我不准备为她提供生活费。茉莉尔三周前与一名叫做施罗德的男人订了婚,他是芝罘联合电报公司的代理监督,但现在已经解除婚约,因为她发现自己并不爱他。另外,我母亲在上次邮件中提到,她必须取出她的部分遗产本金,以购买一份养老保险。[桑普森的遗嘱并未给她留下足够生活费,但是如果她去购买一份养老保险,就意味着在她去世之后,留给贾雅格的就更少了。]糟糕的是,最近所有的事情都搅在了一起,茉莉尔自作主张的事,我完全不知情,有些事情她也没有说实话。这桩麻烦事一部分原因要归咎于司各特主教传道会的伯恩斯牧师和太太,他们多管闲事,从中干预,至今还没给我书面道歉。另一部分原因要归咎于我妻子,她不听从我的建议,即避免邀请那些讨厌的年轻人来家里做客。最近她一直自说自话,自行其是,让我蒙在鼓里——直到出了这么大的乱子——到最后,我还是得了解所有情况,承担所有责任,而且,我也不确定我是否知道了所有实情。

被蒙在鼓里的贾雅格愤怒至极,这可以从他对妻子的批评言辞中看出来。他知道鹭宾爵士视妻子为好友。从母亲弗朗西丝的第二封信里可以看到,他对所有事情,什么可以做,什么不可以做,都立过规矩。而她则很可能是出于好心,不想让"身体欠佳"的贾雅格劳神费力。我母亲曾说过,姐妹们都很害怕父亲发脾气——当然,作为孩子,她知道父亲是爱她们的[158]——而这次,他显然是真的动了怒。

母亲弗朗西丝信上的日期是前一天的,所有情感都从笔端倾泻而出,力透纸背,读起来甚至有些费力:

芝罘

1901年7月18日

亲爱的鹭宾爵士:

您的信刚刚送到我手上[**说明贾雅格已经事先读过此信——所有信件都是送到关署办公室的**],我马上坐下来回信,虽然我时间不多,但我的本意是想把所有的话都讲给您听。一个人知道自己有朋友,有真正的朋友,那是多么美好的事呀。非常感谢您的来信。艾米丽、茉莉尔和我正在收拾行李,准备出发去上海。我给好博逊先生写了信,告诉他我们必须去一趟上海,家里姑娘谈婚论嫁出了点麻烦事……此行我丈夫都知道,也同意……艾米丽的未婚夫皈依了天主教,刚刚回到中国驻防。目前,他所在的"塔尔伯特号"就停靠在吴淞口,所以我要带艾米丽去见见他。茉莉尔谈恋爱也惹了大麻烦,目前已经没法再快快乐乐地待在东方了,所以,我准备此次把她带到上海,看看能否找到一位合适的陪护人,陪她回英国。她将同桑普森奶奶在一起住一段时间,直到事情了结了再说。如果我们能够不声不响熬过这段日子,别再冒出新的丑闻,我相信事态会慢慢平息下去。我们的计划都非常保密,没有声张出去,因为埃克福德夫人正准备大动干戈!我不想给她留下把柄,把我们家的私事大肆张扬出去。不过,我会向您详细讲述事情原委。有必要的话,还得听取您的意见,求您帮忙。今天下午是我们打网球的日子,我们准备照常进行,所以我才这么匆匆忙忙地给您写信。我想,如果好博逊先生给我发电报(告知"塔尔伯特号"仍停泊在吴淞口),我们就准备明天启程,离开这里。艾米丽的事倒不是那么着急,着急的是茉莉尔的事……我们并不愿意骨肉分离,天各一方,我想我们也可以原地不动,生活在流言蜚语中,对那些指指点点、说长道短不加理会。那些传言有可能会四下蔓延,依我说,可能已经满城风雨了。对于我的行动计划,大家意见一致,都觉得家丑不可外扬,说句粗俗的话就是“关上家门,清理污垢”。亲爱的鹭宾爵士,非常非常感谢您的来信。我几乎崩溃了,但是,如果事情已经到了节骨眼上,你必须当机立断,坚持到底,否则,你还算得上英国人吗?我一直想做一个好妻子、好母亲、好女人,不管别人如何,我要力争做到。我都不知道我胡乱写了些什么,不过,我到了上海以后会再给您写信的。

爱您的弗朗西丝·卡拉尔

星期四是他们“家庭网球聚会”的日子。这个可怜的女人,又要扮演好妻子的角色,又要做女儿们的主心骨,这令她身心疲惫,焦头烂额。女人们当时都以做一个贤妻良母为骄傲,视其为自己的身份与追求,因此丈夫的震怒一定令她惊惶不已。但是,作为一个英国人意味着你必须咬紧牙关,不能嘀嘀咕咕小声抱怨,也不能像冲动易感的南方人那样大喊大叫。她所承受的重压可以从第二年丈夫去世后,她写给鹭宾爵士的一封信中看出来:

人们遇到打击时,的确可以从别人的同情支持中获得一些安慰。我总觉得,这次的打击比起去年这个时候的打击要轻一些,去年我们几乎到了山穷水尽、走投无路的绝境,但还要硬着头皮,若无其事地继续往前蹚。而这次,我可以心安理得地表现出哀伤。姑娘们给了我巨大关爱和同情。这种哀伤使我们亲人之间变得更加亲密,而不是像上次那样要把一个家拆得四分五裂。

在北京的鹭宾爵士给凯特回了信。他也效仿她的做法,只字不提茉莉尔的事,而是就休表兄探访她们的事跟她开起玩笑:

1901年7月19日

最亲爱的凯瑟琳

你明白什么叫心灵感应了吧!18日那天,我心里期盼着收到你或慕德的来信,而就在那天,在几轮沉默之后,你终于写信来了,昨天晚上我就收到了你的信!我给你妈妈写了信,询问你家里的情况,并告诉你们姑娘们继续让我欠着账。我总不能来一封回一封呀,不过,我真的很高兴,看你们到底可以从英文字母中玩出多少花样来。而且,我一直很乐意听到你们的消息!不过,你15日的信写得有些拘谨生硬,不像你平时写信的诙谐幽默风格,看不到那种自然流露的感情。我可以想象到,你在写完每一句时都要停顿一下,纠结于下一句写什么。请不要这样,轻松自然一些,让你年轻的心灵自然流淌出甜美的言辞,冲淡笔尖溢出的酸涩辞藻。

很高兴听到那位未婚夫又和你们联络上了,我也希望亲爱的艾米丽越来越幸福。山海关那位表兄的拜访无异于一场磨难——我是说对他而言,他要招架五六位这么漂亮的表妹。但是,可怜的姑娘们!难道他有"分身之术"?……[他引用了一句无名打油诗,字迹无法辨认。]

你还记得最后一个星期日的晚上吗?你和慕德一左一右坐在我身边,我们谈天说地,多么愉快,最后互道晚安。我常常回想起这段光景,希望你们能再来;但是老天爷不给面子呀!虽然时光飞逝而去,但分分秒秒都能带来快乐或烦恼,只有不能释怀的回忆才真正映射出所经历的,一去不复返的往昔!噢,对了,上周我收到艾菲的一封可爱的短信:她说她9月会与母亲回到天津。遗憾的是我现在没有地方请你们来住,没有条件招待你们;我担心今秋,今冬,甚至来年春天,我都没有办法召集宾客,在家举行派对。要是能让你们都再回来该多么让人高兴呀!眼下我正在重组我的乐队,但他们已经有一年零一个月没碰乐器了,完全手生了,圣诞节前恐怕指望不上了;即便可以上手,我也只能在别人家里,而不是在自己家里,听乐队演奏——那只会越听越伤心!噢,那些拳匪——那些该死的拳匪!他们给我们大家带来了多么大的灾难!但有一件事我必须感谢上帝,那就是,在骚乱来临之前,我及时送走你们这些可爱的姑娘,让你们毫发未伤地抵达天津;真是万幸呀!

我一直忙忙碌碌——倒也不是有很多工作要做,只是我现在觉得多少有些像个囚徒,身不由己,唯恐在需要我的时候我不在。我身体一直很健康,我是那种"永不气馁"的脾气,所以,总的来说没有多少忧愁,精神抖擞——

卑微的小生命,蹒跚而行

头戴一两朵小花,片刻已到终点——[159]

感谢上帝赐我那"一两朵小花",但说实话,我已拥有锦绣花环,实在感到无比幸福!

爱你们大家,特别亲吻你,马沃瑞安(Mavourian)(虽然你不太喜欢被亲吻,你可以跟可爱的、有鉴赏力的慕德分享!)

赫德没有忘记这个爱尔兰名字,凯特受洗时,弗朗西丝拒绝接受这个名字!他信中提到那位表兄经受“磨难”,也显示出他一贯明察秋毫的洞察力。卡拉尔家的姑娘们常常以三高两矮的强大阵容出场,一定令不少青年男子心生畏惧。她们拍照时通常都会做些调整,以缩小高矮不一、参差不齐的感觉。但是一张由茉莉尔拍摄的照片却放大了这种差距(图 8.3)。

慕德也言辞谨慎地回了信:

7 月 20 日

亲爱的鹭宾爵士:

非常感谢您通过母亲发来的信——艾米丽走了,她希望与霍士先生再次相见,他们分别已经将近一年半之久。她接到消息,说“塔尔伯特号”要在上海停留两三周,所以觉得还是应该去一趟,因为霍士先生无法请假到这边来。

……可怜的茉莉尔,这一个多月,她在芝罘实在待不下去了,我相信,能离开这里她会很高兴!……她们准备在好博逊先生那里待一段时间……说真的,在芝罘这种是非之地,人们闲得无聊,专门喜欢谈论别人家的事情。

母亲不在家这段时间,我和凯瑟琳……在看家。但愿我们能管好这个家……但是……家里有四个小孩子需要精心照顾……小宝儿虽然只有一岁,但却是最让人费心的一个。他是个非常结实的小家伙,活蹦乱跳……我必须就此搁笔了,因为我得去看看孩子们跑到哪儿去了,另外,我还要面试厨子!

茉莉尔明白,芝罘已经变得沸沸扬扬,她再也待不下去了,得赶快找到一片新天地,哪怕与亲人分离也在所不惜。破费钱财也是一个重大代价。这笔钱贾雅格并不是说拿就能拿出来的。

母亲弗朗西丝在她下一封信中透露了更多内情：

1901年7月22日，星期一，上海

亲爱的鹭宾爵士：

那天给您的信恐怕是写得太匆忙了……我是星期五启程的，昨天到达这里(艾米丽、茱莉尔和我)。好博逊先生来接我们。我们将住在他那里，我要物色一位合适的陪护人，陪茱莉尔回国。艾米丽的未婚夫驻扎在吴淞口[上海外的江口]……他专门出来，和我们一起待了一个下午，一起吃饭，然后返回吴淞口。他答应今天请假，再来一趟。到时我要跟他讨论改宗的事，问问他这样做是不是为了甩掉艾米丽。我真的不认为他在打这个算盘，因为他是那种沉稳、低调的人，而且，自从离开中国驻地回英国后，他一直定期给艾米丽写信，三周前他才接到新任务，回到中国驻防……这是目前我对艾米丽事情的看法。我认为他们分别已有一年半，应该见一面，把话说开。这样的话，假如他们解除婚约，就不会有那么多流言蜚语，要比让他来一趟芝罘又突然辞别好得多。茱莉尔的事情对她的名声非常不利。我只能认为她是厌倦了枯燥的家庭生活，想搞点新花样，换个活法。基于这个想法，我认为把她送去与桑普森夫人住一段时间不失为一个良策，可以让她稳定下来，找回自我。我想她根本没有料到自己的所作所为会带来那么恶劣的影响，招来那么大的麻烦。她是一个很招男人喜欢的女孩儿，总觉得只是开开玩笑罢了。她不明白，自己觉得好玩的事情对别人未必那么好玩。

一两个月以前，一个丹麦人向她求婚，我们已经警告过她，不要发展到求婚的地步,但搞了半天,她居然接受了他的求婚。然而,第二天她又跑来找我,请求我让他们解除婚约。当时我没有答应,心想这样说分手就分手,过一两天又想和好怎么办。于是,她找到维维安·埃克福德出面帮忙。维维安非常爱她,但她总是告诉他别痴心妄想。她对他说是我逼着她接受这位施罗德先生的,而她自己讨厌他,还说她实际上打算嫁给艾伦先生。为此,他们去拜访了伯恩斯先生(司各特主教传教会牧师),给正在家里的艾伦先生发了一封电报,声称茉莉尔·卡拉尔被逼婚,要嫁给一个丹麦人什么的。糟糕的是,茉莉尔把这些事都写了下来,而埃克福德夫人拿到了她各种信件的抄件。她为自己儿子维维安被扯进这桩丑闻、充当爪牙而火冒三丈。我们离开芝罘前,茉莉尔已经竭尽全力,试图澄清这件事,我们也允许她与艾伦先生通了信。[**艾伦先生在这件事上再没被提起过。**]我想事情最终会平息下来。这件事被添枝加叶,说得五花八门,我费再多的口舌也没有用……芝罘社区……流传着不同版本的故事……埃克福德夫人说话办事极不谨慎,平时就喜欢东家长西家短的,这回,自己儿子的名字也卷了进来,更是觉得受了天大的委屈,不依不饶。我家的姑娘们在整个社区里人缘挺好,颇受大家喜爱,我相信,大家不会跟埃克福德家一样落井下石,做出让我们更加难堪的事。

7月23日,昨天的信没有写完,又读了一遍,觉得您看了之后会担心的,我真是愚蠢。但我答应过您,会告诉您所有情况,所以还是寄出这封信吧。昨天,我与查尔斯·霍士谈过了。他向我保证,在与艾米丽的事上他会按规矩办事,并答应给我丈夫写信,告诉他这个意思(当然不是这些话,这些是我的简要表达）。艾米丽不希望解除婚约，她说她宁愿他有确切的宗教信仰，而不是像以前那样麻木不仁。他请假请到星期五。我真希望她一切顺利。如果他得不到晋升，就无从考虑结婚之事，而晋升还很遥远。不过，从一开始到现在，艾米丽从来没跟别的男人说过话，她心里只装着她的查尔斯！他们订婚到现在，差三个月就满两年了。到目前为止，我还没有找到一位马上要回英国的人……[作为茉莉尔旅行途中的陪护人]……慕德是家里当数第一的好孩子，做事明智，为人坦率。凯特可以名列第二。（接下来是）弗朗西丝，非常用功，准备参加冬天的大学考试，然后8月份就放暑假。她是个大个子，有可能出落成最漂亮的姑娘，眼睛也非常好看。她一切正常，目前还没考虑谈情说爱。不过，家里有五个大姑娘，我们必须对这种事做好心理准备。只要她们肯把心里话讲给我们听，就不会出什么问题。想必她们也会这么做的，因为她们都看到了，假如当初茉莉尔实话实说，就不会引出这么大的乱子。姑娘们之间相亲相爱，都为茉莉尔担心，担心她的名誉因此受损，都盼着她的事赶快尘埃落定，圆满解决。现在我来回答您信中的问题，然后就此结束，因为这已是第二页大纸的最后一点空白了，字迹会有些模糊不清，而且，我们关心的问题对您来说也不一定重要。我这样毫无保留地和盘托出似乎很愚蠢，只是您对我们总是那么和蔼慈祥，我不愿意因为有所保留而让您以为我又开始健忘。您问我们现在有几个孩子——9个——我刚才提到了5个，然后是艾瑞克，12岁，在上男子学校。格温8岁，还有菲丽丝，5岁，由艾米丽和茉莉尔教她们功课。最后就是小宝儿，15个月大，一共就这么多了。老幺宝儿是个名副其实的宝贝疙瘩。我想，我丈夫有了两个儿子应该心满意足了。[她向他详细汇报了芝罘姑娘们的情况。]好了,再见吧,请原谅信中的拼写错误、语法错误、写作错误,以及其他各种错误。衷心感谢您对我们表示的极大关注。您的信给了我力量,使我振作。我自己倒也无所谓,只是两个姑娘背运,让我备受打击。

相信我,亲爱的鹭宾爵士

您的

弗朗西丝·卡拉尔

在找到陪护人之前,我是不会把茉莉尔留在上海的,因为原来那个未婚夫也来上海了,就坐我们前一班轮船!我们差点跟他同行!!我们不知道他的计划,他也不知道我们的计划。昨天茉莉尔和我坐车去圣约翰教堂,与他乘坐的另一辆马车面对面碰了个正着!!!

她的信生动地反映了1900年时求婚与接受求婚具有强大约束力。如果一个男人提出解除婚约,他可能因违反约定而被起诉,而且这种极不绅士的行为可能导致他被开除出军官行列。如果是一个女人提出解除婚约,那她会被贴上无情无义,轻佻放荡,或玩弄情人的标签——除非她有正当理由。改宗倒是一个能让姑娘毁约的合理借口。正因如此,卡拉尔一家担心查尔斯是想给艾米丽一个借口,来结束他们的关系。艾米丽已经22岁,可以自己做主嫁人,而不必征得父母同意。这件事情要她本人拿主意——但这却是一个很难做出的决定。慕德的下一封信让我们看到卡拉尔家对天主教所持的观点。

另一个关键因素是社会等级问题。查尔斯·霍士来自苏格兰贝里克郡(Berwick)一个声名显赫、拥有土地的家族。这个家族祖上出了许多著名海军将领。他可能知道他的婚事会遭到家庭反对。而一直经商的福克斯家族则在社会地位上明显低于霍士家族。如果艾米丽有财产带过来,社会地位的差距倒也可以忽略不计。但是,贾雅格不能答应给大女儿一笔钱财,他不能开这个先例,因为后面还有 6 个妹妹等着嫁人呢。查尔斯的父亲显然也已经调查过卡拉尔家族的底细,非婚生背景一定让他心中不快。佣人们早在下面嘀嘀咕咕,说三道四:艾米丽的孙子威廉就记得他的保姆,一位服侍霍士家族多年的老仆人,对艾米丽看不上眼,还称艾玛·桑普森为女冒险家,因为她嫁过三任丈夫,还在中国生活过。查尔斯本人拜访过艾玛·桑普森。艾玛于 1900 年 9 月写信给赫德:"艾米丽的未婚夫霍士先生跟我相处了一天。我让福克斯夫人也过来见了他。午餐后,她的女儿们也来见了面。我们都喜欢他。"但愿他们彼此互相喜欢。但是信中提到的福克斯姑娘们都是在德国长大,说英语时都带着德国口音,这更显示了他们家"做买卖"的社会背景。社会上就是有这种势利眼。

凯特给赫德的下一封信主要讲述她在家承担的新责任。显然他向她传授了一些哄小丫头的技巧:

1901 年 8 月 1 日

我最亲爱的教父:

真的非常感谢您 7 月 19 日给我的来信……您对我们所做的一切都一直十分关注,充满同情……[她感谢他送的一本书,说书十分有趣,但有些愤世嫉俗。]

很抱歉我的信"有些拘谨生硬",在信寄出后,我也有这种感觉,但我不是十分擅长写信,总是觉得词不达意!最后那个星期日晚上聊天的事我记得清清楚楚,也记得我们当时是多么快乐。如果能再次相聚,我们会多么开心呀。艾菲要回天津一定很高兴。而艾尔莎,在中国体验了各种趣事,回家[美国]后好像觉得生活平淡无奇。我们经常收到她的信。我很关心您那个乐队的情况。希望您能顺利地重整旗鼓。

我和慕德好像一天到晚都在忙忙碌碌——虽然三个人不在家,但家里还有八口人呢。恐怕母亲回来后会发现我们把他们都惯坏了!我每天早上给他们上课,慕德操持家务。像女主人一样,说那种"洋泾浜话"很好玩儿……我们每星期四照常在家办"网球聚会",但我必须承认,我对如何照顾人,如何让他们开心,完全不摸门!……以前从来没有琢磨过这方面的事情。您知道吗,如何让小孩子开心,让他们有事儿干——在这件事上,我们觉得您说的纸娃娃这个主意很灵验——还有就是如何保证小宝儿身体健康,我们在各个方面都做了尝试,完全可以成为最合格的德国式"家庭主妇"了!想象一下吧!医生说我们做得很好,他觉得我们护理宝儿感冒的方法很有趣,尤其发现我们对一岁孩子该吃什么一知半解(或者说是缺乏知识),颇为惊讶!他问弗朗西丝,宝儿牛奶里放了什么,弗朗西丝只是回答"哦,好像阿嬷就是把牛奶热了一下"——如果是我,我至少可以告诉他,我们放了"美林婴儿食品"![160]

在讲了上海的情况之后,她最后说:"爱您,我和慕德一直没弄明白如何分享亲吻。再次感谢您的热情来信和那本书。"

姑娘们显然一起拿赫德说的亲吻一事来开玩笑。他也给慕德写了信。慕德第二天在给他的信中稍微多讲了一些茉莉尔的事:

至于"税务司官邸的烦恼",但愿它已经接近尾声……对我来说，我是无论如何不愿意有个外国人做姐夫的，我相信其他人也跟我有同感。至于茉莉尔是中了什么邪，最初居然接受了他的求婚，估计永远不会得到令人满意的答案。我亲爱的茉莉尔老姐！我希望她在英国过得好，在那里会见到新鲜的面孔，有新鲜的环境。

这里的人都很好，请我们去打网球什么的。他们从四面八方伸出援手，只是我们还没去麻烦任何人。现在，我们个个精力旺盛，早上6点起来打网球，然后从7点到8点在海里游泳。海水好极了，你可以泡上一整天都不愿意出来。

……是的，从各种说法来看，艾米丽非常喜欢查尔斯·霍士的圈子。不知道他们什么时候能结婚。目前一切还都是个未知数。不过，正如您所说的，我们每个人都要承受自己的风风雨雨。说到这个，芝罘今年完全没有雨水洪涝！这里很久没有下雨了，到处都是干涸皲裂的焦灼景象，连老玉米都干死了，农民会颗粒无收。所以说偶尔下一点雨就好了，不至于造成洪涝灾害，我们最近就是这种情况。

住在“租界”里，与外界隔绝，她似乎没有意识到这种情况会给当地农民带来多么大的灾难。她告诉赫德，格温和菲丽丝已经按照他的建议，做起纸娃娃来，而且兴趣盎然，乐此不疲。然后她又说：

勒慕萨（Rémusat）夫人的女婴刚刚夭折。您听了肯定会难过。她昨天突然死于惊厥。葬礼今早在天主教堂举行。弗朗西丝和我去参加了仪式。棺材看上去好小呀，我们不知道这个小小生命为什么要这样来世上走一遭。我想，她也只有6个月大。

当然，仪式完全是天主教仪式。有烧香，圣水什么的，看上去有点可笑，不过，我想当今每个人都有自己选择的宗教。

勒慕萨是法国人，是贾雅格的副手。慕德似乎已经明白，既然姐姐要跟一个天主教徒结婚，她就得习惯那些稀奇古怪的天主教仪式！另外，她的话无意间也透露出她们家人对自己的定位，那就是，虽然没怎么在英国生活过，但他们却非常英国化——不要丹麦人做姐夫，谢天谢地千万不要——不仅如此，他们还是非常典型的新教教徒。

她母亲写信解释了安排茉莉尔在没有陪护人的情况下回国的事：

1901年8月11日，芝罘

亲爱的鹭宾爵士：

我相信，您最近一定收到不少卡拉尔家的来信，不过我还是要简单告诉您一下，好博逊先生对我们关怀备至，热情周到。经过多方打探，我们终于想到P&O邮轮公司的“马六甲号”(Malacca)轮船。这是一艘货轮，途经马赛。茉莉尔要到10月1日才能到达伦敦港口[货轮比较慢，但比起停靠港口较少的普通客轮要便宜]。我们把她交给船长照顾，他是个已婚男子，看起来是个令人愉快的人。他答应照顾好她……女乘务员也很和善，还有一位女乘客，我和茉莉尔在上海已经与她相识，她也答应尽心尽力照顾好她。船上有个不错的图书室，这艘船感觉很舒适，所以，我想她会一帆风顺，安全抵达的。我内心觉得这对她是最好的出路，我们给了她一个自我审视的机会，相信亲朋好友也会不遗余力地关照她。桑普森夫人也会很开心，终于有个孙女在自己身边，一定会悉心呵护的。现在全看茉莉尔本人能否充分利用这个机会了。她是个惹人喜爱的姑娘，大家一定会喜欢她的。但愿万事如意，不要让我们再操心了。

来到这个完全不同的新地方，我们三人都有所收获。艾米丽的未婚夫又回到中国港口，这让她很高兴，我也确实觉得他是一个规规矩矩、通情达理的年轻人。我之所以一直没告诉您茉莉尔订婚的消息，是因为我一直觉得这件事不对头，将来肯定会有麻烦。但是，如果她从现在起变得明智，做事沉稳谨慎，从头再来，我相信她会有光明前途的！

……慕德常常跟弗朗西丝开玩笑（她现在已经在给您写信，而且个子已经超过慕德），对她说，"鹭宾爵士给你寄来了'模板'，是让你也自我剪裁一下，因为你是我们中间的小妹妹"——她们很喜欢相互打趣……

小弗朗西丝非常高兴，她收到鹭宾爵士发出的邀请，请她于1902年跟姐姐们一起去北京。她们刚刚举行了赛艇会：

赛艇会大获成功。我觉得主要是因为我和慕德赢得了女士小船赛，而且凯瑟琳做舵手的那条船也在另外一组比赛中取得了第一名。一般来说，赢了比赛才会觉得特别开心，对吧！！德国旗舰上的乐队被借来为赛艇会助兴。场面热闹，即使是天黑了，没有了乐队助兴，大家还是玩得不亦乐乎，不肯散去。芝罘的单身汉们准备组织一场舞会，他们想下周举行。

鹭宾爵士与小弗朗西丝书信往来频繁，说明他认为她是个聪明的姑娘,而他总是喜欢聪明有头脑的人。

秋季的婚礼

一个月后,母亲弗朗西丝来信,报告了重大消息:

1901 年 9 月 30 日

……感谢您的热情来信,并邀请三个姑娘去看您——她们简直乐坏了。我寄给您两张照片,是弗朗西斯的,还有我丈夫跟儿子们的。原本是想给您写信,但是……艾米丽的未婚夫来了,并且已经安排好,马上要与艾米丽结婚。现在是个难得的机会,"塔尔伯特号"正停泊在威海卫。之后艾米丽将照旧与我们住在一起,只是她不再是卡拉尔小姐,而是霍士夫人了。这样的话,只要他的军舰有机会在一个地方停靠一段时间,她就可以直接去探亲,而不再需要陪护人。

他星期五才离开我们家。星期六他发来电报说:"'塔尔伯特号'27 日离开威海卫,18 日—25 日可以请假,足够否?"所以,这么一来,她就得在英国教堂登出结婚预告(bans[原文如此]),昨天登出了第一次预告。我们回电报说,19 日结婚比较合适,但时间有些仓促,因为姑娘们都要做伴娘。艾米丽说,结婚那天她要穿有褶子的婚纱(puckers[原文如此])![**她如愿以偿地穿上了那套婚纱——图 8.4**]。他们要在天主教堂举办一次婚礼,以满足查尔斯·霍士的心愿;要在新教教堂再举办一次,以满足艾米丽的心愿;另外还要在英国领事馆再办一次,以满足我丈夫的心愿。如果那时他们不办婚事的话,那就永远办不成了！……

我现在想请您帮一个忙。德希诺（Dessino）夫妇今天已经走了，如果新的助理税务司还未到任，能否让艾米丽和查尔斯 10 月 19 日—25 日在汉南别墅度蜜月？……姑娘们会把一切收拾停当——当然，如果不方便，我们总还是可以去“总税务司别墅”的。只是艾米丽和慕德现在住在那里，不如让他们住得更私密安静一些好，因为家里一大堆孩子，一天到晚在花园里跑来跑去，吵吵闹闹的。

……凯瑟琳和艾瑞克跟着他们的父亲，乘“并徵号”（Ping Ching）去巡视灯塔［海关负责管理的灯塔］，并从山海关把我的侄子带回来。我们今天刚刚把他送走，去了北边。

信写得潦草，请见谅，并感谢您所有的关爱。我们收到了茉莉尔的信，她很开心，显然，她很享受自己的旅程。

看来休·福克斯又经受了表妹们的一番折磨。另外，她提到的照片也引发了一点麻烦。小弗朗西丝在信中告诉了鹭宾爵士：

1901 年 10 月 2 日

父亲非常担心母亲把他的那张照片寄给您，是跟我的照片一起寄出的。照片中他穿着随意，带着两个儿子。他相信您一定会注意到他没有穿条体面的裤子去做礼拜！！！事实上，照片是拍来寄给奶奶的，是想让她看看他是多么勤俭节约，精打细算过日子，还穿着一条旧裤子！！……

我想，到这个月结束后，所有人都会牢牢记住这是一个大婚之月，因为，在她之前还有两场婚礼，分别是 12 日长好美小姐的婚礼和16日莱拉·埃克福德的婚礼。

非常遗憾，我现在不能唱歌了，在学校都不唱了，为的是挤出时间用在功课上。不过，父亲还在唱——在他不觉得那么"郑重其事"的时候。

父亲特别在意自己的外表，这是出了名的，这一点福克斯家的兄弟们早在上学时就注意到了。他很可能是想让母亲看到他在中国并没有过什么锦衣玉食的奢华生活，所以只能每年寄50英镑接济她。

凯特接下来讲述了婚礼的准备过程：

亲爱的教父：

我有一大堆事要告诉您！还有不到三周时间就要举行家里第一个婚礼了……要准备整套嫁妆。我们三人都认为，最重要的就是伴娘礼服！……主伴娘慕德将首先登场，与主伴郎走在一起(查尔斯的一位军官朋友)，然后是弗朗西丝和我，格温与菲丽丝走在最后。[她提到另外两场婚礼。]好不容易才将三次结婚预告公布完毕。上个星期日，他们第一次宣布结婚预告时，是我为艾米丽演奏的风琴。

由于查尔斯的军舰要到香港过冬，艾米丽大概会南下去那里。想到我们三人那个时候能去看望您，我们都高兴极了，一定会玩得非常开心的。我们都特别爱玩，都在盼望着呢！

您那里的房子修建得怎么样了？希望您重建乐队顺利。

[她给他讲了乘"并徵号"出海的事，以及他们表兄的第二次来访]跟他在一起很有趣，但他太喜欢捉弄人，不好对付！10月16日，他的炮兵连开拔前往印度。我们都希望开拔的命令被

撤销,那样他就能来参加婚礼了。您知道,到那时,伴娘们肯定会好好玩一次的!……

她母亲也给赫德写了信,感谢他同意让他们使用汉南别墅,并且告诉他原计划有所变更:

有件事让艾米丽大失所望。这里天主教会的主教不允许在两个教堂分别举行结婚仪式,所以,我们准备取消原定在圣安德鲁教堂举行的仪式。如果艾米丽坚持要在自己教堂办的话,她的未婚夫是准备放弃自己的心愿的。但是我觉得这样不妥,两人的婚姻生活应该着眼于未来,做长远打算。如果艾米丽执意违反丈夫的意愿,那可不是一个好的开端,会留下不和睦的阴影。如果两口子不是一条心,他们以后就不可能相亲相爱,幸福美满。但愿我给她的建议是个正确的建议——又要替自己打算,又要替别人打算,真的是很棘手呀,因为你也不知道别人是否也会凭良心做事,是否与你同心同德。我总在想,要是孩子们都不长大就好了。请原谅我的用词,"你"就是指"我"。我一提起笔,就想滔滔不绝地倾诉!

艾米丽也为结婚礼物向赫德表示了感谢,这个礼物"差点让我惊呆了!"(遇到这种场合,他一般都是寄一张支票。)

我希望有机会向您引荐我的未婚夫……[讲到取消原定在圣安德鲁教堂举行的结婚仪式]没法安排这次仪式我感到非常失望,但也许这样最好,您也许同意我这么说,因为那样的话,我就少了一次改变主意的机会。如果我改变主意,事情会变得多么复杂呀!……

凯特写给鹭宾爵士的信完整记述了那天的经过:

1901 年 10 月 21 日

19 日这个重大的日子终于结束了!……18 日这天,查尔斯,还有他的伴郎和六位"塔尔伯特号"上的军官从威海卫赶来。几位军官看来非常开心,也帮了不少忙!

我们花了一天的时间,用竹子、青草和白色鲜花把天主教堂和家里装饰得漂漂亮亮。婚礼当天上午,他们没有惊动任何人,去了领事馆,办了民事手续。下午 2:30 去天主教堂参加由法国主教主持的结婚仪式。不过,那位主教安排的问答环节跟英国国教教堂是一模一样的。从教堂出来后,新娘和新郎在伴娘们的簇拥下,穿过军官们用军刀交叉摆成的拱门。我们让人为他们拍了照,如果洗出来的照片效果不错,一定给您寄一张。[显然效果不太好。]婚礼宴会进行得非常顺畅,新娘以真正的海军方式,用军刀切了结婚蛋糕!一位可怜的小见习军官紧张地回应了给伴娘们的祝酒词!当然,这对"幸福的新人"在人们抛洒的喜米和旧鞋中离开婚礼现场,前往"蜜月小屋",那是我们对汉南别墅的称呼。那里布置得温馨舒适,而且离我们也不远。我们都觉得这样最理想。今天,我和慕德过去跟他们喝茶,大家都很开心!可惜的是,查尔斯不能逗留很久,但他也无能为力,他好像已经最大限度地利用了自己的假期。

初为人妻的艾米丽·霍士写信给赫德，再次表达感谢，并讲述了她与慕德前往威海卫的短暂行程，那还是在“塔尔伯特号”突然接到命令驶往大沽之前：“也不知道他们是否真正享受了那个美好的地方。不过，在汉南别墅度蜜月给我们留下了可以回味无穷的美好记忆。再次感谢您把那个地方借给我们。”

慕德在11月15日的信中告诉赫德，小两口又得到一次短暂团圆的机会。姑娘们对男士们的能力冷嘲热讽，就像男士对女士“体育能力”不屑一顾一样。不过，想想在北京围困期间，那些并非职业军人的年轻人表现多么神勇，慕德的评价听起来就有些不合时宜了：

> 芝罘这里的人都无事可做，想组织一个义勇队，由骑兵组和“步兵”组组成……每组有15位男士！骑兵看起来都很潇洒，但其中没有几个人能骑得像模像样的，有些人刚刚才有了自己的小马。可以想象出他们骑在马上举枪射击时的样子，他们连坐都坐不稳呢。至于骑马列队行进，我想根本没门儿！

上海浪漫事？

母亲并没有因茉莉尔的所作所为带给她的焦虑而连带担心其他姑娘。事实上，12月时，陪同17岁的弗朗西丝去上海的不是母亲，而是还不到20岁的慕德。（不过，回到英国情况就不一样了，我母亲回忆说，当时晚上都不能独自出门，就连到街角寄封信都不行。）凯特则留在芝罘，继续给妹妹们上课，打发无聊的日子，因为此时男士们都忙着义勇队的事，无暇张罗在俱乐部滑冰的活动。她与艾瑞克一起练习小提琴，与艾米丽一起阅读《伊利亚特》和《奥德赛》英译本。

与此同时,慕德和小弗朗西斯经历了海上风浪的颠簸,到达上海,在那边玩得兴高采烈。这里已经成为最大的通商口岸,外国侨民人数众多,有自己的“租界”,可以享受到各种现代化城市服务,比如平坦的道路、巡捕房,还有各种休闲娱乐设施。[161] 慕德在 1901 年 12 月 18 日写给赫德的圣诞贺信中写道:

> 我发现这里与芝罘有天壤之别。我们住在好博逊先生家里,他关照我们,无微不至。星期六,我们第一次去看戏,觉得很好看。戏院十分拥挤,因为上演的是一出名剧。以前可从来没见过这么多三六九等的人物!上海比芝罘暖和多了,白天根本不用穿毛皮大衣,而芝罘在我们出来时还在下大雪……
>
> 星期六,我们要去参加海关举办的舞会,同阿其荪(Acheson)夫人一起去。到时候,弗朗西丝要盘起头发,就算“出去过了”。我要作为她的陪护人一起去!您不觉得我很厉害吗?
>
> 上海的另一个奇妙之处是琳琅满目的商店。比起“哈唎洋行”(Sinatai)和“顺泰商行”(Singtai)①,这里的商品应有尽有,目不暇接。我花了几个上午转悠,还没确定要买些什么。

而在芝罘,凯特与母亲都在给鹭宾爵士写生日贺信。没人顾得上关心无精打采、形容憔悴的父亲。冬天他常常是这副模样。他不能陪凯特和母亲去海滨旅馆(Beach Hotel)②参加舞会,而凯特是这个

---

① “哈唎洋行”是德国商行,原名为 H. Sietas & Co,在烟台取中文名“沙泰公司”;“顺泰商行”是广东商人在烟台开设的最大商店。感谢山东大学文化遗产研究院的王建波博士帮忙查出中文原名并提供相关资料。

② 海滨旅馆(Beach Hotel)由德国人建造,20 世纪 30 年代,与它相邻的芝罘俱乐部扩建时被拆毁。

舞会上唯一的未婚姑娘:

我们跳的沙龙舞特别有趣。跳这种舞有一些花式——先要在一个巨大的盒子里掷骰子,当然只有赢家才能同女士跳舞(这辈子我还是第一次被人家掷骰子选择呢!)——男士必须向女士献上一束鲜花,女士则在心仪的舞伴衣服上别上小装饰。我觉得这种规则令人尴尬。另一种尴尬规则是,邀请心仪的男舞伴一起拉响彩纸爆竹——您可以想象一下,你要面对两排男士,并从中挑选出一位中意的舞伴!还有一种花式,要求男士跳过纸圈圈,这让他们看上去很滑稽。[18 世纪一种方块舞形式的沙龙舞此时还很流行,但已经演化出很多花样,还有奖惩环节等。她在信中继续讲述那姐妹俩在上海的经历。]我和艾米丽大部分时间是给格温和菲丽丝上课,轮流收拾房间,一起读书学习……

赫德显然是给她们寄了新年贺卡,还开了个玩笑。母亲弗朗西丝回了信,并回忆起夏天家里出事时赫德给予她的同情和支持:

1902 年 1 月 20 日,芝罘

……到昨天,我们的女儿茉莉尔离开芝罘就满半年了。这期间我一直非常想念您,因很久未写信,正想着给您写一封时,就收到了您充满同情的询问信……我们大家都很关照茉莉尔,而且很乐意她跟我们在一起——但从她来信的口气里,我有时觉得她从未意识到我们与她分离付出了什么代价——我并不是想要她意识到这一点。作为母亲,我不希望她这样想,我希望她处理好所有事情,顺风顺水,万事如意。既然现在已经对她放开手脚,希望心高气盛的她不要犯太多错误(因为犯错也是人的天性)——不过,很难真的放下心来,不去担心她。——自从她飞了出去,脱离了家里的束缚之后,她似乎正身心自由地投入生活,体验人生。好吧,好吧,不论成败与否,她毕竟是我的亲生骨肉。我讲这件事情是因为这事太不正常了,而且另外两个在上海的姑娘也在体验这种人生经历。只是她们的表现与茉莉尔很不一样。她们需要我们,不管做什么,有什么忧虑,都让我们心中有数。她们会告诉我们舞会、舞伴、大致的乐趣,还一五一十汇报她们的各种经历,这样,我们就可以分享她们的生活感受,让她们明白我们是心心相通的,她们的快乐就是我们的快乐。

……我丈夫则因为生病而郁郁寡欢,我想大概是患上了流感。他每年都要得一次病,而且在犯病期间会精神沮丧。凯瑟琳是家里的乖乖女,小灰姑娘(也许应该叫大灰姑娘)。那天有位女士对她说,她会在这里找到她的"白马王子"——我写信的时候,她正在给孩子们上地理课。艾米丽也能随遇而安。我对她说……"我可能真的应该在复活节后送格温和菲丽丝上学了,因为你们都要走了——三个要去北京,而你要去找查尔斯。"她连忙说:"噢,母亲,我知道您这么说是想让我开心。您是知道的,不到夏天,'塔尔伯特号'是不会来这边的。"当然,从她的角度考虑,我巴不得她能离开这里。但是,当他们问起来的时候,我只能小心劝慰。也许,经过漫长而耐心的等待之后,他们夏天在威海团聚时更会感到幸福快乐。

几天后,1902年1月26日,鹭宾爵士回复了凯特的信。此信在本书第四章中已有引用,是关于白莱喜夫人去世给他带来巨大伤痛的内容。在探讨了死亡的打击之后，他在信中接着写道："我现在已经老了，我的日子随时可能走到尽头；而你则不同，1952 年以后你还会给你的孙辈们写信，告诉他们你在中国，在芝罘的生活经历……"这个预言十分灵验。50 年后，凯特姨妈确实给我写了信，讲述她的中国故事。

与此同时，在上海，慕德和弗朗西丝又结交了新朋友甘博（Campbell）一家。于是，她们又参加了一轮晚宴和舞会，也见识到在华外国人对陪护人的宽松态度。慕德 2 月 2 日给赫德写信：

> [甘博家三姐妹]不得不做我的"陪护人团队"！这是她们的原话。而我是五个人里最年长的，或者说是最稳重的！1 日，我们去剧院，看了"勋爵和夫人"（Lord and Lady Algy），舞台和表演都很精彩，但是这个戏是关于"热爱赛马"的，不是我们很喜欢的题材。由穆麟德家几位小姐演出的音乐会大获成功。我们去听了音乐会，那位最小的朵拉小妹小提琴拉得十分美妙，我看她不过十四五岁的样子。站在这么多听众面前，完全不看乐谱演奏，还真要鼓足勇气，不怯场才行。她完全在凭记忆演奏啊。

鹭宾爵士听到这个消息一定很欣慰。保存在贝尔法斯特女王大学的女性朋友信件中有一封穆麟德夫人 1902 年 1 月 23 日写给他的信，内容是感谢他赠给她们一张大额支票，让她得以继续维持音乐教师的职业，同时继续上一些音乐课。她是穆麟德（P. G. von Möllendorff）的遗孀。穆麟德与赫德的关系十分复杂，他几番出入海关系统，1901 年 4 月在宁波海关税务司任上去世，留下妻子和几个女儿，艰难度日。

赫德又慷慨相赠了，使得慕德赶快在第二天再次提笔写信：

1902 年 2 月 3 日

亲爱的鹭宾爵士：

非常非常感谢您给我和弗朗西丝的新年礼物。您怎么知道女孩子的零花钱永远不够的呢？事实上，我和弗朗西丝刚刚习惯精打细算地过日子，兜里的钱还是所剩无几。您的信就在这时候出现了！

我一直渴望拥有一台柯达相机，它可以留下影像，否则，美好瞬间会随着记忆淡去。上次去北京的时候，一位见习通译送给我几张所去地方的照片，我经常拿出来翻看，每每都能回忆起我们在那里度过的美好时光。非常感谢您送给我相机，这台相机真是棒极了！

14 日这里要举办一场化装舞会，所以我们要停留到那个时候。您能想象到吗，我要扮成一位挤奶小姑娘，还要戴着遮阳帽。弗朗西丝却要扮成“成年”挤奶女工！上次在上海乡村俱乐部举行的舞会非常成功，我玩得很尽兴，从头跳到尾，16 支曲子一个不落！从不觉得疲倦，我是我们全家最健壮的姑娘。

小弗朗西斯的信讲的也是同样的内容。可以看到，她们分享的礼物是 200 元。她也决定买一台柯达相机，而且两人都买了新衣服。慕德告诉赫德，在化装舞会上，“弗朗西丝和我的衣服招来羡慕的目光，我们能有这么漂亮的衣服全都是因为您送我们的慷慨礼金”。

慕德和弗朗西丝还学习骑自行车。这里街道上的人比芝罘多，让她们有些紧张，但她们很快就变得驾轻就熟，能骑十几英里的往返路程。学会骑自行车,姑娘们的社交生活大不一样,社交范围大大扩展,她们可以到更远的地方探望一些人。从相册的照片看,她们骑车去了兆丰军营(Jessfield Camp),结交了俾路支人和锡克人部队的军官们。慕德用自己的相机给他们拍摄了许多照片,但不是每一张都成功(图8.6)

她们也应该在各种晚宴和舞会上见到过这些军官。母亲弗朗西丝在照例写给赫德的生日贺信中透露了慕德第一次被人求婚的经历。她没有透露此人姓名,因为慕德拒绝了求婚。求婚有可能就是在那次化装舞会上发生的,因为慕德在回到家三周后还对舞会念念不忘。从她描述的舞会过程看,当时是有机会进行私密谈话的:

芝罘

税务司官邸

1902年3月23日

亲爱的鹭宾爵士:

我们已经回到芝罘了。我和弗朗西丝是三周前回来的……

在离开上海的前几天,我们去参加了一次化装舞会……舞场看起来颇有"乡村情调",人们尽量把这里布置得像是在田野里。所有椅子,或者说座位,都是由草堆或麦秸搭成。手推车、圆木头随意摆放在四处。舞场中央是一根装饰好的五月柱。这里的主要看点之一是屋外,有两匹小马和一头小牛犊。小牛犊看起来滑稽可爱,眨着大眼睛,全然不管旁边屋里灯光闪烁,乐队喧嚣,一副悠然自得的模样。弗朗西丝和我的衣服招来羡慕的目光,我们能有这么漂亮的衣服全都是因为您送我们的慷慨礼金。所有的女士都出场了,但您可能觉得可笑,男士倒是没有全部露面！这种看似不经意的缺席是因为男士的虚荣心。您想象不到,有几位男士拒绝出场,就是因为对分派给他们的服装不满意,比如,要么是“女工罩衫”,要么是敲钟人罩袍！

天下没有不散的筵席。我们的访问也结束了……从上海坐船,经过风浪颠簸,我们终于回到芝罘,一场大雪迎接了我们。

凯瑟琳从未提及求婚之事。大概慕德叮嘱过母亲不要告诉姐妹们,免得她们拿她开玩笑,寻开心。很可能是因为她觉得自己对那个年轻人不够了解。姐姐的前车之鉴让她懂得,爱上一位年轻军官意味着无数次分离和等待,没有安全感。3 月 23 日,她在信中告诉赫德,艾米丽“星期五接到一封电报,星期一就走了。显然,‘塔尔伯特号’要在福州停留一段时间,这样,‘幸福的小夫妻’就可以更充分享受甜蜜的婚姻生活,毕竟他们俩只在一起待了两周”。

查尔斯和艾米丽在一起相守了短短几周时光,算是幸运的,因为,此次分别后,两人直到 1904 年 8 月才再次团聚。大家也赶上了雨过天晴的好日子,享受了春游的乐趣。从相册中的照片可以看到,4 月 11 日我母亲 9 岁生日时,慕德拿着自己的相机“在花丛中”拍摄的样子(图 8.7)。(慕德还拍到中国家庭野餐的情景,以及中国孩子观看洋人休闲的模样。)星期一复活节那天,在税务司官邸举办了一场儿童派对。在这之后,由于艾米丽去了福州,我母亲格温最终还是被送到学校上学了。但她在学校传染上猩红热,这使她再也不能与自己最要好的玩伴菲丽丝一起玩耍了(图 8.8)。

8.1

8.3

8.2

8.1
女士赛马跑——女士仍穿长裙（Ca02-022）。

8.2
茉莉尔，20岁，摄于1900年8月。凯特在日记中写道，她特意换上了最漂亮的绿色丝绸衫（Ca02-09）。

8.3
休表哥拜访。小弗朗西丝坐在椅子上仍比休高出一截。椅子后面矮一些的是慕德和艾米丽。站在右侧的凯瑟琳比她们高出许多（Ca02-23）。

8.4

8.5

8.6

8.4
艾米丽和查尔斯盛装照。艾米丽的礼服让当地裁缝倍感骄傲!(Ca02-042)

8.5
一辆自行车。这张照片虽然有酸腐蚀,但还是被收录进来,因为它显示出姑娘们既学会骑自行车,又学会修自行车。后面跪着的女孩无法辨认,但从日期上看是访问上海期间(Ca02-98)。

8.6
相册中有几张锡克士兵和俾路支士兵的照片,但慕德还没有掌握好她的新相机,照片拍得无法恭维。

8.7
"梅园野餐，福赛斯(Forsyth)夫人摄于1902年4月11日。"慕德正捧着她的柯达相机。（后面果树上的白色斑点大都是她们专程去观赏的盛开鲜花，不是酸腐蚀！）（Ca02–066）

8.8
我母亲格温与树上的菲丽丝，摄于1902年3月。穿短裙活动更方便！（Ca02–056）

8.7

8.8

第九章

死神降临

贾雅格在1902年冬

贾雅格在1901年7月写给赫德的信中讲了女儿们的事情，接下来又写道：

> 现在，只要手头再多3000英镑，我就会请长假，回英国老家。从1889年春天到现在，我们一直在中国，已经有12个年头了，在这期间，我连短假都没休过；不过，"叫花子没有挑肥拣瘦的份儿"，我们只能等到攒够了3000英镑再说吧。不过，我希望，在不久的将来会出现一些转机，让一切变得柳暗花明，尤其是最近一些老税务司都辞职了，他们拿的年薪都比我高。

他非常乐观，希望下一个职务能让他拿到更多的薪水。休假可是一笔大开销,因为海关职员家属的旅行费用必须自己承担。

与此同时,他和许多海关职员一样,感到工作超负荷,而且得不到相应的酬劳。“关于公署事务。我非常怀念般萼森和柯必达(Gre-vedon)在我身边工作的日子。[一个替代职员,现在在休长假]可以归类于‘低级别、少能耐,爱咋呼的美国人’。”此时,港口货运量比十年前增加了一倍,但他手下还只有那几个人手。而且,1901 年 12 月,他开始负责征收厘金,因为海关接管了口岸的常关税收业务。12 月 27 日,他写信告诉赫德:“我已经亲自收集整理了常关运作信息……在了解常关运作机制的基础上,我将派一名帮办去查看整个系统是如何运转的。”

他的身体状况很糟糕。1902 年 2 月 11 日,他告诉裴式楷:

> 关于我个人。我的流感已经好了。不过,在我得病的时候,我曾考虑找格鲁森看病,但他真的没什么本事。比如说,我让他给我开“树皮合剂”,他一开始都不知道那是什么。他说他从来没听说过这个东西。如果我得了重病,我可不希望找他看病……我坚持服用强力补身药,现在好多了。

挪威人格鲁森到芝罘至少有一年了,但居然没从老中医那里听说过金鸡纳树皮对抗疟疾有奇效,而贾雅格很可能是疟疾复发。1902 年 2 月 20 日,他在信中告诉赫德,他每天晚上都发烧,但是“我不想休假,谢谢您的好意,因为旅行一趟耗费太大……”[162]

这种低迷的状态至少持续了六个星期,但他还是硬撑着完成芝罘东海关十年报告。1905 年 6 月 16 日,他的妻子写信给赫德,感谢他寄给她这份报告:

我一直盼望看到我丈夫写的这份报告付梓面世。他为这份报告简直是呕心沥血。我还清楚地记得，他在最终完成报告、准备寄出时，那种如释重负的样子。他忙于撰写报告时，身体状况很糟糕。现在重读报告，当时的情景浮现于眼前。他在海关里可能并不是最手脚麻利、最精明能干的税务司，但我向您保证，他是最兢兢业业、最不辞劳苦的人，他对您忠心耿耿，一心一意，极尽讨好之能事。您的利益他坚决维护，您的小小嘉奖总是让他喜不自禁，因为这对他来说比什么都重要。

这封信显示，弗朗西丝十分了解丈夫的优点和缺点。他们夫唱妇随，相依相伴，这正是赫德所没有的。贾雅格把报告材料带回家，她能读到(1905 年，她有机会再次读到这些报告)。久而久之，她也觉得自己是海关事业的一部分，只是当时没有海关职员遗孀的相关条款，1900 年，这种情况在整个英国文官制度中是一样的。从另外一封信里，我们看到，她心里明白丈夫一直尽其所能，在为妻儿拼命工作。

夺命猩红热

猩红热由链球菌引起，专门侵害人的口腔和咽喉。这种病现在使用抗生素很容易治愈，而在当时，高烧往往置人于死地，能够挺过来的病人，也会在数周时间里感到乏力嗜睡。我母亲是 4 月 20 日发病的。她可能是在出疹子前几天就被传染了。此病正是由于这种疹子而得名。就这样，病菌传给了父亲和她的玩伴菲丽丝。接着，慕德

和小弗朗西丝也被传染上了。1902年5月4日,凯特告诉赫德:

> 亲爱的鹭宾爵士:
>
> 父亲让我为他代笔写信……他已经病得无法亲自动脑动手写信了……
>
> 他希望"请假"六周,从5月1日开始,因为他和我们家一半的人都得了猩红热,这期间我们都要被隔离起来。我们希望最好能在芝罘安安静静度过这段时间……
>
> 父亲的烧退了一些,但极度虚弱。我一直就想给您写信,现在只能潦潦草草写上几笔,望您见谅。这两周我的时间安排得满满的,忙得不可开交。弗朗西丝也开始发烧,所以现在只有母亲和我两个人忙着护理五个病人。

赫德早已通过一份电报获悉了这个消息,并派法国籍超等帮办勒慕萨负责海关工作。贾雅格于次日病逝。5月7日,勒慕萨向赫德做了详细汇报,说贾雅格于4月29日星期一发病,但到5月1日星期三才被确诊为猩红热:

> 那天晚上,格鲁森医生……正式报告了贾雅格先生病情严重,可能在4—6周的时间里无法做任何工作。第二天,我将这些实情电报告知了副总税务司。3日星期六,他的病情有所缓解,还叫人给他送去报纸。4日星期日,医生下午通知我,说他情况不妙。当天晚上,他两次召见海关汉文文案(The Chinese Customs writer),一次是10点,一次是早上7点多(卡拉尔夫人取消了这次召见)。他临终前,卡拉尔夫人和大夫都以为他稍微

舒服些了,在放松休息;突然医生听到他大声喘息,马上赶到床前,刚好看到他咽下最后一口气。时间是凌晨4点。5日早上,我得到了这个消息,立刻将此噩耗发电报告知您,同时给外国领事团也发了通告。

卡拉尔夫人要我一手操办葬礼的必要事宜,我接受了她的请求,随后去找外国领事团团长和英国领事布雷迪(Brady)先生进行磋商,外国领事团团长是福勒先生[**这位美国领事资格最老,因为他在芝罘任期最久**[1]],他早上还来吊唁过,并提出愿意在操办葬礼等方面助一臂之力。我之所以邀请领事们出面是因为死者是死于烈性传染病,各国领事之间,以及整个社区中都有人在议论,甚至有人提出不参加从他家出发的送葬队伍。在此期间,道台大人也传来口信,询问葬礼的各种具体事宜。仔细考量之后,我决定回答他说领事们同意到下葬地点会合。

中国巡洋舰"海天号"舰长主动提出调派20名武装海员,加上道台大人派来的士兵,组成40人的送殡护卫队,还有整个海关的全部人马,大部分社区侨民都来送葬。送葬队伍从税务司官邸出发,一路浩浩荡荡,经过当地老城,最后到达墓地(位于毓璜顶)。其他人则在那里会合,包括道台大人。大家向已故的海关税务司最后告别。从墓地门口到坟墓这段路程,由我们内班职员抬棺,霍士上校协助我们。

您肯定听说了他四个女儿染病的消息。虽然三个大孩子正在逐渐好转,但遗憾的是,菲丽丝病情危重,可能挺不过去了。卡拉尔夫人在这场可怕的灾难中一直忙着护理这个孩子,丝毫

---

① 福勒(John Fowler)从1896年8月至1904年在芝罘任美国领事。

不得空闲。

写了这么长的信,希望没有占用您的宝贵时间。考虑到您可能希望了解这场悲剧的详细情况,我才如此详尽地向您禀报。

贾雅格很可能认识那个汉文文案很久了,许多外籍职员都是新近聘用的。艾米丽是唯一可以参加葬礼的贾雅格亲属。葬礼见证了华人以及外国侨民对他的崇敬和爱戴。除了中国海员与士兵,参加送葬的海关职员本身就人数众多。送葬队伍穿过中国老城,一直来到山上的墓地,场面蔚为壮观(图 9.1)。毫无疑问,在送葬队伍里还有那些向他赠送锦旗的中国商人。图 9.2 是他的坟墓。这个墓地是姑娘们平时散步到毓璜顶时经常去的地方。

赫德 5 月 6 日写信给凯瑟琳,表达了他的同情:

我感到非常难过,为你们家感到难过,我想,你们一定经历了痛不欲生的日子。你父亲的去世一定给你们带来巨大打击。显然,上个星期日,你在替他写信,准备请假六周时,完全没有料到祸从天降!现在,家里有一屋子的病人要护理,你妈妈和你一定手忙脚乱,自顾不暇。希望你们俩能挺住紧张压力。不过,在未来几周时间里,你们恐怕还要继续经受煎熬。

你也许已经听勒慕萨先生说了,我预料到他要请假,所以在你的信到达之前,我已经正式准假了;我根本不知道,我其实是在给一个已经去世的人准假!我还记得 1858 年,你父亲还是个可爱小男孩儿时的模样,也记得 1869 你父亲已长成英俊小伙子时的样子。我们的工作关系一直十分融洽。他那么早就留下他的亲人、他的同事,撒手而去,我深感遗憾。

我非常担心家里的情况,希望收到芝罘的来信,能让我稍稍宽心一些。前几天我给你妈妈写了一封简短的慰问信。请相信,我的心跟你们在一起。

同一天,凯瑟琳写信回复了他早些时候写给母亲的信:

1902年5月10日

亲爱的鹭宾爵士:

我正要坐下来给您写信,向您确认已经收到电报和5月4日的信,在信中您说父亲再也不用为工作操劳了(信是两天前到的),而就在这时,您5月6日的信到了。母亲,还有我们所有人——衷心感谢您对我们的同情和问候。她让我给您回信,因为她寸步不能离开菲丽丝。三天来,格鲁森医生一直跟我们说小孩子没希望了,高烧只要无法控制,就随时可能夺去她的幼小生命。这样说您就会明白为什么母亲,或我们任何人,都一直没法给您写信了。母亲完全顾不上处理菲丽丝房间以外的任何事情,她甚至顾不上动笔给奶奶或茉莉尔写信。我和艾米丽要么给母亲做帮手,给孩子喂些吃的,派人去请医生,要么忙着照料慕德、弗朗西丝和格温,她们都卧床不起,但是都在慢慢见好。一直忙到昨天,家里来了一位护士。

在查尔斯·霍士和格里菲斯牧师先生(他们俩现在都和我们住一起)的协助下,我们替母亲处理了所有外面的事情,拆阅所有信件,安排各种事项。查尔斯和艾米丽是星期二(6日)从威海卫赶回来的,刚好赶上下午4:30的葬礼。格里菲斯牧师星期一早上来到家里,替母亲和我张罗葬礼事宜。如果没有他,我们会束手无策,完全不知道该做些什么。查尔斯来了以后,承担了所有家庭私事的处理。目前,他已经翻阅整理了父亲的私人文件,给英国发了电报,能做的一切都做了……好心的朋友们纷纷伸出援手,但我们一律婉言谢绝,除了后来请了一位护士,承担最后两晚的护理。由于此病传染性极强,我们无论如何都不想传给别人。母亲非常感谢您,说"在她的安置问题上,她不担心,也不着急"。在没有跟她讨论之前,我们完全无法制定未来计划,而眼下是不可能进行讨论的。隔离期将会十分漫长,感谢您允许我们在此期间继续住在这里。

至于我们的经济状况,母亲非常有把握,我们没有任何大笔债务负担;父亲一向尽力设法避免欠债。直到两年前,他都没有什么储蓄,而他目前的存款都在这里做了投资理财。至于这些投资值多少钱,目前我们还没搞清楚。不过,一旦我们查清数额,且等母亲腾出手来,她会专门写信告诉您的。

母亲在咬紧牙关,竭力支撑着。我不打算给她看这封信,不能再让她分心了。

只能写到这儿了。请接受我们的感谢,感谢您的来信和对我们全家的同情。

查尔斯向鹭宾爵士报告了更多这家财政状况的信息:

1902年5月11日

亲爱的鹭宾·赫德爵士:

请原谅我冒昧给您写信,因为我们从未谋面,但是您知道,我是卡拉尔夫人的女婿。我相信您希望了解她在财政方面的情况,而要等到所有事情办完,恐怕还要相当长一段时间,因为还需要进行隔离。

……贾雅格先生的文件保存得非常整齐,不需花费很大周折就可查清他大致的个人资产数额。每年账目的所有细节都有最详尽记录,收入和支出一目了然。在两年前提高薪水之前,贾雅格先生好像没有存下多少财产。他的退休津贴——一笔支付了1887—1889年他们家回英国探亲休假的费用,另一笔用于投资理财,但不幸投资失败。1889年,他投保2000英镑,但三年之后他不再继续支付保费,所以只能在55岁时,或本人身故时获得453英镑。

他所有资金都投在东方,而大部分又投在上海地产投资公司的债券上,利息为6%。这笔资金的收入大概有3400两白银,按目前汇率计算,大概为每年380英镑。从这笔收益中,他每年要支付给他母亲桑普森夫人50英镑。卡拉尔夫人自己每年大概有160英镑的收入。他们的所有收入加起来大概每年不超过500英镑。而且,如果目前的银价继续下跌,这笔钱还会更少一些。

一般人都认为贾雅格先生是个大富翁——其实我早知道,真实情况并非如此。卡拉尔夫人对这个问题非常敏感,她心里明白,贾雅格先生一直在为养活一大家子而操劳,直到死在工作岗位上。她也不希望人们知道他们家一直生活得十分拮据。卡拉尔夫人表现得非常坚强,品行高贵,但我担心,一旦菲丽丝死去,她会经受不住打击而倒下。可怜的小菲丽丝已经与死神搏斗了好几天,我们大家还抱着一线希望。卡拉尔夫人和她的儿女们都非常感激您的同情与支持,感激您让他们在那幢房子里住了这么长时间。

没有找到擅长表述此类信息的人,希望我已经将情况基本解释清楚了。

菲丽丝于5月14日魂归天外。直到这时,母亲弗朗西丝才有时间坐下来动笔。她在第二天给赫德写了信:

亲爱的鹭宾爵士:

真的非常感谢您的来信。之前我没有办法看信。今天,我们埋葬了小菲丽丝,埋在她父亲的坟墓里;她也去了——在昨天下午7点左右。今早8点,艾米丽、她丈夫、艾瑞克,还有我,把她送到她父亲身边。凯瑟琳昨天早上开始生病。我很担心她,因为她一直在护理她的父亲和小菲丽丝,了解所有的症状,所以她非常紧张。不过,这是她第二次得猩红热,所以我相信她会和慕德、弗朗西丝一样最终康复,别把这个病看得过重。她这一生病就意味着隔离期又要延长。我现在不能给您写信了,为了凯特,我也不能总想着已经故去的两个亲人,我必须想着那些我要照看的活着的人。艾瑞克和吉姆一直很健康。艾米丽刚刚回来,是在葬礼开始前一小时与丈夫匆匆赶到的。她很健康。查尔斯·霍士做了很多事,就算是我的亲儿子也不会比他更尽心尽力了。他彻夜不眠,护理病人,料理各种事务。我觉得艾米丽真是找到了一位好丈夫。格里菲斯夫人是司各特主教传教团的[格里菲斯先生和夫人都来帮她忙——格里菲斯先生主持殡葬仪式,格里菲斯夫人则帮助照顾病人],一听到我丈夫病故的消息,马上赶来看我们,到现在还跟我们在一起。当然我们是严格遵守隔离规定，不见任何人的。在给您写这封信时，我也在等候医生到来……我觉得您希望了解这里的情况。查尔斯回复了您的第二封信，但是我要等收到我哥哥的来信后才能更清楚地知道我们现在的实际处境。贾雅格的遗嘱是由我哥哥保存的。贾雅格一向乐观自信，但是我们有这么一大家子人，花销是很大的。我很清楚这一点；他是为了给家里挣下一笔财产而丢了性命，他自己从不花钱，居家过日子精打细算，就是为了自给自足，不依赖他人。如果说我们的生活不是那么富裕宽松，那也完全不是他的过错，只是我们没那么幸运而已。稍感宽慰的是，他死的时候并不知道自己会死在中国，撇下年幼的子女，孤苦伶仃。对那几个大孩子，他觉得已经尽到了义务，但总是在说小儿女们不应该吃苦受罪，应该和姐姐们一样享受好机会。于是，他一直不肯回老家，舍不得花钱，而是坚守在这里，为的是给小儿女们攒下足够的家当。他为妻子，为孩子们呕心沥血，任劳任怨。我觉得他真正是为我们而死的。姑娘们非常勇敢，非常坚强——我们还没推心置腹好好谈谈，不过，等到不再需要护理之后，我们会好好谈谈的。我会告诉您我们的决定。查尔斯·霍士和格里菲斯先生很可能明天就走了，他们正在安排此事。您写给凯特的信收到了，我已经念给她听了。

再见，亲爱的鹭宾爵士。您的弗·卡拉尔。

5月17日，她再次写信，为自己上一封可能颠三倒四的信道歉：

……您能理解，我不能离开病房太久。凯特今天舒服多了，重又找回勇气。我真怕她放弃与病魔做斗争，不过，我现在有信心多了。三个孩子(慕德、凯特和弗朗西丝)以前都得过这个病,所以,她们居然再次被传染让我们很吃惊,同样对她们很快就能摆脱病魔也充满信心。我们有一位从内地会学校来的护士,负责夜间护理病人。这真是老天帮忙。她应该是星期一之前来的——我现在对日期糊里糊涂的。我们用熏硫黄的方法给护理过菲丽丝的那间屋子消毒,并采取了所有预防措施,保证艾瑞克和吉姆的安全。我希望艾米丽也能躲过这场灾难。查尔斯·霍士在回到兵舰之前先去医院进行了检疫隔离。格里菲斯先生也在接受隔离。您给凯特的信我先收起来了……她现在的病情还不允许她看信。我们没有写什么信,因为只有艾米丽和我可以写。除了抽不出时间之外,我们也不清楚人家收到我们的信会不会紧张害怕。我准备等待家里的来信,看看他们建议我们做什么,在此之前,我们甚至不能收拾行李,因为所有东西都要经过消毒……如果在收到我的信之前,您希望我们搬出去,或者有其他什么事,请直接写信告诉我。如果不是这样,我们就继续静静地住在这里。今天午餐时我们还在说要感恩——感谢您让我们大家有这么宽敞漂亮的地方可以走走,对艾瑞克和吉姆更是如此,他们现在已经不出门了。昨天艾瑞克过了13岁生日。我告诉他,我最小的兄弟就是在他这个年纪,在过生日那天(5月15日)失去了自己的母亲。那是我记忆中家里第一个悲伤的日子。我现在仍然感到庆幸,贾雅格不知道他会客死他乡——他一直打算告老还乡,回英国安度晚年呢。她的母亲对此颇受打击。希望您一切安好——今天才终于有了夏天的感觉。慕德让我代她向您问好——我现在得回去照看她们了。

很久以后，我母亲讲述了当年这些死亡事件对她造成的影响：

家里死了两个亲人，我非常悲伤，非常孤独。再也没有伙伴跟我一起玩耍，再也听不到父亲的呼唤。即使我淘气的时候，也不再有人会说“你是所有孩子里最乖的”。白天，我在花园里漫无目的地闲逛，像是丢了魂。夜晚，我孤独哭泣，直到阿嬷听到哭声。

早些时候，她曾描述了阿嬷是如何说服她这个严重逆反的小姑娘睡前祷告的。她问并不是基督徒的阿嬷，为什么人非要祷告不可。阿嬷告诉她，上帝就像一个太阳，发出很多道光芒，每个人如每一道光芒，都要学着自己母亲的样子做事，顺着母亲的足迹，才能最终找到同一个上帝。现在，阿嬷又对她说：

我们的母亲都会告诉我们，世上根本没有死亡这回事。不要哭，小姑娘，你妹妹和你父亲正生活在另一个世界。如果没有她，他会感到孤单。你是爱父亲的，你们这一大家子，就让他带走一位吧，陪他在那边开始新生活。他活着呢，她也活着。他们能看见，能听见，能读懂我们的信。放心吧，小姑娘。将来有一天你也会去找他们的。你去问问你母亲，所有信仰上帝的人都知道上帝是活着的，他掌管着另一个世界，如果我们表现好，过完这辈子，我们就可以到那边去生活。

第二天早上，我到母亲房间里，询问来世的事儿。我发现母亲和阿嬷一样，都相信有一个上帝，相信祈祷，还相信有来世。我鼓起勇气，最真诚地向上帝祈求，赐予我信念，让我了解妹妹是否与上帝在一起,平安,喜乐。我还听从了阿嬷的建议,给妹妹写了一封信,投进厨房后面一个墙洞里。我们一直把那个地方当作我们的信箱。第二天早上,我满怀希望,再次去查看信箱。里面居然有两封信。一封是我写给妹妹的,另一封就在它的下面,是我小妹妹写的信。显然,这封信是我生病时她写给我的,那时她还没有染病倒下。信里讲她很孤单,还说她希望我好起来,再出来跟她玩儿。信的结尾处是一些小图画和小花朵。我高兴极了。虽然我明白这是她在死前写的,但我觉得是我的祈祷灵验了,因为,在祈祷前一天我并没有发现它。现在它起了作用,它让我看到上帝听见了一个孩子的哭泣。我跑去找母亲和阿嬷,眼里含着欣喜的泪水:"她很快乐,因为她给我写了信。她还活着。真的有上帝,真的有来世。"母亲接过那封小小的信,夹在她的祈祷书中。[163]

这个善良女人一直影响着我们,母亲常常提到她,阿嬷的话也帮我树立起我的宗教信念。她的忠告我也传给了别人。这件事显示了中国人的哲学思想是如何通过佣人传给在中国的外侨子女的。阿嬷对家里所有姑娘都很重要。图 9.3 是有她在场的照片,拍摄于 1901—1902 年的三张照片之一。

回归英伦

母亲弗朗西丝原本考虑像穆麟德夫人那样留在中国,但最终还是听从了赫德的建议,回到了她的大家庭。在接下来的几个星期里,她张罗着消毒,装箱,变卖不需要的物品,同时继续照料处在康复期的女儿们。她们于 1902 年 7 月 1 日离开芝罘。从图 9.4 里可以看到,凯瑟琳被抬到停在平台上的轿子里,因为她无法自行走下台阶去海边。她们在平台上唱了主日赞美诗。海边有几只小船,将全家人送到驶往威海的大船上(图 9.5)。他们大概安排在威海度过 7 月的大部分时间,好让艾米丽和查尔斯有机会团聚一段时间。月底,他们前往上海,在那里,好博逊先生支付了退休津贴。这样,弗朗西丝得以在他的帮助下,买了回国的廉价船票,搭乘的是日本邮轮。遗嘱验证记录显示,弗朗西丝在一家上海银行开了自己的账户,投资理财小心谨慎,将资金分散在各种中国债券上,直到身故。1902 年 8 月 4 日,他们离开了上海。

赫德在他们离开上海前写信给凯瑟琳:

1902 年 7 月 6 日北京

最亲爱的凯瑟琳:

我只能匆忙写一封短信,以赶在你们离开前收到……你妈妈和慕德的信是昨天送来的。我猜想你目前正处在恢复期。你们经历的日子是多么艰难,遭遇是多么悲惨呀。好在大家都熬过来了,渡过了难关,多么令人庆幸!所有计划都被打乱;对你来说,你可能做梦也没想到会这么快离开中国,而且是在这种状态下离开。对我来说,我一直期待你的来访,现在也化为泡影。真不知道什么时候,在哪里,我们还能再次相见,如果有这么一天的话!在中国,不太可能了,我再回英国的时候?也不知是否有机会脱出身来。假如我有机会回去探亲,我一定设法去看你们大家;在此期间,我希望你们能轮流给我写信,让我知道你们过得怎么样,你们都在干什么。只有当我知道你们安顿下来,我才能放下心。我会关注你们每个人的成长情况。看到你妈妈如此冷静、如此勇敢地面对所有事情,我感到很欣慰。我相信你们所有人都充满了勇气,尽力帮助她,彼此之间相互扶助。人活一世,要面对重重困难,每个人的境遇各不相同;我希望,并祈祷你们大家在人生道路上遇到的更多是玫瑰,而不是荆棘。但是,当你们遇到困难时,"要迎难而上",那样就不会被困难吓倒。

随信附上给你和姐妹们的一点小心意;你们回到英国,口袋里最好还是有些零花钱。我将等待机会,跟你们一起远行。将来,在我说话还算数的时候,如果你们有了难处,请告诉我,我的同情或许会有些帮助。

他还抽时间于7月27日提前告知金登干他们一行将要回国的消息,赞扬了他们所表现出的勇气,并请他在他们到达时去接一接,"因为他们回到英国会感觉很陌生"。

行程开始几天后,弗朗西丝才找到时间写信。她仍旧为自己没能挽救丈夫和菲丽丝的生命而痛苦万分:

"安艺丸号"(Bingo Maru)邮轮

1902年8月10日

……非常感谢您就退休津贴的事指示好博逊先生。他给我读了您的电报和他的回复。我也拿到了退休津贴,并签了字。这笔钱让太多的往事一下子都浮现在眼前,而且,从某种意义上讲,它也结束了我们与海关的漫长关系。我们现在已经驶离香港,不会再谈论陈年旧事或某某地方等所有一切。您一直是我们的挚友,我丈夫非常珍视您的友谊。让人难过的是,他可能不知道您在得知他的病情后，是多么为他着想。不过您总是这样的。我们总是回想当时没有做得太周到，总是毫无意义地后悔懊恼。真希望我不再懊恼菲丽丝和他的事儿了。我总觉得我们本该让他们挺过难关，保住生命的……[她比较了前一年在茱莉尔事情上的悲哀心情与此时的感受，前文引用过。]

同一天，凯特也写了信，当时邮轮正“经过交趾支那”。他们把这次行程当作邮轮度假，每到一个港口都会下来游玩一番：

亲爱的鹭宾爵士：

您瞧我们已经在驶往英国的航程中了！……船长认识查尔斯·霍士……也已经为我们找到消遣娱乐的好办法——打板球，打乒乓球，学打“桥牌”！船上的大副、一等轮机长和二等轮机长都是欧洲人，医生和其他人是日本人。头等舱的乘客目前只有几位——两对夫妇，都是美国人，一位西班牙神父和他的朋友，一位中国绅士和一位矮胖的欧洲人（我不知道他的国籍！）——但是，我们到新加坡时，还会上来一些乘客，但愿会有几个有趣的人，好让我们组成一支像样的板球队！乘务员殷勤周到，餐饮和服务都很棒，已经舒服得不能再舒服了[彩图I]。夜间的气温，或者停靠港口时的气温都很高，但白天在甲板上都能享受到凉爽的海风，厅里开着电扇。

……我们在国王加冕那天清晨驶离香港，所以只能以自己的方式进行庆祝。船上的客厅装点一新。晚上9点，所有乘客都聚集在一起，为国王健康干杯。大家在艾米丽的伴奏下唱了国歌，还按照习俗三呼万岁。所以，不管国王加冕典礼是否真的进行了，我们已经庆祝过了！我们将于9月25日抵达伦敦。船到每个港口都要停留两天，所以这是一个漫长的旅程。

国王的加冕典礼原本定于6月26日举行，但他在典礼前两周突然得了阑尾炎。他接受劝说，动了手术，抽掉脓肿。人们认为这比切除阑尾更安全。此次国王恢复得很快，于8月9日举行了加冕典礼。

两岁的小吉姆精力旺盛，到处跑上跑下，所以必须要一个姐姐一眼不眨地盯着他，大家都十分怀念有阿嬷在的时候。即便如此，母亲弗朗西丝还是觉得这趟旅行比她1888年来中国时轻松了许多。8月23日，她从科伦坡写信给赫德：

……船上有个很棒的洗衣房，像我们这么一大家子人，有了它真是太方便了。如今旅行真的是很轻松。不知道您什么时候能回老家——别拖得太久了——也许您会像我一样，都不知道旅程到了尽头会见到什么景象。在中国生活了这么久，一切都会变得生疏。不过，重要的是要有勇气，不要杞人忧天，如果真的有了麻烦，跟我们想象的也会大不相同。

读到这些话，我感到很惊讶。我从未见过外祖母，但我似乎继承了与她一模一样的人生哲学。我也很高兴读到："在槟城，上来一个小女孩儿，跟菲丽丝同年同月生。格温立即与她玩到一起，形影不离，而在这之前，她一直不太开心。"我母亲的姐姐都比她大很多，而且她跟哥哥艾瑞克也玩不到一块儿。作为一个男孩子，他可以做一些事，拥有一些东西，而她却不行，就因为她"是个女孩子"——这句话让她很恼火。菲丽丝死后，她经常觉得很孤单。

即便是红海，也变得不那么险恶了。小弗朗西丝在赛义德港(Port Said)给赫德写信：

大概两周前我们准备了几项比赛活动，为的是消磨时光。我赢得了两场比赛。一场是以最短的时间打领带，另一场是甲板台球赛。我还进入了另外两场比赛的决赛。[后来她赢得乒乓球比赛——我仍然保留着她的奖杯。]不能在赛义德港多停留一会儿，我觉得很遗憾，因为我们是半夜到达的，第二天早上6点钟就要出发。我们姑娘们把其他港口都“干掉了”，玩得很开心。每次踏上“坚实的土地”，探索不同的城市，我们都很兴奋。想想很好笑，还有不到三周时间我们就要到达英国了。

但她说错了自己的到达时间。

一路上度假观光让姑娘们重新振作了起来，母亲弗朗西丝描述道：

……请原谅这封信脏兮兮的。格温的小伙伴打翻了我的墨水瓶，接着，慕德准备去拿橙子，又打翻了一杯水。这还不算完，这里周围完全没有主日的宁静气氛！我想大家都很高兴快到欧洲了。船沿岸缓缓行驶，我们可以近距离看见陆地。大海的颜色非常美丽。天气晴朗，海风轻拂，日照强烈，我们毫不介意。我们上面有个二层甲板，正好可以遮阳……越往前行驶，我越想让您知道我们感觉多么幸运，因为是您在我们最困难的时候对我们表达了同情。

在马赛:疾病侵袭,财政困扰

母亲弗朗西丝的哥哥亨利·福克斯,还有他的妻子安妮·谢恩(Annie Shane)早已安排好在马赛见他们,并带艾瑞克乘火车赶回去上学。9月14日,母亲弗朗西丝不得不在此弃船上岸,因为小弗朗西丝得了"腹膜炎":

诺阿耶大都市酒店
(Grand Hotel Noailles et Métropole)
马赛
1902年9月24日

亲爱的鹭宾爵士:

[她希望他已经从她寄给好博逊先生的信中听到了消息。]从星期六开始,弗朗西丝的病情慢慢有所好转,但仍不理想。今天早上,医生告诉我,他还会来,但每天只来一次。这是一个再好不过的兆头了,因为,起初是两个医生每天来两次。他认为我们必须考虑在此地再待上三周时间。弗朗西丝现在只被允许在淡茶中加一点点牛奶,其他什么都不能吃。我们上岸的时候,我对她都不抱多大希望了。你可能猜不到,她没有太早发病让我感到多么庆幸,因为我可以确信她的病是从芝罘到上海那次剧烈晕船引发的。就是从那个时候起,弗朗西丝时不时会突然感到肚子疼得像刀绞一般,但疼痛很快就会过去。她并没有大惊小怪声张此事,只是现在回想起来,应该就是那个时候开始的。我哥哥和他妻子在马赛接我们,并一直跟我们在一起,直到我们

在那里安顿停当。然后他们去了罗马,现在从罗马返回了。他要在星期六晚上回到英国,而一直跟我们在一起的嫂子坚决要留下来照顾我们。她是一位温柔善良的护士,所以我们各方面都被关照得极为妥帖。昨天,我接到了家里的电报"全家登岸,一切均好"。在我们不在的情况下,他们全到家了,这很不容易……令人欣慰的是,所有危险都已过去,只需好好照看。

在到达马赛之前,我们大家都平安无事……我们都急于听到各种关于中国的消息。弗朗西丝没有忘了问我报纸上是否有关于中国的报道。

我哥哥强烈建议我请求您推荐艾瑞克进入海关。当然,现在提这个事情还为时过早,但是,如果您能记着这个男孩,我将不胜感激……[这是为艾瑞克多次求情的第一次。]

她丈夫将其遗产交给了托管人和执行人代管,即她的哥哥,同时也是他的朋友——亚瑟·福克斯和约翰(杰克)·福克斯。他们将代表她和她的子女处置他的遗产,这在当时是很常见的做法。在护理小弗朗西丝期间,又冒出财政方面的困扰,使她不得不再次提笔给赫德写信:

……我哥哥给我写信,建议我向您问清楚,最后一笔退休津贴到底是属于我这个遗孀,还是属于遗产的一部分。这笔钱在我离开上海、返回英国之前已经付给我了。为什么要问呢?是因为我收到款项后,即存入我在上海的活期账户,其中一部分马上拿出来支付我们回家的路费。在中国时,我们没有将其归入遗产,首先是因为我还没有拿到钱款,其次是因为我认为遗孀应该有权拥有这笔钱,如果拿到手的话。所以无需支付遗嘱验证费用。而保险金433英镑①(是一张支票,我随身带着)是包括在遗产里面的,我已经交给我两个哥哥了,他们是我丈夫的遗嘱执行人。如果最后一笔退休津贴应该归入遗产,那恐怕我就算侵占了一大笔遗产。我的哥哥们当然希望尽量照顾我的利益,但他们觉得有责任把事情搞得清清楚楚,一丝不苟。作为遗嘱执行人,他们想尽快了解在中国投资的事,他们可以将所有财产再投资于允许托管人持有的项目[**托管人不能持有英国政府股票**]——当然,这种投资不会带来在中国投资所产生的那么多利息。父亲给我留下了6000英镑的名义资产,而在英国投资的结果只能给我带来每年160英镑左右的收益。离开中国时,我曾希望回家后马上就能安顿下来,但是,如果我必须偿还遗产,即最后一笔退休津贴中我已经花出去那部分,我就必须先等遗产资金结算清楚后再作打算。

以上问题让我想起另一个问题,所以在此向您提出来。在芝罘,我收到了最后一个季度的全部薪水,但只将其中一部分(截止到5月5日)归入了遗产(当然是在布雷迪先生[芝罘的英国领事]知道并同意的情况下办理的——剩余部分我用来支付当前开销了。可是现在我怎么觉得我像是做了不诚实的事情。可在当时那种情况下,那样做是合情合理的呀。)

这封转弯抹角的长信实际上只问了两个问题:

① 原文如此。前面她的女婿曾提到是453英镑,作者估计这一数字应该比较准确。

我没有将全部季度薪水归入遗产的做法对不对？

最后一笔退休津贴是否属于我这个遗孀？

第二天，她收到哥哥们的另一封信，于是又给赫德写了信：

您会明白为什么我又来打搅您的……我可以趁机告诉您，弗朗西丝现在可以坐在沙发上了，也许再过三天，医生就会允许她出门坐马车稍稍逛一下了。我们怀着极大的兴趣从《泰晤士报》上看到六位年轻女士作为鹭宾·赫德的朋友，去慈禧太后的宫殿里看戏。想到自己差一点成为那六个人中的一员，弗朗西丝不禁长长叹了口气。凯瑟琳已经去了汉堡，和我住在那里的亚瑟哥哥及嫂子住在一起，要一直住到新年。他们原本计划到英国与我会面，但我却无法按时到达。我很高兴她去了那里，因为去年冬天慕德和弗朗西丝去了上海，在那里玩得不亦乐乎。而后来凯瑟琳又成了家中的主力，操心受累，护理病人。眼见着别人都脱离了危险，她自己却病倒了。所以，能放下各种家务担子，换换环境对她简直太必要了。而且他们还答应帮助她学习德语。

我们经常在报纸上寻找关于中国的消息，哪怕一点一滴，但只发现了一条提到您名字的小消息。弗朗西丝抱怨说报纸就知道报道“无聊的督抚大人们去世”之类的新闻。

……这里的天气好极了，就像我们在中国时的那种蓝天白云……事实上，作为一个民族，法国人让我更多想起东方人的性格。没有地方写原因了！请原谅我今天写了两封信。等我回到……英国，就会忙得没时间给朋友一封封地写长信了——再次说再见了,亲爱的鹭宾爵士,您的弗朗西丝·卡拉尔。

另……您能明白一切都在不言之中吗?且不要认为我觉得自己有权利永远打扰您。弗·卡。

死神再次降临

11月5日,慕德写信告诉赫德,“一周前,母亲和弗朗西丝从马赛过来了。鉴于她们所经受的那些折磨,两人看起来气色还算不错”。11月7日,母亲弗朗西丝写信给赫德,对他弟弟赫政的去世表示慰问。她是刚刚在报纸上看到这个消息的:

……我知道您此时的心情是多么悲恸,因为您的弟弟赫政是您最亲的亲人。回首1902年,这令您悲伤的一年,您失去了与海关关系密切、长期效力的部下,而现在,在一年即将过去的时候,您不仅又失去一位部下,而且这次还是您的兄弟。

随后,她告诉他,大女儿们都在找工作,而这是她们以前连想都没想过的:

我已经决定暂时与婆婆住在一起,直到我们的事情都有了眉目……桑普森夫人对两个孙子简直爱得不行。我跟她也比跟姑娘们更谈得来。慕德是唯一跟我们同住的女儿,但她每天都早出晚归，先是到皮特曼（Pitman）[1]学校那里学习速记，然后到我哥哥那里的女子打字间学习打字。她早上9点出门，晚上6点才回来，只有星期六一天休息。看来她以后很有可能在律师事务所找到一份差事；不管能否谋到这份差事，只要她愿意试一试，我哥哥提出他可以帮着支付所有手续费。她接受了他的提议，对她来说，机会毕竟不是太多。凯瑟琳在汉堡，希望能找到一个德国家庭，在那里陪伴需要学习英语的小姑娘。艾米丽住在贝里克郡霍士家，与他们家人相处得和睦愉快。茉莉尔和弗朗西丝住在纽卡斯尔我大哥［亨利］家里。弗朗西丝尚需要人照顾，因为她身子骨还很虚弱。茉莉尔满脑子主意——她好高骛远，什么事情都下不了决心。格温住在我大姐家，离我们不远。艾瑞克在温布尔顿上学，是走读生，每天回到这里，在我哥哥［杰克］家里睡觉。小吉姆由我照顾，格温也会来给我搭把手。她每天都过来，是个有慈爱之心的小姑娘。等过了年，如果姑娘们都不在家，我就必须送她去上走读学校了，因为明年4月她该10岁了，现在只是零零碎碎上一些课。［**比起男孩子，女孩子上学的事没那么紧迫。**］

……不管怎么说，姑娘们都有机会出去试一试展翅高飞。如果最后她们无功而返，回到我身边，我也会觉得心安理得，无怨无悔了。她们可以回来帮我操持家务。我已经告诉婆婆，只要她愿意，我可以常去看她，但她必须有自己的家，有属于她自己的所有东西，我也是一样。毕竟一个家只能有一个女主人。我想她也明白这一点。现在这一代孩子比起过去要独立得多，

---

[1] 皮特曼（Isaac Pitman，1813—1897），英国教育家，发明皮特曼速记法。

而且对过多的约束非常反感。[对英国中产阶级家庭的女孩子来说,这一说法似乎值得怀疑。但对卡拉尔家的姑娘们来说,她们在中国已经习惯了那种超乎寻常的自由生活,而且,所上的学校也都鼓励她们走上自食其力的职业之路。]哦,我并不想跟您唠叨我们家的各种琐事,只是觉得这样做可能能分散您的注意力,使您不必沉浸在自己的悲伤之中。

可怜的鹭宾爵士,我为您感到伤心,因为我明白,听到这种噩耗您会是怎样的心情,而且,所有烦恼都只压在您一个人身上。对我来说,那些表达同情的慰问信一开始对我作用并不是很大,但是现在,当我觉得孤独的时候,还有在茫茫大海上航行时,读着那些寄给我的四面八方的来信会给我巨大安慰。正因如此,我才敢这样坦率地向您表达同情。

接反面。我心里很清楚,假如我的吉姆还活着,他肯定会最先给您写信,因为他经常谈论您弟弟赫政。每次谈到他,他都十分怀念他们还是单身汉的日子。我们最后一次见到他是在厦门,他带着新娘去看望爱格尔(Edgar)夫妇。那时他看起来那么自豪,那么幸福。但是,时间过得飞快,转眼已经是很久以前的事了。

现在,一个更年轻鲜活的生命即将走到尽头。亨利舅舅和安妮舅妈原以为北方清爽的空气会有益于小弗朗西丝康复,但她又开始生病了。她母亲在一封写给好博逊的信中说明了事情经过。她还请求将此信转寄给鹭宾爵士:

奥斯本路 48 号

泰恩河畔纽卡斯尔

1902 年 12 月 11 日

亲爱的好博逊先生

[说明了关于上海银行存折的事。]我们一直在为弗朗西丝的情况担心,现在都急坏了……她刚回来时还是不错的,不止一次写信给我,说他们搬到那里住,自己过好日子,抛下我一人照顾格温和小吉姆,觉得很惭愧。可是,突然间,我就收到了她生病的消息,还接到电报……说医生认为非做手术不可。我上个星期六(11 月 29 日)赶到那里,同时茉莉尔南下,去奶奶家顶替我的位置。12 月 2 日,弗朗西丝病情恶化,9 日,医生告诉我手术风险很大,但拖延下去风险更大。所以,那天早上我们叫了救护车,把她送到医生的私人诊所。[当时医院仍然只为穷人开设。]我留在那里,陪着她,到下午 6 点钟。手术昨天下午两点进行。现在还不让我去看。我们打电话了,我哥哥也去询问过情况。今天下午五点半,我可以去见护士,但是这一周都不能见弗朗西丝,除非她的情况出现恶化。[这是为了避免发生感染。]她的情况已在医生预料之中,非常不妙。昨天,艾米丽从贝里克郡赶来……我们家里的人都很重要,每一个人都是。全家人(我是指孩子们)身在各处,都受到极好关照。茉莉尔、慕德、格温和小吉姆一起去了肯特郡范堡罗(Farnborough)的一个哥哥家里过圣诞节。艾瑞克赶过来了,因为他放假了。他们本来想全家人能聚在一起过节,但鉴于目前这种状况,我觉得还是算了吧,因为,这段时间她是我们唯一担心的人……请向朋友们解释我们目前是多么焦灼不安,写的信也不可能是轻松愉快的。

她签上名，祝 1903 年万事如意，然后又密密麻麻补上几行字：

> 弗朗西丝表现得非常有耐心，有勇气，这对她极有益处。她［接到第一页地址旁边］做了所有事情，吃了所有医生开的药，从来没有自暴自弃，总是千方百计让我放宽心。她是个勇敢的姑娘。请将此事转告鹭宾爵士，因为目前我没有给任何人写信。

12 月 15 日，小弗朗西丝死于阑尾炎。她在纽卡斯尔的远房舅舅埃文斯·福克斯一直陪在她身边，同时也是她的死亡证明报告人。但愿她母亲最后看了她一眼。

9.1

9.2

9.1
芝罘海关职员及公署办公楼。拍摄日期不详。照片存于烟台公园内的烟台博物馆。

9.2
大概是贾雅格的墓，但在相册中未注明（Ca01-127）。周围有花，但是没有铭文。

9.3

9.4

9.3
阿嫌与格温、菲丽丝和小吉姆在一起，摄于1901年9月25日（Ca01-144）。女孩子们戴着通草遮阳帽以便防晒，跟我小时候在印度戴过的帽子类似。

9.4
照片标注为“1902年7月1日。出发回国”（Ca2-088）。母亲正在看一名轿夫抬起凯特（半掩在盆栽植物后）。

9.5
在俄国领事馆旁边的海滩上聚会（Ca02–88）。处于康复期的凯特坐在轿子里，一位沃森(Watson)先生正在关照她们。由此可以看出为什么商人们希望拓展港口的堤岸！（另一张照片显示面包被装上小船，准备运送至一条等候的大船。）

第十章

结婚嫁人，各寻归宿

卡拉尔一家人回到英国后，纷纷给赫德写信。从信里可以看出，回国后，他们经历了重重困难，包括对母国的陌生疏离，对客乡中国的思念，且生活拮据，倍感艰难。此时的弗朗西丝是一位守寡的母亲，但还得为子女的未来煞费苦心，从长计议。探究她女儿凯特的生活历程非常有趣，因为她有着与众不同的职业兴趣，而且还保存着赫德写给她的信件。姑娘们非常幸运，因为她们有一位善解人意的奶奶艾玛·桑普森，她们在信件往来中经常提到她；此外，姑娘们还有着数目惊人的、来自福克斯家族的十亲九眷。

进入新世界

杰克·福克斯舅舅和亚瑟·福克斯舅舅，也就是贾雅格的遗嘱执行人，于 1902 年 9 月 24 日在伦敦码头迎接了姑娘们，并将她们带到泰晤士河畔的京斯顿。凯特在 10 月 2 日写给赫德的信中讲述了自己的最初印象：

我们见到了奶奶、茉莉尔和艾瑞克，他们都很好，家人团圆，大家都很开心。奶奶真是个大好人，对小宝宠爱至极，恐怕我们都要被她宠坏了。当然，她也年老体衰，容易疲劳，但精神头很好。我们人太多，不能住在一起，但彼此之间都住得很近……

这一周过得稀里糊涂，有太多的风光景色要看，有太多的亲朋戚友要见！已经见过的亲戚多到令人瞠目；他们来自四面八方，或远或近，都很和善，又很体贴。至于那些景点景物，千奇百怪的，令人目不暇接，有圣保罗大教堂，还有手摇风琴！我们看过的地方，可以写满好几页大信纸。不过我们还有大量事情要做，要拆箱，购买冬衣；刚从热带气候中出来，觉得很冷。您太有福气了，此时用不着挨冷受冻！说这话是为了让您知道我们一点儿都没忘记您，也没忘记所有在中国的老朋友，我们常常聊到在中国生活的日子。不知道我们当中还能否有人再回到那边……

艾玛·桑普森照例写了一封短信，然后附上其他人的信。看到她对凯特的描述，赫德一定很高兴：

写几个字，向您汇报一下：上周的昨天这个时候，我儿子的一家人，除了母亲之外，都到了……五个人跟着我住，其他人住得也很近……凯瑟琳今天早上过来，说她想给您写信。她一直忙前忙后，是最勤快、最热心肠的好姑娘。随信附上两张报纸，我想您会感兴趣的。我写不了太长，因为我咳嗽得很厉害。

慕德于 11 月 5 日写信给赫德,报告母亲和妹妹到家的消息。她对盖伊福克斯日(Guy Fawkes Day)①的预演颇感兴趣,特别是当她看到一个演员把中国人表现得那么稀奇古怪,更是捧腹大笑,简直就像以前看到过的剧院广告戏似的:

……他们穿的衣服和脸上的表情一点都不像中国人原本的模样。说实话,生活在英国的人对其他民族的行为方式,对他们的喜好和忌讳孤陋寡闻,知之甚少!这里的汽车和自行车多得吓人,尤其是汽车,而汽车也就是刚刚问世不久呀。

在这期间,凯特与亚瑟舅舅去了汉堡,所以没来得及见到母亲和姐妹们,直到 1903 年夏天才见面。她要面对陌生的新世界,还要面对又一起痛失亲人的打击。尽管身边的舅舅和舅妈对她百般呵护,毕竟不能分担她对逝去亲人的怀念,以及对中国快乐岁月的眷恋。11 月 4 日,她写信给赫德,说看到他的客人觐见慈禧太后的新闻了,但一直没有收到他的信,令她伤心。这里的生活充满喧嚣和忙碌,令她震惊:

……起初我对这里的一切都感到很陌生,但现在已经稍稍适应了……这里是一个漂亮的大都市,也是个忙乱与喧闹的城市!我简直无法适应这里一天到晚川流不息、喧闹不止的车辆,电车、大马车等等。我觉得这里最让人印象深刻的是所有一切都是为了节省时间。不管是在家里,还是在大街上,所有设施都

① 英国的一个重要节日,也称烟火节,以纪念 1605 年 11 月 5 日挫败盖伊·福克斯等天主教极端分子计划用火药炸死詹姆斯一世和英国议会成员的阴谋。

是为了提高速度。人们都在使用这些设施,匆匆忙忙去赶电车,去搭乘湖上和运河上来来往往的蒸汽船;火车进站时,人们摩肩接踵,推推搡搡!还有一种景象我觉得特别奇特,那就是这里的白人穷人。在中国,所有白人不管多么弱小,都会被另眼相待,高人一等,而这里到处是白人穷人,穿得很破,但他们与我们又同属一类人,装束打扮都是一样的!您可以想象到,所有的景象,所有的环境,都不一样了,再也没有苦力供你使唤,替你肩挑背扛。这里有邮局,没有跑腿送信的,有电车、汽车和马车,而没有抬轿子的!……我去股票交易中心大街上的大众音乐厅听过两次音乐会(那里嘈杂喧闹,太不可思议了,如同大海在咆哮)。我还去了美术馆、博物馆等公共设施。这里有个漂亮的湖,叫阿尔斯特湖(Lake of Alster),就在城中心,周围景色十分美丽……

我会在这里过圣诞节……今天我开始上德语课,同时,作为交换,我也教英语……我还在继续进修音乐。看起来,女孩子要想找份工作养活自己谈何容易……等我的德语再好一些,可能就可以找到一份为那些需要学英语的女孩子做伴读的差事。这种差事可以让我有机会继续学习,以便找个层次更高的工作。

就在这时,突然出现了一个契机,于是她马上于12月4日给母亲写了一封信。这封信弗朗西丝一定也转寄给了赫德:

我必须在12月13日之前给对方一个答复。假如多给我一些时间考虑,我是不会在这个时候打搅您的[小弗朗西丝正在生病]……一间德国女子学校的女校长找到M小姐[麦克唐纳(MacDonald)],说要请一位教二级班和三级班学生的英语老师,从复活节开始上课。M 小姐立刻想到我,认为是我开始工作的一个锻炼机会。尽管我还不是很有经验,但她建议我还是去申请一下。如果我愿意,M 小姐会设法说服校长聘用我。她还说,如果我能进入这样的学校,很快就有机会教更多的课……但一旦答应任职,就必须准备在那里干一年以上。这就意味着我必须在此地多待一年以上,而且基本上一辈子就要教英语了。假如这期间发生什么情况,或者说我改变了主意,我可以在工作六个月之后提出辞职申请,但我不想这样做,因为 M 小姐是担保人,她希望我一直干下去。我每周将给一个班上一小时的课(二级班为 14 岁以上的女生,三级班为 12 岁以上的女生),这样我可以拿到每周 6 马克的薪水,即一年 12 英镑……我很想接受这份工作,而且我觉得这就是我应选择的职业。如果您同意……请马上给我写信。至于校长是否会聘用我,现在还说不准,但我必须首先征求您的意见……舅舅和舅妈准备一直留我住在家里……

在她给赫德写下一封信之前,她接到了妹妹去世的噩耗。她强忍悲痛,坚强面对,但内心的悲伤和孤独还是从她简短的、不愿详谈此事的表述中透露出来:

汉堡

1903 年 1 月 9 日

亲爱的教父:

此信是祝贺您生日快乐,万事如意。最近我从杜德维家人的信里听说了您秋天在家举办聚会的事,看来聚会非常成功。

这是我听到的有关您的最新消息。希望您一切顺利。

您一定听说了，我们家最近又出了大事，我无法在此述说。我当时没能和母亲在一起，没能和其他家人在一起，这让我十分难过。母亲几乎每天都给我写信，她很坚强，很了不起。

接着，凯特又讲了家里的情况。茉莉尔决定接受培训，做贫民救济院的勤杂工，所以正在克拉彭(Clapham)地区的一所圣公会救济院实习三个月。我母亲格温和艾瑞克在当地学校走读。她又说自己得到了一个教师职位，最后说道："舅舅和舅妈对我特别关心，但我有时候会想念我们那一大家子人。不过，我会克服这些困难……如果您有空了，能给我写几行字吗，我会很高兴收到您的来信。"

1903 年 8 月，凯特终于见到自己的母亲。我们可以看到照片中她脸上那种压抑悲痛的神情。图 10.1 中，她的母亲仍然穿着黑色丧服，头上是寡妇需要戴两年的"黑色面纱"。不过，她的神情已经恢复了安详平静。孩子们也要戴孝一年，女孩子们大概要穿白色，而不是黑色的衣服。

弗朗西丝从纽卡斯尔给赫德写信，因为她哥哥又询问起最后一笔退休津贴的事。她与凯特不同，完全不掩饰自己的悲伤，"这件事对我打击巨大，让人很难恢复生活的勇气，继续走下去。有时候我都觉得自己力不从心了。但这样唉声叹气又有什么用呢"。

1 月 15 日，她再次写信，因为她忘记祝他生日快乐了。这些信她都是通过新开通的西伯利亚邮路寄去的，邮费更贵一些：

……真的很抱歉，这次我的祝贺迟到了。自从我们同您住在北京之时起，就一直给您写生日贺信，没有中断过……

近来,我没有心情给任何人写信。到昨天,我失去小弗朗西丝已经一个月了,但感觉那是更遥远的事情。17 日,我要回南边的家了,同桑普森夫人住在一起,直到我们大家都恢复正常的生活,理顺各种事情,搞清我的实际家底。我们一家人现在天南地北的,以前这么多年我们都住在一起,所以感觉有些别扭,但谁又违抗得了命运的安排呢。家里亲戚为我们做了所有力所能及的事,我很庆幸当初听从了您的建议,回归我的大家庭。

……我去贝里克郡看了艾米丽……很喜欢她嫁的那家人和她的新家。[她对茉莉尔选择在贫民救济院工作感到担忧。]……但她已经铁了心,非要去不可。看来还是随她去算了。我真的希望她能有强健的身心去应付那种生活……慕德……正在学习速记和打字……她和凯特都迫不及待地接受了第一次机会,都急着要自食其力,尽量减轻我的负担。不过,弗朗西丝死后,凯特提出要回来陪我,担心我一个人照顾不了小吉姆。但我已经写信给她,让她不要回来。收留她的舅舅说,假如她愿意回来陪我住,他会每年给她 60 英镑。所以你看,为了让我和姑娘们过得安逸舒适,他们毫不犹疑,从无二话。不过,如果我能帮她们实现自食其力,对她们的前途应该是更有益的,我是这么看的。

在中国生活了那么多年,她非常赞同女性从事有收入的工作。

弗朗西丝回到了京斯顿,与婆婆住在一起。1903 年 2 月 25 日,她写信给赫德,感谢他的新年贺信。虽然家中屡遭变故,但中国还是她魂牵梦萦的地方:

最近我没顾得上给中国那边写信，倒不是因为我们不想收到中国的来信，我们之间写信时总要互相询问“有中国的来信吗？”只是家里麻烦不断，厄运纷至沓来。我曾给您寄过一张报纸，告诉您我们的弗朗西丝去世了。这对我们大家都是巨大打击，无法承受。不过，既然她是要走的，我很庆幸她能一直活到与我们一起回到了家乡，让我能够守着女儿度过那么一段时光。不到一年以前，她从上海归来，我当时感到非常自豪，又有一个女儿可以和我出门了。可现在她不在了，其他人也散落在各地……

新的一年并没有给我们家带来多少起色。上个月我大哥死了，而星期一我又参加了我小哥哥女儿的葬礼，她是手术失败死的，是同弗朗西丝一样的手术。当时他们请了伦敦最好的医生，但命运偏偏和我们作对。所以，请您原谅我们那些无聊的、胡言乱语的信……凯瑟琳还住在汉堡……两个男孩子仍然是奶奶的心头肉。她是个很了不起的人，参加社交活动，张罗各种事情。对小孩子来说，英国气候宜人，生活舒适。

……家里人总问我您什么时候会回英国。自从您在北京经历了那场动荡以后就没有休过一次假，看来您一切都很顺利。杜德维家的姑娘们写信给我们家的姑娘们，说您在秋天招待她们开开心心玩儿了一次……我听说柯尔乐（Carl）先生圣诞节时要搬到老房子去，希望花园在无人居住的情况下没有遭到什么破坏。我丈夫曾骄傲地让别人欣赏他修整过的每一块地方。美国领事给我们寄来过几批《芝罘快讯》（*Chefoo Expresses*），我们了解到扩建外滩的工作仍然是重中之重……我希望您不要忘了我们。在东方生活了这么久，不太容易很快结交新朋友……

对于大哥亨利的死,她并没有透露详情。他是在哈利街(Harley Street)开枪自杀的。这个地点[①]暗示着他可能听到了可怕的诊断结果。不过,后来事情的发展显示,是他的产业陷入了危机。到这时,弗朗西丝才醒悟过来,原来这就是为什么他催促她设法让艾瑞克进入海关,而不是进入家族产业的缘故。亨利的破产意味着为他工作了30年的兄弟埃文斯(Evans)也因此丢了饭碗。埃文斯的大女儿还在剑桥大学的格顿学院(Girton College)上学,好在杰克叔叔为她付了学费,她才得以继续读下去。福克斯家族非常团结,相互帮扶,但财政状况相当拮据。

赫德的思想非常开明,他鼓励凯特和她的姐妹们在结婚嫁人之前争取自食其力。他写道:

1903年2月25日

最亲爱的凯瑟琳:

自从你们走后,我收到过你们三四封信,但到现在才抽出时间回信。你们是在如此悲惨的情况下离开中国的,你知道,我是多么难过,而且,对可怜的弗朗西丝不幸病故,我也深感悲哀;我关心你们所有人的情况,所以,接到你的来信真让我高兴。你们所有人都在找工作,试图养活自己,我觉得你们做得对;工作是光荣的,自强自立是美好的奋斗目标。希望你们的努力会带来成功的回报。不过,我也相信,你们每个人的"白马王子"会适时出现,为你们的工作分忧解难,也照亮你们的人生道路。

---

① 又称诊所街、医疗街等,是伦敦一条名医、诊所聚集的街道。

自从你们走了以后,我这里基本上还是老样子,只是5月底时,我搬回了重新建好的房子。现在,我都安顿好了,挺舒适的,但我还是怀念围困之前的老物件,怀念我房间里那些熟悉的旧环境。现在所有一切都是新的,只是房子还在原址没变,我所有的佣人也都是原来的,乐队男孩也都回到了我身边。我的工作越来越繁多,简直恐怖。我马不停蹄地工作,从早到晚,日复一日。我的身体一直挺棒的,告老回乡的念头都抛到脑后了。到明年,我来中国就满五十年了;后年我就满七十岁了;所以,我想可能会在1904年或1905年回家,如果到那时我还活着的话;到了我这把年纪,身上的零件都磨损得差不多了,可能随时报销。圣诞节之后,我一直安安静静待在家,既没有出门赴宴,也没有宴请宾客;去年我可怜的弟弟不幸去世,我们是亲密的挚友,所以他的去世令我无比悲恸……

你还记得覃书先生吗?三周前,他和买威令小姐,也就是他妹妹的女伴儿,两人都被一条疯狗咬伤,现在正在上海接受巴斯德狂犬病治疗。杜德维家的姑娘们,以及艾丝美·辛普森(Esmé Simpson)9月1日到我家来了,在我家住了六周,另外还有三个姑娘从天津来:艾菲、温妮[斯图亚特]和葛蒂·麦克利什(Gertie Mcleish)。我们玩得很开心,家里充满欢声笑语!今年,我准备请格蕾丝·甘博,以及穆麟德家的姑娘们来玩儿,还会请其他一些人。[164]我自己也想到北戴河待一个月,因为我在那儿的家也重新修葺了。我找到一把高级小提琴——古典琴弦(Villama)和一把优质大提琴——杜德琴弓(Dodd),像以前一样,每天早上工作之前先拉琴一个小时。你还坚持练琴吗?但愿如此,因为能有一把小提琴为伴可以给你很多慰藉。汉堡一定是个有趣的地方;我想你现在认识不少人了吧,在那里已经感觉很亲切了吧。希望你喜欢那地方,身体健康,心情愉快。

安家落户

赫德就退休津贴的事写了一个简短的备忘录,这才让弗朗西丝那位律师哥哥称心如意,不再继续询问。接着,他又给她写了一封私人信件,这让弗朗西丝很高兴,并鼓起勇气,开口提出另一件难以启齿的要求:

瑟尔米尔

1903 年 4 月 16 日

……就在我们离开上海回英国之前,好博逊先生给我读了一封您发的密码电报,询问我是否已经拿到退休津贴,如果没有,就发给我,而且在我回到家后,还会拿到追加津贴。由于我们在马赛耽搁了很久,而且一直没有收到您或伦敦办事处的信,我也就一直没提这件事。现在已经解决了遗产问题,也关掉了在中国的账户,我询问好博逊先生,我对您那封电报的理解是否准确……他给我写了信,建议我提醒您一下这件事。其实,我家族的人是不会让我遭受任何财政困扰的,我经常想,这是因为我是家中的小妹,所以我和女儿们得到了比应有的要多得多的关照,生活水平比他们还要宽裕,真有些受之有愧。

3 月,我那位身患重病的哥哥死了,我们准备搬进原来他和另外一个哥哥杰克住的大房子“丁斯代尔”。[杰克雇了一位住家护士,一直在家照料罗伯特 · 斯贝舍尔 · 福克斯。]……我哥哥非要让我搬进去,否则他就要放弃房子,自己出去租房子住。我觉得我应该保住这幢房子,以备家人随时来住。我很难在一封信里完全说清楚,但他们处处为我着想,令我十分感动。他们的心意不是说出来的,而是从他们做的点点滴滴体现出来的。所以,我觉得,如果现在我还犹犹豫豫,张不开口,那就该怪我愚蠢的自尊心在作祟了。一年前,您可能是看在我丈夫为您效力的份上,为他子女的前程做出过许诺……是福是祸我和孩子们都认了,会坦然接受。但是现在,大家的日子都很紧。我没有心安理得地伸手拿他们的钱,而是特意来提醒您,这似乎是对您缺乏信任。我知道您不会说出任何刺痛我的话,即便您认为我担心此问题多余了。

我母亲格温染上了百日咳,这使弗朗西丝想起一年前,就是这个女儿传染了夺人性命的猩红热。弗朗西丝给赫德的信带来了艾米丽那边的好消息。她的婆家人对她非常关照。而弗朗西丝眼下又得操心另一个女儿的婚姻大事了:

慕德最近遇到一个年轻人向她求婚,他目前在北京呢!慕德没有斩钉截铁地拒绝,不过我也不知道最后结果会如何。自从茱莉尔出事以后,我对这种事感到很迷茫,不知该怎么办。不过慕德倒是很直接,很坦率,什么都跟我说。她坚持在皮特曼学校学习速记,并已经拿到一个资格证书。不过,她经常对我说,每次她看到那位女打字员,已经干了15年之久,却还是在不停打字,都会怀疑这样做是否值得。[秘书工作当时没什么大前途。]好在我们周围有一大堆年轻人,他们这拨年纪相仿的表兄弟姐妹加起来有19个,都住在方圆20英里的范围之内,骑上自行车去串个门儿很容易。

姑娘们显然是用赫德的告别礼买了自行车。那位"目前在北京"的年轻人很可能就是曾在上海向她求过婚的小伙子。慕德最后嫁给了朱利安·雷多特(Julian Ridout),他是一名英国皇家炮兵部队的年轻军官,1902—1903年先后驻扎在上海和北京。他们于1909年完婚。不过,慕德大概汲取了艾米丽的经验教训,没有早早订婚,接着长时间苦苦等待。

5月7日,凯特从汉堡写来信,感谢赫德2月25日给她的信:

听到您讲您的乐队,还有您的小提琴和大提琴,就好像回到了过去!非常高兴看到您那些鼓励我的话语,也感谢您对我未来的美好祝愿。复活节后,我开始教课了,现在已经逐步适应,并渐渐喜欢上了我的工作……

我们家经历了重重磨难,似乎远远不止一年。想起他们就感到痛心。但我们心中依然充满了感激,因为自始至终都有好人相帮,贵人相助。

她还告诉他,她跟舅舅和舅妈生活在一起很快乐。但是,她从来没有像谈论和描写中国一样谈论汉堡,即便是冬去春来之时,汉堡也不如芝罘那么靓丽迷人:

这个季节汉堡看上去很漂亮。每条大街两旁都是椴树,刚刚冒出新芽。这几天天气暖和,我出门玩了几次。一次是去弗里德里希胡尔(Friederichsruh),那里有俾斯麦的乡下别墅,现在传给他儿子了。周围的森林非常美丽。那天我乘坐了一艘只需投币一便士的汽船,在易北河上行驶,到港口观光！但这里无法跟芝罘相比,四周没有起伏的山峦。

搬进杰克舅舅的大房子后,一家人的窘困日子随之结束。“丁斯代尔”大宅(图 10.2)为所有孩子提供了团聚的中心和避难所,一直到他们的母亲 1929 年去世。他们确实非常幸运,因为在这种维多利亚式大家庭里,事业有成,财运亨通的未婚男性家族成员都会身体力行,扶危济困。所有姑娘们,包括我母亲格温都念念不忘亲切慈祥的杰克舅舅。他充满智慧,恪守原则。(图 10.3 就是这位单身舅舅与他收留的一家人的合照。)

凯特第一次回新家度假不久就给赫德写了信：

1903 年 7 月 24 日

亲爱的鹭宾爵士：

……您能想象我又见到母亲和亲人是多么高兴吗？他们看起来都不错。小弟弟长大了不少,原来学的中文也已经忘得差不多了！……我们的家温馨惬意,我们从中国带来的东西都摆出来了,感觉很亲切。看来全家人都已经踏踏实实安顿下来了……

此时,艾米丽和慕德正同威廉和阿达·福克斯夫妇在法尔茅斯(Falmouths)附近度假。这位威廉舅舅也在德国做事,不过,他在康沃尔(Cornwall)有一处别墅。茉莉尔也从那间“女执事救济院”回来

度假。这期间,凯特趁机在伦敦周游了一番:

这次是我第一次在英国待这么久……议会大厦、西敏寺、圣保罗教堂是多么雄伟壮丽!我最喜欢的是西敏寺,前几天我们还去那里做了礼拜,简直令我惊叹不已。我希望下次有机会去看看伦敦塔、皇家戏剧艺术学院,以及国家美术馆。我们还在泰晤士河上坐船游览,看到两岸有这么多漂亮景点,我已经觉得我一辈子都看不完,永远逛不够这些地方了!我的假期8月22日结束,然后回到德国教英语。我觉得这个工作很有意思。

她代母亲和奶奶向赫德问好。弗朗西丝于7月30日又写了一封短信,告知了财政方面的好消息:

……好博逊先生把账户里的钱汇到英国我这里(或者说是汇给哥哥们了)。总算把钱转了过来,您听了一定很高兴吧。虽然有些汇率问题,但数额比我们预想的多一些。今天早上我刚刚接到慕德从法尔茅斯寄来的信,信上说“情况有些起色了!”她原本下定了决心,坚决不在东方找“白马王子”!我心里暗想,为了他们自己好,千万不要一下子打得火热。不过,现在孩子们都还在我跟前,让我很开心。艾米丽从贝里克郡过来,跟妹妹们一起度假。上周,她公公过来一起喝了茶。我很喜欢他这个人。艾米丽简直就像是他亲生闺女,看起来过得很幸福!

慕德在1903年10月29日写给鹭宾爵士的圣诞贺信中说,尽管今年夏天雨水过多,破了纪录,而且泰晤士河水泛滥了几次,但他们过得都不错，开始喜欢上英国了。弗朗西丝照旧加上“一行字”，希望日俄之争的传言不会给他增添太多的工作负担。艾瑞克的前程让她有操不完的心，因为，一个男孩子要想挣得一份体面的生活，就必须有足够的能力自立，而女孩子们只需挣一些零花钱就够了。茉莉尔辞去工作回家待着呢，但这并不让她操心：

> 过了年，我要送他[艾瑞克]去一所寄宿学校上学，离开女人当政的家，不过我会想念儿子的。茉莉尔和慕德现在都住在家里，我很高兴这样。茉莉尔已经不在救济院干了，在上一个装订书籍的培训班。慕德也已经结束了速记和打字的课程，目前想找一份可以拿回家干的活儿，以便挣点零花钱。我们正在看一台质量不错的二手打字机……

凯特仍然一门心思，朝着自食其力的体面生活而努力。11 月 15 日，她告诉赫德：

> ……我每周学 6 节德语课，教 4 节英语课，还在学校教两节。我有两名“学生”是 60 多岁的老太太，给她们上课很有趣！工作总不会那么轻松，但让人感觉日子过得很快！那天我碰到了一件好事，有个英语老师要走，想把下一学年的 4 节课让给我，我答应接过来。这样，我就能挣不少薪水！唯一的缺憾就是要长时间离开母亲和家人了。他们最近好像过得很不错，而且还见到以前在中国生活过的人，包罗一家住得离我们很近……

鹭宾爵士发了一批信件，然后收到几封回复的感谢信。第一封

感谢信来自弗朗西丝:

1904 年 1 月 10 日

亲爱的鹭宾爵士:

今早的邮件里有您 12 月 11 日的信,让我欣喜万分……信上说您又追加了 1000 英镑退休津贴,这对我来说可是一笔大钱呀……非常非常感谢您。就在今天早上,我还在想……我是否真的该送艾瑞克……去寄宿学校,那样会增加一大笔开支的。您的信似乎就是答案……我必须要对您千恩万谢,感谢您了解到我们的希望,即艾瑞克将来能进入海关……

再次感谢您,不仅是,不完全是因为您拨给我们额外退休津贴,还因为您轻松平常的信让我们了解到海关的诸多情况,我们仍然十分关注海关事业。难以想象,我们已经不属于那里了。

1904 年 1 月 21 日,凯特在赫德过生日那天从汉堡写信给他,对他表示了感谢。她还说她担心日俄之间的状况可能会影响到他。在英国过的第一个圣诞节令她印象深刻:

在英国,大家过圣诞节是多么热闹呀!家禽店里摆着一排排的火鸡、葡萄干布丁,到处都是槲寄生和冬青,都是我没见过的,还有“募捐合唱队”,他们从 12 月 2 日起每晚唱圣诞歌曲,非常有趣……

1 月 26 日,弗朗西丝再次写信,感谢他的新年贺信,并希望西伯利亚邮政通道不会受到日俄之间紧张关系的影响而中断。关于她

自己:

我们在这里安家落户已经半年了,我们感觉非常温馨,宾至如归,只是我哥哥们总是觉得我做什么都不为过,我还可以过得更舒服一些。我经常担心自己被过分宠爱,如果再遇到逆境,可能都无法抵抗了。当然,最好还是生活在现实中,尽力而为,对我而言就是顺其自然,随遇而安!

1月29日,许诺的支票终于到了,令她回想起丈夫辛勤工作的往事:

我的喜悦之情无法言表,我丈夫在中国坚守岗位,坚持不懈地工作,终于得到了回报,倒不完全是因为这笔钱的缘故,当然这笔钱是令人相当心满意足的礼物,而是因为这使他的付出不会显得那么徒劳无功。我比任何人都清楚,一直以来,他的所思所想、所作所为都是为了海关的利益,也都是为了他一家人的未来。今天收到支票让人倍感欣慰。茉莉尔和慕德叮嘱我哥哥一定要为我们妥善投资,争取拿到3.5%的利息。

的确,每年能多出35英镑足以使他们的生活改善不少。

日俄战争爆发让她于2月8日再次写信,显然,她是多么了解他对部下的关怀:

我知道,只要亚洲的事情没有彻底解决,您是不会离开您的岗位的,那么,1905年也没希望在英国见到您了!我还担心,这场战争会在其他许多方面影响到您的计划,很可能也会拖延您的部下迁回北京总部的计划。我知道,虽然您对自己毫不在意,但如果局势关系到妇女儿童,您会是多么小心谨慎。我总是问自己,离开东方,带着所有姑娘们回到家乡是不是一个明智之举,但现在看来……我该庆幸,我们都回来了,远离战祸,远离流言,也远离焦虑,这种愉悦心情无法表达,但同时,一想到我们再也无法像原来在中国那样全家人相聚在一起,不管是1884年那次,还是1900年那次,我就会觉得无比悲哀。虽然庆幸远离了一切,很高兴回到英国与家人团聚,但心里总不是滋味,因为远方墓地里还留下一块让我们牵挂的地方。但您会明白,如果家里还有其他人,还有其他刚逝去的亲人,特别是当双亲只剩下了一位时,对其他人的安危就更加焦虑担忧了——

再见,亲爱的鹭宾爵士——愿您不再经历1900年的那种遭遇,愿这场战争让您在中国的地位更加坚实巩固。我想,到1904年您在中国就住满五十年了吧?希望各方面都会给您举办五十年大庆。希望您为之奉献毕生精力的事业蓬勃兴旺,让您的孩子们收获您在中国和中国海关经年累月不懈奋斗的果实。

我们将看到,赫德的儿女们并未让他称心如意。接下来,他于2月14日写信给凯特,当时正处于日俄战争之中。西伯利亚邮路使得通信速度大为改观:

你祝贺我生日的信今晚刚刚到达;信的日期是1月21日,所以说它在路上只用了24天。不知道什么时候人们的旅行也能这么快捷!西伯利亚邮路目前仍然畅通,运转正常,但是军队的调遣可能会影响到邮车，而且，战事有可能让满洲铁路彻底瘫痪——这回，仗就在我们家门口打起来了。日本佬和俄国人在渤海湾对面互相炮击，日夜不停，已经有一周了。我们掌握的消息并不可靠，但从事态来看，日本佬能撑下去，俄国人没那么容易战胜他们。

很高兴看到你有假期，在家过了个快乐的节日。你父亲去世完全改变了你们的生活，我为你们大家感到难过，但你们都能鼓起勇气，坚强面对，希望你们一切顺利。

今年冬天我的生活很安静，但也忙忙碌碌的；我的工作量加大了，而且也变得很有意思——这很不错，我享受这样的工作。眼下，我的脚疼也来帮忙；已经有四周没出门了，待在家里很有必要，这样，工作的时间也就更充裕。我的脚，或者说脚趾，因为冻疮溃烂而发炎——现在正在慢慢愈合。我想再有一周时间就没事儿了。其他人这个冬天都玩得很开心，因为今年冬天比往年冷。猎纸赛马会、滑冰、俱乐部舞会，以及公使馆举办的戏剧表演此起彼伏，好不热闹。我们这里已经下了三场雪，每下一场都能净化一次空气。但是在9日和11日，也就是旅顺口那边炮火连天的日子里，我们这里下了两场暴风雪；每次都只持续几个小时，显然，这是炮火扰动大气层的结果——天空变得狂暴粗野，飞沙走石，尘土激扬。

我还是一个人过。赫德夫人和诺丽本来打算冬天来看我，但由于战火临近，我让她们暂延——现在真的打起来了——我觉得最好还是我一个人在这里，让她们远远躲开可能发生的不测。所以，我让她们在家等候通知，等我发去电报再过来。说不准这场战争将持续多久。我在想，我能在这期间一走了之吗，还是能挨过这场战争呢。到20日我就满69岁了,自然也就到了“穷途末路”的阶段。感谢你的美好祝愿:我不敢说这些祝愿能让我活得更长一些,但肯定会让我今年的生日更加快乐。

……总税务司署的大部分职员目前还在上海,由裴式楷先生负责,我希望到6月时,他们能全部迁回这里,除非到时候战争发展到不允许他们回来的地步,届时,两幢新房子和总署办公楼也将竣工。

爱你的

鹭宾·赫德

另,今天你有没有收到很多情人节来信,闰年有何计划!

凯特1904年5月29日回信,显示出她比较同情日本人:

说真格的,近在您眼前的战争现在情况如何了,我们十分关注。狂轰滥炸要造成多么可怕的破坏呀。我希望胆大的日本人会赢!鉴于英日同盟关系,德国报纸毫无疑问非常同情俄国人,预测说如果日本人打胜,将出现严重黄祸!您觉得有这种危险吗?

您肯定已经听到茉莉尔订婚的消息了,这是在刚刚过去的3月底发生的事情。我们都喜欢他,而且第一次在芝罘见到他时,他还是个小男孩,很好笑吧,所以说,这件事因缘巧合,很有浪漫色彩!不过,要说结婚还得等一段时间。艾米丽的丈夫正在回国途中,这让她很兴奋。慕德经常给我写信,似乎样样事情都很顺利……

7月初,我有6周的暑假,要去哈茨山区(Harz Mts)的戈斯拉尔(Goslar),住在一个德国人家里,主要是为了更好地学习德语。这将会是一次很有意思的经历,因为德国人的风俗习惯与我们差异很大!之后我要回来,再教一个学期的课,最后在米迦勒节(Michaelmas)①彻底离开德国,回英国争取上培训班。目前我的教学工作非常顺利,让我非常自豪的是,每周能挣1.5英镑[相当于每年60镑津贴,也就是如果她回到母亲身边舅舅答应给她的那笔数,但现在这样证明她做到了自食其力]。

在我生日那天,舅舅和舅妈带我去看了歌剧。我们看的剧目是"罗恩格林"(Lohengrin),我觉得里面的音乐美极了。您还时常拉小提琴吗?

母亲……最近一直在为找佣人的事心烦,还没有找到合适的,大家都在抱怨说如今很难找。在中国就完全不用操这份心!

对许多男人来说,卡拉尔家的姑娘们独立意识太过强烈。慕德和茉莉尔最后都是嫁给了在中国生活过的男人。而女人们也并不见得赏识这种独立意识。比如说,在没有佣人的情况下,她们在做家务事方面就显得笨手笨脚,力不从心。家里有一位表姐就认为她们:

基本上啥都不会干——就会四处闲逛,还让杰克舅舅帮她们擦鞋。我们都瞧不上卡拉尔家的姑娘们。[另外一个表姐倒是有不同观点。]"卡拉尔家的姑娘们……并不是只会坐着喝茶——她们精力充沛,活泼有趣。"[165]

① 即9月29日,是基督教节日,也是英国一些学校的新学期开学日。

后来，凯特在回忆录中讲到杰克舅舅主动帮忙的事。他不是用语言，而是通过自己的一举一动体现福克斯家族特有的关怀与呵护。“当母亲忙不过来的时候，杰克舅舅便早早过来，生上火，打扫餐厅，晚饭后，他又负责洗碗刷盘。”

凯特立志教书，茉莉尔和艾米丽以家为业

凯特已经决定要在英国拿到教师资格证书。在她母亲10月21日寄给赫德的几封信中，有她的一封短信，简单交代了一下她的计划：“我又回家了……彻底回来了……准备开始学习，参加明年6月的剑桥地方高等考试。[这正是1900年她没能参加的那个考试，而1901年她妹妹则去上海参加了这种考试。]之后，我希望可以培训一年，这样，我就能够在英国任何学校教书了！”

慕德告诉赫德：

> 我们现在已经相当适应英国了，包括这里的人，还有天气，只是这里的天气有时相当糟糕……茉莉尔常常到帕特尼(Putney)她未来的婆婆家度周末。我不知道她打算什么时候结婚，因为她的情况还不是很明朗。艾米丽与丈夫在苏格兰打猎，钓鱼。她的信里都是些细枝末节的描述，比如查尔斯猎到几头狐狸等。显然，他所做的一切，都让她心里美滋滋的。

目前查尔斯在休假，等待新的任务，所以，艾米丽终于过上了正儿八经的婚姻生活。

1904年11月24日，凯特从“丁斯代尔”给赫德寄出圣诞贺卡，

这里的冬天来得很早。就像在芝罘一样，白雪覆盖树枝，大地银装素裹，令她深深陶醉。全家人终得团聚，因为查尔斯·霍士和艾米丽来住了一周，茉莉尔的未婚夫以及十亲九眷的表兄弟姐妹也常来串门。凯特很喜欢圣诞购物，也爱光顾剧院。如今，女士们也有了自己的俱乐部——这非常受欢迎，因为在当时，“女士”在没有男士陪伴下出入餐厅还不是一件理所当然的事：[166]

> 上周我第一次去了城里的女士俱乐部；是喝茶，那里有温馨舒适的茶会（你可以邀请男士朋友参加），还有几把小提琴供人使用。
>
> ……1月，我要去温彻斯特中学……［这所学校现在被称为圣斯威辛（St. Swithun's）学校。杰克舅舅支付了她需要缴纳的费用。］目前，我每周上两次历史课，还在瑟比顿中学（Surbiton High School）给最低年级学生教几节课。

弗朗西丝去温切斯特看望凯特时，居然碰到一位跟中国有点关系的熟人。1905年1月19日，在给赫德的生日贺信中，她告诉他：

> ……负责那所中学女生住宿的一位女士对您的名字非常熟悉，说到您曾非常关照她哥哥西里尔·法雷尔（Cyril Farrar）时，她的感情溢于言表。他是21年前死在北京的……您可以想象得出，在这方面我和她是多么深有同感。她几乎不相信您还在那里坚守岗位，没有任何事情（即使义和团拳乱）能动摇您，让您回国放假休息……我走的时候［凯瑟琳］正在进行德语和法语考试！我希望她能顺利适应重回课堂的生活。

1905年1月28日,赫德回复了这批雪片般的来信。虽然战事的确加重了他的工作负担,但他很开心听到姑娘们的各种事情:

最亲爱的凯瑟琳:

在我面前摆着你们家的来信,包括你10月21日和11月24日的信、慕德10月22日的信,还有你妈妈10月21日和25日的信……我很高兴收到你们所有人的信,但是,我工作繁忙,焦头烂额,没时间很快回复(虽然艾瑞克加了一句:附言,请快回信吧)……

你又回到家了,真是太好了。跟这么多朋友在一起,举办这么大一个家庭聚会一定很开心吧,还有这么多亲朋好友常常聚在一起,大家一定很高兴……慕德……告诉我,茉莉尔准备去跟婆婆住在一起,因为她要结婚了(好像又处于不明朗的阶段);我认为婆婆是结婚以后才有的事,而不是结婚前,虽说在中国,女孩子一旦许配人家,人们就认为"她有婆家了"。[在这个家里,大家都记得茉莉尔是个机灵风趣、羡慕奢华的人,所以她的意中人必须是个富有的钻石商人,以保证她的生活方式!]

我很高兴听到艾米丽和她的如意郎君在一起过上一阵甜蜜逍遥的日子;现在她一定成了他最宝贵的"猎犬",叼回他打中的猎物——各种猎物。[他所认识的那个有教养、懂音乐的艾米丽正在逐渐融入那个擅长打猎、钓鱼和射击的苏格兰家族生活——图10.4]

谢谢你母亲寄给我的照片……男孩子们长得非常健康。我希望能有一张你的照片;原来的照片都在围困骚乱之前丢失了,尤其可惜的是那张有可怜的小弗朗西丝的照片——她看上去那么活泼健康！不过，你们其他姑娘我都见过了，你们的容貌我都记在脑子里——也记在心上，不需要看照片我眼前就会出现你们的模样，因为我时常想到你们一家；我仍清楚地记得你的洗礼过程，还有让茉莉尔坐在我肩膀上在花园散步的日子——我现在可做不了了！

21日是个大喜日子。李家森(Walter Richardson)迎娶了奥特韦尔(Otterwell)小姐，在北京的所有人都去参加了婚礼，盛况空前。现在，这儿的冬天极度寒冷，冰天雪地，冷风刺骨，天空湛蓝。可以听到四周都是炮竹声，人们开始准备放假过大年了。今天是腊月二十三，“灶王爷”要回天宫与其他神仙聚会狂欢一周。一个月前，我提出要休假回家，但却被告知要等战争结束以后才行。旅顺港早已陷落，听说大山岩(Oyama)与库罗帕特金(Kuropatkin)正在激烈争夺奉天[沈阳]。人们认为这次日本人会赢，而且俄国国内矛盾也将达到极点，战争可能会很快结束，所以，也许我可以在今年脱身。我2月20日就满七十岁了，所以很想赶快告老还乡；这么长时间没回家了，我渴望再次回到家乡，见到朋友们(我上次回英国还是1878年的事儿呢)。眼下的担子越来越重，需要一位更年轻、???[①] 而且更积极活跃的人。但是，只要我还能工作，我就没打算逃跑，而且中国方面希望我留下来，他们一直待我不薄。所有新开拓的事业都十分有意思。目前，职员们都回到北京来办公了。

① 原文如此。

凯特于1905年2月20日他生日那天写了信,为写信迟了而道歉:

我最近经常想到您,因为我在读一本书,里面很多地方提到您——《西里尔(利普顿[Lipton])·法雷尔回忆录》……里面描述了您举办的圣诞派对,让我想起我们那次访问您的经历,想起慕德和我与您在一起度过的快乐日子……

[正像她母亲所担心的那样,她对学校生活有些无所适从。]……我到这里刚刚一个月,已经冒出当逃兵的可耻念头,想回家,但每到此时,责任感又提醒我要坚持下去!一切又像以前上学时一样了,而这些年我在外面自由自在惯了,很难适应各种约束……这里有八个女生寄宿,由一个寡妇和她两个女儿看管。我们每天都去上课,回到这里吃饭。目前我在忙着复习历史(法国史、英国史和宪法史)、法语和德语,还有教育史。大多数女孩儿都会拉小提琴或大提琴,但水平都相当初级。

她很欣赏温切斯特的优美建筑(不过,进一步了解情况后,她又告诉他,比起汉堡,这里大多数主教区城镇都显得死气沉沉,毫无生机)。最后,她又讲了姐妹们的事情,并觉得有些过意不去。"我相信您对这些鸡毛蒜皮的琐事都听厌了吧,但我只能写点我们的事情。"

赫德听出她的沮丧情绪,所以很快回了信:

1905年4月4日

最亲爱的凯瑟琳:

我简直要被我的工作压垮了!我就像一个演杂耍的艺人,

站在五六张台子中间,每张台子上都有百十来只盘子,我要让这些盘子都旋转起来,不能倒下,不能碰到别的盘子,而且也不能让别人接手,因为我得控制局面,全盘负责。我提心吊胆,生怕有丁点闪失或片刻疏忽,那会带来灾难。盘子数量还在不断加码,尺寸大小,各有不一,且贵贱不等,有的是镍的,有的是瓷的,还有一碰就破的玻璃盘!告诉你吧,要掌控这么多盘子非常困难,我已经在这里耍了很久,一刻未歇息过。到目前为止还没有出现闪失,是超级发挥,简直是奇迹——但这的确是事实!这也让我骑虎难下。我已经71岁了,一直保持乐观,比以往更加忙碌,看来不被“手持长柄大镰刀的老农夫”抽打使唤够的话,是不会卸掉脖子上的笼套的!

你2月20日写的那封快乐的信,今天到了我手里,你在那天还惦记着我,我非常高兴。我们这里的人都很关心我,来自四面八方的恭维赞美,以及美好祝愿让我深受感动。[**这其中包括前言中引用过的、他的下属给他的祝寿词。在中国文化中,七十大寿具有重大意义。**]

真是奇怪,你居然会碰到可怜的法雷尔的妹妹,还读到他的书;我在围困之前也得到过一本,可惜呀!它和我房子里的其他珍贵物品一起化为灰烬了。他曾经是一位很有前途的年轻人,他的死对我是个重大损失。我从来没见过死后这么安详美好的面容。他的头稍稍侧向一边,脸上有一丝淡淡的笑意,看上去像很快乐的样子;让人看了不觉得悲伤,他似乎在说“胜利在哪儿?”[**他大概希望这番话会传到法雷尔妹妹耳朵里。**]我的下属死在这里的太多了,太可怕了,想想都觉得恐怖,我不禁时常自问,我是不是苟延残喘得太久了?

你感到孤独,我十分同情,但是,读书上学是一件快乐的事,我还羡慕你呢——很久以前,我曾有过这样的念头,如果我再回家乡,我会去剑桥大学学一门不同的课程——主要是理科吧,这样我就可以带着一个更充实、更有所准备的心灵去天堂。但我现在已经放弃了这个念头,我年纪太大了,老眼昏花,学点新东西吧,记忆力又时好时坏。说来也怪,我小时候的事情,六十多年前的事情,会越来越清晰地闪现在脑海里,而昨天刚刚忙完的事却一转身就忘得一干二净!

你信里讲的琐碎小事我一点也不烦,因为我十分关注你们这些可爱的姑娘——包括你母亲——再细碎的事情,读起来也令人愉快。

上个星期日,我们这里发生了几件重大事件。李鸿章的牌位被供奉在他家的祠堂里。今天早上,所有在北京的人早上7点钟都来到火车站,向康格(Conger)夫妇道别,他从北京公使馆调任到墨西哥大使馆。[**他是美国公使,夫妇二人及孩子都经历了那场围困的考验。**]7日星期五,我们都被召唤到德国公使馆,出席一个晚宴,这晚宴没有对外声张,因为"普鲁士王国弗雷德里克·利奥波德(Fréderic Léopold)王子殿下将大驾光临"。我的时间都被这些公务活动、官方招待,还有其他各种各样的拜访活动占用了,所以我几乎得不到片刻宁静,每做十件事情,就有几百件想做而无法做成的事,越积越多!如果我没写信,千万不要以为我忘了你们,你们经常出现在我脑海里,你们已经深深藏在我心中,永远如此。爱你的,鹭宾·赫德。

另,艾尔莎·杜准备嫁给香港银行的麦金托什(Mackintosh)先生。格蕾丝·凯普史迪(Grace Capstick)与威尔特郡

(Wiltshire)第二军团的霍巴特(Hobart)先生订了婚。

凯特回到“丁斯代尔”过复活节假期，她于4月19日给赫德写了回信，一个劲儿地感谢他随信寄来的照片，并拐弯抹角地报告了家中的大事：

艾米丽来了，她的“如意郎君”目前在地中海皇家海军的“女王号”上服役。她说准备秋天到马耳他(Malta)与他团聚，但在这之前，她要先办一件大事，而这件大事的奇妙结果就是让母亲变成外祖母！如果这个假期天气好的话，茉莉尔、慕德和我打算骑车出去转转。但是天气变化无常，眼下就很冷。我们常常盼望能有中国那种蓝天白云的天气，不过，不管怎样，这里的春天还是更好一些，到处都冒出绿色新芽，鸟儿叽叽喳喳叫个不停，报春花四处绽放。今天就是“报春花日”[167]，公共汽车司机、“出租马车车夫”、肉店老板，衣服上都别着一束报春花……前几天我们收到杜德维家的来信，说艾尔莎已经订婚，非常幸福。

弗朗西丝是6月写信给赫德的，感谢他寄来的十年报告第一卷。前面已经引述过。她不仅再次提及那年丈夫染病之事，还讲到自己曾经是一名忠心耿耿的海关家眷：

我不记得曾经暗示过您或海关的任何人，我曾经是多么渴望完整地阅读这份报告。这么长时间过去了，我已经……觉得这份报告也早已成为我的过去……真心感谢您还让人寄来报告。我要把它拿给桑普森夫人看。她在中国生活过的岁月依然清晰地印在她的脑海里,真是了不起。任何与中国相关的东西都会对她极有吸引力,尤其关于她永远长眠在那里的儿子……

1905 年 7 月 12 日,她再次写信给赫德,告诉他自己第一个外孙子平安降生的消息。他是 6 月 30 日出生的。“我一直陪着[艾米丽],但很快要回家了,由慕德来接替我,因为母婴一切均好。”查尔斯此刻正在海上航行,驶往马耳他。艾米丽生第一胎时受到家人的全力呵护,这与后来凯特的命运形成鲜明对照。

凯特顺利通过考试后写信给赫德:

我非常高兴地告诉您,我通过了历史和逻辑考试。下一门考试是 1906 年 6 月的德、法、英国文学,通过之后我就能拿到证书了……我特别关注北京方面的新闻;我们一直还能看到《北华捷报》(*North China Herald*),总要在上面搜寻老朋友们的消息。母亲刚刚把最新一期的《北华捷报》拿去给艾米丽看了……

那天我和慕德去了城里,参观了南肯辛顿博物馆。我们看到一些刚刚出土的远古动物骨架,非常壮观。

这一定就是赫赫有名的恐龙化石,现在仍摆在那里的珍贵馆藏。1905 年 11 月 12 日期中放假时,她再次写信。这次全家聚会少了几个人。慕德陪艾米丽去了马耳他,而茉莉尔也仍然过着我行我素、与众不同的订婚生活:“茉莉尔与她的未婚夫及他母亲上个月去罗娜杜恩(Lorna Doone)乡下的埃克斯穆尔(Exmoor)住了两周。”夏天,凯特跟母亲和弟弟妹妹们去了贝克斯希尔(Bexhill)海边玩了两周：

再次来到海边太让人高兴了，不过，我觉得英国的海边连芝罘的一半也比不上。

为了备战6月份的最后考试，我现在学习非常紧张。考完之后还要再考一门，也就是剑桥大学教师证书考试。这整个准备过程太漫长了……

弗朗西丝也发了圣诞贺信，表达了她对在马耳他的女儿的希望，“慕德会遇上真正让她一见倾心的人的。对人生见得越多，我对婚姻越是充满信心”。接下来，她又讲到对艾瑞克的担忧，因为他不太想去中国那么遥远的地方。“男孩子们是个问题，我不希望看到他们一辈子庸庸碌碌，一事无成。”

慕德的圣诞贺卡来自马耳他，地址是佛罗里亚纳海滨大道南106号(106 Strade S. Francesco, Floriane)。她讲述了自己在那里的愉快经历。赫德在信上注有说明：“1906年1月19日，已回复，并寄20英镑复活节彩蛋。”收信人为“慕德·卡拉尔小姐，马耳他”。这笔钱在路上辗转了很久才到达。反正她也用不着购置新衣裙了，凯特的信给出了答案：

1906年1月10日

非常不幸，自从她们到了马耳他以后，艾米丽的身体情况一直不太好。慕德为她收拾房间，帮着照料婴儿。查尔斯一直跟她们在一起，宝贝儿子让他洋洋得意。慕德原来跟海陆军军官们打得火热，玩得很开心。但自从艾米丽生病以后，她就不太出门了。

她还讲了家里其他人的情况,接着又讲了自己第一次参加政治活动的经历:

> 那天舅舅带我去参加了一个在伦敦女王音乐厅举行的会议,非常有趣。会议主要是要表达公众的愤怒,抗议俄国人对犹太人施以暴行[168],所以与会者中有许多犹太人。罗斯柴尔德勋爵也出席了。发言的人包括里彭(Ripon)主教区的主教、一位红衣主教和苏格兰自由教会团主席,分别代表安立甘教会、天主教会及非英国国教人士……目前,大选已经开始,到处热热闹闹,沸沸扬扬。这是我第一次经历这种事。宣传海报很有意思,但候选人对竞选对手进行各种谩骂和指责,令人厌恶。我很想去参加一次竞选活动,但杰克舅舅认为那种地方太混乱,没让我去。

凯特在这次即将到来的大选中没有投票权,因为在那个年代,政治还是男性的特权领域。但她对争取妇女选举权的运动也没什么兴趣。不过,从她保留的剪报来看,她非常关注女性经济地位低下的问题。

对家里大多数人来说,中国正逐渐淡出记忆,成为过去。1906年,弗朗西丝照例给赫德写了生日贺信,但是她说,“我一直忙于家里的事情和通信往来,已经渐渐不再给东方的朋友写信了。倒不是我忘记了他们,实在是时间不够用”。她的信主要讲的是艾瑞克。他很快就17岁了,但“我对他的前途越来越茫然不知所措”。另外,她也

“十分担心艾米丽的健康状况……或者应该说担心她的精神状况——医生嘱咐她静心疗养,在此期间,慕德帮她打理一切”。似乎没有人意识到艾米丽又怀孕了,她的第二个儿子在老大出生14个月后也来到了人间。

家里依然在钱的事情上精打细算。慕德的下一封信写于1906年6月24日,可以看到,赫德的礼物虽然来晚了,但恰好让她有钱更换了一样朝思暮想的东西:

> 您1月19日的信几经辗转,终于送到我手里!收到您的信让我高兴极了,非常感谢您送的“复活节彩蛋”……我必须告诉您这只彩蛋孵出的“小鸡”是什么样子的。它就是一辆自行车。您无法相信我是多么渴望换掉我以前那辆自行车……那次,我骑车不小心摔倒在电车轨道上,一辆紧跟在后面的大马车撞上我和自行车。人倒是没有什么大碍,只是有点皮外伤,但我的自行车可就倒了大霉,被撞得七零八落。[她告诉他艾米丽的病情。]您可以想象得到,我忙得脚不沾地,哪有时间跟那些“马耳他骑士们”来来往往,去做一些招蜂引蝶、轻薄无聊的事呀。

弗朗西丝在1906年7月12日给赫德的信中说,慕德没了自行车,就失去了活动自由,可谓打击重大。“原来以为要换辆自行车是一点希望也没有了,谁知您那份礼金不期而至,简直让她乐开了花。”接着,她照例又转到艾瑞克的事情上来。“我在这里没权没势,根本没法按他父亲的希望在他的人生路上提携他一把。”她那位住在法尔茅斯的哥哥威廉从报纸上找到一张鹭宾爵士的照片,寄给了她,这让她于8月23日再次写了一封悲观绝望的信,信中她还感谢了他寄来

的十年报告第二卷。报告让她想起孩子的父亲历来的期望:

> 这个男孩能上大学,但是我们现在无法实现他的愿望,不过,如果有好朋友施加一点点影响力,可能会对他大有帮助。[她承认说,艾瑞克考试成绩很不理想。]所以,我这才厚着脸皮请您帮忙,让他不必通过考试就能找到一条出路……我相信,只要能有个好的开端,他这辈子应该是会有点出息的。

艾瑞克的校长曾说,他在音乐和射击上成绩不错。第一条应该会让赫德感兴趣,但要在海关干一辈子,光凭这点本事是不够的!他告诉金登干把艾瑞克列进 1908 年的名单里。然而,到了那时,他已经退休了,金登干也已经告别人世。

凯特的故事结局

现在,凯特很快就要成为有资质的教师,要真正走上社会了。英国中学里已经有大量获得学位的女教师,竞争激烈。这种局面意味着非本地毕业生的起薪已经降到 70—80 英镑,而上培训班拿到资格的教师,就像凯特这样的,起薪更是降到 40—60 英镑(相比之下,还不如回家帮母亲做家务,舅舅说过会给她 60 英镑津贴)。[169] 虽然义务教育阶段到 13 岁结束,但 1900 年以后,一些高级小学也提供 10 到 15 岁孩子的教育,这种学校由地方教育局和教育监督监管。凯特并不想在这种学校里教书。1906 年 12 月 2 日,她写信给赫德,讲述的原因大概会让今天的教师深感同情:

……我在6月通过了资格考试,现在准备参加最后一年的教师培训,1907年6月就可以拿到证书——在那之后,我就终于要开始“真正辛勤耕耘,自食其力了”——但我并不想在英国教书,这里只有单调乏味的工作和紧张激烈的竞争,教师人满为患。我有个不成形的梦想,那就是到加拿大去,在由圆木搭成的校舍里做一名“女教师”,“远离一群群逼得人发疯的”教育监督和一套套教育局的规章制度,因为我已经明白,我只打算教孩子们如何享受生活,如何在最宽泛的意义上生活,其他的一律不教——也许校监不会同意我的观点。

再过两周我又要回家了,有四周的假期。我一直在想,这也许是全家最后一次在一起过圣诞节了——谁知道呢——茉莉尔明年要结婚嫁人了!艾瑞克也要毕业了——而我可能要在加拿大开始我的教书生涯!

她是怎么想到去加拿大的呢?她认识的唯一与那里沾边儿的人正是慕德将要与之结婚的那个男人,出生在加拿大的朱利安·雷特欧。可能她跟他有书信来往。赫德回了信,这是能看到的最后一封给凯特的信。他表达了对凯特的同情,但建议她应该找一个丈夫,而不是一份使命。女性固然应该与男性享有平等权利,但她们往往要面对生理角色带给她们的不利条件。他没有提到1906年与妻子有过短暂团聚,而正是这一团聚占去了他写信的时间,不过,看到她的伤心语气,他还是迅速回了一封信:

1907年1月13日

最亲爱的凯瑟琳:

你12月2日的信今天到了——今天是星期日。你是在埋怨我没有写信对吧,还有些怪我忘掉情义吧!其实,你经常出现在我脑子里,也常常挂在我心里,但是,工作这个暴君死死扼住我,我就像吃了鸦片一样——放不下工作,而我也喜欢工作,但工作占去了我每一天,而且我的工作还在不断加码,不仅在数量上越来越多,而且越来越事关重大,好在这些工作都很有意思,结果就是让我变得越来越深居简出——很少出门,完全埋头于案头工作,而忽略最多的就是个人私事。

我很高兴了解到你所有的情况。我在想,当你羽翼丰满可以高飞,思想成熟可以决定你的方向时,你会飞向何方。爱心好男人的臂膀会是你栖息的鸟巢!我非常认同女性应该与男性一样,有平等的地位、平等的条件和平等的机会,但在大多数情况下,由于性别,你无法达到理想的结果。女性要"相夫教子"的传统观念无法改变。我们这里就有一位美丽的姑娘,具有奉献精神的诊所医生——莉莉·萨维尔(Lily Saville)[170],她学会了这里的语言,开办了一家女子医院,承担了传教团的女性医疗工作,还开办了一间护士学校,可以说成绩斐然,名声大噪——由于她做得非常出色,另外一名年轻女医生——诺拉·林伍德(Norah Linwood)被派来协助她工作。这位女医生到中国后学中文一年多,但后来有人向她求婚,并赢得了她的芳心,于是她就跑掉了!在此期间,萨维尔医生由于过度操劳和焦虑,身体垮了,不得不离开岗位。就这样,她所有的心血都付诸东流,而且,让传教团男医生行医治病变得更加困难。事实上,所有新教传教会的最大缺陷就是没有延续性,而保持延续性最好的是天主教传教士。如果一位女性——除非她立下志愿,终身不嫁而做修女——那么她根本无法在男人的工作世界里有立足之地，她的一时成功会更加反衬出日后的失败。所以，你应该找个丈夫，而不是去寻找一份使命！

希望你们的圣诞节过得像你们期待的那样开心美好。我的节日过得孤苦伶仃：这一两个月来，我没有接受任何邀请，也没有招待过任何宾客。岁数不饶人呀，身上的铠甲破出了一两个洞，所以待在家里和办公室对我再好不过了，我可以在这里修身养性，自得其乐。这一年我过得很忙碌，也很揪心；我本打算1907年5月回国，但刚刚又出了一些事情，打乱了这个计划。我是在“原地踏步走”，而不是“向前进”，工作压得人透不过气来——但还是令人快乐和卓有成效的。

凯特最终听从了他的建议，找了一个丈夫，但这是后来的事。一段简短的日记显示，在离开温切斯特中学后，她曾在博斯科姆（Boscombe）教过书，但于1909年7月23日跟学校“分了手”，显然是觉得那里没有达到她的预期标准，令她失望。8月3日，“去潘罗斯（Penrose）小姐那里面试”，这样，那年秋天她在佛罗伦萨找到了一份在女子精修学校教书的工作。除了教课，她还陪女生们去听音乐会，去歌剧院，参观美术馆等等。她热爱艺术、音乐和散步——“沿着阿诺河漫步，月圆夜色如同梦幻般”。她在罗马度过短暂的圣诞假期，并在那里巧遇杜德维一家，于是又开始疯狂参观景点。5月24日，她从“电影放映机”上观看了爱德华国王的葬礼。她还第一次看到了飞机。后来，1910年7月，她又在巴黎一所类似的学校待了一个月，参观了所有景点。假期过后，她继续在巴黎教了一个学期的书。但是，1911年1月，她回到英国，在慕德与朱利安·雷特欧的婚礼上做伴娘。即便是对凯特这样的姑娘,家庭也永远重于事业。

1911 年春天,家里发生了各种事情。她、慕德和母亲于 2 月 20 日去参加了鹭宾爵士的“家庭生日聚会”。“他老了很多,中风之后行动不便,无法四处走动。”她们跟他聊了一刻钟即告辞了——这是规定的探望时间。他是 1908 年离开中国回英国的。

接下来,她顺利申请到一份在加拿大教书的工作,是在位于温尼伯(Winnipeg)的哈佛格尔学院(Havergal College)[171],并于 1911 年 8 月 31 日乘轮船“加拿大号”启程。她的日记显示,她与其他教师,以及在她当地教堂认识的人有很多社交活动[图 10.5]。1912 年 3 月 28 日,她在一个德国人俱乐部用德语做了一次演讲,内容是“义和之乱”。她还参加了文学俱乐部。但是突然,她的日记中断了,时间是 1912 年 3 月 31 日,复活节前星期日。随后的三段日记非常简短扼要:“1912 年 8 月 24 日与纽顿(J. O. Newton)结婚。1913 年 8 月 6 日,女儿姬芙出生。1929 年,纽顿去世。”

这桩婚姻是一场灾难。姬芙告诉我,她父母都是有文化的人,正因如此,两人在温尼伯走到一起。约翰·纽顿是一名律师,毕业于北爱尔兰的丹甘嫩(Dungannon)。他希望在加拿大地产开发市场上大干一番,发财致富。1912 年 4 月,他第二次来到加拿大。他肯定很快就向凯特求婚了,因为他们于 1912 年 8 月 24 日结婚。婚礼上她没有家族证婚人。结婚意味着她要辞去学校工作。这样一来她就没法和其他教师随时联系了。一年后,即 1913 年 8 月 6 日,她生下一个女儿,凯瑟琳·弗朗西丝·纽顿,也就是姬芙。凯特没有艾米丽那样的福气,享受到女性亲人的呵护关照。不过,她弟弟艾瑞克在 1912—1914 年期间曾住在温尼伯。如果他来此是想找一份永久性工作,那么显然他没有如愿以偿。1914 年 9 月 23 日,他乘船回国,坐的是头等舱，但未申明职业。他回英国是为了参加英国陆军，大战不久前已经打响。[172]

凯特生孩子之后似乎患上了严重的产后抑郁症。乘船记录显示，1914 年 1 月，她 6 个月大的女儿跟一位仆人被一起送回爱尔兰的纽顿亲戚家。1915 年 1 月，约翰·纽顿随加拿大海外远征军回到英国。1916 年，我母亲曾在“丁斯代尔”帮忙照看过凯特和姬芙。战后，凯特带着姬芙回到温尼伯，回到丈夫身边，不料，这次团聚却以悲惨结局告终。她丈夫把她送进了疯人院，好在她那些基督教科学派教会的朋友将她解救出来。1924 年 11 月，她最终回到英国，再也没有与丈夫复合：

> 杰克舅舅到伦敦火车站接我。我从利物浦上岸，搭乘火车。在我们去往京斯顿郊区的火车上，他坐在我身边，默默不语，只字不提我的悲惨遭遇，只是握着我的手，轻轻摩挲着。他一直在我身边支持着我，直到我找到一份教书工作。[173]

她在一所很好的女子学校，即克罗汉姆·赫斯特学校（Croham Hurst School）教书，1925 年的时候学校位于克罗伊登（Croydon），姬芙也是在那里上学的。[174]

1946 年，我第一次见到姨妈时，她 64 岁了，已经从学校退休，但仍在辅导外国学生。我一下子就喜欢上她。很久以后的 1965 年 6 月 22 日，她仍能深深吸引贝尔法斯特《实事通讯》（*News Letter*）的记者——约翰·辛克莱尔。她向他讲述了鹭宾·赫德爵士以及义和团围困北京的故事。他写道：

纽顿夫人对中国和中国人民保持着深厚的情感，对如今那里发生的所有事情都兴趣盎然。与她交谈不仅能使你仿佛亲历一段历史，还会被她的心灵所打动，而变得精神充实，心胸宽阔。她阅尽人生，思想依旧清新，充满朝气，不带偏见。[他对贝尔法斯特美术馆里没有鹭宾·赫德爵士的画像表示遗憾。]不过，我让人为我描绘了一幅他的画像……是由一位女士描绘的，她全然不知，自己就是一位无比美妙、令人心动的画中人。[175]

家庭变故?

卡拉尔一家同英国所有人一样，经受了 1914—1918 年那场毁灭性世界大战的痛苦考验。战争伤亡人数巨大，同时也给幸存者带来身体和精神上的创伤。查尔斯·霍士 1909 年从海军退役，成为一家救生艇协会的监督官。到 1914 年，已经 41 岁的他再次应征入伍，先是在朴茨茅斯经历了相对平静的战争，随后，他于 1918 年 1 月—8 月担任了英国萨洛尼卡部队的运输官，参与了一次灾难性的战役。这次战役残酷血腥，鲜为人知，是协约国军队对奥匈军队作战的一部分。英国登陆部队全军覆没。他的名字出现在战报中，并因为表现出色，勇敢顽强，被授予大英帝国的“司令勋章”。但他的精神受到重创，于 1918 年 11 月自杀身亡，留下艾米丽带着三个儿子，靠抚恤金艰难度日。

茉莉尔 1907 年 3 月与亨利·康斯特勃·罗伯茨（Henry Constable Roberts）结婚，1926 年离婚。但她靠着丰厚的赡养费过着舒适的生活，直到 1940 年去世。慕德与皇家炮兵军官朱利安·雷特欧的婚姻和和美美，地久天长。他们的孩子，我表姐弗朗西丝保存着她母亲的相册，以及其他在中国生活留下的遗物。

我外祖母操心艾瑞克是有道理的。战争期间，他当了上尉，被借调到印度部队，参加了美索不达米亚战役，那次战役中土耳其人重创英国军队。1919 年 8 月，他结婚成家，但在各种商业投资上屡试屡败。1929 年，妻子与他离婚。在我印象中，他是个无业酒鬼，一事无成，但凯特一直很心疼这个弟弟。1971 年她去世后，他也很快离开了人世。小吉姆也未成大器，令人失望。1918 年 3 月 24 日，他参加了当时海军的空战部队，执行过一次战斗任务。他很年轻就死了，那时他在巴黎，曾梦想着成为一名艺术家。

弗朗西丝 1929 年去世。去世之前一直与杰克舅舅一起为家人提供住所，提供遮风避雨的港湾，来者不拒。图 10.6 是 1925 年她与前来探望的儿女们和孙辈们在“丁斯代尔”的合影。她去世后，杰克舅舅在伦敦坎伯维尔路（Camberwell Road）的剑桥传道会（Cambridge Mission）找了一间房。他继续每天步行到林肯律师学院（Lincoln's Inn）。每天晚上他都要到一间为贫困男孩开设的俱乐部帮忙，并且每周拿出一个晚上的时间提供免费法律咨询。1939 年，他死在办公室里，享年 86 岁。凯特帮着清理了他的物品，留下了他保存的福克斯家族和斯贝舍尔家族的信件和日记。

家里一次接一次的离婚结局一定让弗朗西丝伤透了心。虽然 1857 年以后，因为个别理由可以允许离婚，但离婚还是非常罕见的事情，在 1900 年凯特写的日记里，碰到有离婚女子再婚的稀罕事，她也要评论一番。到了 20 世纪 20 年代，离婚在中产阶级家庭中相对普遍一些，但对不怎么富裕的家庭来说，离婚代价也是很大的。父母为了维持夫妻关系，白头偕老，需要时时自我约束。赫德承认，这种自我约束在 19 世纪，由于宗教倡导婚姻神圣而得以巩固。但到了 20

世纪 20 年代,教会未能与时俱进,以适应现代科学发展和节育技术的进步,因此也影响了社会道德的各个方面,年轻的赫德就曾经认识到道德沦陷的危险。但是在许多方面,妇女角色的变化相对较小,只是家庭规模缩小了。比我年长一二十岁的表姐们一般都是在婚前工作几年,然后蜕变成全职的家庭主妇和母亲,生一到三个孩子。在 20 世纪 30 年代那些经济萧条的岁月里,由于工作机会稀缺,她们在孩子长大成人之后也没有再去从事有收入的工作,倒是有一些人做志愿工,奉献社会。1914—1918 年的世界大战给妇女们带来了选举权,但在那个男性人口损失巨大的时候,如果她们足够幸运,找到了丈夫,她们的主要角色也没能发生多少改变。

我母亲格温 1916 年结婚,但直到 1931 年才生下我。我的同辈亲属与我的表姐们选择了不同的生活道路。我们都是 50 年代从大学毕业的,但那时同工同酬、同等提升的机会还很少,所以我们大多数人都早早结婚,不过等孩子们长大以后,还能找到机会出来重新就业。人们称我们为已婚妇女回归者。60 年代,我们这些回归者在各自的专业领域里很受欢迎。到这个时候,整个社会确实在发生变化,不仅同工同酬日益普遍,而且比我们年轻的女性在性生活上有了避孕药这种新选择。50 年代末,女性避孕工具都放在家庭计划生育诊所里,只提供给已婚者,或即将结婚者。未婚生子仍然被视为耻辱和灾难。

现在,该回到赫德了,看看在他渐渐衰老、愈发孤独的处境里是如何处理他的两家子女,如何应对新世纪的众多政治问题。这些问题给他带来工作负担和忧虑,而这些都反映在他写给凯特的信件里。

10.2

10.1

10.1
凯特与母亲，1903年夏摄于京斯顿。

10.2
京斯顿山上的丁斯代尔大宅，摄于1926年（艾米丽的相册）。

10.3

10.4

10.3
杰克舅舅与弗朗西丝(中),慕德、凯特、拿着长枪的艾瑞克,以及吉姆,摄于1905年(艾米丽的相册)。

10.4
艾米丽与查尔斯在贝里克郡西寇特斯(West Coates)度假,摄于1904年7月(艾米丽的相册)。

10.5

10.5

凯特（左）与一个朋友在温尼伯，摄于1911-1912年冬天。

10.6

家人于1925年7月在丁斯代尔团聚。收藏于艾米丽的相册。后排为吉姆、他的法国模特妻子，以及可能是艾瑞克妻子的艾琳。中排艾瑞克，以及坐在腿上的女儿、慕德、母亲、茉莉尔和凯特。坐在地毯上的孩子们包括茉莉尔的女儿贝蒂、凯特的女儿姬芙，以及慕德的女儿弗朗西丝。

10.6

第十一章

赫德:曲终人散

赫德开始与我姨妈凯特通信时,正处于位高权重的鼎盛时期,这一点他非常清楚。1893 年,他终于得到女王册封,圆了自己梦寐以求的爵士梦。他的祖国给予他的崇高荣誉可以世袭,将会传给他的儿子。此时他正在遥远的中国。1896 年 8 月 9 日他大概是这样对金登干说的:

> 我的权力更大了,可以在更大的领域里施展拳脚……似乎已经达到了权力的顶点,整个国家十八个省份,尽人皆知,有目共睹,此乃天下至高荣耀,我的前程一片光明,无人可以企及,无人能望其项背……但是除了工作之外,我还有许多无法坦然面对的忧虑——这些幽灵会不时逡巡于我的生活之中。最糟糕的是,我完全是在孤军奋战,没有一个朋友,没有一个可以倾诉心声的人——不管是男人、女人,还是孩子,一阵阵的孤独感会向我袭来,令我苦不堪言。

对赫德来说，友情至关重要。我们已经看到，1866 年时，他曾有过短暂的、忙碌的休假。他将这些时间都花在朋友身上。他与昔日老友保持联系，尽量聘用他们的儿子，白莱喜一家就是一个例子。结交新朋友并非易事，但他是一位善于交际的人，他举办的晚宴、舞会、音乐会，热闹异常，广受欢迎。正是通过这些社交活动，许多见习通译慢慢与他熟识起来，建立信任，保持良好的上下级关系。他还做东，邀请下属和同僚的妻子、女儿们到家做客，结为好友。不过，她们在北京的访问都是短暂的，随后他与她们都得靠书信往来保持联系。他真的能坚持不懈地做到这一点，而且他对女性朋友还给予金钱上的资助和情感上的支持。这些都可以从他与卡拉尔家的姑娘们和她们的母亲之间所保持的关系上看到。至于他与上海的吉罗福夫人那种颇为私密的话语，仅凭一封信并不能说明问题。

那些让他无法坦然面对的忧虑肯定是让他牵肠挂肚的子女之事，包括合法子女和非婚生子女。这些事他无法与北京的同事谈论，他可以写信与伦敦办事处的金登干商讨，却不能放心大胆地向弗朗西丝或其他在中国的海关职员的妻子们吐露。他的儿子布鲁斯（中文名：赫承先）曾通过在上海总署的裴式楷发过一封电报，关于诺丽的事，从而暴露了赫德的隐私。这些秘密不胫而走，直到整个中国沿海尽人皆知。他的家人中没有一位能够分担他的忧虑。在此期间，他的弟弟赫政基本上也不在他身边，而是长驻印度，负责与西藏有关的事务。赫政长期沉溺于酒精，也是一个让他难以言表的隐痛。妻子赫丝特远在伦敦。他在 1885 年的日记中承认，两人在子女教育问题上分歧巨大。子女跟她生活在一起意味着她的言行举止成了影响他们的主要因素，而她树立的形象是一个好吃懒做、享受奢华的女人，是一个对丈夫的事业不闻不问、毫无帮助的榜样。她和儿子都天经地义地认为,凭他们与赫德的关系就可以心安理得地享有崇高的社会地位,但赫德希望儿子成为一个自尊自立的人。[176]

私生子女在19世纪90年代

19世纪80年代,赫德主要通过律师哈钦斯来处理他的被监护人事宜。但1890年8月10日,他对金登干说,已经很久没有听到赫伯特和其他孩子的消息了。10月19日,他再次问及此事,这之间穿插着金登干10月发来的一系列复信。原来哈钦斯安排赫伯特与姐姐住在一起。这说明安娜曾一度回到过英国,而且,已经31岁的安娜尚未嫁人。赫伯特在一家装修行工作,年薪150英镑(收入虽然不丰厚,但也还算过得去)。亚瑟结婚了,但境况并不是很好。第二封信说,哈钦斯曾试图说服安娜和赫伯特到国外定居,但未奏效,因为赫伯特正准备结婚成家。后来,金登干附上一张1890年10月22日《每日新闻》(*Daily News*)的剪报,上面有赫伯特的结婚声明。赫德心中十分欣喜。他可能也收到了哈钦斯的更多详细报告。1890年12月,赫德对金登干说,哈钦斯在孩子们的事上操了不少心,非常出色。

1891年人口普查记录中未见孩子们的信息。不过,赫伯特及其妻子和儿子的信息出现在1901年人口普查记录中。他儿子也叫罗伯特·赫德。此时他们居住在埃塞克斯郡的莱顿(Leyton),离赫德度过童年时代的西汉姆(West Ham)不远。他填写的信息是:35岁,设计师,受雇于人,而非合伙人。在1910年赫德所做的一份法律声明中,他说安娜"大概在17年前"去世。但是我在1893年前后的英国死亡证书中并未找到她的信息。(有很多叫安娜·赫德的女性,但是没有符合她的年龄和具体情况的人。）也许她又回到裴勒小姐那里，并在瑞士去世。在他写给金登干，以及金登干写给他的信中，均未见提及她去世的事，所以，很可能是哈钦斯处理了相关事宜。

亚瑟是一个令人头疼的孩子。根据赫德 1905 年所做的法律声明，亚瑟在安娜去世那段时间去了加拿大。赫德在 1893 年 11 月写给金登干的一封信中说，他收到一封亚瑟的信，向他“索要 1000 英镑！”这件事可能与他移民海外有关。赫德让律师来回答这个问题。此刻冒出这么一档子事让赫德十分尴尬，因为授予爵位之事正在酝酿之中，一旦传出丑闻，很可能会断送他的锦绣前程。（曾几何时，外国青年临时包养中国姑娘被视为惯常做法，但时过境迁，现在外国人都觉得应该找外侨女子结婚，而居住在中国的外国女性已经为数不少了。）除此之外，还冒出来一个自称“约翰·赫德”的骗子。赫德在 1894 年 5 月 6 日的信里告诉金登干，他已经花了不少钱打发他了，并在两周后感谢金登干在这件事上花费了不少精力。不过，那一年来，真正让他觉得“无可奈何，麻烦不断”的是他的儿子——他的继承人布鲁斯（见 1894 年 4 月 8 日致金登干的信）。

合法子女

1891 年 11 月，赫德计划让自己 23 岁的大女儿艾薇来看望自己。赫丝特不愿陪她来。于是，艾薇与金登干的一个儿子同船到达。她于 1892 年 4 月底抵达北京，并在一个月内与英国领事部门的宝克乐（William Beauclerk）在英国公使馆闪电订婚。赫德无法以自己的地位和血缘关系为由反对这桩婚事，但他心里非常不乐意，因为宝克乐比女儿大 20 岁，且是一个拖着三个孩子的鳏夫。他的妹妹特蕾莎和吉罗福夫人都是老夫少妻自找倒霉的前车之鉴。但他也只能听之任之,因为艾薇毕竟已经到了法定年龄。作为父亲,他还是全心全意地操办女儿的婚姻大事,毕竟女儿迟早要嫁人,离开他身边。7月3日,他对金登干说:

> 艾薇没订婚的时候,在家里,在花园里,让我很是开心。但自从她对B说了“愿意”,我就完全失去了这个女儿……[8月21日]“这位年轻女士,哪里还是我的女儿,她成了人家的未婚妻,而我简直就像是个开旅馆的。”

婚礼的筹备紧锣密鼓,因为宝克乐希望9月5日完婚,以便他能在月底接替暂时离开的公使,负责公使馆工作。艾薇的结婚礼服在婚礼前一天才到达(她还在中国订制了两套备用礼服)。赫德还从商品目录单里选择了五件“最纯净的水色”钻石,可以单独做成胸针、发卡和吊坠,也可以组合起来,打造一顶冕状头饰。钻石9月8日收到,而此时,一对新人正在山里度蜜月。赫德给金登干发了一封有关订婚之事的简短公函,请他代为购买其他必要物品,比如他自己的新衣服,并委托他办理给女儿的10000英镑结婚财产赠与。他还决定暂不休假,再在北京待上一两年,以便留在女儿身边。但这位年轻女士自己也很快成为“开旅馆的”。10月,她作为新婚丈夫的女主人,接待了来访的英国议员,即后来的寇松爵士。

赫德在1896年12月17日写给凯特的信中说,除了1892年艾薇和1895年布鲁斯的短暂探望,他一直是孤零零地一个人生活。这说明女儿婚后他很少见到她。与身为英国公使馆代办的女婿打交道并非易事。不过,他在1895年11月10日写给金登干的信中表示,他还是非常赏识宝克乐这位临时代办的工作的。在他给金登干的信中,很少提到艾薇,只说了她的两个女儿分别于 1894 年和 1896 年在中国出生。1896 年,宝克乐被派往匈牙利常驻两年,随后又去了秘鲁。1901 年艾薇与孩子们回到伦敦。从布鲁斯的信中可以看到,她对自己的开销十分谨慎,精打细算。布鲁斯认为她的婚姻当属坎坷。她与自己的母亲一样喜爱旅行。赫德有时会在给金登干的信函中附上给她或给她孩子们的信。但是,只有在 1904 年 5 月 15 日的信中,他直接提到过她一次。当时他对金登干说,刚刚收到她从巴黎寄来的信——“她真是一个爱逛的人呀!”至于他曾十分宠爱的小女儿诺丽,没有资料显示他与她恢复了亲情。艾薇的丈夫于 1908 年在利马去世。

布鲁斯生于 1874 年,在法律意义上要由父母监管,直到 1895 年。就在艾薇的婚礼之前,1892 年 8 月 28 日,赫德要求金登干去找到他,因为布鲁斯上了牛津大学一年级后就再没给他写过信。父亲担心他生活放荡,会毁了身体。他也亲自写信给他,建议他如果身体不适,不要隐瞒,应尽快找一位一流大夫就诊。布鲁斯显然已经坦率地告诉他,自己有某种生殖器方面的问题。12 月 4 日,赫德将此信及自己对此信的回复寄给金登干,信里建议布鲁斯考完学士学位初试(Mods)——即牛津大学古典学二年级学生的考试——之后尽快到伦敦找麦克雷医生。同时,他也请麦克雷医生像慈父一样,而不是像冷峻的专业人士那样对待他。“你知道,我确实不了解他目前的情况,也不太清楚应该如何处理他的问题;但他在信中流露的情感挺正常的。我希望此事妥善处置,不要耽搁。”自己年轻时在贝尔法斯特经历的不幸遭遇想必又浮现在他脑海里。不过,1893 年 2 月 12 日,金登干发来电报,说布鲁斯做了个小手术,现在已经健健康康,活蹦乱跳地回牛津上学了。但他的学位初试没有通过,必须再考一次。

接下来,布鲁斯又做了一件令父母大为震惊的事情。这位19岁的儿子自作主张,定下婚约,欲娶21岁女子卡洛琳(卡莉)·吉布森(Caroline [Carrie] Gibson)为妻——我们在前面已经看到,订婚具有法律约束力。1893年3月12日,赫德让金登干告诉布鲁斯,说他父亲赞成男人早婚,但必须有养活自己和妻子的能力。作为一个儿子,是建立家庭、挑起重担,还是不顾后果、一意孤行,至少应该征求一下父亲的意见。“男人要想结婚,必须能够养活自己——把这个道理告诉他,让他自己去琢磨吧!”他担心,一旦受封爵士的消息披露出来,吉布森一家会紧紧抓住布鲁斯不放,让他履行婚约。于是,他嘱咐哈钦斯将布鲁斯的身份变为受大法官监护的未成年人。这样一来,未经法院同意,婚姻不能成立。他希望这样拖延下去,可以让两个年轻人改变主意。

布鲁斯显然希望能够去探望父亲。赫德电报告知他,在6月份考完试后,可经美国来北京,并随身带上课本和一把小提琴。布鲁斯9月到达,对新近授予的男爵徽章兴致勃勃,问东问西。赫德对金登干说,他是个快乐的青年,但与父亲一样,也是个非常有主见的人。他一心一意,坚定执着地爱着卡莉·吉布森。他学了一点点中文(再也没有谈到回牛津上学的事,所以父亲不得不给他找一份差事),但对北京的社交圈子毫无兴趣。1894年4月,赫德发现布鲁斯出现了精神问题,这让他甚为惊慌,于是开始考虑还是随他们的意,让他们结婚算了。同时,他也发现自己的儿子完全没有工作热情,这让他非常苦恼。就在这时,亚瑟和冒牌的“约翰·赫德”也冒出来添乱。那年夏天,布鲁斯回到英国,11月入职中国海关,在伦敦办事处做了一名帮办。赫德告诉金登干,要让布鲁斯自食其力,做一份工,拿一份钱。1894 年 12 月 19 日,布鲁斯最终还是在未告知母亲和金登干的情况下自行娶卡莉为妻。他的成亲方式完全不顾情理,不像是一位杰出父亲的继承人,实在令人大失所望。

1895 年 5 月,布鲁斯携新婚妻子到达北京。他担任了赫德的私人秘书。赫德对自己的新儿媳倒是印象良好,觉得她会给他一些正面影响。1895 年 6 月 2 日,他可能对金登干说过,布鲁斯工作得“很开心,也很得力,但很多东西尚需学习”。夏天,布鲁斯生病了,进山疗养。1896 年 4 月,他心脏病复发,于 5 月回到英国。此番第二次探访的事,赫德在给凯特的信中有所提及,显然,他更愿意隐瞒这几次令他失望的子女探望,就像艾薇婚后的情况一样。

布鲁斯的职业生涯非常短暂,剩余的时间都是在伦敦办事处度过,其间,他经常生病,不断休假疗养,而且是度假,坐游轮疗养。1901 年 10 月至 1902 年夏天是他身体最糟糕的时期。他嗜酒如命,酗酒成瘾,令赫德十分恼火。他说布鲁斯是在重蹈他弟弟的覆辙。赫政就是 1902 年 11 月在英国休假期间,因长期肝硬化死掉的。在金登干和卡莉的帮助下,加上有惨痛教训作为前车之鉴,他似乎有所收敛,酗酒得到控制。(这段经历有可能是由于前一年父亲身处危难,让他骤感压力,而压力又迟迟没有得到释放的缘故。)随时面临的崩溃并没有出现,他像正常人一样活到老年。赫德给金登干的信件显示,他觉得布鲁斯沦落到这个地步他也负有一定责任,因为布鲁斯小时候未得到他的指导教育。但是,他显然又觉得他在中国的使命是第一位的。布鲁斯并不是没有能力的蠢货,1906 年 7 月 22 日,赫德在信中就告诉金登干,布鲁斯撰写的关于在罗马召开的万国邮政大会的报告让他很满意。

赫德的小女儿马蓓尔(家人称诺丽)在 1900—1901 年给赫德找

了一点麻烦。当时他正忙着收拾围困公使馆后的残局。她与正在休假的海关三等帮办、美国人派瑞(J.H. Perry)也称杰克(Jack)订了婚。与此事相关的十封信现收藏于贝尔法斯特女王大学。从其中一封派瑞于1月写给赫德的信来看,赫丝特最初是赞同这桩婚事的,但到了10月当她听说金登干的一个女儿跟一位大富翁订婚的消息后,就开始对他变得冷淡。1901年2月,赫德对金登干说,诺丽的几封信都写得很文雅,但是出于稳妥起见,他还是不赞成这桩婚事。1901年5月1日,诺丽给他写了一封应该说不太礼貌的信,她在信里大发脾气,说了一大堆指责母亲的话,说她不仁不义,出尔反尔,是个虚伪小人。虽然父亲同样没有赞同她的婚事,但比起母亲的行为,她认为父亲对她大慈大悲,充满同情。她恳求父亲,至少同意他们一年以后结婚,如果到那时他们还都没有改变主意的话。她已经做好延迟婚事的心理准备,因为杰克要先回中国,他的假期就要结束了。(她说这个主意是布鲁斯提出来的,他认为父亲会同意这个提议。)从法律意义上讲,她已经成年,如果想结婚,不必非得求得父亲的同意。但赫丝特早已有言在先,如果她真的走出那一步,她将无法像艾薇那样得到结婚财产赠与。(10000英镑财产的收益可以大大补充杰克的薪水,也可以让她像艾薇那样获得一定的独立地位。)她随后于4月9日发电报:"请电告,同意最后一次伤心的请求,马蓓尔。"

她没有得到回答,于是很快解除了婚约。5月26日她写信给父亲,诉说自己内心的纠结,不知道自己这样决定是否正确——失去杰克痛苦而悲伤,但同时又坦白说自己不能确定到中国生活是否会开心。这件事告吹要归功于布鲁斯。据他自己讲,派瑞几个月前就恐吓她不要放弃他,多亏布鲁斯和卡莉把她从这件麻烦事中解救出来,现在她整个人心情轻松愉快,每天晚上出去跳舞,乐此不疲,完全像换了个人一样。赫德 3 月 10 日写信对金登干说，他不赞同这桩婚事，首先因为派瑞养活不了妻子。第二，他是自己手下职员。第三，他不愿看到诺丽在中国安家。他又补充说，这些都成不了反对的理由。假如她一意孤行，非派瑞不嫁，他还是会“祝福她，而不会与她一刀两断”。（这意味着，如果她结了婚，仍会得到财产赠与。）正是由于这些事件，赫德格外关注卡拉尔家姑娘们谈婚论嫁的悲喜剧。

真相披露，大白天下

下一件令他头疼的私事发生于 1905 年。那年的 2 月 20 日是他的七十大寿，他的下属敬献给他前言中提到的那个热情洋溢的祝寿词。他寄给凯特一张纪念寿诞的照片（图 11.1）。他还受到慈禧太后的热情款待，不过他倒是向金登干抱怨说，虽然自己很疲倦，常受头疼困扰，慈禧太后却不希望他告假回家。部分原因是尚未决定谁来接他的班。裴式楷仍然不为几派人士所接受。

接到金登干 1905 年 6 月 25 日的信一定令他感到惊讶与不快，因为此次邮件中附有福斯（Foss）先生的信，他取代了哈钦斯作他的律师。信上说赫伯特准备移居加拿大，并要求得到一笔资助。更烦人的是，6 月 30 日的《晨邮报》在法庭和个人专栏里都刊登了消息：香港从男爵，鹭宾·赫德爵士的长子赫伯特·赫德先生已于前一天从利物浦起程，前往加拿大安大略省。赫德夫人当即前往报社。第二天报纸上登出更正，称此人非指香港从男爵及驻北京的大清帝国海关总税务司鹭宾·赫德爵士的独生子。8 月 11 日，赫德在北戴河对此信做了回复。他好不容易才有机会到那里休假。他在信中说，如果能够通过法律途径解决此事，他是愿意帮助赫伯特的。不过，福

11.1
赫德爵士七十岁照片，1905年送给凯特。为鹭宾·赫德爵士藏品，MS15号，原为艾恩斯捐赠，贝尔法斯特女王大学版权所有。

斯先生一定觉得他的要求无法接受。金登干就此事写给赫德的密信没有保留下来，但赫伯特似乎得到他的律师安德森的支持，在他怂恿下，赫伯特声称自己是赫德的合法长子，希望藉此拿到一笔数额不菲的资助。赫德大概是希望这件事大事化小，小事化了，并认为赫德夫人的举动有可能是“火上浇油”，结果适得其反。他写道：

> 我的原则是……“勇于面对”，不接受“讹诈”——但这件事要逐渐解决掉……尽量少给别人造成麻烦。希望你在我的钱包里再搜罗一下，拿钱把他打发掉。可以给他 100 英镑，而不是“五镑钞票”。

赫德还说，一年前，从布鲁斯的一封信中得知，有个年轻人正打着他的名号在加拿大四处招摇，此人很可能就是亚瑟。这些事情让他又回到以前的反思，即昔日罪孽的报应难以消弭。他不得不承认，自己的烦恼都是源于年轻时的自作自受，真是一失足成千古恨。他告诉金登干，1866 年时他已经向赫丝特交代过一些情况，但是她说过去的就过去了，所以他就没有再提这些陈年旧事。在第二章中，我们看到他对赫丝特是有所交代的，至于交代了什么，他现在也记不清了。就在一个月前的 1905 年 7 月 9 日，他还对金登干抱怨说，1900 年的那场灾难不仅将他的个人档案付之一炬，也将他记忆中的许多东西一扫而光，这样一来，别人能回忆起来的东西，他往往记得模棱两可，似是而非。

八天之后，他在一张有抬头的纸上写了一个声明，我们在第二章中已经引用了部分内容。声明讲述了他与阿瑶在当时被视为寻常的关系，并详述了他们孩子的情况，以及他给予她的补偿。他一直不肯说她的坏话:“她是一位非常善良的年轻姑娘,举止得体,但我们没有结婚,她也不是我的妻子,她的孩子为非婚生子女。”接着他明确表示,他与赫丝特的儿子,埃德加·布鲁斯是他唯一的合法儿子,及男爵爵位继承人。他要求金登干将此声明交由律师保存。(1875年,他在给金登干的信中建议将亚瑟的出生时间往前推到1864年,而不是1865年。不管他最后是什么时候跟赫丝特解释这些孩子的事,他大概是想在昔日私情与后来婚姻之间加大时间距离。)10月27日,金登干总算认为赫伯特和亚瑟不会再找麻烦了。他这才放下心来。赫伯特提出要一些钱,也许是用于帮助他成家立业,站稳脚跟。如果他真的要到了钱,一定会由福斯先生负责妥善处理的。从赫丝特对《晨邮报》消息迅速做出反应可以看出,她一定完全知晓这几个“被监护人”的事情。但对布鲁斯和赫德的女儿们来说,很可能是头一次听到。虽说孩子们都已长大成人,明白事理,但对赫德来说仍是一道坎,毕竟他是一位令人尊敬的父亲,尽管有些令人敬而远之,现在他年轻时做过的荒唐事被抖搂出来,公之于世,让他情何以堪。

赫伯特于1906年4月28日在安大略省约克县的榆树林(Elm Grove)65号去世,死亡证书上写明他是一名制图师。死前一周,他饱受食道结核病的折磨。(他大概长期患有肺结核,后来病情发展到压迫了食道。)赫德从赫伯特的律师安德森先生的来信中了解到这个情况。安德森显然再次将赫伯特称为赫德的长子。赫德嘱咐金登干将此信转交自己的几位律师,让他们告知安德森,他对死者的身份描述与事实不符。不过,鉴于赫伯特的遗孀和孩子生活困难,他不会拒绝给予他们一些资助,大概每年50英镑的样子。10月,赫德听说自己的律师福斯与那位寡妇及她的朋友们见了面,并有信件往来,他暗示可以以善款的形式解决她儿子上学的费用,但坚持要安德森撤回那封信。寡妇再次提出赫伯特合法身份的问题,于是福斯结束了他们的面谈。赫德回信说他相信福斯会妥善处理此事——至于处理的结果如何,我们不得而知。

关于亚瑟的情况,我们知之甚少。1930 年之前的轮船乘客名单中有一个叫亚瑟·赫德的人驶过大西洋。虽然有几次信里说他小时候个头矮小,但实际上他却是最长寿的一位。

在一次中风之后,赫德于 1910 年 12 月在伦敦做了几份更为郑重其事的声明。第一份声明是关于他与阿瑶的子女,与 1905 年的声明基本相同。第二份声明是关于他与赫丝特的子女及他们的婚姻安排。他希望确保在他身故之后,有关合法继承人的事情不要再出现任何疑点,不要留下任何后患。

赫德事业的终点

在 1901—1902 年之间,家庭风波接踵而来,亲朋好友也接连离世(白莱喜夫人、贾雅格以及赫德的弟弟赫政),而赫德一直忙于义和团运动后的赔款谈判。他的首要目标是保全中国,使其免遭列强瓜分而造成四分五裂,这也是他最后一次为李鸿章工作。(1901 年 9 月,在谈判结束后两个月,李鸿章去世。赫德在 1905 年 4 月写给凯特的信里讲了他最后一次参加的祭拜仪式。)谈判结果给了列强方方面面的特权和"势力范围",不过,巨额赔款又使得列强们一致同意维护中央政府,以确保中国可以支付赔款。[177]各战胜国索要赔款导致海关职能增加,以开辟必要的税收来源。在布鲁斯与赫政患病期间,赫德对金登干说,他必须把个人痛苦抛到脑后,集中精力处理手头工作。赫德还撰写了一系列文章,旨在让英国人和欧洲人更好地认识中国的立场以及中国人的一般价值观,这样可以打消一些由义和团暴乱引发的恐慌。这些文章收集在他的书《这些从秦国来》(*These from the Land of Sinim*)中。此时,他的身边没有几位职员,因为他把大部分行政事务都下放给上海的副手裴式楷,自己只负责政策性事务。他希望这样做能让裴式楷顺利成为他的接班人。他知道英国外交部和其他一些人都反对裴式楷接班,但他觉得自己有义务提携他一把。政策性事务数量繁多,新开埠的港口成了日俄争夺特权的肥肉,法国人也要求在邮政方面拥有特权,同时,由于海关接管了常关,经常与地方利益发生激烈冲突。直到 1904 年 12 月,北京的海关总署才建好足够的房舍和办公楼,将主要办事人员迁回北京。在没有下属职员,没有见习通译的情况下,他的社交生活大打折扣,而我们已经看到他们在 1883 年和 1900 年都发挥了至关重要的作用。如果说在义和团运动之前,他不时感到阵阵寂寞,那么在那之后,他更是过着与世隔绝的孤独生活,这种感觉我们可以从他写给凯特的信中看到。

慈禧太后终于在 1902 年初回到北京。朝廷中的维新派掌控了更大权力。太后本人也开始邀请外国女士和儿童入宫游玩。更重要的是,国家开始改革并扩大教育,还采取一系列措施鼓励贸易,鼓励修建铁路和兴办实业。越来越多的中国年轻人上教会学校,接触日本,在香港和其他外国租界生活,由此更加了解世界,了解西方科学。他们开始越来越有影响力,一心谋求维新,改变政治体制。1906 年 5 月 9 日,赫德从英国公使馆间接地,而不是直接地,听到一个消息,皇上颁布了一道圣旨,饬令成立税务处,作为赫德与重新改组的外务部之间的中间机构,赫德必须向这个税务处汇报工作。这是变革维新的一部分。赫德十分惊讶,但他也只能自我调整,以适应新局面。

那段时间里,诺丽和赫丝特正好在北京。她们总算于1906年3月—5月完成了这次耽搁已久的探望。(赫德写给凯特的最后一封信里没有提及这些事情。)1906年5月6日,赫德对金登干说,他很乐意她们来看他,但她们占去他太多时间,让他很难适应。由于用餐时间延长,平时晚饭前一小时的写信时间也贡献给她们母女俩。她们还破坏了他的生活规律。平日里他习惯早上4点到7点开窗,而她们长时间敞着窗户,放进来许多苍蝇!他对金登干说,她们陪伴他过了三个月之后,他感到更加孤独,不过,由于工作繁忙,他也顾不上闷闷不乐,郁郁寡欢。那个新成立的税务处让他很是头疼,所以他很高兴家人离去,不用再让他分心分神。1906年5月26日,他告诉金登干,中国内乱不断,很可能又要出大乱子。

虽然视力下降,记忆力衰退,毛病越来越多,他还是觉得应该坚持干下去(正如中国朝廷希望的那样),这样可以让他的职员安心,他们的工作和各种待遇不会因为新机构的设立而受太大影响。他最后一项重大成就是保证海关平稳过渡,成为一个更合情合理、合乎逻辑的政府部门。此时,他已经疲惫不堪,孤独无助,心灰意懒。1907年12月,他在伦敦办事处的挚友金登干去世之后,他也终于在1908年4月离开中国,休假三年。裴式楷作为署总税务司接手他的工作,直到最终确定继任者人选。不过,赫德知道,他漫长的事业已到了尽头。清政府终于走上了他一直试图推动的维新之路,但为时晚矣,无法扭转颓势,力挽狂澜。力主维新的皇帝患病在身,一直生活在慈禧太后的阴影里,终于在1908年11月驾崩,而慈禧太后也很快随之归天。1911年8月[①],也就是在赫德9月去世前不久,辛亥革命开始爆

① 原文如此。

发,1912 年宣布建立共和国。

1908 年 6 月,赫德回到英国。之后,立刻被邀请去做各种演讲,接受各种荣誉,通常都是由赫丝特陪伴左右。他接受的荣誉包括可以随意出入伦敦、贝尔法斯特和陶顿。1908 年秋天,他大部分时间都住在阿尔斯特。那年,他的母校得到皇家特许,升格为大学,他便成为母校第一任名誉校长。他主持召开了第一次评议会会议。女王大学对他的慷慨捐助感激不尽,包括 20 年前他出资修建的学生会活动楼,还有 10 年前捐资设立的改进设备基金。[178]

虽然他一直热心关注女王大学(大学至今每年都提供奖学金,这是 1914 年为纪念他而设立的),他的大本营还是在伦敦。1909 年 11 月 20 日,他看到诺丽体面地嫁了人,门当户对。她嫁给了卡宁汉·布罗迪(Cunningham Brodie)少校,一位自由派议员。赫德于 1911 年 9 月 20 日去世。去世地点不是在赫丝特位于伦敦高档住宅区卡多根街(Cadogan Place)的家里,而是在白金汉郡的马洛(Marlow)他购买的一处乡间别墅里。他被葬在附近的必善教区教堂(Bisham Parish Church)里。扶灵人是六位海关税务司,包括三位卡拉尔家人认识的税务司——好博逊、汉南和艾瑞时(Reis)。其他休假的海关职员,以及中国代表也参加了葬礼。《泰晤士报》的报道并没有提到有女士参加葬礼——对于喜爱女性陪伴的他来说,何其悲哀!

赫德去世了,在他那个时代,英国和中国都给予了他极高的荣誉,但奇怪的是,如今,除了研究中英历史的专家以外,所有人都把他淡忘了。《泰晤士报》当年发表了一条颇有深度的长篇讣告,称他为与戈登将军和罗德斯(Rhodes)等其他海外英国伟人齐名的传奇人物。但戈登和罗德斯都有几部传记,而市面上竟没有一部完全公平公正讲述赫德其人的传记。也许这是因为《泰晤士报》撰稿人所说的，他具有复杂个性，这种个性使他接受了与自己早期教育不相符的生活，以及中国人的生活方式。而这一切又牵扯到他作为阿尔斯特长老会教徒的早期背景。正如讣告所说，他是一位具有广泛同情心的人，集渊博的学识和诗人般的想象力于一身。这些都表现在他写给凯特的一些信里。他与各种朋友，各路相识关系亲热。他的慷慨大度也从他写给卡拉尔家人的信中，以及写给金登干的信中明显体现出来。

赫德的遗产应该算得上标准的上流社会遗产。据 1911 年 11 月 22 日《泰晤士报》报道，他的不动产价值约 140000 英镑。他将自己所有房产和个人财物都留给赫丝特终生享用，外加 2000 英镑的年金。[179]赫丝特死于 1928 年。其余财产归他儿子布鲁斯所有。女儿们则都已经得到了属于她们的结婚财产赠与。

赫德与下属

至此，我们都知道赫德亲自创立的帝国海关为中国做出了非常宝贵的贡献。它使中国历经洗礼，屹立不倒。它经历了 1911 年辛亥革命；经历了 1914—1918 第一次世界大战，所有德国籍关员因此而被剥夺了职位；经历了海关聘用更多华员担任高级职务的过渡期，这时期还能保持住廉洁高效的声誉；最后经历了多年内战的考验，直到新生的共和国艰难地建立起来。即便是在 1936 年①日本入侵中国之后，以及 1939—1945 年第二次世界大战期间，中国海关都保持了赫德了如指掌、耳熟能详的运作方式。最后一任外籍总税务司直到

① 原文如此。

1950年才(在台湾)辞去职务,也就是在1949年10月毛泽东已稳固了地位,中国共产党在内战中夺取胜利的大局已定之后不久,此时,30年动荡冲突终于结束,开启了一个与外界孤立隔绝的新政权时代。

赫德自己是不会将海关幸免于难的功绩据为己有的,但他的确做到励精图治,未雨绸缪,确保海关是在为一个国家,而不是为一个统治者服务,并以此确保了他的职员前途无虞。他非常清楚清政府的软弱无能,也明白自己的地位朝不保夕。[180]虽然他与总理衙门保持着良好关系,但这个机构在派系林立、利益对抗的朝廷内影响非常有限。1898年,受到败于日本的刺激,羸弱的光绪皇帝开始推动变革维新。1898年夏天,在皇上颁布了大量改革政令的百日维新期间,赫德大部分时间都在北戴河休假。9月,保守的慈禧太后重新掌握大权。[181]直到1902年,赫德才第一次有机会带着自己邀请的年轻女宾一同觐见慈禧。

虽然赫德更愿意招聘自己了解和喜欢的人入职,但这些人必须具备应有的才能。因为,才能与诚实品德兼备才是海关得以生存下去的关键。在1874年1月20日的一封信中,虽然他很想帮助汉斯一家,但他不得不同意金登干对他一个儿子未达标的评价。同样是在这封信中,他认为庆丕写的文章很差劲(如今仅有小学水平的人真找不到了!),而庆丕是由他叔叔,一位老海关职员推荐的。不过,既然金登干给了他及格评价,赫德也就继续留用了庆丕。在1882年10月30日一封信中,赫德对庆丕长期与一名同事因小事争吵不休而不满。金登干不得不出面摆平此事。赫德认为庆丕缺乏起码的理智,不是那种"能经得住考验,在大庭广众面前勇于担当的人",而贾雅格在福州和芝罘时则表现出这种气度。赫德对下属的评价是看他们能否审时度势,做到合情合理,妥善应对特定局面。1896年6月14日,他对金登干说,听说庆丕对被招回中国感到“失落”,这让他十分诧异。之前庆丕因为在休假期间生病而留在伦敦办事处干了四年。赫德原本认为他是一个有朝气的人,所以,当听说庆丕“精神状况不佳”时,他十分失望。庆丕的升迁之路十分漫长。他在回忆录中默认,其升迁缓慢并不能归咎于专制老板对他叔叔有成见,而是要根据个人在工作岗位上的表现而定。到 1897 年 2 月,赫德终于对他做出了工作表现良好的评价,并将他提升为副税务司。同样,在安排贾雅格这件事上,可以看出,一个他不太欣赏的人如果在工作上做出了成绩,他也会改变态度,另眼相看。如果他喜欢这个下属的妻子,事情或许会好办一些,但下属的个人能力还是第一位的。对那些到了结婚年龄的职员,他会尽量给他们安排条件不错的住所(如果年纪轻轻就结婚了,而且不愿住海关单身宿舍的话,那他们就只能自己另找地方了)。在巡访长江沿岸新开海关时,他会亲自查看这些住房情况,在北京亦是如此。而且,正如弗朗西丝所说的那样,他尤其关照女性与儿童。维多利亚时代的人普遍相信女性脆弱,这就要求男人要负起保护弱者的责任。在公使馆遭围困时,那些年轻男士就表现出这种责任感。

赫德对手下那么多高级职员的了解,来自这些佼佼者在北京做见习通译的日子,他们在总署的短暂任职常常有助于赫德对他们加深了解。这是他与众多下属建立友谊的基础。他对下属的个人观察还借助税务司报告做补充,同时通过同女性的联系来了解口岸的生活状况,诸如通过弗朗西丝了解芝罘,通过艾玛·卡拉尔了解广州。赫德是一位老派人物,毫不掩饰地把自己当作恩主,而不是什么新型的政府官员。他本可以继续帮助弟弟赫政平步青云,但早在 1877 年,他就做出决定,由金登干全权负责巴黎博览会事宜。“我本想提名赫政担当这个职务,给他这样的机会,但他是个游手好闲的人,我没法指望他去完成我认为应该完成的工作。”(见 1877 年 12 月 7 日写给金登干的信)他的判断一贯准确,许多由他选拔来京做见习通译的职员后来都在他的继任者手里做到税务司的位置。

赫德、女性与家庭

赫德对职员及家属的真切关怀已经清楚地予以了展现,但是,他的职业道德总是与感情需求发生冲突,无法调和。遇到这种矛盾冲突时,工作总是占上风,而且都是出色完成任务,但代价却很高。他与妻子之间,与合法子女、与非婚生子女之间产生鸿沟,给他带来了巨大内心痛苦。

他一方面与非婚生子女保持距离,一方面对待这些子女和阿瑶,按照当年外侨的标准看,应该说相当慷慨大度,而且还承担了财政上的责任。这一点同艾玛第一任丈夫的父亲詹·卡·威 2 号帮助养育孙子的做法相同。他从未视阿瑶为妻子。与密妥士不同,他把她隐藏起来。但当他不得已揭开秘密时,他给予她赞美之词。当看到他们的照片,读到他们的来信时,会有一丝温情流露在他写给金登干的关于孩子情况的信件中。只有 1879 年 8 月 24 日那封信是个例外。他不太可能直接与他们通信,因为他觉得自己对法定妻子和孩子们负有首要的责任。当他还是个年轻人时,他的良知就告诉他,让一个女人生下孩子,却不能负起做父亲的全部职责是不对的,不管这样做是否出于习以为常的惯例。他对自己犯下的“错误”,从未埋怨过任何人。

他需要的妻子应该是工作上的“帮手”——他在给凯特的最后一

封信里使用了这个词。1866 年，他在匆匆忙忙中选择了一个妻子。鉴于当时时间有限，匆忙择偶情有可原，但留下的后遗症却长久存在，与他跟阿瑶非法关系的后果一样，挥之不去，绵延不绝。他对可爱的、能干的女性能够产生移情，这在他跟吉罗福夫人和卡拉尔家的女性关系中清晰可见，但对赫丝特则没有这样的感情。他与她初次认识时，她还是个不成熟的姑娘，但后来也一直没有陶冶出他所需要的挚友应具备的那些特性。这种夫妻不协调的关系也造成了他与自己儿女的分离，以至无法做一位好父亲、好丈夫。他的合法子女认为他写给他们的信充满理解，这其实如同他写给凯特那些亲切的、明察秋毫的信毫无二致。然而这些信件不足以平衡与他们生活在一起的母亲对他们的巨大影响。

未能尽到好父亲好丈夫之责是他一生的憾事，但是作为一个忠诚的朋友，他是完全合格的。事业上他也是功成名就。到 19 世纪 80 年代，赫德的主要需求是找到理解他的工作热情，理解他对中国痴迷的红颜知己。对年轻女性，他给予她们叔伯般的关爱。按照我们这个性迷恋时代的标准，他的情感和行为异乎寻常，但也绝非独一无二。女记者玛丽·西加特认为，老前辈比尔·狄迪思也有相似癖好，总是将年轻女记者置于他的卵翼之下，而他的妻子则对他的工作毫无兴趣，不闻不问。她写道："我崇拜他，但完全是以纯洁的方式。"[182]我相信，我的姑祖母艾玛·卡拉尔，还有凯特姨妈，在与赫德的关系上也会说出如出一辙的话。当凯特和慕德探望他时，他可能也会产生过被异性吸引的火花，他喜欢亲吻她们，但他知道如何将他们的关系保持在友谊层面。

但是对于年长一些的朋友，如弗朗西丝，她可以毫无顾忌地向他袒露自己与女儿之间的问题，而他，作为她丈夫的上司，却不能跟她们谈论自己女儿艾薇和诺丽的事。即使有这种友谊,他的身份地位也使他不得不与她们拉开一定距离,以至于产生了那种他对凯特和金登干所流露的孤独感。不管怎样,他对成为朋友的女士和姑娘们充满热情,出手大方,这些都可以从信中看得清清楚楚。在我们看来,他对年轻姑娘的友谊匪夷所思,但是,假如她们的父亲认为女儿的清白和名誉有可能受到玷污,是完全可以禁止她们去探望赫德的。年轻的若士得的父亲是驻天津的美国领事,他是可以断然拒绝邀请的,而不必担心在事业上受到影响。慕德和凯特可以笑谈他的亲吻,但她们的奶奶艾玛·桑普森可是结过三次婚,不是那么天真单纯的女人,而且早在1858年就与赫德相识了,她对赫德关爱自己的孙女们充满了感激之情。在她一生最后的信件中,有一封1909年的信,其中附有她送给凯特的关于"那位善良高尚的人鹭宾·赫德爵士的零散剪报",这样的描述说明她根本就没有把他看成是什么勾引女性的嫌疑人。《泰晤士报》记者莫理循写了很多有关裴式楷夫人有个情人的传闻,[183]但从未对赫德做出任何类似指控。其实正是我们自己现在持有的心态,即我们对性爱泛滥,对当今媒体大肆报道堕落丑闻的态度,才让我们产生了种种怀疑。

个人后记

如今的西方媒体似乎都是从女性的性别特质来评价她们。这是否比从她们扮演的母亲及家庭核心角色来评价更好、更进步,值得商榷。我希望,不管是男人还是女人,不管有没有孩子,都应该根据他们的品行和成就做出完整评判。我很高兴地看到,如今已经不再有女性工作机会受限的情况,而直到20世纪50年代我仍要面对这种局面。另外,除教师职业以外,男女毕业生同工不同酬的巨大差距也不存在了。我们可以决定生两个还是三个孩子,孩子存活下去完全不成问题,而过去生养孩子完全是另一码事。

教会不再起到19世纪那种使婚姻和父母身份神圣化的作用,但幸运的是,非婚生子女也不再遭受以往的那种责罚。但维持社会公序良俗的价值观却应代代相传,这是重要的任务。如果父母失职失教,整个社会都会遭殃。这项任务重大而艰巨,社会援助有一定作用,但对我来说,也要依靠宗教信仰,但归根到底要依靠父母双方的承诺付出。赫德付出了巨大代价才领悟到这个道理。如今的父母要出去打拼,总是缺少时间,他们必须在养家糊口与教育子女之间做好分配,一切都靠他们个人来权衡。

虽然到了世纪末,赫德已经很少去教堂,但他的侄女裴丽珠说他一直非常虔诚,笃信上帝。[184]在他的倒数第二篇日记中,有这么一句话:“1908年4月19日,复活节星期日:基督复活了。”北华主教在举行追思仪式时说道:

> 所有尊崇基督信仰的人,不论以何种形式,都会感谢上帝,因为在这里[北京]……多年来,有一位身居高位、权力显赫的人物,坚持信仰基督的启示,他为官清廉,忠于职守,他的生活堪称典范,无可责难。[185]

赫德心里明白,他的成功与失败无法仅仅用他收获的外在财富和名望来衡量。对我来说,这提高了他的精神境界。

鸣谢、注释及资料来源

我一直尽量少用注释，同时尽量保证注释对一般读者和学者都有一定的帮助。所有研究赫德的人都要感谢哈佛大学的团队，是他们破解并出版了赫德早期日记以及他与朋友兼同事、负责中国海关伦敦办事处的金登干之间的书信。非常感谢哈佛大学亚洲中心以及哈佛大学出版社允许我摘录以下资料：

John King Fairbank, Kathleen Frost Bruner, and Elizabeth MacLeod Matheson, eds. *The I.G. in Peking: Letters of Robert Hart, Chinese Maritime Customs*, 1868—1907, The Belkap Press of Harvard University Press, Copyright © 1975 by the President and Fellows of Harvard College.

Kathleen F. Bruner, J. K. Fairbank and R. J. Smith, eds. *Entering China's Service: Robert Hart's Journals*, 1854—1863, Council on East Asian Studies, Harvard University, Copyright 1986 by the President and Fellows of Harvard College.

Richard J. Smith, J. K. Fairbank and K. F. Bruner, eds. *Robert Hart and China's Early Modernization: His Journals*, 1863—1866, Council on East Asian Studies, Harvard University, Copyright © 1991by the President and Fellows of Harvard College.

确切的引用可以查询文中所注明的日记或信件日期。只有当引用出处为哈佛大学作者的评论或注释时才使用尾注。

金登干回复赫德的信函已由陈霞飞和韩荣芳编纂成《中国海关密档：赫德、金登干函电汇编(*1874—1907*)》(*Archives of China's Imperial Maritime Customs: Confidential Correspondence Between Robert Hart and James Duncan Campbell 1874—1907*)，引用此文的方法同上。有几份原件出自贝尔法斯特女王大学(QUB)档案 MS15，也同样做了注释。

1866 年以后赫德的日记原件是我从 QUB 原始档案中抄录的。所有卡拉尔家成员给赫德的信件都存放于 QUB 赫德档案中(MS15)，我深深感谢资深图书馆员迪尔德丽·维尔迪及其员工给予我的帮助，感谢他们允许我到图书馆查阅档案，并使用这些资料。赫德给我凯特姨妈(凯瑟琳·纽顿，娘家姓氏卡拉尔)的信件，连同赫德送给艾玛·桑普森或给凯特的照片，均由其女儿姬芙·艾恩斯捐赠给 QUB。艾恩斯的捐赠保存在 MS15 档案中。

贾雅格任职于中国海关的档案宗卷保存于中国第二历史档案馆，由凯瑟琳·拉德斯为我收集，参考援引时注明了档案馆所在地南京及档案宗卷号。引用的英国国家档案馆和皇家植物园的资料均有文件编号。

有的注释对所提到的次要人物补充了一些具体信息。有关海关职员的信息一般来自费正清等人编写的书，前文提到过，或者来自布里斯托大学的大清帝国海关职员网页。一些女性角色的信息来自 Susanna Hoe 在《1900 年北京围困中的妇女》(*Women at the Siege of Peking 1900*)中提供的传记细节。狄德满博士提供了传教士方面的有用信息。谷歌也对我帮助巨大。

其他注释解释了我认为读者可能不太熟悉的词语或做法。

序

[1] http://www.contemporarywriters.com/authors/profile/? p=auth119

[2] 皇家亚洲学会香港分会(Hong Kong Branch of the Royal Asiatic Society)会长廖乐柏(Robert Nield)的精彩评论。

[3] Amah(阿嬷)为侨居中国的外国人对保姆、奶妈的称呼。在印度称"ayah"。

[4] 姬芙(娘家姓氏纽顿)在捐赠史料时,为大卫·艾奇逊(David Acheson)的遗孀,已与第二任丈夫杰克·艾恩斯(Jack Irons)结婚。

[5] Frances Wood,*No Dogs and Not Too Many Chinese*:*Treaty Port Life in China*,*1843-1943*, pp.144-5 及 Robert Blickers,"Purloined Letters,History and Chinese Maritime Customs Service",p.696 是引用了庆丕回忆录的两位作者。他们评价赫德人事政策受到长期成见的影响。但这一点在赫德写给金登干的信件中对庆丕的评价上并不明显。此事在第十一章中有讨论。

[6] 照片可见于 http://chp.ish-lyon.cnrs.fr/Image.php? 关键词:卡拉尔。照片由布里斯托大学的 Jamie Carstairs 进行扫描。照片原件现已捐赠给贝尔法斯特女王大学。

[7] Niall Ferguson,*Civilization*:*The West and the Rest*, 第六章,特别是 277-288 页,有趣地论述了职业精神对西方经济发展的作用,它与新教徒的关系,以及基督教在中国发展壮大的情况。

[8] QUB MS15/8,J.

[9] 保罗·威尔考克斯评价父亲的反应。

第一章

[10] 直到 1800 年,外科医师才与 1745 年建立的理发师-外科医师同业公会分离,需要取得专门的皇家特许资格。皇家外科医学院举办考试,通过者才能得到皇家外科医师学会会员资格(MRCS)。但在那里我们没有找到约翰·韦克姆·爱德华兹的记录。19 世纪头 10 年,乡村外科医师仍然通过师徒传带的方式入行行医。

[11] 法国战败阻止了他们进攻牙买加。艾玛则认为与征服百慕大有关。她的孙女留下复印件(现在我处),将原件捐赠给位于格林尼治的海事博物馆。

[12] 要想获得皇家外科医师学会资格,要师从有认可资质的教师学习四年。实用药学和物理学各学六个月;听课,观摩,动手解剖历时三年,以学习解剖学、生理学、外科学和医药学。最后参加考试。(1839 年制定,由皇家外科医学会提供。)

[13] Judith Summers,*Soho*,*a History of London.*

[14]圣约翰大教堂的一块纪念板上写着他在安提瓜居住了 57 年,死于 1899 年,任高级医疗官 21 年。

[15] E.M.Swift, *The Zinzan Families.* 1861 年人口普查时,金赞曾将儿子送到韦伯那里,做他的助手。罗伯特·韦伯属于常见姓氏,但如果与波普拉区、外科医师,以及德文郡南部一个偏僻小镇相联系,就不能算常见了。韦伯与金赞一样,也拥有药品公司执业证(LCA),以及

皇家外科医师学会资格证。

[16] 威尔考克斯家族也采用了这种以数字区别父亲儿子的方法。非常感谢保罗·威尔考克斯(Paul Wilcocks)。他创建了庞大的威尔考克斯家族后裔数据库。还要感谢专门研究威尔考克斯家族的同行们。他们严谨地挖掘,考证出安娜·塞斯的身世之谜。他们是 Karin Groves、Janet Kral、Gillian Selley。他们的工作难度巨大,因为维多利亚时代大写字母 S 很容易与大写字母 L 混淆。(图 1.4)

[17] 信息来自 R.G.Tiedman 博士,Centre for the Study of Christianity in China,Oxford OX2 5TN.他还指点我去查阅 Carl Smith 卡片(现存香港政策档案部门)。香港大学的 Tsang Shun Fai 后来帮助我找到相关资料。

[18] 艾玛第三任丈夫后来说,“番(fan)”是“夷人”的意思。“鬼(kwai)”是魔鬼。欧洲人对 fan-kwai(外国魔鬼)这个词组进行了妖魔化理解,其实大可不必。(桑普森,《为“番鬼”辩解》)

[19] J. Doolittle,*Social life of the Chinese.* Chapter Twelve.

[20] Jonathan Fenby, *The Penguin History of Modern China: The Fall and Rise of a Great Power, 1850—2008*, pp.15-19.

[21] James D. Johnston, *China and Japan: Being a Narrative of the Cruise of the US Steam-Frigate Powhatan, in the Years of 1857, '58, '59and '60*, Chapter Seven.

[22] Fa-ti Fan, *British Naturalists in Qing China: Science, Empire, and Cultural Encounter*, pp.24-25. 这给派出去为英国皇家植物园丘园(Kew)采集植物的“园艺师”带来困难,除非他们在当地找到能够提携他们、引荐他们的靠山。

[23] G. S. Graham, *The China Station: War and Diplomacy, 1830-60.*

[24] 引用的有关黄埔港领事档案数据来自 FO 228/157, FO 228/189, FO 228/190, FO 228/214 以及 FO 682/1987. P. D. Coates, *China Consuls: British Consular Officers, 1843-1943.*详细介绍了副领事的情况。Ernest John Eitel, *Europe in China: The History of Hongkong From the Beginning to the Year 1882.* 也提供了有用信息。

[25] 汇率有所差异。但赫德在 1854 年 1 月 24 日日记中写到“密妥士(Meadows)给我 5 元,折合£ 1.0.10d”(1 英镑等于 20 先令)。同一天,赫德付给老师 7 元月薪。赫德当时的年俸为 200 英镑,所以说巴克顿的索赔数额巨大。

[26] P. D. Coates, *China Consuls: British Consular Officers, 1843-1943*, pp.192-3.有关罗伯逊部分。(他也同样认为中国政府在处理叛军问题上镇压力度为世界之最。) Douglas Hurd, *The Arrow War: an Anglo-Chinese Confusion*, 1956—1960, p.14,关于阿礼国和巴夏礼部分。

[27] J. Fenby, op.cit. p.15.

[28] Kathleen F. Newton, *My Grandmother, Emma Spry Edwards, 1829—1909.*

[29] Jardine Matheson archive, Cambridge University.

[30] 西式中国三角帆船是在澳门建造的行驶速度最快的船,结合了西式和中式技术,一般在香港注册,这使它们获得英国海军的保护,常用于走私鸦片。

[31] 虽然 Douglas Hurd 后来又有新作,但他的 *Arrow War:an Anglo-Chinese Confusion,1956—1960* 使我得到关于英法联军最有用的论述。因为它将平行视角的评论及描述融合在一起,其中包括许多额尔金爵士私人信件,以及香港主教的评论。Ernest John Eitel,op.cit.,提供了关于香港的观点。

[32] K. F. Bruner,et al.,*Entering China's Service*,p.212,转写时将她的名字写成 Brickton。

[33] N.Bapna,M.Swarankar,and N.Kotia,*Genital Tuberculosis and Its Consequences on Subsequent Infertility.*

第二章

[34] Stanley Bell,*Hart of Lisburn* and R O'Leary,"Robert Hart in China:The significance of his Irish roots"提供了有关赫德的背景资料。

[35] 引用及评论为亨利·英格里斯原话,K. F. Bruner et al 在 *Entering China's Service* 中引用。

[36] R. A. Jones,*The British Diplomatic Service,1815—1914*,介绍了政府行政部门运作方式,包括政界领袖任命大使职务(以及这些外交人物的兴衰沉浮)。政界领袖一般任命自己的部下担当要职,除了外交大臣。直到 19 世纪 50 年代后期,这种趋势才出现转变,即,由派遣个人代表国家驻外的做法(如额尔金爵士的情况)变为从职业外交人员中选拔任命高级别外交官。年轻赫德的上司阿礼国、威妥玛及巴夏礼就是这种机制在中国的实例。

[37] 布雷热的生平记载于 1889 年皇家化学学院的讣告中。

[38] 1845 年,约翰·密妥士投奔了当时在广州从事普通领事服务的哥哥托马斯。他学会了汉语,并以翻译的身份从事各种自由职业。1856 年,他来到宁波海关,任代理翻译一职。

[39] "德国人的理性宗教观"很可能是指 1840 年出版的 *The life of Christ Critically Examined*,由图宾根大学的 David Strauss 编写。1845 年由乔治·艾略特(George Eliot)译成英语。当时可能已经在女王学院流传开。Strauss 运用逻辑与辩证法研究了四部福音,由此建立了他对部分《圣经》的"神话"阐释,即他以历史的形式,通过"图画及富有想象力的观点"对一个事件或观念进行阐释。这种阐释挑战了广为大众所接受的对《圣经》字面真理的诠释。

[40] P.D. Coates,*China Consuls:British Consular Officers,1843-1943*. pp. 93-94.

[41] 领事馆记录上的名字是 Bemvindo。一定是赫德听错了他名字的中文发音。

[42] Juliet Bredon,*Sir Robert Hart:The Romance of a Great Career Told by His Niece* 提供了有关帕特里奇的信息。

[43] P.D. Coates,op.cit.,p.98 显示,这位年轻女士将他抛弃,另寻新欢。这是一种非常可耻的行为,对他的自尊也带来极大伤害。

[44] K. F. Bruner et al. *Entering China's Service:Robert Hart's Journals,1854—1863*,pp.153-154.

[45] Lan Li and Deirdre Wildy,"A new discovery and its significance:The statutory declarations made by Sir Robert Hart concerning his secret domestic life in 19th century China".

K.F. Bruner et al.,op.cit.,p. 244 引用。

[46] K. F. Bruner et al. *Entering China's Service:Robert Hart's Journals*,1854—1863,p.244 中

引用。

[47] E. B. Drew(杜德维),在 *Sir Robert Hart and his life work in China* 中列出了 11 处赫德于 1861—1864 年间创建的口岸。赫德对那里大大小小的职员了如指掌。他与中国地方官吏面谈,安排各种事宜,而中方官吏对他的意图则稀里糊涂。杜德维(Edward Bangs Drew)是美国人,1865 年从哈佛大学毕业后直接进入海关。我们将在第八章里见到这位天津海关税务司。

[48] E. B. Drew,op.cit.及 Catherine Ladds,"Youthful,Likely Men,Able to Read,Write and Count".

[49] 查尔斯·戈登曾是一名英国陆军皇家工兵军团军官,参加过 1860 年英法联军对北京的进攻(见第一章)。后来他接替一名美国人,成为"常胜军"统领。他的事迹在英国广为传颂,以"中国的戈登"著称。回归英国陆军后,他从事过各种职业,包括 1874-1879 年任苏丹总督。1884 年,首相格莱斯顿迫于民众呼声,派他重返苏丹,任务是解救正在遭受当地宗教领袖马赫迪(Mahdi)领导的叛军袭扰的部队。他在喀土穆陷入围困。格莱斯顿又迟迟不派援兵相救。1885 年 1 月,马赫迪攻陷喀土穆,戈登战死,英雄美名传扬。

[50] Richard Smith,et al.,*Robert Hart and China's Early Modernization*:*His Journals*,*1863—1866*, pp.34-36.

[51] 他说,他之所以写下这些话,是因为那天突然有个人去世了,假如去世的人是他,那么他的朋友和亲人至少会从他的日记中看到他们还是有希望与他在天堂相见的。由此可以看出,赫德知道,他的日记将来有一天有可能会公之于众。

[52] Juliet Bredon,*Sir Robert Hart*:*The Romance of a Great Career*,p.31.

[53] 摘自亨利·朗费罗的诗《人生颂》(*A Psalm of Life*)。赫德在后来几个场合里都提到这首诗,均与跟阿瑶所生的孩子有关。

[54] 赫政(James Hart)(日记中称 Jem)1867 年加入中国海关,任四等帮办。他与赫德感情亲密,精明能干。但他与其兄弟不同,直到老年一直是一个花花公子。

[55] 第一条和第三条引自 R.J. Smith et al,op.cit.,第二条是我本人在 1868 年日记中找到的。

第三章

[56] 李约瑟(J. Needham)在《中国科学技术史》(*Science and Civilization in China*)中称他为"了不起的薄乃德",Fa-ti Fan 在《清代在华的英国博物学家》(*British Naturalists in Qing China*)中认为他扮演了重要角色。桑普森传记信息取自李约瑟 1898 年的书《西人在华植物发现史》*History of European Botanical Discoveries in China*,圣彼得堡出版,但引自其他若干资料:西奥菲利斯·桑普森,*Botanical and Other Writings on China*, 1867—1870: *With a Biographical Sketch by Emil Bretschneider*,Edited by H.Waltravens.

[57] P.D. Coates, *China consuls*:*British Consular Officers*,1843—1943,pp.113-4

[58] FO 228/223 包含了他的申请和温切斯特的证明。他引用了证明以支持自己的申请。

[59] P.D. Coates,op.cit.,p.69.

[60] Fa-ti Fan,op.cit.,p.90.

[61] Archives, Royal Botanic Gardens, Kew, *Director's Correspondence*, *Chinese and Japanese Letters*, Vols.150, 151, 1886 年 10 月 6 日汉斯最近去世后寄出信件。

[62] 有关这部分信息摘自 P.D. Coates, op.cit., Ong Jin Hui, *Chinese Indentured Labor: Coolies and Colonies*, W. L. Lai, *The Chinese in the West Indies*, 1806–1898: *A Documentary History* p.152, Arnold J Meagher, *The Coolie Trade: The Traffic in Chinese Laborers to Latin America* 1846–1874. and T Sue-A-Quan, *Cane Reapers: Chinese Indentured Immigrants in Guyana*. 苏阿冠博士是加拿大人,曾祖父一代人乘坐桑普森安排的最后一班劳工船前往圭亚那。他寻找过其他人,发现他们与自己家一样,都抓住了时机,改变了命运。

[63] 罗存德 1848 年奉莱茵传教会指派赴香港,1850–1853 年休假,后回到中华福音传道会。1855 年到 1859 年任香港 13 所政府学校的学监,学校提供中文教育。1861 年到 1868 年为荷兰的西印度劳工公司工作。他编纂的《英华字典》于 1866 年和 1869 年在香港出版。桑普森在后来的教书生涯中一定从中受益不小。1870 年罗存德离开中国,到美国做牧师。(Tiedmann, <http://ricci.rt.usfa.edu/biography>and E J Eitel, *Europe in China: The History of Hongkong From the Beginning to the Year* 1882.)

[64] 桑普森建议的另外两条劳工契约条款提出男女享有同等待遇,这在当时非同寻常。每位成年人都要签订农业劳务契约,而且每位劳工在启程时都将得到相同的奖金。*China Review*, Vol.1 No.2, 1872 上刊登了一篇有关这个话题的文章,并在 Vol. 1. No.3, 登载完毕。文章没有签名,但从文章的风格,以及文章显示的对中国劳工现状的熟悉程度,我猜测文章出自桑普森之手。作者将英国承办的、有效监管的劳工贸易与"我们简称为西班牙劳工贸易"进行对比,反差巨大。西班牙招工代理都是一些独立运作的投机商人,贸易模式为货物到达随即卖出,从中牟利。作者认为这种做法使五年后的返程船票成为一纸空谈,因为世事难料,这些商人可能破产,可能离开中国,等等,根本无法保证五年或十年后支付钱款。他还指出,管理华人工头十分困难,即便这些人有合法执照,因为他们是通过代理来招募劳工的。他认为,规则制定者缺乏"对所要规范事宜的实际了解"。作者也承认了广州模式的不足与困难,但仍认为这是最好的模式。

[65] T. Sampson, *Sketches of Botany of Kwangtung*, *ms.*

[66] Kathleen F.Newton, *My Grandmother*, *Emma Spry Edward*, *1829—1909.*

[67] George Piercy, *Love for China*, *Exemplified in Memorials of Mary Gunston*, *The First Female Teacher in Connection With the Wesleyan Methodist Mission at Canton.*

[68] 欧德理在广东工作多年,先是为巴塞尔传教会工作,后来为伦敦会做传教工作,1879 年辞去教会工作,成为香港学校监督。他撰写了中国佛教以及风水方面的书籍,以展示中国自然科学。他还写过香港历史方面的书。

[69] Bowra papers, SOAS.

[70] 摘自汉斯的《随笔》(*Adversaria*)前言(拉丁语,巴黎出版),薄乃德引用于桑普森章节,前文引用。感谢大卫·纽顿牧师帮我翻译。

[71] T. Sampson, *Sketches of Botany of Kwangtung*, *ms.*

[72] Royal Botanic Gardens, Kew, Archives, *Director's Correspondence*, *Chinese and Japanese Letters*, Vols.150 and 151.

[73] Fa-ti Fan, op.cit., p.1.

[74] P.D. Coates, op.cit.

[75] Royal Botanic Gardens, Kew, Archives, *Director's Correspondence*, *Chinese and Japanese Letters*, Vols.150 and 151, Hance to Hooker, 21 June 1867.

[76] Mrs. John Henry Gray, *Fourteen Months in Canton*.

[77] T. Sampson, *Whirlwind at Canton*.

[78] 两封信均来自 Royal Botanic Gardens, Kew, Archives, Misc. Reports.

[79] 同上。

第四章

[80] 海伦·白莱喜 28 岁因分娩死于苏格兰。这是她第四次生产,所以她的去世出人意料。她生于中国,并在中国长大,其父买威令医生(Dr. Myers)是海关医官;丈夫白莱喜(James Brazier)任总理文案税务司。她与丈夫及妹妹都曾与鹭宾·赫德爵士一起经历了 1900 年公使馆被围困的遭遇(Susanna Hoe, *Women at the Siege of Peking 1900*).

[81] 包媞萨的信见查尔斯·德雷格《龙廷侍者:包腊、包罗父子传记》。一篇网上家族史说明中称她妹妹讲一口流利的广州话。

[82] 费正清等人在对此信做说明时,追溯此说法为狄更斯《匹克威克外传》(*The Pickwick Papers*)中的 Sam Weller 的父亲。小说是关于与寡妇结婚,接受养子的危害。

[83] 赫德在日记中并未讲到与阿瑶生的几个孩子。这些孩子出现在赫德写给金登干的信件及金登干的回信中。他与律师哈钦斯关于孩子的信件未找到。在 1871 年人口普查信息中,戴维森一家住在西汉姆的 Manor House Estate,那里原是艾塞克斯郡的一部分,后成为伦敦郊区。安娜 12 岁,赫伯特 8 岁,亚瑟 5 岁,均生于北京[原文如此],与他们自己的孩子年龄相仿,即 9 岁,7 岁和 2 岁。

[84] Elizabeth Buettner 在 *Empire Families: Britons and Late Imperial India* 中探讨了此事与在印度外侨的关系。

[85] P. D. Coates, op.cit., p. 165.

[86] H. van de Ven, *Robert Hart and Gustav Detring during the Boxer Rebellion*.

[87] E. B. Drew, *Sir Robert Hart and His Life Work in China*, p.21.

[88] 赫德在后来的一份声明中称,阿瑶嫁给了一个中国人(Lan Li and Deirdre Wildy, *A New Discovery and Its Significance*). Richard J Smith et al., *Robert Hart and China's Early Modernization*, p.367,称他的日记显示,他于 1870 年 7 月 2 日与 1872 年 5 月 20 日之间收到过阿瑶的信。关于后来一封信,他曾经说"这件事还有没有完?"如果 1875 年 11 月的信可解释为他在暗示她死了,那么她一定是在 1872 年与那个时间之间去世的。

[89] 这也许是指满族将军。清朝高级军官的文官职务包括监管政府官员,接收贸易收入。他

可以直接向皇帝汇报,而其他官员则必须通过巡抚奏报。(J. Doolittle, *Social Life of Chinese*, Chapter Twelve.)

[90] 格特鲁德·贝尔是周游过阿拉伯国家的英国著名女旅行家。1914—1918 年一战结束后,她在伊拉克的英国行政部门任职,转引自 Lan li and Deirdre Wildy, op.cit.

[91] Mary Sieghart, "A Perfect Gentleman", *The Times*, *Times* 2, 11/03/2008.

[92] Martha Vicinus, *Independent Women: Work and Community for Single Women, 1850—1920.*

[93] 有关查尔斯·戈登,参见第二章尾注 49。他于 1885 年 1 月 26 日在喀土穆被杀。阿尔麦克同其他人一样,为心中的英雄牺牲而哀痛。

[94] QUB, MS 15/2/11.

第五章

[95] 贾雅格在福州的上司 1883 年 8 月说,他有一年半的时间在北京进修(Nanjing, 679(2))。19 世纪 60 年代,包腊在北京进修时,提到有四名同学,分别是美国人、法国人、普鲁士人和英国人。(包腊文件, SOAS)。1871 年 12 月,赫德写信给金登干说,"见习通译的院子现在住满了:由哈扪德(Hammond)(一个美国人)负责,都是不同国籍的见习通译。一群稀奇古怪的家伙,但都是很棒的小伙子"。

[96] J. K. Fairbank et al. *The I. G. in Beijing: Letters of Robert Hart*, Letter 130, n.2.

[97] I. C. Cannon, *Public Success, Private Sorrow: The Life and Times of Charles Henry Brewitt-Taylor (1857—1938)*.

[98] 对学校的描述,以及关于蕾切尔·斯贝舍尔的引用摘自 Maude Robertson 的"Child Life in the 'Sixties'",从 *The Sussex County Magazine* 中翻印,由 David Hitchins 收集在光盘"Quakes in Lewes, 2003"中,现已无法找到。感谢他早期的帮助。

[99] Kathleen Newton, *Notes on My Father, J. W. Carrall.*

[100] 起源于巴黎的二人赌博纸牌游戏。

[101] 对 1884 年福州事件的叙述来自 L. E. Eastman, *Throne and Mandarins: China's Search for a Policy During the Sino-French Controversy, 1880—1885*;有关法国领事活动内容来自 Nicole Tixier "La Chine dans la Stratégies Impériale: le Rōle du Quai d'Orsay et de ses Agents"。汉南和贾雅格的海关报告收藏于南京, 679(2)732,以及汉南在南京的复信 679(2)721,星察理和沃伦的报告藏于 Fo.228/752 和 Fo.228/753。

[102] Washington State University, Manuscript Archives, *George W. Woods Journals, 1883—1886.*

[103] 整个王国被当代学者称为安南,是位于南部的重要省份。

[104] 法国副领事白藻泰(M. de Bezaure)1884 年 4 月休假后回中国,取代方栋(见尼克·提克西耶关于个人通讯问题)。在 *La Chine dans la Stratégies Impériale* 中提克西耶描述了白藻泰是如何不顾个人危险和辛劳,在战斗前和战斗中确保法国海军司令拥有畅通的电报通讯。

[105] P. D. Coates, *China Consuls*, p.211.

[106] 作者为 J. F. Boche 和 L. L. Cowen, *The French at Foochow.*

[107] L. E. Eastman, op.cit., pp.162-4,认为中国人清楚合法宣战的重要性。但对他们,以及对法国人来说,保持一种模棱两可的状态比较有利。正如星察理所指出,这使得一艘德国船有理由拒绝法国舰队司令的要求,即要求他们停止为中国运送步枪,以及其他尚在途中的武器装备。如果宣战,中立国不得向任何一方提供武器。不过,让国内民众相信政府对敌宣战是有利的。

[108] 同上, p.162.

[109] Nanjing, 679 (1) 31993.

[110] Catherine Ladds, *Empire Careers: The Foreign Staff of the Chinese Customs Service, 1854-1949.*

[111] 由于白银比前一个月贬值,赫德于 1884 年 6 月 21 日让金登干发给北京的丁韪良同等数额的年薪。他也享受同等级别的年薪。

[112] S. F. Wright, *Hart and the Chinese Customs.*

[113] I. C. Cannon, op.cit.

第六章

[114] Catherine Ladds, *Empire Careers: The Foreign Staff of Chinese Customs Service*, 1854—1949.

[115] 所有对 1900 年芝罘的描述,以及对那里的经济状况的记录和图 6.0 所示地图,都来自贾雅格的"芝罘"。

[116] Jonathan Fenby, *The Fall and Rise of a Great Power*, 1850-2008.

[117] George Steinmetz, *The Devil's Handwriting: Precoloniality and the German Colonial State in Qingdao, Samoa and Southwest Africa.*

[118] SOAS: CIM/ CSP, 1795, Annals, 1930 of CIM, Chefoo. 原文作者不详,但注明日期是 1890 年 8 月 4 日。

[119] E. Buettner 的 *Empire Families: Britons and Late Imperial India* 在谈到从印度回来的英国孩子时这样指出。

[120] Nanjing, 679(2)589.

[121] P. D. Coates, *China Consuls*, pp.205-6 提到在那里进行的大型狩猎活动。

[122] Ann Lych Botta1848 年的诗。

[123] Nanjing, 679 (2) 636 No. 2726

[124] 赫德指的是 G. W. Steevens, *With Kitchener to Khartoum*, Blackwoods, 1898.

[125] 这一定是 147 页地图上所标的威海卫路,与经过费兰达 27 号(一家编织厂)的路交叉。海边没有通往学校的路。日记中的一处说明显示走陆路要花一个小时。

[126] 1943 年她做一次广播节目的打字稿。

[127] Frances Osborne, *Lilla's Feast: A True Story of Love, War and a Passion for Food* 是作者写自己曾祖母莱拉·埃克福德的娱乐性传记。莱拉和维维安 1939 年时都在芝罘,所以在我们那年去访问芝罘时,他们可能帮助我母亲找到她父亲当年的管家和保姆。Osburne 认为

维维安已经忘记了自己的生父，但凯特提到，在一次散步时，他给他们看了自己父亲位于城外毓璜顶的墓地。

[128] Diana Preston, *The Boxer Rebellion: China's War on Foreigners*. 1902, p.31.

[129] 马蓓尔·福克斯有一个上流社会的姻亲，看不起她，因为她说话口音里有北方乡下特有的短促“a”音。（见她的后代 Lindsay Stilwell 保留的家信，以及 Victor Bonham-Carter 的回忆录 *What Countryman, Sir?*）。他们还鄙视她哥哥不会品鉴上等红酒！

[130] ADM 196/43.

第七章

[131] 吉勃里家族的人出现在北京、天津和芝罘的日记中。当时有一家以此为名的法国贸易商行，但他们在北京见到的是奥地利公使馆的一位吉勃里小姐。日记显示，在芝罘的那几位吉勃里讲德语，还帮凯特练习德语。

[132] 哈利·宝士德是英国公使馆的见习通译。他的父亲宝士德（亨利·巴恩斯·宝士德）1893—1897 年担任英国驻天津总领事，似乎还是从那里退休的，凯特她们在回芝罘途中拜见过他。裴令汉和哲美森书中未再提到。英国人贝特勒（A. G. Bethell）最后干到税务司职位。尤利克·文铎（Ulick Wintour）也是一位英国人，1895 年进入海关。他当时为邮政局四等帮办中班。

[133] 白莱喜小姐叫黛茜·布雷热（Daisy Brazier），是布雷热教授的女儿（见第二章）。安妮·买威令是她的小姑子。安妮的父亲是海关及英国领事部门的医生。两位女士在公使馆被围困期间表现得沉着冷静，勇于助人（Susan Hoe, *Women at the Siege of Peking 1900*）。

[134] Newton, Kathleen, *It Happened on Me*. 所有后来提到的她的回忆录均指此书。

[135] 此处为 Paula von Rosthorn 的误拼。她的丈夫原来在海关任职，但后来加入奥地利领事机构，时任奥国公使馆临时代办。她在北京被围困期间表现勇敢。（Susanna Hoe，前引文）

[136] 华格纳（Edward Wagner）为法国人，于 1892 年进入海关，时任邮政局二等帮办中班。费克森虽然有个英国人名字，但实为荷兰人。我没有查到斯泰老的国籍。卢立基为前意大利驻北京公使两个儿子中的次子。两子均进入海关工作。

[137] Lucy Ker 为加拿大人，嫁给英国公使馆助理汉文秘书 William Ker。北京公使馆被围困时，她失去了两岁的儿子。

[138] 尽管名字不像俄国名，但他是俄国籍海关职员。1896 年赫德曾评价说他很有前途。

[139] 显然贾雅格不喜欢裴式楷，所以，日记中可能流露出对其家人抱有的成见。姑娘们在北京时，裴式楷似乎对她们很热情。裴丽珠后来也成为知名作家，专门讲述赫德、北京、中国的故事，一直讲到 20 世纪 20 年代。据说她出生于北京，是在鹭宾·赫德 1873 年来北京之后，所以，此时她大概二十来岁。虽然有很多地方参考了她的书，但我在 Ancestry.com 和 Google 上没有找到她的生卒年月。

[140] 汉纳根（Constantine von Hanneken）是德璀琳的女婿，作为一名前德意志军官，他正帮助李鸿章改造提升中国军队的北方部队。

[141] 阿理嗣为海关的邮政文案。赫德赏识他的业务能力,但却不喜欢他的脾气。

[142] 巴保男爵(Baron M von Babo)[张裕第一代酿酒师——译者注]为驻芝罘的奥匈帝国领事,也是一名葡萄酒鉴定家和酿酒师。

[143] 英国公使馆5月28日就获悉了火烧火车站之事(D. Preston,前引文,p.54)。但父亲一定是从芝罘的内地会那里听说了杀害传教士的事情,因为,直到6月4日,窦纳乐(Claude Macdonald)爵士(英国驻北京公使馆负责人)才向总理衙门提出抗议。

[144] 距北京14英里的一座城,有城墙。后来成为营救部队解救的最后一站。

[145] 贾雅格手下的一名德国籍职员,后来成为税务司。

[146] K. F. Newton, *Incredible 8 Weeks Ordeal*,无日期。

[147] J. F. Carrell, *Events in the North of China*, 17th *June* 1900 *to September* 3rd. Irons Gift, MS15, QBU.

[148] 第一中国军团于18个月之前组建完成(D. Preston,前引文,p.126)。

[149] 南京679(1)31991-No.2901,1900年7月5日。

[150] 南京679(1)芝罘,S/O,1900-06。

[151] 莫理循(George Morrison)为《泰晤士报》驻北京记者。在7月短暂的"半停战"期间,公使馆的人可以向天津发一些电报,继而转发到各自政府那里(D. Preston,前引文,p.180.)

[152] 正如金登干在下一封信中高兴地向赫德报告的一样。

[153] 贾雅格在写给裴式楷的信中说:"整件事让中国人看到'这些基督徒是如何相亲相爱的了',真是丢人现眼。"南京679(1)31993。当时有一种泳装,包括束有腰带的短裙,以及长及膝盖的束口灯笼裤,全部为羊毛质地。上装大概是短袖。比起人们早期穿的紧身胸衣和长裙,这身装束在游泳和跳舞时自由度更大。参考www.fashionencyclopedia.com。

[154] 这一点十分有趣,证实了莫理循的观点。对此,Susanna Hoe(前引文)认为可能是出于他的偏见。

[155] Andrea Jacobs, *Examinations as cultural capital for the Victorian school girls*.

[156] 无法辨认,但Susanna Hoe,前文引用,辨认出大概是赫德写的宿舍的别称。同上。p.179.

[157] 同上。p.179.

第八章

[158] Gwen Steele-Perkins, *Sacrifice*, circa 1937.

[159] 摘自Alfred Lord Tennyson的"Lucretius"。

[160] 一种最早期的粉状婴儿食品。由于这是一种母乳替代品,很可能是取代牛奶,而不是往牛奶里添加的食品。

[161] 1919年,一位新来乍到的警察将这里描述为"我见过的最好的城市,所有英国城镇都要比它落后一百年"(R. Bickers, *An Englishman Adrift in Shanghai*, p.39)。

第九章

[162] 贾雅格的海关信函来自南京档案馆,679(1)31993.

[163] Gwen Steele-Perkins,*Sacrifice*,circa 1937.

第十章

[164] 他在1903年10月11日写给金登干的信里说,另外两名客人是莉莉·弗利(Lily Foley)和温妮·斯图亚特。虽然会占用他的阅读和写作时间,但他喜欢傍晚6点之后欣赏她们演奏的音乐,并和她们待在一起。此次聚会似乎是这种活动的最后一次。

[165] 感谢马蓓尔·福克斯家的后人Lindsay Stilwell,提供了家族信件中的评论。

[166] Martha Vicinus在*Independent Women:Work and Community for Single Women, 1850-1920*,p. 297中描述了这种俱乐部对女性社交活动的作用。

[167] 当时为纪念维多利亚女王的朋友——首相迪斯雷利(Disraeli)而每年举行的活动日:她曾为他的葬礼送上报春花花圈,而报春花是他最喜爱的花。

[168] 俄国发生了对犹太人的大屠杀,而当时俄国政局动荡,在日俄战争中的失败也没能帮助它改变局面。

[169] M. Vicinus,op.cit,p.176探讨了教师薪水问题。

[170] 萨维尔医生(1869—1911),曾在伦敦妇女医学学校学习,1895年被伦敦传教会派往北京。1905年因病离开北京。后来前往天津,为中国政府工作,并在那里去世(Susanna Hoe, *Women at the Siege of Peking1900*,pp.386-387)

[171] 后更名为Rupert's Land College,以免与多伦多的哈佛格尔学院混淆。

[172] 艾瑞克1919年第二次到访加拿大时称自己之前在加拿大居住过两年。他1914年回英国的旅程记录在Ancestry.co.uk网上找到,但没有找到出国记录。(感谢Karen Johnson提供这些信息。)

[173] 与她以往的旅行不同,此次旅客名单将她列为凯瑟琳·纽顿,家庭教师,1924年7月1日,同其他海外教育联盟成员一起,从蒙特利尔前往利物浦。在她关于杰克舅舅的回忆录中,她记下了这段故事。这个回忆录也提供了他晚年生活和去世的情况。

[174] 杰克舅舅从纽顿表兄那里接回姬芙。这位亲戚在1922—1925三年间,将她在瑞士、布列塔尼和爱尔兰之间转来转去。虽然姬芙儿时经历颠簸辗转,但她最后总算拿到高级牛津证书,并有了一个安稳的家,养育了三个孩子。2011年1月她在丹甘嫩去世,她的儿子彼得·阿奇森(Peter Acheson)住在附近。(她是在看望她父亲的北爱尔兰亲戚时遇见第一任丈夫的。)

[175] 这个剪报是艾恩赠品中的一件,MS 15,QUB。

第十一章

[176] 涉及赫德与其合法子女,以及非婚生子女关系的资料主要来源于他与金登干的往来信

件,以及 Lan Li & Deirdre Wildy,*A New Discovery and Its Significance*。还有有关诺丽的家庭信件 MS 15/2/1/2,QUB,其中包括布鲁斯对姐姐艾薇的评价。

[177] Jonathan Fenby,*The Fall and Rise of a Great Power*,p.93.

[178] 一位贝尔法斯特记者写给《泰晤士报》的信,1911 年 9 月 23 日。

[179]《泰晤士报》,1911 年 11 月 22 日。

[180] Robert Bickers 使用的描述性语言,摘自"Purloined Letters, History & Chinese Maritime Customs Service",*Modern Asian Studies*,40,3,p.694.

[181] Jonathan Fenby,op.cit,pp.65-74.

[182] Mary Sieghart,"一位完美的绅士",《泰晤士报》,2,11/03/2008。

[183] Susanna Hoe,*Women at the Siege of Peking, 1900.*

[184] 裴丽珠,*The Romance of a Great Career*, 第八章。

[185] 两处转引自 Bell,*Hart of Lisnurn*(最后一篇日记写于复活节星期一,标题为"睡眠很差"。)

参考文献

Libraries, archives and other collections

UNITED KINGDOM

Private collections of family papers and correspondence

Papers and notes by Mrs K F Newton (née Carrall) and passed by her daughter Mrs Keeve Irons to Mary Tiffen. These include:

Diary for 1900.

Diary and notes, 1909-12.

Hanger with Chefoo and Peking photos.

Portraits of family, including Emma Spry Sampson and Emma Carrall. (Photographs not given a source are from this collection, or, if modern, were taken by Mary Tiffen.)

Newton, K F Going to school in North China. Northern Ireland Home Service, BBC 16 February 1943. Typescript.

Newton, K F *John George Fawcus, Barrister.*

Newton, K F *My grandmother, Emma Spry Edwards, 1829-1909.*

Newton, K F *Notes on my fatherJ W Carrall.*

Special family letters and diaries, including those of Anna Maria Fawcus.

Steele-Perkins, G F *Sacrifice.* Memoir (nde Gwendoline F Carrall).

Frances Harvey Jamieson (Maude Carrall's daughter). Two albums of photos, passed by her son Lennox Harvey Jamieson to Mary Tiffen. Originals are now deposited at Queen's-University, Belfast, after digitisation by Bristol University, and uploading to the site <http:// chp. ish-lyon.cnrs.fr/>. These are identified in the text as Ca01 and Ca02. The scrolls, gown, cap and order are now in his possession or that of his brother Rodger or his nephew Rudolf Ridout-Jamieson.

William Forbes Newton. Three pages of photos from an album of Emily Forbes, nde Carrall Peter Acheson (Kath's grandson). Certificates, Kath's marriage, birth of Keeve.

Queen's University, Belfast, Special Collections

Ir ons' Gift, now in MS 15

Four letters (Hart to Kathleen Carrall).

Letters to his god-daughter (Hart to Kathleen Carrall) (19 letters) Carrall, J W *Events in the North of China, 17th June 1900 to September 3rd.* ms.

Newton, K F Folder headed Pageant of Five decades, containing:

Childhood in China. Northern Ireland Home Service, BBC 16 February 1943.

It happened to me. 1960.

The man who conquered adversity.

Incredible 8 *weeks ordeal.*

Sinclair, J. 'Sir Robert Hart in China'. Cutting from Belfast Newsletter, Belfast, 22/06/1965.

Sir Robert Hart Collection

MS 15 / 1 Hart's diaries.

MS 15/2. Correspondence.

Letters to Hart from Frances Mary CarralI, Maude Fawcus Carrali Kathleen Fawcus Carral1, Frances Fawcus Carrall, Emily Fawcus Carrall (later as Mrs Forbes), her husband Charles Forbes; and from Emma Spry Sampson. These are in various bundles in Boxe.

1, 2, 3, 4, 6, 7, 9, 10, 12b, 14 (139 letters).

15/2/8 letters re NoUie Hart and Perry,

15 / 2 / 11 letters from Campbell.

MS 15/6 Three photographs originally in Irons Gift, now filed with other Hart photographs.

MS 15/8 J Address to Hart on his 70th birthday, 1905.

Borthwick Institute, University of York. Parish records. York.

Bristol University: <www. bris.ac.uk/history/customs> Customs personnel and other data.

Cambridge University

Jardine Matheson Archive.

School of Oriental Studies (SOAS) Special Collections

Bowra Papers.

Letters, Hart to Campbell.

China Inland Mission: Chefoo schools.

London School of Economics (LSE)

North China Herald.

Decennial reports, Chinese Maritime Customs.

National Archives, Kew, Surrey

Foreign Office (FO) consular files for Canton, Foochow, Chefoo, 1853-1900.

Admiralty (ADM 196/43) officers' confidential files.

Royal Botanic Gardens, Kew, Archives

Director's Correspondence, *Chinese and Japanese letters*, Vols. 150 and 151.

Miscellaneous Reports: China Index Florae Sinensis, 1883-1905.

T Sampson: *Sketch of the Botany of Kwantung*. Dated 1880, presented by a relative in 1927.

General Register Office Certificates of Birth Marriage and Death.

Probate service <www. hmcourts-service.gov, uk>, probate and wills of Theophilus Sampson, Emma Sampson, Frances Carrall (probate only).

Geological Society of London J W Carrall membership application and paper.

Friends of Highgate Cemetery: Burial records.

Lambeth Palace Library Shanghai marriages and baptisms.

Royal College of Surgeons *Lives of the Fellows*, *Medical Register*, *London Medical Directory*.

CHINA

Nanjing. Second Historical Archive of China. Reports and memos byJ W Carrall, from Foochow and Chefoo (collected by Catherine Ladds).

Hong Kong Public Record Office. Online Catalog of the Cad Smith Collection (Buckton and Sampson cards followed up for me by Sammy Tsang).

Hong Kong University Library. Hong Kong Journals on line *The China Review, or notes & queries on the Far East.* <http://sunzi.lib.hku.hk/hkjo/> Articles by Sampson after 1872.

Hong Kong, St John's Cathedral. Marriage certificate, Theophilus Sampson and Emma Buckton.

Yantai: Buildings Archive. Record of grave inscriptions, former Temple Hill cemetery.

UNITED STATES

Washington State University, Manuscript Archives and Special Collections. George W Woods Journals, 1883-6.

Pittsburgh Theological Seminary, USA. Clifford E Barbour Library. T. Sampson. *Progressive Lessons in English.*

Other family historians

Dawn McKonkey: Correspondence on Edwards family.

Lindsay Stillwell: Correspondence and photograph on Fawcus family. Dr T Sue-A-Quan. Correspondence on Sampson and Chinese emigration to Guyana.

Mike M Swift The Zinzan famillies. CD.

Paul Wilcocks, Karen Johnson, Karin Groves, Gillian Selley.

Correspondence on descendants of James Carrall Wilcocks I.

Internet family history resources

Ancestry. com Census data, Immigration records, London, births and baptisms, 1815-1906, Marriage and Bamas, 1754-1921, Edwards family tree.

Findmypast.com Census, birth, marriage and death data

genuki.org, uk Devon, Kingsbridge 1850, from White's Gazetteer, and other records.

Roots Web.com ENG-DEV-SOUTHHAMS--LArchives Edwards family in South Hams.

R. G. Tiedemann, <http://ricci.rt.usfa.edu/biography>

Books, Journals and Theses

(Some of the older books listed here were accessed from the Internet.

Some are also available in SOAS and LSE libraries.

Bell, S, *Hart of Lisburn.* Lisburn Historical Press, 1985.

Bickers, R, 'Purloined letters: History and the Chinese Maritime Customs Service', Modern Asian Studies, 40.3 (2006).

Boche, J F & Cowen, L L, *The French at Foochow.* < www. archive. org/stream / frenchatfoochow00rochrich>, 1884.

Bonham-Carter, V, *What Countryman, Sir?* B-C Press, 1996.

Bredon, J, *Sir Robert Hart: The Romance of a Great Career Told by His Niece.* Hutchinson, 1909 (now available at <www. gutenberg, org/files/12344>).

Bruner, K F, Fairbank, J K, & Smith, R J, Entering *China's Service: Robert Hart's Journals*, 1854-1863. Council on East Asian Studies, Harvard University, 1986.

Buetmer, E, *Empire Families: Britons and Late Imperial India.* Oxford University Press, 2004.

Cannon, I C, *Public Success, Private Sorrow: The Life and Times of Charles Henry Brewitt-Taylor (1857-1938), China Customs Commissioner and Pioneer Translator.* Hong Kong U4aiversity Press, 2009.

Carrall, J W, 'Chefoo'. In *Decennial Reports on the Trade, Navigation, Industries… of the Ports Open to Foreign Commerce in China, 1892-1901,* Inspectorate General of Customs, 1905.

CarraU, J W, *The Tourist's Guide for the City of Canton.* J M da Silva, Macao, 1877.

Cheng, Pei-kai, Lestz, M and Spence, J D, *The Sear&for Modern China: A Documentary Collection.* WW. Norton & Co. 1999.

Coates, P D, *China consuls: British Consular Officers, 1843-1943.* Oxford University Press, 1988.

Davidoff, L & Hall, C, *Family Fortunes: Men and Women of the English Middle Class, 1780-1850. Revised* 2002 *edn, Routledge*, 1987.

Doolittle, J, Social life of the Chinese. *<http://books.google.com/books> edn, Sampson Low, Son & Marston*, 1866.

Drage, C, Servants of the Dragon Throne: Being the Lives of Edward and Cecil Bowra. *Peter Dawnay*, 1966.

Drew, E B, 'Sir Robert Hart and his Life Work in China', Journal of Race Development, 4. 1, 1913.

Eastman, L E, Throne and mandarins: China's Sear&for a Policy during

the Sino-French Controversy, *1880-1885. Harvard University Press*, 1967.

Eitel, E J, Europe in China: The History of Hongkongfrom the Beginning to the Year *1882. Luzac* 84 *Co*, 1895.

Fairbank, J K, Bruner, K F, Matheson, E M, ed. The I.G. in Peking: Letters of Robert Hart, Chinese Maritime Customs, 1868-1907. Belknap Press of Harvard University Press, 1975.

Fan, Fa-ti. British Naturalists in Qing China: Science, Empire, and Cultural Encounter. Harvard University Press, 2004.

Fenby, J, *The Penguin History of Modern China: The Fall and Rise of a Great Power, 1850-2008.* Allen Lane, 2008.

Ferguson, N, *Civilisation: The West and the Rest.* Allen Lane, 2011.

Graham, G S, *The China Station: War and Diplomacy, 1830-60.* Clarendon Press, 1978.

Gray, M J H, *Fourteen Months in Canton.* MacMillan, 1880.

Hoe, S, *Women at the siege of Peking 1900.* Holo Books, 2000.

Hui, O J, 'Chinese Indenture Labour: Coolies and Colonies'. In *The Cambridge Survey of World Migration*, ed. R. Cohen, Cambridge University Press, 1995.

Hurd, D, *The Arrow War: an Anglo-Chinese Confusion, 1856-60.* Collins, 1967.

Jacobs, A, *Girls and Examinations*, Ph.D., University of Winchester, 2003.

Jacobs, A, "Examinations as cultural capital for the Victorian school girl: 'Thinking with Bourdieu'", *Women's History Rev/ew*, 16.2, 2007.

Johnston, J D, *China and Japan: Being a Narrative of the Cruise of the US Steam-Frigate Powhatan, in the Years 1857, '58, '59 and '60, including an Account of the Japanese Embassy to the United States.* Charles de Silva, Cushings 84 Bailey, 1861.

Jones, R A, *The British Diplomatic Service, 1815-1914.* Wilfrid Laurier University Press, 1983.

Ladds, C, 'Youthful, Likely Men, Able to Read, \Vrite and Count': Joining the Foreign Staff of the Chinese Customs Service, 1854-1927', *The Journal of Imperial and Commonwealth History*, 30. 2, 2008.

Ladds, C, *Empire Careers: The Foreign Staff of the Chinese Customs Service, 1854-1949.* Ph. D. thesis, University of Bristol, Department of Historical Studies 2007.

Lai, W L, *The Chinese in the West Indies, 1806-1898: A Documentary History.* The University of the West Indies Press, 1998.

Li, L. & Wildy, D, 'A New Discovery and its Significance: The Statutory Declarations made by Sir Robert Hart concerning las Secret Domestic Life in 19th Century China', *Journal of the Hong Kong Branch of the Royal Asiatic Society*, 13. 2003.

MacKenzie, J M, 'Empire and the Global Gaze'. In *The Victorian Vision*, ed. J. MacKenzie, Victoria & Albert Publications, 2001.

Meagher, A J, *The Coolie trade: the Traffic in Chinese Laborers to Latin America 1846-1874.* Xlibris corp, 2008.

Needham, J, *Science and Civilisation in China.* Cambridge University Press, 1986.

Neetam, Bapna, Mohanlal, Swarankar and Namita Kotia, 'Genital tuberculosis and its consequences on subsequent infertility', *J. Obstet. Gynaecol. India*, 55.6, 2005.

O'Leary, R, 'Robert Hart in China: The Significance of his Irish roots', *Modern Asian Studies*, 40. 2006.

Osborne, F, Lilla's Feast: *A True Story of Love, War and a Passion for Food.* Doubleday, 2004.

Piercy, G, *Love for China, Exemplified in Memorials of Mary Gunston, the First Female Teacher in Connection with the Wesleyan Methodist Mission at Canton.* Hamilton, Adams & Co., 1865.

Preston, D, *The Boxer Rebellion: China's War on Foreigners. 1900.* Paperback edition, Constable 84 Robinson Ltd., 2002.

Robinson, M, A *South Down Farm in the Sxties.* Dent, 1938.

Sampson, T, 'Whirlwind at Canton', *The China Review*, 6.6. 1878.

Sampson, T, *Botanical and other Writings on China, 1867-1870 with a biographical sketch by Emil Bretschneider.* Ed. H. Waltravens, C. Bell, 1984.

Sieghart, M, A Perfect Gentleman. *The Times, Times 2,* 11 / 03 / 2008.

Smith, R J, Fairbank, J K, 8(Bruner, K E Robert *Hart and China's Early Modernization: His Journals; 1863-66.* Council on East Asian Studies, Harvard University, 1991.

Spurling, H, *Burying the Bones: Pearl Buck in China.* Profile Books, 2010.

Steinmetz, G, *The Devil's Handwriting: Precoloniality and the German Colonial State in Qingdao, Samoa and Southwest Africa.* University of Chicago Press, 2007.

Sue-A-Quan, T, *Cane Reapers: Chinese Indentured Immigrants in Guyana.* 2nd edn, Cane Press, 2003.

Summers, J, *Soho, a History of London.* Bloomsbury, 1989.

Tixier, N, 'La Chine dans la Stratégie Impériale: le Rôle du Quai d'Orsay et de ses Agents'. In *L'esprit Économique imperial (1830-1970). Groupes Réseau du Patronat Colonial en France et dans l'Empire.* Société Française d'Outre-Mer, 2008.

Van de Ven, H, 'Robert Hart and Gustav Detring during the Boxer Rebellion', *Modern Asian Studies*, 40.3, 2006.

Vicinus, M, *Independent women: Work and Community for Single Women, 1850-1920.* University of Chicago; Virago, 1985.

Willis, R, 'Testing Times', *History Today*, August 2005.

Wood, F, *No Dogs and not too many Chinese. Treaty Port Life in China 1843-1943.* John Murray, 1998.

Wright, S F, *Hart and the Chinese Customs.* William Mullen and Son, 1950.

Xiafei, C 84 Rongfang, H, *Archives of China's Imperial Maritime Customs: Confidential Correspondence Between Robert Hart and James Duncan Campbell 1874-1907.* Foreign Languages Press, Beijing 1990.

译名对照表

A

Aalst, van 阿理嗣
Acheson 阿其荪
Adams 亚当斯
Aeneid 《埃涅阿斯纪》
Aeolus "风神号"
Algerine "阿尔及利亚人号"
Alicock, Rutherford 阿礼国
Allens 艾伦夫妇
Alligator 鳄鱼号
Almack, Edward 爱德华·阿尔麦克
Almack, Mildred Hart 米尔德丽德·赫德·阿尔麦克
Alphée "艾尔菲号"
Lake of Alster 阿尔斯特湖(德国)
Amah 阿嬷
Antigua 安提瓜
Anz 安兹
Armistens, Charles John 查尔斯·约翰·阿米斯坦斯
Arno 阿诺河
Arrow "亚罗号"
Auld Lang Syne 《友谊地久天长》
Aunt Emily 艾米丽姨妈
Aunt Maude 慕德姨妈
Aunt Muriel 茉莉尔姨妈
Aurora Leigh 《奥罗拉·李》
Austin, J. G. 柯士甸
Ava "爱娃号"
Ayaou 阿瑶

B

Babo, Baron von 巴保男爵
Bad Ischl 巴德伊舍
Baden Baden 巴登巴登
Barr 巴尔
Barracks "猪仔馆"
Barrow 巴罗
Battle of the Saints 桑特海峡战役
Beach Hotel 海滨旅馆(芝罘)
Beauclerk, William 宝克乐
Bedford 贝德福德
Beer 比尔
Bell, Gertrude 格特鲁德·贝尔
Bellingham 裴令汉
Berwick 贝里克郡
Bethell 贝特勒
Bexhill 贝克斯希尔
Bickers, Robert 罗伯特·毕可思
Bingo Maru 安艺丸号邮轮
Bird, Alex 艾利克斯·博德
Bisham Parish Church 必善教区教堂
Bismarch 俾斯麦
Bishop 毕晓普
Bishop Scott's Mission 司各特主教团
Blake, John 约翰·布雷克
Blanchard, Henry P. 亨利·P.布兰查
Blenheim Reach 新滘
Book of Gems 《英诗精华集》
Boscombe 博斯科姆
Bourée, Albert 宝海
Bournemouth 伯恩茅斯
Bowra, Edward 包腊

Bowring, John 包令
Boxer Rebellion 义和团运动
Brady 布雷迪
Brandt, Von 巴兰德
Brazier, James 詹姆斯·白莱喜
Bredon, Hester (Hessie) 赫丝特·布雷登
Bredon, Juliet 裴丽珠
Bredon, Robert 裴式楷
Bretschneider, Emil 薄乃德
Brewitt-Taylor, Charles 邓罗
Brian 布莱恩
Brickton 布里克顿
Brighton 布赖顿
Bristow 宝士德
Brodie, Cunningham 卡宁汉·布罗迪
Brooks, Sidney 西德尼·卜克斯
Brown, Diana 戴安娜·布朗
Bruce 布鲁斯
Bruce, Sir Frederick 卜鲁斯爵士
Bruner, Katherine 凯瑟琳·布鲁纳
Bryant 布赖恩特
Buckton, Charles 查尔斯·巴克顿
Burne 伯恩
Burton 伯顿
Bushell 卜士礼
Butzow, Eugène de 布策

C

Cadogan Place 卡多根街
Calcutta "加尔各答号"
Camberwell Road 坎伯维尔路
Cambridge Mission 剑桥传道会
Campbell 甘博
Campbell, James 金登干
Capstick, Grace 格蕾丝·凯普史迪
Carl 柯尔乐
Carrall, Emma (Emily) 艾玛·卡拉尔
Carrall, Gwen 格温·卡拉尔
Carrall, Jim 吉姆·卡拉尔(贾雅格)
Carroll, John 约翰·卡罗尔
Cassidy, Mabel 马蓓尔·卡西迪
Centurion "百夫长号"
Chefoo 芝罘(今烟台)
Chefoo Expresses 《芝罘快讯》
Chillington 奇林顿
China Inland Mission, CIM 中国内地会
China Review 《中国评论》
Chinese Passengers Act 《华人乘客法案》
Churcher 丘彻
Cixi (Dowager Empress) 慈禧太后
Clapham 克拉彭
Cleveley 克利弗利
Clifton College 克里夫顿学院(英国)
CMG 大英帝国勋章
Coates, P. D. 科茨
Cobbold 柯宝德
Cockburn 考克伯恩
College of Preceptors 师范学院
Coltman 满乐道
Commissioner of Customs 海关税务司
Conger 康格
Cooper 库珀
Cornell, Margaret 玛格丽特·科内尔
Cornwall 康沃尔
Courbet 孤拔
Crimpers 客头
Croham Hurst School 克罗汉姆·赫斯特学校
Croydon 克罗伊登
Cuba 古巴
Culcavey 考尔卡维
Cuthbert "卡斯伯特号"

D

Daily News 《每日新闻》
d'Anjon, Count 覃书
Dawsons 陶森夫妇
de Courcy 德柯西
D' Estaing "德斯丹号"
Dane's Island 长洲岛
Dartmouth 达特茅斯
de Candole, Andrew 安德鲁·德·坎多尔
de Luca 卢立基
Deedes, Bill 比尔·狄迪思
Demerera 德麦拉拉
Dessino 德希诺
Detring 德璀琳
Devon 德文郡
Donnelly 唐纳利
Dora 朵拉
Dorado, S.S. "剑鱼座号"
Dorthea 多萝西亚
Dorwood 多伍德
Dowell, William 威廉·陶威尔
Drew, Edward Bangs 杜德维
Drew, Elsa 艾尔莎·杜
dumb crambo 哑谜对韵游戏
Duncombe 邓科姆街
Dungannon 丹甘嫩
Dupré, Willie 威利·杜普雷
Durham 达勒姆县
Dyer, Thisletong 提斯利顿·戴尔

E

Eames 埃姆斯
Easterm Telegraph 东方电报公司
Eckford 埃克福德
Eckford, Andrew 安德鲁·埃克福德
Edgar 爱格尔
Edmonton 埃德蒙顿
Edwards, Emma Spry 艾玛·斯普赖·爱德华兹
Edwards, JohnWakeham 约翰·韦克姆·爱德华兹
Edwards, Osman 奥斯曼·爱德华兹
Eitel, Ernst J. 欧德理
Elizabeth, Ann 安·伊丽莎白
Elm Grove 榆树林
Emigration house 招工局
Encarmano 印卡马诺
Endymion "恩底弥翁号"
Eric, Osmond 奥斯芒德·艾瑞克
Evans 埃文斯
Evey 艾薇
Ewing 荣美莉
Exeter 埃克斯特郡
Exmoor 埃克斯穆尔

F

Falmouths 法尔茅斯
Fame "名望号"
Fan, Fa-ti 范发迪
Farnborough 范堡罗
Farrar, Cyril 西里尔·法雷尔
Fawcuses 福克斯家族
Fawcus, Frances 弗朗西丝·福克斯
Fawcus, Hugh 休·福克斯
Ferguson 费克森
Ferry, Jules 茹费理
Fitzroy, George H. 费士来
Florin 弗洛林
Forsyth 福赛斯
Fowler, John 福勒
Forbes, Charles 查尔斯·霍士

Forbes-Newton, William　威廉·霍士-纽顿
Fore　富勒街
Foss　福斯
Fournier, Francois-Ernest　福禄诺
Frandon, Ernest　方栋
FRCS　英国皇家外科学院院士
Friederichsruh　弗里德里希胡尔

G

Gamp　甘普
Geier　"戈尔号"
General Purposes Committee of Chefoo　烟台工部局
Gibb　吉布
Gibson, Caroline (Carrie)　卡洛琳(卡莉)·吉布森
Gichuki, Frances　弗兰西斯·吉楚基
Giles　翟兰思
Gipperich, Elspeth　艾紫培·吉勃里
Girton College　格顿学院(剑桥大学)
Glover, George B.　吉罗福
Goddard　高德
Good, Hannah　汉娜·古德
Goslar　戈斯拉尔
Gough　高夫
Governor of Canton　广东巡抚
Gow, D.　D.高
Granzella　甘斯腊
Griffith, Rev.　格里菲斯牧师
Guernier　葛尼尔
Gulowsen 格鲁森
Guyana　圭亚那
Grace　格蕾丝
Grand HotelNoailles et Métropole　诺阿耶大都市酒店
Gray　格雷
Gray, Rev. Henry　亨利·格雷牧师
Grevedon　柯必达
Grovenor　葛罗文诺
Coriander　"香菜号"
Guy Fawkes Day　盖伊福克斯日(烟火节)

H

Hackney Road　哈克尼路
Hakka people　客家人
Hance, Henry　亨利·汉斯
Hanneken, v.　汉纳根
Hannen　汉南
Hanover Square　汉诺威广场
Happer, Andrew P.　哈巴安德
Happer, Lucy　露茜·哈巴
Harley Street 哈利街
Hart, Henry　亨利·赫德
Hart, James (Jem)　赫政
Hart, Robert　鹭宾·赫德
Hartlepool　哈特尔浦
Harriet　哈丽特
Harris, George　乔治·哈里斯
Harvey-Jamieson, Lennox　伦诺克斯·哈维-杰米森
HarzMts　哈茨山区
Ha-ta-mu-kao-tsing-miao　哈德门高景庙
Havergal College　哈佛格尔学院
Hedge & Co.　赫奇公司
Hennessy, Pope　轩尼诗(香港总督)
High Street, Poplar　波普拉区的高街
Highgate Cemetery　海格特公墓
Hillsborough　希尔斯堡
Hippe, Andreas　安德里亚·希佩
Hobson　好博逊
Hoe, Susanna　苏珊娜·霍
Holloway　哈罗威

Holmes, Richard　理查德・霍姆斯
Homström　霍尔姆斯特姆
Hong Kong Government Gazette　《港府宪报》
Hong Kong Daily Press　《孖剌报》
Hoppo　户部
Hull　赫尔
Humpty Dumpty　矮胖子
Hutchins　哈钦斯

I

Inglis, Henry D.　亨利・D.英格里斯
Innocents　殷尊森夫妇
Inspector-General　总税务司
Iona　"爱渥娜号"
Irons Gift　艾恩斯捐赠
Ives, Sarah　萨拉・艾维斯

J

Jamieson　哲美森
JCW2　詹・卡・威 2 号
Jennings, Charles　郑宁师
Jessfield Camp　兆丰军营
Job　《约伯记》
Johnston, Lt.James D.　詹姆斯・D・约翰斯顿
Jones, C.T.　C.T.琼斯
Jool Ecarté　二人赌博游戏

K

KCMG　圣迈克尔及圣乔治十字勋位爵士
Kenal　肯诺尔
Kennedy, Thomas　托马斯・肯尼迪
Kettles　凯特尔斯
Kew Garden　丘园
Killarney　凯拉尼
Kindblad　金佩瑙
King, Paul　庆丕
Kingsbridge　金斯布里奇镇
Kirschtein　基尔施泰因
Kitchener　基奇纳
Krier　克里尔
Kiernhoff　基恩霍夫
Kierulff　祁罗弗洋行
Krupp　克虏伯
Kurhowyoff　科洛约夫
Kuropatkin　库罗帕特金

L

Ladds, Catherine　凯瑟琳・拉德斯
Ladysmith　莱迪史密斯山
Lambeth　朗伯斯区
Larcombe, Celia　西莉亚・拉坎布
Lauru　罗尔瑜
Lavers　拉瓦斯
Lavinia　拉维尼娅
Law of Nations　《万国公法》
Lay, Horatio Nelson　李泰国
Lay-Osborn flotilla　李-阿舰队
Léopold, Fréderic　弗雷德里克・利奥波德
Les Fourberries de Scapin　《斯卡潘的诡计》
Lewes　刘易斯(地名)
Leyton　莱顿
Lincoln's Inn　林肯律师学院

Likin　厘金
Linwood, Norah　诺拉·林伍德
Lobscheid, Wilhelm　罗存德
Lowder　劳德
London Gazette　《伦敦宪报》
Lorna Doone　罗娜杜恩
Louisa　路易莎
Lynx　“野猫号”

M

Mabel　马蓓尔
Macaulay　麦考莱
Machako 马查科斯
Mackensie　麦肯锡
Mackintosh　麦金托什
Macrae　麦克雷
Maggie　马吉
Magnet　“磁石号”
Malacca　“马六甲号”
Malta　马耳他
McLeish, Gertie　葛蒂·麦克利什
Maltchenko　莫尔特琴科
Margary　马嘉理
Marlow　马洛
Maria, Anna　安娜·玛利亚
Maria Stuart　《玛利亚·斯图亚特》
Married Women's Property Act of 1882　《1882年已婚妇女财产法》
Martin, Dr.　丁韪良博士
Martin Chuzzlewit　《马丁·瞿述伟》
Martineau　修莱
Mavourian, Kathleen　凯瑟琳·玛沃瑞安
May　长好美
Mayers, W. F.　梅辉立
McOwan　麦克欧文
Meadows, John　约翰·密妥士
Melville　“麦尔维尔号”
Michaelmas　米迦勒节(基督教节日)
Möllendorff, P. G. von　穆麟德
Molyneux　莫利纽克斯
Moore's Poems　《穆尔诗集》
Moreton　莫尔顿
Moretonhampstead　莫顿汉普斯泰德
Morning Post　《晨邮报》
Morrison, Dr.　莫理循博士
Mortimore, Michael　迈克尔·莫提模
Mount Nod Road　芒特诺德路
Mueller, Baron　穆勒男爵
Murphy, Mary　玛丽·墨菲
Myers, Annie　安妮·买威令

N

Nashville　“纳什维尔号”
Nevius　倪维思
New Park Road, Norbiton　诺比顿区纽帕克路
News Letter　《实事通讯》
Newton, J.O. 纽顿
Newton, KathleenFawcus　凯瑟琳·福克斯·纽顿
Nightingale, Florence　佛罗伦丝·南丁格尔
North China Herald　《北华捷报》
Norwood　诺伍德
Notes and Queries on China and Japan　《中日释疑》

O

Old Bailey　老贝利街
O'Leary, Richard　理查德·奥莱瑞
Oliphant　奥利芬特
Oriental Banking Corporation　丽如银行
Orlando　“奥兰多号”

Otterwell 奥特韦尔
OverDinsdale Hall 丁斯代尔大宅
Oyama 大山岩

P

Palmerston 帕默斯顿
Parkes,Harry 巴夏礼
Parsees 巴斯人
Parkhill 巴和礼
Patenōtre,Jules 巴德诺
Patridge 帕特里奇
Pedder 派德
Penge 朋其
Penrose 潘罗斯
Perry, J.H.(Jack) 派瑞
Peru 秘鲁
Peile 裴勒
Phillis 菲丽丝
Phoenix "凤凰号"
Pietinks 派廷克斯
Pih- Kwei 柏贵
Ping Ching "并徵号"
Piry 帛黎
Pitman 皮特曼
Portadown 波塔当(北爱尔兰)
Port Elizabeth 伊丽莎白港
Port Said 赛义德港
Pritchard 白立查
Pryde,Charles S. 查尔斯・S.普赖德
Putney 帕特尼

Q

Queen's College in Belfast 贝尔法斯特女王学院

R

Ragsdale,Effie 艾菲・拉格斯代尔(若士得)
Ravarnet 拉佛奈特
Reis 艾瑞时
Reisz,Emma 艾玛・赖兹
Rémusat 勒慕萨
Rendell,Elsie 艾尔西・伦德尔
Richardson,Walter 李家森
Ridout,Julian 朱利安・雷多特
Rindhoff 温德霍夫
Ripon 里彭
Rivière 李维业
Rochechouart,Comte de 罗淑亚
Rodney 罗德尼
Roberson,D. Brookes D.布鲁克斯・罗伯逊
Roberts,Henry Constable 亨利・康斯特勃・罗伯茨
Rodgers 罗杰斯
Rugby 拉格比

S

Sampson,Arthur Birks 亚瑟・博克斯・桑普森
Sampson,Jane 简・桑普森
Sampson,Joseph Holden 约瑟夫・霍顿・桑普森
Sampson,Theophilus 西奥菲利斯・桑普森(谭顺)
Sandercock 桑德克
Saville,Lily 莉莉・萨维尔
Scarborough 斯卡波罗
Schenswisky 申斯维斯基
Scherzer 施尔泽
Schroder 施罗德
Secks 赛克斯

Seiko Maru “近江丸”轮船
Semmelweiss, Ignaz 伊格纳茨·塞麦尔维斯
Sess, Anna 安娜·塞斯
Settlement Hill “租界山”
Seymour, Michael 迈克尔·西摩尔
Shane, Annie 安妮·谢恩
Shiba 柴五郎
Shingking “盛京号”
Shipton, Martha 玛莎·西普顿
Sieghart, Mary 玛丽·西加特
Simpson, Bertie 伯蒂·辛普森
Simpson, Esmé 艾丝美·辛普森
Sinatai 哈唎洋行
Sinclair, Charles 星察理
Singtai 顺泰商行
Sir Garnet Wolsey “嘉纳德·沃尔斯利爵士号”
Smith, Carl 卡尔·史密斯
Smith Elder and Co. 史密斯埃尔德公司
Snow, John 约翰·斯诺
Smith, L. H. 士美洋行
Soho 苏荷
Spalding, Susan Marr 苏珊·马尔·斯伯尔丁
Specialls 斯贝舍尔家族
Speciall, Rachel 蕾切尔·斯贝舍尔
Spry, Catherine 凯瑟琳·斯普赖
Spry, Elizabeth 伊丽莎白·斯普赖
St.Denis 圣德尼教堂
St. Luke 圣卢克
St. Martin's Lane 圣马丁街
St.Swithun's 圣斯威辛中学
Stepney Green 士得利园大街
Stevens 史蒂文斯
Stewart, Winnie 温妮·斯图亚特
Stirling 施泰麟
Stone, Susanna 苏珊娜·斯通
Strand 斯特兰德大街
Strangman 师安蒙
Strauch 斯泰老
Strauss, David 大卫·斯特劳斯
Streatham 斯特里汉姆
Strouts 施特劳斯
Suendale 逊戴尔
Surbiton High School 瑟比顿中学
Swanton 斯旺顿

T

Taiping Rebellion 太平天国运动
Talbot “塔尔伯特号”
Taunton 陶顿
Temple Hill 毓璜顶
Teresa 特蕾莎
Terrible “恐怖号”
These from the Land of Sinim 《这些从秦国来》
Thirlmere 瑟尔米尔
tide-waiters 钤子手
Tiedemann, R. G. 狄德满
Tittbach 蒂蒂巴赫
Tixier, Nicole 尼可·提克西耶
Townsend 汤森德
Trinidad 特立尼达
Triophante “凯旋号”
Tsungli Yamen 总理衙门

U

Ulster 阿尔斯特(北爱尔兰)
Union Chapel 愉宁堂
University of Giessen 基森大学(德国)
Urwick 厄威克

V

Vacher 瓦契
van deVen, Hans 方德万
van Rostern 纳色恩
Vavasseur 瓦维瑟尔
Veneto 威内托
Vevey 沃韦
Villars "菲勒斯号"
Virgil 维吉尔
Volta "窝尔达号"
VonRautenfeld 劳腾飞
Vulpino 伏丕诺
Vyvyan 维维安

W

Wade, Thomas 威妥玛
Wagner 华格纳
Wake 威克
Wardour Street 沃德大街
Warren 沃伦
Watch on the Rhine 《守望莱茵河》
Webb, Robert 罗伯特·韦伯
West Ham 西汉姆
Whampoa 黄埔港
Wheaton 惠顿
Wiltshire 威尔特郡
White's Dictionary 怀氏字典
Whiting "鳕鱼号"
Wilcocks, James Sess Carrall 詹姆斯·塞斯·卡拉尔·威尔科克斯
Wildy, Deirdre 迪尔德丽·维尔迪
Winchester, Charles 查尔斯·温切斯特
Winnipeg 温尼伯
Wintour 文铎
Wood, Frances 朗西斯·伍德
Woods, G.W. 乔治·W.伍兹

Y

Yorick 约里克
York Road 约克路

Z

Zenta "森塔号"
Zephyr case 西风号案
Zinzan, Robert 罗伯特·金赞

译后记

此书翻译是我们的第二次合作。前年我们共同翻译了查尔斯·德雷格的《龙廷侍者:包腊、包罗父子传记》(*Charles Drage*,*Servants of the Dragon Throne*,London:Peter Dawnay Ltd.,1966,也将由广西师范大学出版社出版)。基于上次合作的经验,这次合作的主要分工是,戴宁负责全书的初译,潘一宁负责校译,这样既保证译文文体的一致,也保证原文信息翻译的准确性,而且可以尽可能减少疏漏或错讹。我们两人的合作总是愉快、默契的,能够充分发挥各自特长,因而颇有效率。

上述两部专著的翻译,都属于中山大学重大项目培育和新兴、交叉学科项目"近代中国海关洋员及其汉学(中国学)资料、成果的整理、编译与研究"的成果之一。该项目由朱卫斌教授主持,李爱丽副教授组织协调。这些成果涉及大清帝国海关外籍税务司在中国的生活、工作和科研情况,对于人们深入了解中国海关史、中国近代史以及晚清中国对外关系史都颇有裨益。

翻译工作能够顺利完成,得益于多方面的协助。首先是本书作者玛丽·蒂芬博士的大力支持,使得翻译出版的版权问题易于解决;同时在翻译过程中,她对于我们提出的一些疑问,给予了耐心、详细的答复及指点。另外,中山大学历史系的相关学者也帮助我们在地方史的个别人物和事件方面释疑解惑,特别是李爱丽老师提供了各种相关参考资料。最后要感谢的是广西师范大学出版社,没有出版社的关注和全力支持,我们的翻译成果无从面世。

北京外国语大学英语学院　戴宁

中山大学历史系　潘一宁

2014 年 4 月 17 日